区域经济发展论坛文库

大数据时代下的互联网征信

——基于微型金融视角

《互联网征信》课题组　著

中国财经出版传媒集团

经济科学出版社

Economic Science Press

图书在版编目（CIP）数据

大数据时代下的互联网征信：基于微型金融视角／
《互联网征信》课题组著 . —北京：经济科学出版社，
2016. 12

（区域经济发展论坛文库）

ISBN 978 - 7 - 5141 - 7647 - 6

Ⅰ. ①大…　Ⅱ. ①互…　Ⅲ. ①互联网络 - 应用 -
信用制度 - 研究　Ⅳ. ①F830. 5 - 39

中国版本图书馆 CIP 数据核字（2016）第 321707 号

责任编辑：侯晓霞
责任校对：徐领柱
责任印制：李　鹏

大数据时代下的互联网征信

——基于微型金融视角

《互联网征信》课题组　著

经济科学出版社出版、发行　新华书店经销

社址：北京市海淀区阜成路甲 28 号　邮编：100142

教材分社电话：010 - 88191345　发行部电话：010 - 88191522

网址：www. esp. com. cn

电子邮件：houxiaoxia@ esp. com. cn

天猫网店：经济科学出版社旗舰店

网址：http：//jjkxcbs. tmall. com

北京密兴印刷有限公司印装

710 × 1000　16 开　21 印张　380000 字

2016 年 12 月第 1 版　2016 年 12 月第 1 次印刷

ISBN 978 - 7 - 5141 - 7647 - 6　定价：50. 00 元

（图书出现印装问题，本社负责调换。电话：010 - 88191510）

（版权所有　侵权必究　举报电话：010 - 88191586

电子邮箱：dbts@ esp. com. cn）

前　言

　　征信，顾名思义，就是征集信用，通常由专业化、独立的第三方机构为客户建立信用档案，依法采集、客观记录其信用信息，并依法对外提供信用信息服务。征信活动的产生源于信用交易的出现。在经济发展相对落后的阶段，信用交易范围小，债权人比较容易了解对方的未来偿还能力。当市场经济发展到一定阶段，信用交易范围日益扩大，想要了解对方的信用状况变得十分困难。当了解对方的信用状况成为一种需求时，征信活动就应运而生。

　　征信为授信机构提供了一个信用信息共享的平台，在促进信用经济发展和社会信用体系建设中发挥着重要的基础作用，主要表现在以下几个方面：一是征信可以防范信用风险，促进信贷市场健康发展，同时提高除其他授信群体如企业和企业、企业和个人以及个人与个人之间的履约水平。二是征信可以加强金融监管和宏观调控，维护金融稳定。通过征信机构强大的征信数据库，收录工商登记、信贷记录、纳税记录、合同履约、民事司法判决、产品质量、身份证明等多方面的信息，以综合反映企业或个人的信用状况。对信贷市场、宏观经济的运行状况进行全面、深入的统计和分析，统计出不同地区、不同金融机构、不同行业和各类机构、人群的负债、坏账水平等，为加强金融监管和宏观调控创造了条件。三是征信可以提高社会信用意识，维护社会稳定。在现代市场经济中，培养企业和个人具有良好的社会信用意识，有利于提升宏观经济运行效率。有助于政府部门及时了解社会的信用状况变动，防范突发事件对国计民生造成重大影响，维护社会稳定。

　　传统的征信行业，有几百年历史。这个行业最初就是委托调查的模式，到了互联网时代后，互联网与征信相结合，产生了互联网征信。对大数据的分析和信息自动化的采集，是互联网征信的最大特点。随着互联网金融的快速发展，大数据环境为征信工作提供了新的发展契机。伴随现代生活日益互联网化，单纯的信用卡使用情况、电信缴费情况，已不足以反映一个人的信用程度。尤其是随着移动支付的发展，各种应用场景的产生都可能和个人的信用挂上钩，也可能因此催生更多的应用场景。在 2015 年中国信用小康指数调查中，有高达 84.9% 的受访者认为互联网征信能真实体现一个人的信用水平。

随着互联网的迅速发展和普及，社会生活逐步进入互联网时代。一方面人们的生活方式和消费模式日益网络化，产生了巨大的互联网金融服务需求。近年来，互联网金融业务迅速兴起，目前，整个互联网金融行业呈现出多元化、差异化的发展态势，涌现出众筹融资、P2P网贷、第三方支付、供应链金融以及信息化金融等多种模式。另一方面，随着经济的发展，微型金融已经不仅仅局限于对贫困和低收入对象提供的金融服务，而是泛指面向民间的、"草根"的一切数额相对较小的金融活动，体现出能有效、全方位地为社会所有阶层和群体提供服务的普惠金融特征。如今很多微型金融也依托于互联网技术而存在。互联网金融的本质是互联网、云计算、大数据和移动支付等技术在金融领域的运用，但其并未改变金融的本质。征信能力和信用评估能力决定了P2P和众筹等融资平台等互联金融的成败。信用是金融的核心，征信能够提高放贷机构信用风险管理水平，是现代金融体系运行的基石。互联网金融，其本质仍是金融，仍需按金融规律办事。因此，构建征信体系是互联网金融发展绕不开的话题。

本篇专著在具体内容上共分为四个部分，从传统的征信起源与业务介绍入手，以现代互联网金融市场发展的方向为轴，论述互联网金融、微型金融背景下，征信业务的最新动态。其中，第一部分共3章，从传统征信机构与征信业务的介绍入手，过渡到互联网金融与微型金融背景下的互联网征信；第二部分共5章，分别介绍目前互联网金融的五种主要模式——众筹融资、P2P网贷、第三方支付、中小企业供应链金融和信息化金融机构；第三部分共3章，分别介绍了互联网征信的功能、发展定位以及发展模式；第四部分共3章，在借鉴了国外征信市场发展模式的基础上，结合我国经济及金融业发展的特点，前瞻性地设计了我国互联网征信发展的新规划。

本专著由《互联网征信》课题组全体成员进行撰写，课题组组长：关守科（中国人民银行沈阳分行副行长），副组长：徐振江（中国人民银行沈阳分行征信管理处处长）、齐东伟（中国人民银行丹东市中心支行行长）、车安华（中国人民银行丹东市中心支行副行长），成员：葛军（中国人民银行丹东市中心支行征信管理科科长）、梁峰（辽东学院）、王晓文（辽东学院）、何珊（辽东学院）等。其中，关守科撰写第1章，徐振江撰写第2章，齐东伟撰写第9章，车安华撰写第13章，王晓文撰写第3章至第8章，何珊撰写第10章至第12章。最后全书由梁峰教授、葛军进行统稿总纂。

本书是辽宁经济社会发展项目（2016ISIKTZIJJX－14）和丹东市经济学会项目（DJ20160003）的部分研究成果。由于我们的水平有限，研究与分析还不够全面，因此，难免有错误之处，望读者多多批评指正。

目　　录

第一部分　互联网征信的前世今生

第二部分　大数据时代——互联网金融波涛暗涌

第三部分 互联网征信应运而生

第四部分　互联网征信发展规划新方向

第一部分　互联网征信的前世今生

　　征信活动的产生源于信用交易的出现。在经济发展相对落后的阶段，信用交易范围小，债权人比较容易了解对方的未来偿还能力。当市场经济发展到一定阶段，信用交易范围日益扩大，想要了解对方的信用状况变得十分困难。当了解对方的信用状况成为一种需求时，征信活动就应运而生。

　　如今，征信体系已经成为现代经济运行的基石，是金融市场不可或缺的基础设施。随着互联网金融的快速发展，大数据环境为征信工作提供了新的发展契机。本部分内容从传统的征信起源与业务介绍开始，以金融市场发展的方向为轴，简述互联网金融、微型金融背景下，征信业务的新动态。

第 1 章　传统征信行业的起源

1.1　征信的基本内涵

1.1.1　征信字意解释

征信一词最早在我国出现于《左传·昭公八年》中，有"君子之言，信而有征，故怨远于其身"，意思是君子说出的话，诚信确凿而有证据，因此怨恨不满都会远离他的身边。

现代汉语中，征信的字面解释，"征"是指征集、验证，"信"是指信用、诚实、信任，结合起来即为征求或验证信用。

在英文中，有"credit checking""credit investigation"等词，通常我们认为这些词对应着汉语的"征信"或"信用调查"。目前广泛使用的词是"credit reporting"。在英国和美国等相关法律和世界银行以及一些研究机构的参考文献中常用这个词。它由"credit report"（信用报告）衍生而来。这里的动名词"reporting"有动作的含义在其中，即这里的"报告"是个动作，所以，"credit reporting"的含义所涵盖的范围更广，能够更好地与汉语中的"征信"一词相对应。

综上所述，征信是指依法收集、整理、保存、加工自然人、法人及其他组织的信用信息，并对外提供信用报告、信用评估、信用信息咨询等服务，帮助客户判断、控制信用风险，进行信用管理的活动。它为专业化的授信机构提供了一个信用信息共享的平台，是一种信息分享机制。

1.1.2　狭义征信与广义征信

按照征信内容不同，征信有狭义和广义之分。狭义的征信，即传统意义上的征信，是指对于企业信用状况和个人信用状况相关的信息进行采集、核实、整理、保存、加工并对外提供的活动，包括信用信息登记、企业或个人信用调查和信用评级。在实践中，征信表现为信用活动提供信息服务，一般由专业化的第三方机构通过采集、调查、保存、整理及分析企业和个人信用信息，并在此基础上对外提供信用报告查询、信用评价等服务，帮助客户判断、控制信用风险，进行信用管理的活动。

广义的征信是在狭义征信的基础上再加上信用管理服务。而信用管理服务包括信用管理咨询、评分模型开发、商账追收、信用担保、信用保险和保理等。在企业全程信用信息管理过程中，提供的所有对企业用户风险进行防范、控制和转移的技术方法都可以被认为是广义的征信手段。还有一些数据服务（包括大数交易服务平台）与金融信息服务的机构所提供的征信业务，可看成是广义征信。同样金融资讯、第三方支付、网络信贷等三类金融信息服务机构其主营业务也涉及征信。无论是在信用卡违约催收服务、消费信贷产品违约催收服务、贷前（贷后）资信审核（核实）服务、逾期通知提醒服务、汽车消费金融催收服务，还是在信用风险管理咨询服务等业务中均离不开有关征信活动的支持。

1.1.3　征信内涵理解

征信内涵非常丰富，可以从以下 6 个方面来理解和把握。

（1）征信的主体是专业化的信用信息服务机构，即征信机构。征信机构是专门从事信用信息服务的机构，它根据自己的判断和客户的需求，依法采集、整理、保存、加工自然人、法人或其他组织的信用信息，向客户提供专业化的征信产品。

（2）征信的客体，或称征信的对象，是信用活动的主体。在经济生活中，能够从事信用活动的主体有两类：一类是法人，包括政府、企业和其他组织（如事业单位和社会组织等）；另一类是非法人，即自然人。政府作为债务人的信用形式是政府信用，举债方法有发行债券等；企业法人或其他组织作为债务人的信用形式是企业信用或商业信用，举债方式有赊购商品、发行企业债、向银行贷款等；自然人作为债务人的信用形式是个人信用，举债方式有零售作用、民间借贷、向银行借贷等。

（3）征信的基础是信用信息。信用信息是自然人、法人及其他组织在经济活动中信用状况的记录，是交易主体了解利益相关方信用状况以及判断和控制信用风险的基础。信用信息包括金融信用信息、商业信用信息和社会信用信息。金融信用信息主要是信息主体从金融机构获得的授信及履约等信息，如贷款或信用卡额度和偿还记录、投保和理赔记录、证券买卖交易记录等；商业信用信息是信息主体与商业交易对手之间发生的信息，如商业授信额度和期限、商业合同履约信息等；社会信用信息主要是信息主体参与各种社会活动所发生的信息，如政府机构的行政奖罚记录、法院的判决和裁定信息、公用事业单位记录的缴费信息以及信息主体的社会交往信息、行为偏好信息等。

（4）征信的信息主要来源于信用信息的提供者。信用信息提供者出于商业目的、协议约定或法律义务而向征信机构提供信息。征信机构从信用信息提供者处获得的信用信息越全面、质量越高，对信用主体信用状况的描述和评估就越准确。至于征信机构能采集到哪个层面的信息，这取决于法律制度环境、社会文化习惯、机构自身采集信息的能力等多方面因素。

（5）征信的服务对象主要是从事信用交易活动的各方主体，即信用信息的使用者。征信机构根据信用使用者的不同要求采集信用信息，在采集信息的范围、方式以及提供的征信产品和服务上各有侧重。对于市场化运作的征信机构来说，信息使用者的需求将引导其市场定位和发展方向。

（6）征信的主要目的是促进信用交易活动的开展。征信信息、用于交易主体了解交易对手的信用状况，供交易主体决策参考，是交易主体选择交易对手的依据之一。从长远看，征信致力于在全社会形成激励守信、惩戒失信的机制，将有效推动形成诚实守信的社会氛围，进而提高社会整体信用水平。

1.1.4　征信概念的演变

征信概念的演变和征信活动的发展密不可分。随着社会分工的细化和信用交易的发展，对征信概念的界定也不断清晰，其演变过程大致经历了三个阶段。

第一阶段是授信主体征信。此阶段的征信是指赊销人或债权人，通过对潜在和现实的赊购人或债务人的信用交易行为以及经济实力进行调查、监测，评估、判断其信用状况，了解其还款能力和还款意愿，以此作出是否交易或采取资产保全的决策。

第二阶段是第三方征信机构征信。此阶段征信的内涵是"受托探访调查"，并提供调查结果报告。特别是货币本身成为信用交易的对象后：授信主体为了方便地获取赊购人或借款者的全面信用信息，组建或认可某个第三方机构，由它收集、汇总各授信主体提供的赊购人信息，并提供给授信主体使用。这些征信所由于是独立于借贷（或买卖）双方的，所以也称为第三方机构。

第三阶段是现代征信的出现和发展。此阶段征信的概念已由早期的"受托探访调查"，演变为现代意义上的信用信息收集、整理、加工、提供活动。征信所在经营过程中，发现某一类机构或人群经常成为被调查对象，于是就将此类机构或人群的信息事先收集起来，并建立资料库，在接受委托时可以立即提供调查结果，这就是现代征信的雏形。同时，由于计算机和通信技术飞速发展，征信所也逐步建立电子资料库，并实现信息收集与提供的自动化。此时征信机构不仅提供被调查对象的原始信息，也提供被调查对象的定量化评价结果。

1.2 征信的起源和发展

征信活动的产生源于信用交易的产生和发展。信用是以偿还为条件的价值运动的特殊形式，包括货币借贷和商品赊销等形式，如银行信用、商业信用等。现代经济是信用经济，信用作为特定的经济交易行为，是商品经济发展到一定阶段的产物。信用本质是一种债权债务关系，即授信者（债权人）相信受信者（债务人）具有偿还能力，而同意受信者所做的未来偿还的承诺。但当商品经济高度发达，信用交易的范围日益广泛时，特别是当信用交易扩散至全国、全球时，信用交易的一方想要了解对方的资信状况就会极为困难。此时，了解市场交易主体的资信就成为一种需求，征信活动也应运而生。可见，征信实际上是随着商品经济的产生和发展而产生、发展的，是为信用活动提供的信用信息服务。全球征信业的发展历程充分印证了征信业的产生及其征信体系模式的形成。

1.2.1 国际征信业的起源与发展

全球征信业的萌芽始于 19 世纪中后期，快速发展是从 20 世纪 60 年代开始的。第二次世界大战后，一些国家经济逐渐恢复，到 20 世纪 60 年代普遍进入了经济高速增长时期，国内外贸易量大幅度增加，交易范围日益广泛，征信的业务量也随之迅速增大，从而进入了大规模信用交易的时代。又经过几十年的发展，发达国家的征信服务业已经比较成熟，形成了比较完备的运作体系和法律法规体系，对各国经济发展和规范市场秩序起到了重要作用。具体而言，不同国家征信业发展的表现形式也不尽相同。

1.2.2 国际征信业的起源与发展

美国是世界上最早的征信国家之一。1849 年，John M Bradstreet 在辛辛那提注册了首家信用报告管理公司，随后，通过多年的经营积累，逐步发展成为企业征信领域中规模最大、历史最悠久并最具影响力的领先企业——邓白氏集团（Dun & Bradstreet Corporation）。美国企业征信始于债券评级。穆迪公司的创始人约翰·穆迪首次建立了衡量债券倒债风险的体系，并按照倒债风险确定债券等级。此后，企业征信在美国投资界风行。1918 年，美国政府规定，凡是外国政府在美国发行债券的，发行前必须取得评级结果。20 世纪 30 年代第一次世界经济危机大规模爆发，大批公司破产，许多债务因为诸多企业的破产而成为坏账。这种经济泡沫的破灭使得政府和投资者重新认识到征信的重要性，政府制定了一系列扶持信用管理机构的条例，民间征信机构就此蓬勃发展。20 世纪 60 年代末期至 80 年代期间，美国国会先后出台了 16 项法律，对商业银行、金融机构、房产、消费者资信阅查、商账追收行业明确立法，允许相关信用信息的公开披露，形成一个完整的法律框架体系。

在个人征信业方面，美国于 1860 年在纽约的布鲁克林成立第一家信用局。在过去的 100 多年里，尤其是在 20 世纪 70 年代开始的兼并风潮中，全国大约有 2250 家的信用机构经历了残酷的洗牌过程。如今，美国征信局分为 3 家大型公司与约 300 家小征信公司两大阵营。目前的美国个人征信产业市场实际上形成以 Experian、Trans Union、Equifax 三大信用局为核心的个人信用体系。20 世纪 80 年代数据库已涵盖全美所有消费者的全部信用活动记录。数据库包含超过 1.7 亿消费者的相关信息，每年有超过 10 亿份信用报告发布，每月进行 20 多亿份信用数据的处理工作，每年的营业额超过百亿美元。美国的征信是市场化运作的，征信是通过法律体系来规范的。

欧洲在全球征信业的发展中占据着重要地位。欧洲征信业的发展可分为两个阶段。在 20 世纪 80 年代以前，欧洲银行资金充沛，大公司和固定客户很容易从银行获得融资款，市场对企业征信的需求量不大。主要是由公共征信系统采集公司和贷款数额较大的个人客户的信息，为中央银行更好地监管金融市场、防范金融风险服务。20 世纪 80 年代以后，全球市场格局发生了重大变化，间接融资地位下降，新兴产业不断崛起，征信又重新被投资人和金融家们加以重视，用来评估企业申请贷款和信用额度的资质，私营企业征信机构开始兴起，尤其在德国和意大利渐渐位居国内市场主导地位。这类机构主要为商业银行、保险公司、贸易和邮购公司等主要的信息使用者供服务，其采集的信息具有覆盖人群广、总量大、信息来源渠道多、信用记录更全面等特点。欧洲最著名的企业征信机构是格瑞顿公司（Graydon International Co.）。这是一家成立于 1888 年历史悠久的欧洲大型征信服务公司，它有能力提供世界上 130 多个国家和地区的企业信用报告。公司总部设在荷兰，主要分公司设在美国、英国和比利时。欧洲的公共征信系统在一开始就是将企业征信与个人征信结合起来的，在此基础上的欧洲私营征信局系统也参照了该模式的发展。由于并购的盛行，美国征信机构的跨国并购，欧洲的私营个人征信机构逐渐被几家大的跨国公司所控制，欧洲私营个人征信机构具有明显的美国征信业特征。

在亚洲，日本征信业产生较早，发展引人注目。日本最早的企业征信公司为成立于1892年的商业兴信所，其业务主要面向银行提供征信。日本企业征信业起初数量很多，价格竞争激烈。但随着市场的日趋成熟化，20世纪60年代起寡头集中的趋势日益明显，帝国数据银行和东京商工两家占据了市场份额的60%～70%，并将这一态势保持至今，呈现出集中垄断的长期性、稳定性。1973年，日本全国银行个人信用信息中心成立，1988年成立了整个日本银行个人信用信息中心，信息数据库也实现了统一运作与管理。日本征信业有代表性的征信机构是株式会社日本信息中心（JIC），株式会社信用信息中心（CIC）和日本株式会社（CCB），JIC由日本信用信息中心联合会管理，而该联合会是由作为其股东的全国33所信息中心所组成，1976年10所机构第一次组成了该联合会，1984年并进一步形成全国规模的网络。CIC在日本个人征信制度产业中是最大的，前身包括以汽车系统和流通系统的信用卡公司为中心的"信用信息交换所"和以家电系统的信用公司为中心建立的"日本信用信息中心"等。CCB成立于1979年8月，其起源和单位构成与CIC较为类似，股东也包括信用销售公司、信用卡公司、担保公司、消费者金融公司等。该机构于1989年完成全国联网，2000年改为现在的公司名称。

1.2.3　我国征信业的起源与发展

在我国，"征信"是个古老的词汇。诚信是一种社会公德，一种为人处世的基本准则。我国自古以来就崇尚诚实守信这一美德，并通过道德意义上的批判促进诚信观念的形成。而征信能够从制度上约束被征信对象的行为，自古以来，官吏选拔就非常重视征信，以此考察候选官员人品，并建立官吏选拔制度。例如，两汉以来的"察举征辟制"、魏晋之际的"九品官人法"和隋唐以后的"科举制"。魏晋之际的"九品官人法"专门设立中正官考察人品，把人按人品分为九个等级，得到上品评价的人就可以获得推荐做高品的官。

近现代以来，中国（含香港、台湾地区）使用"征信"一词来概括企业和个人信用调查。中国征信业的发展要追溯到20世纪30年代初，1932年6月6日，由著名民主人士和银行家章乃器牵头发起、由多家中资金融机构共同发起的专职征信机构"中国征信所"在上海宣布成立，标志着中国征信业的开始。然而中国企业征信行业真正起步应在20世纪90年代初。1992年11月，中国第一家专门从事企业征信的公司"北京新华信商业风险管理有限责任公司"成立，2001年改为"北京新华信商业信息咨询有限公司"，并于1993年2月开始正式对外提供服务。新华信的成立标志着中国企业征信行业开始进入市场化运作阶段。近年来，我国在征信领域的建设取得了快速进展，全国统一的企业和个人信用信息基础数据库已经顺利建成。征信系统的信息查询端口遍布全国各地的金融机构网点，信用信息服务网络覆盖全国。形成了以中国人民银行征信中心为主体的多层次征信机构体系以及以企业和个人信用报告为核心的征信产品体系，征信中心出具的信用报告已经成为国内企业和个人的"经济身份证"。

1.2.4　中国征信业产生和发展的历史背景

我国征信业的发展，自 1932 年第一家征信机构——"中华征信所"诞生算起，已经有了 80 多年的历史。但其真正得到发展，还是从改革开放开始。改革开放以来，随着国内信用交易的发展和扩大、金融体制改革的深化、对外经济交往的增加、社会信用体系建设的深入推进，我国征信业得到迅速发展。

（1）市场经济和信用经济的发展推动了商业领域征信的产生。随着我国市场经济的逐步完善和信用经济的发展，信用交易在各种商业交易中的比重逐渐增加，因交易中的信息不对称而引发的交易风险日益严重。为防范信用风险，扩大信用交易规模，由此产生了专门的第三方机构，收集交易过程中的各种信用信息，对外提供专业化的征信服务。专业化的征信机构在发展的过程中又促使商业主体基于信息应用加快产品与服务的创新，推动了商业信用进一步蓬勃发展。

（2）金融体制改革催生了金融领域征信的产生。征信体系是重要的金融基础设施，是获得便利金融服务的必要条件。我国金融领域内的征信体系建设是随着金融体制改革的深化、金融市场的逐步完善而产生和发展的。20 世纪 90 年代，四大国有银行开始由专业银行向商业银行转型，实行市场化运作，客户群体多元化，同时一些股份制银行和地方性银行陆续设立，加剧了金融市场的竞争；2003 年以后，国家开始对国有商业银行实行股份制改造，提高银行经营管理水平和风险防控能力，维护金融稳定，发挥金融在经济中的核心作用。在金融体制改革中，中央银行、商业银行开始逐步认识到，征信对于防范信用风险、降低融资成本、维护金融稳定和改善金融生态方面的作用至关重要。

（3）对外开放促进了我国征信机构的产生和发展。改革开放以后，特别是加入世贸组织后，随着我国经济逐步融入世界经济发展格局，国内企业与国外企业之间的经济交往越来越频繁。规避外贸风险，了解交易对象信用状况需求日益增加，基于以往对外经贸往来中交易记录基础上的信用信息服务加速了我国早期企业征信机构的产生。与此同时，国际知名征信机构进入我国市场，为我国征信业发展提供了先进成熟的经验和技术，进一步推动了本土化的征信机构与外资征信服务机构的交流与合作。

（4）社会信用体系建设推动了征信业的发展。2007 年，《国务院办公厅关于社会信用体系建设的若干意见》指明了我国社会信用体系建设的方向，提出"培育和发展种类齐全、功能互补、依法经营、有市场公信力的信用服务机构，依法自主收集、整理、加工、提供信用信息"。2011 年，党的十七届六中全会对社会信用体系建设提出了更高的要求。应该看到，社会信用体系的基础在于信用信息的归集与应用。在政务信息方面，依赖于政务信息的公开；在非政务信息方面，主要依靠征信体系的完善。因此，征信作为社会信用体系建设的重要组成部分，具有巨大的发展空间和潜力。

1.2.5 新中国征信业发展历程

第一阶段：探索（20 世纪 80 年代后期至 90 年代初期）。20 世纪 80 年代后期，为适应企业债券发行和管理，中国人民银行批准成立了第一家信用评级公司——上海远东资信评级有限公司。同时，为满足涉外商贸往来中的企业征信信息需求，对外经济贸易部计算中心和国际企业征信机构邓白氏公司合作，相互提供中国和外国企业的信用报告。1993 年，专门从事企业征信的新华信国际信息咨询有限公司开始正式对外提供服务。此后，一批专业信用调查中介机构相继出现，征信业的雏形初步显现。

第二阶段：起步（1996～2002 年）。1996 年，人民银行在全国推行企业贷款证制度。1997 年，上海开展企业信贷资信评级。经中国人民银行批准上海市进行个人征信试点，1999 年上海资信有限公司成立，开始从事个人征信与企业征信服务。1999 年年底，银行信贷登记咨询系统上线运行。2002 年，银行信贷登记咨询系统建成地、省、总行三级数据库，实现全国联网查询。

第三阶段：发展（2003～2012 年）。2003 年，国务院赋予中国人民银行"管理信贷征信业，推动建立社会信用体系"职责，批准设立征信管理局。同年，上海、北京、广东等地率先启动区域社会征信业发展试点，一批地方性征信机构设立并得到迅速发展，部分信用评级机构开始开拓银行间债券市场信用评级等新的信用服务领域，国际知名信用评级机构先后进入中国市场。2004 年，人民银行建成全国集中统一的个人信用信息基础数据库。2005 年，银行信贷登记咨询系统升级为全国集中统一的企业信用信息基础数据库。2008 年，国务院将中国人民银行征信管理职责调整为"管理征信业"并牵头社会信用体系建设部际联席会议，2011 年牵头单位中增加了国家发展改革委员会。

第四阶段：扩张（2013 年至今）。2013 年 3 月，《征信业管理条例》正式实施，明确中国人民银行为征信业监督管理部门，征信业步入了有法可依的轨道。2013 年 12 月，中国人民银行发布的《征信机构管理办法》正式实施。2015 年 1 月，中国人民银行印发《关于做好个人征信业务准备工作的通知》，要求 8 家机构做好个人征信业务的准备工作。

我国征信业发展大事记，如图 1 − 1 所示。

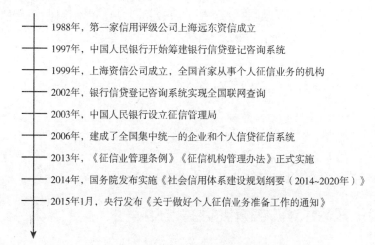

1988年，第一家信用评级公司上海远东资信成立

1997年，中国人民银行开始筹建银行信贷登记咨询系统

1999年，上海资信公司成立，全国首家从事个人征信业务的机构

2002年，银行信贷登记咨询系统实现全国联网查询

2003年，中国人民银行设立征信管理局

2006年，建成了全国集中统一的企业和个人信贷征信系统

2013年，《征信业管理条例》《征信机构管理办法》正式实施

2014年，国务院发布实施《社会信用体系建设规划纲要（2014~2020年）》

2015年1月，央行发布《关于做好个人征信业务准备工作的通知》

图 1 − 1　我国征信业发展大事记

1.2.6　大数据时代征信业的发展趋势

随着信息技术的不断进步，大数据越来越受到关注，其应用逐渐渗透到多个行业，开启了全新的大数据时代。大数据为征信活动提供了一个全新的视角，基于海量的、多样性的数据，征信机构可以获得信息主体及时、全方位的信息，大数据为征信发展提供了新的图景，使征信在数据来源、数据存储和处理、提供产品和服务等方面发生着巨大的变化。

（1）大数据使征信数据来源更广泛。大数据背景下，征信数据来源呈现多元化、多层化和非结构化的特点，更加全面和真实地反映信息主体的信用情况。征信数据来源的广度和深度不断延伸。征信数据的细分度不断发展，征信数据的采集范围越来越多样化。

（2）大数据使征信数据存储和处理方式多样化。它改变了传统的存储方式，"云技术"极大地扩充了存储能力并提高了计算能力。同时大数据推动挖掘技术的进步，多层次数据挖掘已经成为征信数据处理方法之一，通过引入挖掘技术，减少主观判断，提高风险预测的准确性。

（3）大数据使征信产品更丰富，服务范围更广。大数据使征信产品更加丰富和多样化，及时和动态化，能够照顾到不同客户群体的各种细分需求。一些征信机构利用大数据分析平台，收集分析客户的交易行为数据、社交网络数据，用于实现更完整的客户信用行为评估。美国三大征信机构已经向大数据分析转型，服务范围已经远远超出了金融领域，面向经济和社会领域提供服务。如在收集庞大的数据以后，从海量的数据中运用数据分析方法去挖掘和萃取有关信息主体的一些规律性的东西，准确地预测了个体或组织的行为。

1.3　征信对经济运行的影响

各国实践证明，征信通过对经济主体信用活动及时、准确、全面的记录，在揭示风险、提高经济效益、培育社会诚信意识、提供社会管理平台等方面发挥了重要的作用，对金融、经济及社会有着深远的影响。

1.3.1　理论界对征信作用的抽象归纳

根据理论界的研究成果，从抽象的角度出发，可以总结出征信的四大作用，分别为减轻逆向选择、减轻对申请借款者的掠夺、产生违约披露的纪律约束和避免过度借贷。

关于减轻逆向选择。逆向选择是信贷交易在信息不对称情况下发生的问题，不良贷款风险往往来自那些积极寻找贷款的人。在信息不对称条件下，那些不良借款者往往可能采用各种手段骗取贷款机构的信任，从而导致贷款机构将贷款投向不良借款者而非优质借款者，即信贷交易中出现了逆向选择问题。

从理论研究来看，征信活动能使信贷机构有效甄别借款者信用风险的大小。举例来看，当一家企业在一家本地银行发生借贷关系并且信息良好时，则通过信息传递机制的安排，使得这家银行的信息能够为外地的银行所了解，外地银行就像对待自己的长期客户一样来对待这些新的客户。因此，征信有助于改善银行对申请借款者特征的了解和比较准确地预测还款概率，有利于实现对贷款对象的优化和贷款定价的合理化，减轻逆向选择问题。

关于减轻对申请借款者的掠夺。征信可以降低银行从其客户处收取的信息租金（信息租金是指贷款机构凭借自身对中小企业信息的垄断而获得的一种超额利润，贷款机构的利润等于市场平均利润加上信息租金，但是，在信息共享的情况下，这一超额利润将不存在，贷款机构只能获得市场平均利润），原因在于：当银行对借款者的特征认识非常充分时，他们能够比那些不了解情况的竞争对手收取更低的租金，从他所拥有的信息中获取信息租金。

银行自身所拥有的信息优势赋予银行享有对其拥有的客户一定的市场垄断权力，产生了对客户的掠夺行为，而客户预期未来银行可能会收取掠夺性利率，借款者将降低合约履约的努力。这种局面将会导致更高的违约和利率，可能会导致信贷市场的崩溃。然而，如果银行互相交换信息，将会保证借款者的信息能够有效共享，银行收取信息租金的能力将会受到约束，这意味着融资项目中所产生的总剩余中将有更大的部分为借款者所获得，借款者从贷款中所获得的净福利提高。因此，借款者将有更大的动力去确保他们所投资项目的成功，从而降低了违约的可能性，银行收取的利率将伴随违约率的降低而降低，相比于没有信息传递时的情况，总的贷款额将会增加。

将各家银行的信息汇集，保证借款者的信息能够及时传递到信贷市场，有助于降低各家贷款机构的信息优势和隐含的租金，迫使每个贷款机构的贷款价格更具竞争力。利率的降低提高了借款者的净收益，增加了他们还款的动力。因此，通过征信活动，促使信息在银行之间传递，减轻了银行从关系客户中所榨取的信息租金。贷款机构也有动力去组建征信机构，实现信息共享，保证信息在贷款机构之间的传递。当申请高额的潜在借款者的可选择机会多时，贷款机构越有动力去推动借款者的信息在银行间共享。

关于产生违约披露的纪律约束。即使没有掠夺行为，银行之间也存在共享借款者记录的动力。因为银行共享借款者的违约信息，对借款者而言，会产生一种纪律约束：违约行为变成了较差的信号，其他银行在对其放贷时会考虑到信用风险溢价，执行更高的利率，甚至拒绝贷款。为了避免这种惩罚，借款者将会更加努力偿还贷款，从而降低信贷市场的违约率和利率，增加信贷市场的贷款金额。这一机制提高了借款者的还款激励，减少了道德风险和商业银行的损失，是银行共享借款者的动力之一。

关于避免过度借贷。借款者会同时向好几个放贷款机构申请信贷，并且经常能从多个放贷机构那里获得贷款。正如 Ongena 和 Smith（1998）的研究显示，在大部分国家，尤其是对大国来说，多银行借贷关系是很常见的。在某些国家，可同时借贷的银行数量相对较小，例如英国、挪威、瑞典，平均数量少于 3 家，爱尔兰、匈牙利、波兰、荷兰、瑞士和芬兰，平均数量为 3～4 家，但其他国家可同时借贷的银行数量非常大，例如意大利、法国、西班牙、葡萄牙和比利时等，有 10 家以上，我国也是如此。

从借款者的角度来看，保持多银行借贷关系有如下优势：一是不同的贷款机构之间相互竞争，有助于减少借贷成本；二是每个贷款机构只需承担较低的信用风险，因此在利息收取上他们会要求较低的风险溢价补偿；三是从多家贷款机构贷款，能够使借款者避免任何一家贷款机构突然收回贷款或减少信用贷款最高限额的风险，从而免于流动性冲击的风险。

如果每个潜在的贷款机构不能确切知晓借款者从其他贷款机构已经或者能够获得的信贷额的信息，多银行贷款关系的成本会逐渐加大。站在单个贷款机构的角度看，一个借款者的风险大小依赖于它对该借款者的债权到期时该借款者的负债总额。然而如果贷款机构不知此信息，借款者就有动机过度借贷。例如，考虑一个借款者从两家银行借款的情形，两家银行都没有告诉对方借款者从自家借出的贷款数额，假设借款者的违约概率是其负债总额的增函数，当该借款者向两家银行中的一家申请贷款时，每多借一美元就会减少对另一家银行本金和利息偿付的概率，而另一家银行却不能修改借贷合同条约来对该借款者的这种行为做出反应。因此，借款者要对总负债支付的期望利息负担是总负债的减函数，他就有动机过度借贷。

考虑到这种道德风险，贷款机构在发放贷款时会实行信贷配给，而且（或者）要求支付更高的利率，甚至拒绝所有的信贷申请，除非借款者有担保或条约限制负债总额。如果贷款机构达成一致协议，同意相互披露对每个借款者贷款额度和信贷最高限额，这种道德风险就可以避免。这表明，当贷款机构共享贷款余额信息时，将会增加放款额度，并且可能会改善提供给借款者的利率条款。

1.3.2　征信在经济运行中的功能

征信在促进信用经济发展和社会信用体系建设中发挥着重要的基础作用。主要表现在以下几个方面。

（1）防范信用风险，促进信贷市场发展。我们知道，随机波动理论认为，股价波动遵循随机波动，呈现典型的马尔可夫性质，股价过去的历史和从过去到现在的演变方式与股价的未来变动不相关。但是，对于单一个体而言，人类行为在很大程度上则具有路径依赖的特点，预测一个人未来行为的最好方法是看其过去的表现，这一点成为社会信用体系建设的理论基础。

银行如果不了解企业和个人的信用状况，为了防范风险，就会采取相对紧缩的信贷政策。通过征信活动，查阅受信方以前的历史记录，商业银行能够比较方便地了解企业和个人的信用状况，采取相对灵活的信贷政策，扩大信贷范围，特别是对缺少抵押品的中小企业、中低收入者等边缘借款者。

（2）服务其他授信市场，提高履约水平。现代经济的核心是信用经济，授信市场包含的范围非常广泛，除银行信贷外，还包括大量的授信活动，如企业和企业（多以应收账款形式存在）、企业和个人（各种购物卡、消费卡等）、个人与个人（借款）之间的授信活动，一些从事授信中介活动的机构如担保公司、租赁公司、保险公司、电信公司等在开展业务时，均需要了解受信方的信用状况。

征信活动通过信息共享、各种风险评估等手段将受信方的信息全面、准确、及时地传递给授信方，有效揭示受信方的信用状况，采用的手段有信用报告、信用评分、资信评级等。

（3）加强金融监管和宏观调控，维护金融稳定。通过征信机构强大的征信数据库，收录工商登记、信贷记录、纳税记录、合同履约、民事司法判决、产品质量、身份证明等多方面的信息，以综合反映企业或个人的信用状况。当从更为宏观的角度进行数据分析时，则可以整合出一个企业集团、一个行业和国家整体的信用风险状况，因此，可以按照不同的监管和调控需要，对信贷市场、宏观经济的运行状况进行全面、深入的统计和分析，统计出不同地区、不同金融机构、不同行业和各类机构、人群的负债、坏账水平等，为加强金融监管和宏观调控创造了条件。

征信对监管者的帮助主要有两个：监控总体信贷质量、测试银行是否满足监管要求（尤其是满足新巴塞尔资本协议要求）。征信对宏观调控者的帮助主要体现在通过整体违约率的测算来判断经济目前所处的周期，例如，意大利的监管机构就利用征信数据库来测算商业银行的资本金要求、总体风险构成等，作为对商业银行进行监管依据的外部补充。

（4）服务其他政府部门，提升执法效率。根据国际经验，征信机构在信息采集中除了采集银行信贷信息外，还依据各国政府的政府信息公开的法规采集了大量的非银行信息，用于帮助授信机构的风险防范。在这种情况下，当政府部门出于执法需要征信机构提供帮助时，可以依法查询征信机构的数据库，或要求征信机构提供相应的数据。

通过征信活动，使政府在依法行政过程中存在的信息不对称问题得到有效解决，为政府部门决策提供了重要的依据，这些依据主要是通过第三方反映出来的，信息的准确性比较强，有效地提高了执法效率。

（5）有效揭示风险，为市场参与各方提供决策依据。征信机构不仅通过信用报告实现信息共享，而且，会在这些客观数据的基础上通过加工而推出对企业和个人的综合评价，如信用评分等。通过这些评价，可以有效反映企业和个人的实际风险水平，有效降低授信市场参与各方的信息不对称，从而得到市场的广泛认可，从而做出更好的决策。

根据学者的研究，这些综合评价主要有两个作用：一是信号传递作用，通过这些综合评价，将新信息或现有的信息加以综合，提供给市场，市场根据这些综合评价所处的信用区间，对受信方的信用状况做出一个整体的评价；二是证明作用，满足一定门槛的信用评分，往往成为监管者规定取得授信的条件之一。

（6）提高社会信用意识，维护社会稳定。在现代市场经济中，培养企业和个人具有良好的社会信用意识，有利于提升宏观经济运行效率。但是，良好的社会信用意识并不是仅仅依靠教育和道德的约束就能够建立的，必须在制度建设上有完备的约束机制。以美国为例，美国国民的社会信用意识和遵纪守法意识比较强，主要是靠完善的制度约束达成的，当制度约束缺失时，国民的社会信用意识和遵纪守法意识也会面临严峻的挑战。

征信在维护社会稳定方面也发挥着重要的作用。实践经验表明，不少企业和个人具有过度负债的冲动，如果不加约束，可能会造成企业和个人债务负担过重，影响企业和个人的正常经营和活动，甚至引发社会问题。有的国家就曾发生过信用卡过度发展，几乎酿成全民债务危机。一些西方国家建立公共征信机构的目的之一就是防止企业、个人过度负债，维护社会稳定。在我国，征信活动有助于金融机构全面了解企业和个人的整体负债状况，从制度上防止企业和个人过度负债，有助于政府部门及时了解社会的信用状况变动，防范突发事件对国计民生造成重大影响，维护社会稳定。

综上所述，正是因为征信能够帮助实现信息共享，提高对交易对手风险的识别，所以，征信在经济和金融活动中具有重要的地位，构成了现代金融体系运行的基石，是金融稳定的基础，对于建设良好的社会信用环境具有非常深远的意义。

1.3.3 征信微观经济效益的具体表现

从 1992 年开始，在中国人民银行的主导下，我国逐渐建立起来全国统一的企业和个人征信系统。它基本覆盖所有征信机构、覆盖了每一个有信用活动的企业和个人，已经成为我国重要的金融基础设施。这个征信系统的作用非常巨大。

清华大学经济管理学院在相关的研究报告中指出，2012 年征信系统拉动我国国内生产总值（GDP）增长 0.33%。其具体数据如下：报告估算，2008 ～

2012 年，征信系统每年平均改善 4103 亿元人民币的消费贷款质量。而每年由于征信系统带来的总消费增加平均约为 2458 亿元人民币。报告还指出，征信系统对企业贷款结构的改善大有裨益。具体体现在两个方面：一是有信用记录的小微企业更容易借到款；二是征信系统促进了银行对于小微企业贷款的增长。2012 年对于没有信用记录的小微企业，授信机构的平均贷款批准率为 28.87%，而对于有良好信用记录的小微企业，批准比例为 54.56%，几乎是前者的两倍。通过计算得出，2012 年征信系统促进大型、中型企业的新增贷款分别为 347 亿元、370 亿元，占同类新增贷款总额的 3.21% 和 3.08%；而促进小微企业的贷款总额为 6750 亿元，占到了小微企业新增贷款总额的 27.55%。

　　报告显示，征信系统给银行带来收益。具体表现为：征信系统投入使用后，在 2011 年为银行带来的收益达到 682.9 亿元，2012 年增长到 801.6 亿元，2012 年贷款周转率比去年同期提高了 0.07 个百分点，同期银行不良贷款率也有所下降。从贷款及信用卡审批效率上来看，征信系统的使用明显缩短了审批时间，大大提高了审批效率，加快了信贷资金的周转率。同时，征信系统在金融普惠方面也有显著的促进作用。2007 ～ 2013 年，个人系统覆盖的人数增加了 40.77%，企业系统收录的企业和组织个数增加了 44.21%，平均每年首次获得信贷资金的个人和企业分别占 4.57% 和 1.13%。

　　在企业信贷市场方面，征信的作用具体体现在以下几个方面：一是有效提高信用配置效率。银行通过与征信机构的合作可以更好地了解贷款申请人的资信状况、申贷项目的风险，从而更精确地预测还贷可能性，以此对贷款进行合理定位。二是节约信息获取成本。银行通过企业征信机构获取信息，可节约成本，如时间、人员、费用。专业化的征信机构在收集信息上有成本优势，所提供的信息也更加全面。三是促进信贷市场竞争。银行可通过对征信产品的利用，获得竞争优势。如果各银行共享信息，每个贷款人都必须提供更加具有竞争力的贷款报价，换言之，征信系统的充分发展可以促进信贷市场的竞争。四是约束借款者行为。征信机构可以汇集各方面信息，揭示借款者的债务全貌，预防借款者多头借贷、过度借贷。五是企业征信对于解决我国目前最严重的企业信用问题之一：企业间相互拖欠货款，是一个不错的途径。信用风险产生的根本原因是信息不对称。企业征信将企业信用信息商品化，减轻交易中存在的信息不对称状况。企业可通过征信机构了解交易对方的资信状况，评估交易风险，选择诚信的交易伙伴，减少违约、拖欠货款的发生。六是企业征信代表了一种"事先防范优于事后救济"的捷途，可做到"事半功倍"。

第2章　传统征信机构与业务

2.1　征信机构概述

2.1.1　征信机构的含义

征信机构是指依照一定的法律条件设立，主要从事对个人、企业及其他组织的信用信息进行采集、整理、保存、加工，并向信息使用者提供服务的机构。国外经常用 Credit Bureau、Credit Registry、Credit Reference Agency、Credit Reporting Agency 等来表述征信机构。

在实践中，各国对征信机构的定义并不一致，如美国的征信机构包括消费者信用报告机构、商业信用调查机构、评级机构，其中"消费者信用报告机构是指任何出于收费、产生应收账款或合作性的非营利目的而经常性从事消费者信息收集或评估的机构，它向第三方提供消费者信用报告，以及利用州际商务手段或设施来准备或提供消费者信用报告"；"评级机构是具有免费或收取合理费用以在线或其他易获取的方式发布信用评级结果，采用定量、定性或两者相结合的模型进行评级，评级费用由债券发行方、投资者或其他市场参与方单独或共同承担的机构"。韩国将"取得行政许可，从事信用查询业务及其附属业务、信用调查业务及其附属业务、债权追究业务及其附属业务、信用评估业务及其附属业务四种业务中的任一或全部业务的机构"统称为征信机构。俄罗斯则将征信机构界定为"依据俄罗斯法律注册登记，并依据法律从事形成、加工、存储信用记录，提供信用报告以及相关增值服务的商业化信息服务的法人实体组织"。我国的《征信业管理条例》规定"征信机构是指依法设立，主要经营征信业务的机构"。

2.1.2　征信机构的特征

无论是何种定义和范围，征信机构一般具有以下特征。

（1）信用信息主要来源于外部。征信机构主要从第三方机构采集企业或个人的信用信息，既包括银行、保险公司、其他工商业企业以及信息主体自身，也包括公共事业单位、政府部门、法院等机构，这些机构在与信息主体从事交易、实施行政或司法管理以及开展经营活动等过程中产生了企业或个人的信用信息，成为征信机构的主要信息来源。

（2）主要经营征信业务。征信机构是从事信用信息服务的社会中介机构，对信息主体的信用信息进行采集、整理、加工和对外提供，征信机构的所有业务都围绕着信用信息开展，信用信息及其根据信用信息所开发的产品和服务是征信机构的业务核心。

（3）信用信息提供给第三方使用。征信机构自身不使用信息，它只从事信息的采集、整理和加工业务，征信机构采集来的信息经加工整理后提供给第三方使用，用于第三方判定信息主体的信用风险状况，如银行放贷、工商企业选择交易伙伴以及个人信用风险管理等。

2.1.3　征信机构的主要类型

从全球实践来看，征信机构一般分为个人征信机构（credit bureau）、企业征信机构（commercial credit reporting company）和信贷登记系统（credit registry）三种类型，三类机构的经营模式和目标服务市场各有差异。

个人征信机构通常是私营的，是按照现代企业制度建立、完全市场化运作的征信机构，主要为商业银行、保险公司、贸易和邮购公司等信息使用者提供服务。美国是典型的私营征信机构模式，商业化征信机构拥有全面的信用信息系统。

个人征信机构主要为信贷机构提供个人借款者以及微型、中小型企业的信用信息。它们从银行、信用卡发行机构和其他非银行金融机构等各类信贷机构采集标准化的信息，同时还采集各类公共信息，如法院判决、破产信息、电话簿信息，或担保物权登记系统等第三方数据库的信息。此外，它们也会采集一些非传统信用数据，如零售商对消费者的赊销信息，以及煤气、水、电等公共事业缴费信息，有线电视、电话、网络等其他先使用服务后付费服务的缴费数据，以便提供更好、更完善的信用报告。对从未与银行发生过信贷关系的个人以及微型、中小型企业而言，不断拓宽信息来源非常有益，可以帮助它们在没有银行信贷记录的情况下建立起信用档案，从而有效解决因为没有信用档案而无法获得银行贷款的难题。

一直以来，个人征信机构主要采集个人信息。近年来，随着微型以及中小企业信贷业务的发展、信息技术的进步，越来越多的个人征信机构开始采集微型以及中小企业的信用信息，并提供其信用报告。根据世界银行《2012 全球营商环境报告》对全球 100 家个人征信机构的调查，超过 80% 或多或少都采集企业信息。这样做的好处是可以把对企业与业主的信用评估结合起来，因为微型和中小企业的业主经常把个人财务和企业财务混在一起，所以企业业主的信用记录是评估小企业信用风险的重要参考因素。

个人征信机构通常采取数据提供者自愿报数（通过签署数据共享互惠协议）的模式，广泛采集各类信用数据，并提供多样化的征信产品和服务，帮助信贷机构做出信贷决策。在一些国家和地区，通常是在征信业的发展初期，法律会强制要求有关各方进行数据共享，并使用征信机构的服务，此外，还会赋予监管机构相应的权利，以督促信贷机构加入征信系统并监控其加入情况。

信贷登记系统起源于欧洲。从历史上看，信贷登记系统的建立目的与个人征信机构不同。大多数信贷登记系统最初是作为中央银行的内部数据库而设立，而且目前仍然有很多信贷登记系统用于中央银行的宏观金融监管。根据世界银行的调查，越来越多的国家政府鼓励成立信贷登记系统来监督商业银行的信贷活动。因此，这些数据库通常采集贷款额度在一定金额以上的大额信贷业务数据。最初，信贷登记系统的信息仅限于央行内部使用。但随着时间的推移，信贷登记系统也开始向受监管的信贷机构提供信用报告。而且，随着消费信贷的发展，信贷登记系统普遍降低或取消了数据采集门槛。在许多国家，如法国、阿根廷、西班牙、秘鲁、意大利、比利时等，信贷登记系统已经开始提供与个人征信机构类似的产品和服务。通常，法律要求所有受监管的金融机构都要向信贷登记系统报送数据。

信贷登记系统既采集个人信息，也采集企业信息。个人信息通常包括个人的身份验证信息、贷款类型和贷款特征信息、负面信息、担保和保证类信息以及还款记录信息。企业信息通常包括企业的身份标识信息、企业主的信息、贷款类型和贷款特征信息、负面信息和还款记录。

企业征信机构提供关于企业的信息，这些企业包含个人独资企业、合伙企业和公司制企业，并通过公共渠道、直接调查、供货商和贸易债权人提供的付款历史来获取信息。企业征信机构所覆盖的企业在规模和经营收入上都小于信用评级机构所覆盖的企业，其采集的信息一般用于信用风险评估或信用评分，或是用于贸易信用展期等其他用途。

企业征信机构与个人征信机构的差异体现在以下几个方面：企业征信机构

采集的信息不包括个人敏感信息，所覆盖的交易的规模也大得多。与个人征信相比，企业征信往往需要采集更多的有关企业借款者的支付信息和财务信息。为了保护个人数据主体的权利，个人征信机构会披露数据提供者的身份，但企业征信机构却不会让企业数据主体知道其数据来源或用户的身份。

企业征信机构也可能会采集小企业的信息，但由于其报告的数据项并不适合小企业，所以采集的信息往往有限。正如前面提到的，由于小企业往往不会公开自身的财务信息，所以其企业主的信用记录对评估小企业的信用情况非常有用。但企业征信机构并不采集个人数据。此外，由于微型或小型企业的信用信息采集成本往往较高。因此，与企业征信机构相比，个人征信机构往往能更好地满足对微型和中小型企业的征信需求。

除以上征信机构外，现实中，按照不同的划分标准，还可以对征信机构进行不同的分类，通常情况下按照信息主体、业务方式、所有权或经营主体的不同，征信机构可以分为以下三种。

（1）按照信息主体的不同，可以分为企业征信机构和个人征信机构。企业征信机构主要对与企业信用状况有关的信息进行采集、整理、保存、加工，为客户提供企业信用报告及其他信用信息增值服务；个人征信机构主要对与个人信用状况有关的信息进行采集、整理、保存、加工，为客户提供个人信用报告及其他信用信息增值服务。

（2）按照业务方式的不同，分为信用登记机构、信用调查机构、信用评级机构等。信用登记机构是采用特定标准与方法收集、整理及加工企业和个人信用信息并形成数据库，根据查询申请提供信用报告等查询服务的机构；信用调查机构是接受客户委托，通过信息查询、访谈和实地考察等方式，了解和评价被调查对象信用状况，并提供信用调查报告的机构；信用评级机构是对债务人在未来一段时间按期偿还债务的能力和偿还意愿进行综合评价，并用专用符号标示不同的信用等级，以揭示债务人或特定债务的信用风险的机构。

（3）按照所有权或经营者性质的不同，分为公共征信系统和私营征信机构。公共征信系统主要由中央银行或其他金融监督管理部门建立，并由其内设部门运营，目的是为了防范系统性金融风险；私营征信机构则由不同的市场主体依照各国法律设立，通过市场化运作方式，为各种类型的信息使用者防范信用风险、扩大信用交易机会提供服务。征信机构分类，如图 2-1 所示。

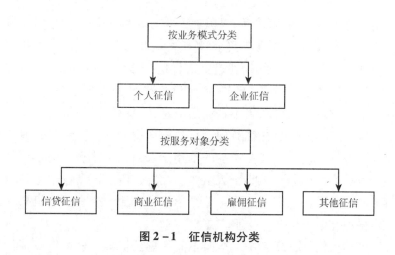

图 2 - 1　征信机构分类

2.2　各国典型征信机构简介

2.2.1　美国典型征信机构

美国是典型的私营征信机构国家。目前，美国形成了三类分工明确的征信机构：一是企业征信机构，典型代表为邓白氏公司；二是个人征信机构，三大代表机构为益百利公司、环联公司和艾奎法克斯公司；三是信用评级机构，标准普尔、穆迪和惠誉三大机构居垄断地位。

（1）我们来看美国企业征信机构。企业征信机构在美国被称为商业信用调查机构，其中最具代表性的是邓白氏公司。邓白氏公司总部设在美国新泽西。1963 年，邓白氏公司发明了邓氏编码用于识别企业身份，在整合企业以及关联企业的各类信息方面发挥了重要作用。2001 年，邓白氏公司分拆为邓白氏和穆迪两家公司，进一步加快了专业化步伐。截至 2011 年，邓白氏公司在全球 30 多个国家设有业务机构，年收入 10 多亿美元，业务广布北美、亚太、欧洲三大区域。

邓白氏公司的核心竞争力主要体现在其全球数据库上。邓白氏公司全球数据库是一个覆盖了超过 2 亿家企业商业信息的海量数据库，收集了来自全球 214 个国家、95 种语言或方言、181 种货币单位的商业信息。全球数据库收集信息的渠道和形式多样，除通过商事登记部门、商业信息提供商、黄页、报纸和出版物、官方公报、商业互联网、银行和法庭等常规外部渠道外，有时还采取拜访和访谈的形式收集信息。企业经邓白氏注册后，将建立一个专属的企业资信档案，存储在数据库中，供潜在合作伙伴调阅。进入全球数据库的企业信息必须完整且经若干年连续记载，及时更新和补充，以保持数据的动态化和有效性。

基于全球数据库，邓白氏公司主要为企业提供两大类产品和服务：一是信用风险管理解决方案，用于降低市场交易中的商业信用风险，主要包括商业资讯报告、在线监控服务、风险控制与管理系统、信用管理咨询服务和供应商管理五大内容；二是市场营销方案，帮助客户更加快捷地识别和拓展潜在客户，具体服务项目包括商业资料名录、目标客户定位、营销专案服务、资料库更新及管理方案等。

（2）我们来看美国个人征信机构。个人征信机构在美国被称为消费者信用报告机构。最具市场代表性和影响力的当属艾奎法克斯、环联两家。

艾奎法克斯创立于 1899 年，是三大消费者信用报告机构中历史最悠久的一家，当时称为零售业征信公司，总部设在美国亚特兰大，在 20 世纪 60 年代发展成为美国最大的消费者信用报告机构之一。1975 年，其更名为艾奎法克斯公司，并开始在美国、加拿大和英国开展商业信用报告业务。目前，艾奎法克斯已成为美国纽约证券交易所的上市公司，是标准普尔 500 指数的成分股，在北美、拉美、欧洲等 18 个国家均设有分支机构。

环联公司成立于 1968 年，总部在美国芝加哥。成立之初，环联主要通过技术投资提高设备的信息处理能力，是第一家通过自动化技术更新应收账款数据的征信机构，开发出了第一个在线信息存储及恢复处理系统。1988 年，环联的消费者信用信息采集范围扩大至全美，实现了信用信息的及时更新。2000 年以后，环联先后并购 True credit 和 Credit Bureau of Cook Country（库克郡信用局），进入了直接面向消费者的市场，推出在线服务，向消费者提供信用保护和价值提升务服。截至 2011 年，环联的服务范围已覆盖全球 23 个国家，保存了超过 5 亿消费者的信用记录，帮助超过 45000 家企业管理风险、降低成本和提高业务决策能力。

艾奎法克斯和环联都凭借高度成熟的数据检索和整合的信息应用技术，对掌握的个人信用信息进行了深入挖掘，开发和提供了信用评分、信用管理风险控制、预防欺诈、行业分析、市场前景预测、客户筛选等一系列增值信用产品，帮助客户识别潜在风险、制定营销策略和调整经营战略等。艾奎法克斯和环联提供的信息服务也各具特色。艾奎法克斯的个人信用报告有两大特点，一是将账户信息分为"正常账户"和"已注销账户"两类进行分别展示；二是提供每个账户最近 81 个月的信贷历史记录，在三大消费者信用报告机构中时间跨度最长。环联的个人信用报告也有两大特点，一是记录的就业信息最为全面，包括当前和历史雇主信息、录用日期和服务年限等；二是将消费者账户分为状态良好的账户和存在不良的账户，并通过绿色、白色、黄色、橙色和红色等不同颜色区分账户状态，使信用报告更加便于阅读。

（3）我们来看美国信用评级机构。经过一百多年的发展，国际信用评级行业已形成以美国评级机构为主导的基本格局。其中，标准普尔、穆迪和惠誉三大评级公司在全球超过110个国家开展业务，覆盖了包括主权评级、非金融企业评级、银行评级、结构融资评级等主要评级业务类型，在全球评级市场中居于垄断地位。

标准普尔评级服务公司由标准统计局和普尔出版公司于1941年合并而成，总部位于美国纽约。成立当年，出版了用于公司债券统计和评级的新《债券指南》，包含7000种市政债券的评级清单。1941年，标准普尔开始使用IBM电子打卡系统来搜集和存储美国公司信息，由此进入计算机自动化时代。1975年，标准普尔与穆迪等一起被美国证券交易委员会确定为首批全国认可的统计评级机构。20世纪70年代后期，标准普尔的债券专家委员会计划开始实施，成为第一家成立专家委员会解释其评级标准和第一家将前瞻性预测体现在评级报告中的评级机构。2014年，标准普尔有1000多个分析师分布在全球25个国家，拥有雇员6000多人。

穆迪投资者服务公司创立于1909年，隶属于穆迪公司（Moody's crporation），总部位于美国纽约。成立当年，穆迪首创对铁路债券进行信用评级，并以简明的符号表示对债券投资价值的分析结果。至1924年，穆迪评级几乎覆盖了整个美国债券市场。1962年，穆迪被邓白氏收购，成为邓白氏的子公司。2001年，邓白氏公司进行改组，将邓白氏和穆迪分拆成两家独立的上市公司。自20世纪80年代起，穆迪不断拓展其海外业务市场，2014年穆迪已在多个国家设有分支机构。

惠誉国际信用评级公司总部位于美国纽约和英国伦敦，其前身惠誉出版公司创立于1913年，最初是一家金融统计数据出版商。1924年，惠誉公司首次推出从"AAA"级到"D"级的评级体系，并很快成为业界公认标准。20世纪90年代，惠誉在结构融资评级领域取得重大进展，为投资者提供独家研究成果、对复杂信用评级的明晰解释以及比其他评级机构更强大的后续跟踪评级。1997年，惠誉与总部位于伦敦的国际银行信贷分析公司（IBCA）合并，成为在美国纽约和英国伦敦拥有双总部的国际评级机构，这是惠誉迈向全球化的第一步。2000年，惠誉收购世界最大的银行评级机构——Thomson集团下的Bankwatch评级公司，进一步巩固了国际竞争地位。到2014年，惠誉已在全球30多个国家提供金融信息服务。

在长期的评级实践中，三大机构积累了丰富的评级经验，建立了比较完善的信用评级制度，归纳起来主要包括：一是信用评级委员会制度。所有信用等级的确定、调整与撤销等都要经过信用评级委员会讨论通过。二是跟踪评级制度。信用等级发布后，评级机构继续对宏观经济形势、产业发展趋势以及受评对象自身情况的变化保持关注，并发布定期和不定期的跟踪评级。三是"防火墙"制度。即避免利益冲突制度，旨在保持信用评级行为的客观性和独立性，使评级结果免受来自内部和与评级机构有利益关系的第三方的不适当影响。四是保密制度。对评级过程中发行人提供的非公开信息实行严格的保密措施，以保护发行人利益。

2.2.2　欧洲典型征信机构

欧洲是征信业发达的区域之一，与美国的私营发展模式不同，在一百多年的发展历史中，逐渐形成了以德国为代表的公共征信系统和私营征信机构并存、以法国为代表的公共征信系统和以英国为代表的私营征信机构三种模式。

（1）德国征信机构——公共征信系统。德意志联邦银行信贷登记中心成立于 1934 年，是世界上最早建立的公共征信系统。受 1929～1933 年经济危机影响，1931 年德国第二大银行达姆斯特国际银行瓦解倒闭，银行业信贷风险巨增。为缓释银行信贷风险和加强银行监管，1934 年出台的《德意志联邦银行法》授权德意志联邦银行建立公共征信系统，并规定信贷机构有义务向其报告大额贷款业务信息。之后，《德意志联邦银行法》经 6 次修订，不断扩大公共征信系统的业务报送范围和调整贷款信息报送门槛。德国公共征信系统对征信数据的应用主要依托大额贷款数据库 BAKIS - M 和研究分析子系统——MiMiK 系统。自 20 世纪 30 年代中期起，德意志联邦银行信贷登记中心开始建设 BAKIS - M 系统，并于 20 世纪 90 年代初实现档案电子化，2000 年起实现互联网查询。BAKIS - M 系统同时采集企业和个人的正、负面信息，数据报送机构包括商业银行、财务公司、保险公司、信用卡公司等，登记大额贷款占比接近德国信贷业务总额的 80%。系统定期提供信贷机构补充财务报表、基于偿债能力原则的 SA3 报告、基于流动性原则的 LI1、LI2 报告以及月度资产负债表等信用产品，供德意志联邦银行、银行监管当局和数据报送机构使用；数据报送机构可向系统申请查询单个借款者或关联借贷主体的信息；信息主体可以免费获取自身信用报告，并针对数据库中的信息向数据报送机构提出异议。德国公共征信系统为监管部门和信贷机构提供了大量的实际案例和数据支持，实现了加强审慎监管和风险控制、促进信息共享和信贷投放的目的。

德国的另一个征信机构为舒发公司，它是德国最大的个人征信机构，主要从事个人信用信息服务。公司于1927年成立于柏林，当时为了有效监督电力、燃气等消费者，电力、燃气公司以协会的形式成立该公司，后来，随着信用消费的发展，金融机构、电信通讯公司、贸易商、商业公司、邮购公司也先后加入。目前，该公司股份被银行等各类金融机构和贸易、邮购及其他公司持有。公司实行会员制，其会员即为其客户，通过签订合同约定彼此之间的权利义务关系，会员主要有商业银行、储蓄银行与合作银行、信用卡公司、融资租赁公司、贸易商与邮购商、能源供应企业、电讯通信企业、催债公司等；主要收集身份信息、负面信息、银行透支信息、金融机构类会员提供的信用额度、贷款及还款信息、抵押借款信息、租赁及分期付款信息、抵押事项、信用卡支付信息和支票存款账户往来信息以及从官方登记与公布事项中收集债务人名册、工商登记案件、破产清算事项等信息。

（2）法国征信系统。法国征信体系建设采用典型的公共征信系统模式。1946年，法兰西银行成立信贷登记服务中心，信贷机构由此开始报送贷款数据。法国公共征信系统下设企业信贷登记系统（FIBEN）和个人信贷登记系统（FICP）两个数据库。1959年以后，法国的社会保障组织接入公共征信系统，向系统报送公共事业欠费信息。1984年法国颁布的《银行法》拓宽了公共征信系统的信息采集范围，要求所有银行和信贷机构（包括社会保障组织、租赁公司以及法国的外国银行分支机构）必须定期报送一定贷款额度以上的贷款数据。1993年，法国信托局接入公共征信系统。2006年，法国公共征信系统的贷款金额报送门槛由原来的7.6万欧元降低至2.5万欧元。

企业信贷登记系统采集的信息主要来源于金融机构，包括企业的描述性信息、信贷信息、财务数据、支付与风险相关信息、法律信息等。截至2013年，数据库共收录了800多万户企业、30多万份财务报表信息。系统数据在有限范围内共享，只有获得授权的法兰西银行职员和金融机构职员才能使用公共征信系统。FIBEN数据库提供的主要服务包括：为各金融机构提供信用报告查询；每月按照企业类型、贷款种类、行业、地区等相关比例进行统计分析并出具报告，供中央银行和金融机构决策参考。此外，法兰西银行还利用数据库为企业免费提供滚动评级，定期向货币当局、金融监管部门和金融机构提供违约率和破产企业数量。评级结果分为13个等级。

个人信贷登记系统建立于1989年，只采集个人基本信息和负面信息，包括分期付款贷款、租赁、个人贷款和透支的逾期情况等。信贷机构每次向系统报送信息时必须口头告知信息主体本人并经同意；系统每次发布信用报告时必须取得信息主体的书面授权，未经个人授权，个人信用信息不得向第三方提供。截至 2013 年，系统收录自然人 1000 多万人，公共征信系统覆盖率近 50%。FICP 数据库主要为信贷机构提供评估借款者还款能力服务，个人也享有向系统免费查询自己信息的权利，并可针对数据库中的信息向报数机构提出异议。

（3）英国的私营征信机构。益百利是全球最大的个人征信机构，总部位于爱尔兰都柏林。1996 年，英国大型企业集团 GUS 收购了位居美国消费者信用报告行业榜首的 TRW 公司的消费者个人信用服务部门，并将其与自己的子公司合并，成立益百利公司。之后，益百利不断通过并购提高公司技术实力和开拓海外市场，逐渐发展壮大。2006 年，益百利从 GUS 分离，在伦敦证券交易所上市，成为富时指数的成分股之一。

2014 年，益百利在北美、拉美、英国和爱尔兰以及亚太地区的 39 个国家设有服务机构；拥有全球 2.7 亿户家庭共计 7 亿多人口的统计数据和超过 500 万个网站的 2500 万网民的在线行为数据，对 28 个国家的 23 亿多消费者进行了类型划分。按照"提供有分析的信息服务产品，帮助机构和个人管理风险，并取得商业和金融决策的回报"的业务思路，益百利主要提供四类服务：一是信用服务，主要提供消费者信息、商业信息和车辆信息三大类信用信息。二是决策分析，在消费者信用数据库上设置风险、营销、挽留等多种类型的触发器，以此为基础提供决策分析意见。三是营销支持，帮助客户将巨大的营销信息资源转化为准确、有预测性的营销策略商业信息，提高客户营销利润和效率。四是互动服务，在美国和英国，消费者只需按月支付一定的订阅费即可安全、在线、无限制访问其完整信用记录。同时，益百利分别通过 Protect My ID. com 和 Protect My ID. uk 网站向消费者提供身份盗窃检测、欺诈解决方案等服务。

2.2.3 日本和韩国典型征信机构

日本帝国征信公司（TDB）是日本最大的企业征信机构，它是一家私营征信机构，其历史最早可追溯到 1900 年，前身是东京一家专门从事资信调查的私家侦探社。经过几次转型后，1964 年，TDB 开始对外提供企业破产信息；1972 ~ 1973 年先后建立了企业财务信息数据库和企业概况信息数据库；1981 年更名为日本帝国征信公司，专门从事企业征信业务和信用市场研究工作。2013 年，TDB 在日本国内有 83 个分支机构，在韩国和美国也设有分支机构，共收集和存储国内 200 多万家企业的各类信用信息，与东京商工占据了日本企业征信市场 60% ~ 70% 的份额。TDB 的业务范围主要包括两方面：一是企业征信业务，提供企业信用信息查询和资信调查服务；二是市场研究及预测，提供经济形势、金融市场分析及研究报告。

株式会社信用信息中心（CIC）、日本全国银行个人信用信息中心（日本银行家协会主办）和日本全国个人信用信息中心（日本信用局联合会主办）并称为日本三大个人征信机构，其中，CIC是日本业务量最大的个人征信机构。CIC是一家私营征信机构，由日本通商产业省（经济产业省的前身）与消费者信用协会共同倡议发起，于1984年正式成立，股东主要包括信用销售公司、信用卡公司、担保公司、消费者金融公司等。CIC采用会员制管理，2013年共有会员单位998家，但尚未在海外设立分支机构。

1987年，CIC与日本另外两大个人征信机构合资建立信用信息网络系统（CRIN），在不同机构间共享负面信息，至1995年已收集个人信贷信息超1亿条；1996年开始提供互联网在线查询服务并设立了信息中心；2001年以来，CIC多次优化系统和调整内部架构以适应修订后《贷款业条例》和《分期付款销售法》的要求，致力于加强与其他信用机构间的信息共享和信用信息保护工作。CIC的业务范围包括收集、存储并提供与消费信贷相关的个人信用信息，信息来源主要为会员单位报送和其他征信机构共享，信息查询服务面向会员单位和个人消费者（个人查询占比较少），截至2012年年底，共采集6亿多条个人信用信息数据，月均查询量达到1600万条。

韩国征信机构由公共征信机构和私营征信机构共同构成。其中公共征信机构共有6家：包括1家综合信用信息集中机构——全国银行联合会和5家个别信用信息集中机构，分别是人寿保险协会、财产险协会、韩国信贷协会、信息通信产业协会和金融投资协会，其中全国银行联合会（KFB）占据着举足轻重的地位。

KFB的前身是韩国银行业的一个协会组织，1984年正式命名为全国银行联合会。自1986年起，KFB就开始提供信用信息管理与咨询服务。1995年，韩国《信用信息使用及保护法》正式指定KFB为信用信息集中机构，负责采集和保存来自全部金融机构和部分公共机构的信用信息。此后KFB在韩国征信体系中一直发挥着基础和核心作用。

KFB的信息采集具有强制性，韩国《信用信息使用及保护法》《信用信息业监督规定》《信用信息管理规约》等法律、法规、协议共同建立了KFB信息采集的保障机制。其信息来源主要包括：金融机构、公共机关和主债务企业。截至2012年，共有4274家金融机构向KFB报送了信用信息，其中包括18家国内银行，2家信用担保基金，1家住房融资公司，1家政策性金融公司，16家外资银行分行，49 家证券公司，36 家保险公司，98 家储蓄银行，60 家信用卡租赁和融资公司，1254 家农渔业合作社，956 家信用联合体和 1148 家社区信用合作社，范围基本涵盖了在韩国境内经营的全部金融机构。此外，有 1337 家其他机构或组织（包括政府机构、法院等）也向 KFB 报送了企业和个人的信用信息。

21 世纪以来，韩国私营征信机构因应征信市场的需求而诞生，并得到长足发展。其规模虽与 KFB 无法比拟，但以其更为丰富的数据信息来源、精致的数据加工方法、多样化的征信产品与服务，在韩国征信体系中发挥着不可替代的重要作用。

韩国私营征信机构一般采取协议批量采集与自行个别采集两种方式搜集企业和个人的信用信息，信息来源主要包括全国银行联合会、金融机构、公共机关、非金融机构、会员公司以及企业与个人等。私营征信机构搜集信息后，通过数据库进行精致加工，根据金融机构、企业、个人等委托客户的需要，提供各类征信产品与服务。主要包括：信用查询服务，即通过采集、加工信用信息，制作并向客提供体现信息主体信用度、交易能力等信用状况的征信产品——信用报告，以及提供有关信用信息使用方面的咨询、顾问服务。信用调查服务，即接受他人委托，调查客户的信用状况，并将其提交给申请人的服务。商账催收服务，即接受债权人委托，对未按照约定及时偿付的债务人进行财产调查，督促偿付或向债务人追讨偿付款，代理债权人行使债权的服务。目前，只有韩国信用信息公司、韩国企业评估公司、韩国信用评估信息公司、首尔信用评估信息公司、韩国信用评估公司 5 家私营征信机构被允许同时提供以上 3 类征信服务，其他私营征信机构因规模、资质所限，只允许提供 3 类服务中的 1～2 类。此外，私营征信机构还还可以依托其拥有的信用信息数据库，向客户提供防欺诈服务、破产预测服务、信用恢复预测服务等多种附加服务。

主要私营征信机构介绍：韩国私营征信机构共有 30 余家，其中韩国信用评估公司（KIS）、韩国信用信息公司（NICE）和韩国个人信用公司（KCB）在征信市场最具代表性。韩国信用评估信息公司于 2002 年 2 月成立，自 5 月开始对外提供短期贷款拖欠信息、身份识别信息及贷款信息查询服务，于 11 月开启了国内首次个人信用评分。2003 年 7 月，该公司与美国三大征信公司之一的环联公司签署了信用评分共同开发协议，并于 2006 年 1 月出台了适合未来消费者金融业的信用评分模式——KIS 消费者金融业信用评分 Score V2.021。该模式与过去的信用评分区别在于：以消费者金融业客户为重点评分对象，以贷款及贷款中介机构为主要服务对象，依托自 2002 年起收集、积累的大量消费者贷款客户信用信息，充分利用环联公司的先进信用评分技术，最大限度地降低了信用评分差错率，预测能力及安全性有了显著的提高。

韩国信用信息公司（NICE）于 2002 年 9 月成立，并于 11 月开启短期拖欠信息共享服务，此服务范围不断扩大。2005 年 4 月，该公司同世界最大的个人征信公司益百利建立了个人征信服务技术引进的战略合作关系。借鉴益百利公司的先进技术，结合国内实际开展信用评分模型的研究与开发，进而向国内金融机构提供了较为先进的个人征信服务——防欺诈识别服务（产品名称：Hunter Ⅱ）。同年，该公司与韩国消费者金融协议会建立了战略业务合作关系，正式启动了消费者金融征信服务。

韩国个人信用公司（KCB）于 2005 年 6 月由国民银行、农协、新韩银行、友利银行、外汇银行、哈那银行、光州银行、庆南银行、三星信用卡、新韩信用卡、现代信用卡、LG 信用卡、三星人寿、教保人寿、大韩人寿、三星火灾、首尔担保保险、现代金融等 21 个国内金融机构出资设立，自 2006 年 2 月起开始提供与主要金融机构共享的个人征信服务，并且能够提供拖欠起始日、拖欠金额等详细不良信息及与贷款、信用卡有关的信用交易情况（偿还金额、使用金额等）等优良信用信息。KCB 研究中心是韩国最大的消费者信用市场研究机构，依托 KCB 庞大的数据库开展市场形势判断、产品开发和消费者信用意识教育等研究。KCB 的业务范围包括两方面：一是向其会员提供基础的信用信息查询服务及客户支付能力预测、反欺诈、经营策略咨询等信用增值服务；二是向社会公众提供与信用管理相关的附加服务，包括个人信用状况查询、账单日变更提示以及针对如何保持良好信用记录的培训辅导等，其提供的 I – PIN 码可替代个人身份证件号码实现网上购物时的支付验证，能有效防止个人身份证号泄露。截至 2013 年，KCB 已采集了 3600 多万条国民信用信息。KCB 与综合信用信息公司——韩国信用评估信息（KIS）和韩国信用信息公司（NICE）不同，是韩国国内独有的个人征信业务专门公司，该公司同身为股东的国民银行等多数金融机构推进信息共享，从此打破了民营征信机构只与于大型金融公司共享信息的格局，并成为个人征信市场中最有力的竞争者，加剧了韩国征信市场的竞争。

2.2.4　中国主要的征信机构

目前我国的征信机构从其隶属关系来看，主要包括由人民银行、地方政府以及社会民营组织组建的三类。

金融信用信息基础数据库（以下简称金融数据库）是中国重要的金融基础设施，其前身是中国人民银行组织建设的全国统一的企业信用信息基础数据库和个人信用信息基础数据库。这两个数据库由中国人民银行征信中心负责建设、运行和维护。收集信息的对象主要是从事信贷业务的机构，包括以商业银行为主体的银行业金融机构，以金融消费公司为主体的非银行金融机构，以及以小额贷款公司为主体的非金融机构等。通过以上放贷机构收集企业和个人的身份信息银行信贷信息等。这些信息经过整理、加工，提供给各类放贷机构，用于贷前审查、贷后管理等目的。

目前，金融数据库提供的信用信息产品不仅被各类金融机构广泛应用在信用风险管理中，而且渗透到经济社会的其他方面。一是促进金融机构提高信用风险管理水平，提升审批效率。金融数据库促进金融机构实现了信贷决策从简单的定性分析向定量分析转化，有效提高了风险管理能力。金融数据库在提高授信申请审批效率、推动解决小微企业融资难问题方面也成效显著。二是为信贷市场健康发展提供了基础保障。近年来，中国信用卡、消费信贷等发展迅速，借款主体不断增加，而不良贷款率逐年下降，金融体系稳定运行，金融数据库发挥了基础性作用。三是支持社会信用体系建设，特别是部分政府部门在财政贴息项目审查、小微企业扶持计划资质认定、企业信用分类管理、集中采购、项目招投标、招商引资、公务员录用等活动中将企业和个人信用状况作为评价指标之一，有效地促进了失信联防惩戒机制作用的发挥。

政府背景的征信系统。《社会信用体系建设规划纲要（2014～2020 年）》明确了建设行业、地方、社会和金融四大领域的信用信息系统的总体框架，提出通过对行业信用信息系统、地方信用信息系统和社会化征信系统三类系统的建设，逐步形成覆盖全部信用主体、所有信用信息类别、所有区域的信用信息网络。不少地方政府部门积极推动地方信用体系建设，由地方政府直接出资，或设立政府独资或控股的征信公司，直接参与社会信用服务系统的建设和经营管理，接收各类政务信息或采集其他信用信息，并向政府部门、企业和社会公众提供信用信息服务。

民营征信机构。相较于金融信用信息基础数据库等公共征信系统，民营征信机构规模相对较小，机构分布与区域经济发展程度相关，机构之间发展不平衡，征信业务收入和人员主要集中在几家大的征信机构上，主要包括企业/个人征信机构和信用评级机构两种类型。

目前，从事个人征信业务的机构在《征信业管理条例》出台后逐渐增加，除传统的个人征信机构外，一些大数据公司也开始介入个人征信市场。如阿里小微金融服务集团下设的芝麻信用有限公司、腾讯集团下属的腾讯征信有限公司、平安集团下属的深圳前海征信中心股份有限公司等机构。从事企业征信业务的征信机构中，主要有鹏元征信有限公司、中诚信征信有限公司等机构。

中国的信用评级机构中，有 9 家从事债券市场评级业务，分别是大公国际资信评估有限公司、上海新世纪资信评估投资服务有限公司、联合资信评估有限公司、中诚信国际信用评级有限公司、联合信用评级有限公司、中诚信证券评估有限公司、鹏元资信评估有限公司、东方金诚国际信用评估有限公司和中债资信评估有限公司。上海新世纪资信评估投资服务有限公司成立于 1992 年，2008 年开始与标准普尔开展评级技术合作；中诚信国际信用评级有限公司成立于 1999 年，2006 年其 49% 的股份被穆迪收购，从此成为穆迪的成员；联合资信评估有限公司成立于 2000 年，2005 年开始与惠誉开展评级项目合作，2007 年惠誉持有联合资信 49% 的股份；中债资信评估有限责任公司成立于 2010 年 8 月，由中国银行间市场交易商协会代表全体会员出资设立，是国内首家以采用投资人付费营运模式为主的新型信用评级公司。上述 9 家评级机构的业务收入、从业人员、机构规模相对较大，业务范围主要包括企业债券评级、金融债券评级、非金融企业债务融资工具评级、结构化融资产品评级等。其他信用评级机构相对来说业务规模较小，从事的信贷市场评级业务主要包括借款企业、担保公司、小额贷款公司信用评级等。

2.3　征信机构的业务

征信业务，是指专业化的征信机构依法对个人、企业等经济组织的信用信息进行采集、整理、保存、加工并对外提供服务的活动。征信业务主要包括信用登记、信用调查、信用评分以及信用评级等。此外，还有一些新的征信业务，如信用风险咨询、身份认证和防欺诈服务、信息市场营销服务等。

2.3.1　各类征信业务简介

征信业务的主体是专业化的征信机构。征信业务的客体较为广泛，不仅包括企业和个人，还包括各种社会组织、金融机构，甚至是政府部门、主权国家等，只要是能够发生信用行为、产生信用信息的主体都有可能成为征信业务的对象。征信业务的产品和服务主要包括信用报告、调查报告、信用评分、评级报告等。

传统征信业务包括信用登记、信用调查、信用评分、信用评级。最早的征信业务是信用调查业务。信用调查机构积累的数据越来越多，并且形成了固定的信息供给渠道，随着信息技术的发展，信用登记业务应运而生。随着信用登记业务的发展成熟，便可利用信用登记业务和信用调查业务所积累的数据，建立评分模型，进而提供评分产品和服务。而信用评级业务，则是由信用调查业务慢慢演变和分离而来。目前，这四项业务已发展成为征信市场上最主要、最普遍的征信业务。

信用登记是征信机构采用特定标准与方法收集、整理及加工个人和企业等信用信息并形成数据库，根据查询申请提供查询服务的活动。

信用调查通常也称为征信调查或资信调查，是指征信机构接受客户委托，通过信息查询、访谈和实地考察等方式，了解和评价被调查对象信用状况，并提供调查报告，为委托人达成交易或处理逾期账款和经济纠纷、选择贸易伙伴等提供参考的活动。

信用评分是信息所有者根据其掌握的大量的关于信息主体的信用信息，运用统计和其他方法，建立信用评分模型，对信息主体未来的信用表现进行预测，并用分数的形式表现出来的活动。

信用评级是由独立的信用评级机构对影响评级对象的诸多信用风险因素进行分析研究，就其偿还债务的能力及其偿债意愿进行综合主人，并且用简单明了的符号表示出来的活动。

无论是哪一种征信业务，他们具有一些共性特征，主要表现在以下四个方面。

（1）信息性。征信业务是提供信息产品和服务的业务，因此信息是征信业务得以开展的基础，收集、整理、保存、加工和提供等各个环节都是围绕信息展开的。但与其他信息服务业务所不同，征信业务所涉及的信息是信用相关信息，是反映或描述信息主体的信用特征和信用价值的信息，而不是信息主体的其他信息。

（2）全面性。征信业务的全面性体现在业务开展所基于的信用信息上应是尽量全面、完整。信息主体所处的是一个开放性的经济环境，职业、资产、负债、生产、经营、管理、环境等要素都会不同程度地影响到信息主体的信用水平。在开展征信业务时，应收集尽可能全面、完整的资料，来反映或评估信息主体的信用状况。如信用登记业务不仅需要收集有关信息主体信贷方面的信息，也需要收集信息主体的行政处罚、公共事业缴费以及诉讼和法院判决等信息；而信用调查、信用评级业务都会通过直接要求信息主体提供、对信息主体及其周边展开调查、从各种公共渠道获得等多种方式来得到信息主体尽可能全面的信息，从而提高调查报告或评级报告的使用价值。

（3）客观性。征信业务基于客观原则，采集、处理、加工而得到的征信产品才更准确，具有参考性和说服力。在实际业务开展中，主要体现在两个方面：

一是征信业务所采集的信息都是信息主体历史信用行为的客观记录，它是基于已发生的事实之上的；二是虽然信息主体提供的或者征信机构调查所得到的信息存在与实际情况不一致的可能，但征信机构通常会采取一定的措施或技术手段来对取得的信息进行进一步的求证和核实，从而提高信息的准确性。

（4）前瞻性。征信业务基于的信用信息是客观的、历史的，但其目的是通过对信息主体以往信用状况的记录、分析，来直接预测或帮助预测信息主体未来的信用风险状况。在几类主要的征信业务中，信用评级、信用评分分别通过评级报告、评分分数来直接揭示信息主体的违约可能性，信用调查和信用登记虽然不直接对信息主体未来可能的信用表现进行预测，但通过向信息使用者提供有关信息主体的分析报告或过往的信用记录，来帮助信息使用者自行判断信息主体未来的风险状况，并做出理智的决策。无论是哪种业务，其本质都是为了揭示信息主体未来的信用风险，是对信息主体违约可能性的前瞻判断。

2.3.2　各类征信业务的比较

（1）我们来看信用登记与信用调查的联系和区别。信用登记业务是最典型、最基础的征信业务。征信机构通过建立数据库系统，将来自不同渠道的信用信息，按固定的格式和频率进行集中、批量采集、登记，并进行归类、整理，根据一定的样式展示、提供。与信用登记类似，信用调查业务也是最为典型和基础的征信业务之一，两者有很多共同之处，如都从尽可能多的渠道采集信息主体的信用信息，都将这些信息进行汇集形成数据库，都利用这些信息和数据形成报告供使用者使用等。在实践中，信用登记业务和信用调查业务可以互为补充，信用登记可以为信用调查提供被调查对象的基础资料，成为信用调查的重要信息来源；信用调查积累的信息也可以作为补充，丰富信用登记的数据库。

信用登记和信用调查业务的区别主要在于信息采集和产品提供的方式不同。信用登记业务的信息采集行为由征信机构主动发起，对信息进行批量、集中采集，信息来源于掌握信息主体信息的部门或机构，所提供的产品和服务是对信息的客观记录和展示，一般不做分析和评价，信用登记形成的信用报告供信息主体和有需求的信息使用者使用；而信用调查是征信机构接受委托人委托之后，对特定的对象展开调查，主要从信息主体处及其相关方采集信息，对特定信息进行分散采集，所提供的产品和服务除了展示信息主体的历史和现有信用状况外，还可能带有征信机构的分析和评价，信用调查业务所形成的调查报告一般仅提供给委托人使用。

（2）我们来看信用评分与信用登记、信用调查的联系和区别。信用评分业务是在信用登记和信用调查业务的基础上开展的，征信机构根据其掌握的大量的信用信息，运用数理统计方法和计算机技术，建立信用评分模型，然后利用模型对目标客户未来的信用表现进行预测，其产品主要通过分数的形式表现出来。由于评分模型的开发通常需要积累足够的历史数据为基础，因此信用评分业务是征信机构发展成熟的标志产品。评分产品既可附于信用报告、调查报告等基础产品之上，也可单独提供给第三方使用。

（3）我们来看信用评级与信用评分、信用登记的区别和联系。信用评级在业务开展的模式和产品提供的形式上与信用调查业务较为接近，如都是根据委托人的委托，通过调查的方式收集信息主体的信息，并通过一定的分析来对信息主体的信用风险状况进行评价，分析报告带有征信业务人员的主观判断；信用评级在业务开展的目的或产品的性质上则更接近于信用评分业务，如都是采用一定的符号或者分数来对信息主体未来的违约风险或信用表现进行预测，都运用一定的模型等技术手段。

信用评级与信用调查和信用评分在业务对象和应用领域具有较大的差异，信用评级的对象更为广泛，除了一般借款企业外，还包括金融机构、主权国家等，但是通常不包括个人，而信用调查主要是针对企业，信用评分主要是针对中小企业和个人；在应用领域上，信用评级主要服务于资本市场，用于衡量发债主体和债项的违约风险，而信用评分主要用于信贷市场，用于衡量借款者的偿债能力，信用调查主要用于商业交易，用于商业交易对手判断是否可以交易，决定交易金额及应收账款期限长短等。

信用评级和信用登记的差别相对较为明显，两者最大的不同点在于：一是数据来源方面，信用登记通常要求数据能够及时、连续、全面和准确，而信用评级相对要求宽松和灵活；二是数据处理方面，信用登记一般只是对数据进行简单加工和整理，而信用评级对于数据的处理方法更为综合和复杂，例如通常会使用模型等技术手段；三是业务规则方面，信用登记只是客观展示信用主体的信用信息，而信用评级则带有人为的主观评价；四是服务对象方面，信用登记服务的对象比较广泛，包括广大企业和消费者个人，而信用评级服务于特定对象，包括投资人、机构、国家等；五是监管要求方面，信用登记强调信息主体权益保护，而信用评级则更注重信息的透明和公开。

2.3.3　其他征信业务

随着征信业务的不断推广，社会对于征信的认识逐步提高，越来越多的领域应用到征信产品，并对征信产品提出了更加多元化的需求。同时，征信机构利用其所积累的海量数据，运用各种数据挖掘、统计和分析手段，创造出各种形式、能够满足市场不同需求的、具有经济价值的征信产品，征信业务的形式也更加多样化。除了前面介绍过的信用登记、信用调查、信用评分、信用评级外，还包括各种信用风险管理、身份验证与欺诈预防、市场营销方案、行业解决方案、外包服务等。此外，随着互联网金融的发展，出现了一些基于互联网和大数据背景下的新型征信业务模式。

信用风险管理。信用风险管理类产品主要是运用信用风险查询、各种信用风险解决方案以及信用风险管理软件，实现对信息主体信用风险的识别、防范和管理。具体又可分为风险提示类产品、申请受理类产品、合规服务产品、关联分析产品等多个品种。其中，风险提示类产品主要用于通知用户消费者信贷行为的变化情况，包括新违约账户信息、新公共账户信息或其他降级信息，从而使用户能够及时对潜在的高风险账户采取行动；申请受理类产品是征信机构提供给授信机构的一系列申请受理服务，为信贷申请的整个过程提供支持；合规服务产品是征信机构向金融机构推出的，能够帮助其更好地履行相关监管规定的一种预警服务产品；关联分析产品主要用于防范欺诈、反洗钱以及整体信用状况分析等方面。

此外，客户关注服务、战略规划服务等产品也是较为典型的信用风险管理产品。例如，美国的一些个人征信机构公司在金融机构针对产生不良贷款加重责任追究的背景下，适时推出了公众债务监测服务，这项服务用来监测借款者从抵押贷款获批到截止日期这段时间内的主要支出情况，帮助金融机构了解借款者的还款风险变化，防范信用风险的发生。

身份验证与欺诈预防。这类产品主要是通过共享已知的欺诈申请和交易信息，提供身份验证、欺诈警示和预防等服务，最大限度地减少欺诈风险。产品通常包括身份识别服务、信用卡核实、欺诈预防管理工具、反洗钱软件等。例如，艾奎法克斯开发的身份验证组合解决方案，就是为帮助用户有效识别身份欺诈而提供的一整套服务，包括身份筛查服务、社会安全号码验证服务、账户验证、身份验证和核实。身份筛查服务是征信机构给出身份欺诈的警示，如错误使用社会安全号码、可疑的电话号码或地址等信息；社会安全号码验证服务是验证社会安全号码与消费者是否匹配；账户验证是验证消费者提供的账户号是否属于该消费者；身份验证和核实是验证消费者提供的身份信息是否真实存在，以及账户申请人提供的身份信息是否属于当事人本人。

市场营销。该类产品不是严格意义上的征信产品，而是征信机构利用庞大的数据信息和专业分析技术，为商业机构提供营销情报和营销管理工具，以提高其经营利润和效率。目前这类服务受制于各国的法律约束，在一些对个人隐私有严格保护规定的国家，市场营销类产品的开发受到严格控制，如英国、意大利等。但是在美国，此类产品已经成为征信机构盈利的重要来源。

行业解决方案。该类产品主要是指征信机构利用自身的信息和技术优势，为行业用户提供全流程的信息服务，帮助用户减少信用风险，提升用户管理客户和市场营销的效率。在这过程中可能会涉及部分消费者个人隐私方面的信息，因此业务的发展视各国的法律制度不同而有所差异。这些行业用户主要涉及汽车业、电信公司、公用事业、卫生保健、金融服务等。例如，新西兰和澳大利亚的威达优势公司的房产评估服务能及时提供有关房产价格和趋势的报告，为消费者买卖房屋或租房提供房地产价格服务，主要产品包括个人房产报告、区域销售历史状况报告、投资者报告、区域概况报告等。银联为账款债务催收部门提供相应的信息技术支持，包括定位服务，提供顾客数据信息便捷连接系统，以更快找到债务人；债务回收最优化排序，以分清账款回收的主次顺序。

外包服务。外包服务是指企业将其非核心的业务外包出去，利用外部优秀的专业化团队来承接其业务，从而能够使企业更加专注于核心业务，达到降低成本、提高效率、增强企业核心竞争力的目的。随着外包服务规模的日益扩大，征信机构为了创造更多的盈利点，利用自身专业优势积极承接各类外包服务。例如，小企业财务交换协会（SBFE）是美国的一个非营利协会，会员由联邦和各州的金融机构组成。SBFE 以签订协议的方式委托艾奎法克斯帮助其管理数据库，提供数据清洗、数据整合、数据分析等方面的服务，帮助其会员机构获取更有价值的信息。此外，艾奎法克斯还承担一些企业和政府税务、薪酬和人力资源管理方面的外包服务，如通过对就业信息和税务信息等进行验证或者对新雇员进行人才资质评估等，帮助客户降低管理成本。

互联网背景下的征信业务。随着互联网金融的发展，依托大数据，以云计算、行为分析技术等为手段的新型征信业务模式正在兴起。这种不同于传统征信业务的新型业态，正逐渐对信用交易，尤其是基于互联网的新型信用交易产生影响，并且发展迅速。基于大数据理论与云计算技术创建信用信息服务平台，全自动、全天候地开展数据挖掘，点对点实时获取企业的动态运营信息，为企业提供信用主人服务。征信机构通过与 P2P 等互联网金融企业合作，采集会员单位的信贷数据，包括借款者基本信息、借款者申请、审批结果、借款合同、还款行为、查询记录等信息，并对这些信息进行加工、整理和保存，对立互联网金融同业信息共享平台。还有的征信机构开始探索基于互联网，在获得信息主体本人授权的前提下，依托政府部门公共服务平台，向互联网金融企业、社交网络、电商平台、金融机构等提供信息主体身份信息的核查比对服务，帮助信息使用者核实信息主体身份信息的真实性。

第3章 互联网金融与微型金融业对征信的需求

3.1 互联网金融与微型金融的关系

3.1.1 互联网金融

3.1.1.1 互联网金融的内涵

互联网金融从字面来看，是互联网与金融业的结合。其内涵是遵循"开放、平等、协作、分享"的互联网精神，主要面对小微企业和大众用户，充分利用互联网技术对金融业务进行深刻变革后产生的一种新兴的金融业态；它并不是只把互联网看成一个渠道，利用互联网工具在网上开展相关金融业务，而是对传统金融模式的一种颠覆，是互联网精神向传统金融业的渗透。但是互联网金融的本质仍是金融。不管互联网展到哪一步，其银行、保险、证券、信托、理财、投资的本质特征并不会发生变化，因为互联网本身永远不会也不可能创造出金融。但互联网崇尚"开放、平等、协作、分享"的精神，为互联网金融发展创造了无穷活力，正因如此，互联网金融得到迅猛发展，并使普惠金融大放异彩。

3.1.1.2 互联网金融的优势

（1）交易成本低。互联网金融模式下，资金供求双方可以通过网络平台自行完成信息甄别、匹配、定价和交易，无传统中介、无交易成本、无垄断利润。互联网金融弱化了金融的中介作用，从而在金融严格监管体系下硬生生野蛮生长出一种不同于商业银行间接融资，也不同于资本市场直接融资的全新的第三种金融模式。一方面，互联网金融企业可以避免开设营业网点的资金投入和运营成本；另一方面，消费者可以在开放透明的平台上快速找到适合自己的金融产品，削弱了信息不对称程度，更省时、省心、省力。

（2）打破时间和地域限制。互联网金融和大数据打破了信息不对称和物理区域壁垒，传统金融模式变革力度加大，互联网金融市场进工步细分，有的偏向互联网端，有的专注线下交易，有的专注中小客户。互联网金融模式下，客户能够突破时间和地域的约束，在互联网上寻找需要的金融资源，金融服务更直接，客户基础更广泛。

（3）满足传统金融忽视的中小客户的金融需求：传统金融业由于具有垄断特征，其服务的对象大多是高价值客户，对广大小额金融需求的客户无暇顾及，而且交易成本较高。而互联网金融的客户以小微客户为主，覆盖了部分传统金融业的金融服务盲区，有利于提升资源配置效率，促进实体经济发展。正是因为互联网金融能满足广大中小客户的金融需求，近年来，随着移动互联网、大数据和电子商务的迅猛发展，互联网金融呈现快速的发展势头。以余额宝为例，自2013年6月起上线，截至2016年6月，累计用户数将近3亿户，余额宝资金规模达到7626亿元，上线至今以日均超过10亿元的增速增长，已成为规模最大的公募基金。

（4）发挥大数据的价值，效率高，能够有效管控风险。互联网金融的核心是大数据，基于大数据的客户信用评价方式改变了金融规则，创新了金融的业务模式，如小微金融等，网上交易和小微金融不仅改变了客户的交易渠道和行为方式，也改变了金融企业的基因。互联网金融采用大数据工程，通过网络自动处理，可以大幅降低营运成本。由于数据充分，事前风险量化较为准确，可大幅降低风险。如阿里金融小额贷款不良率已从两年前的近2%下降至目前的低于1%，已低于银行业整体不良率，信用成本确实较低。

（5）以客户为中心，强调客户体验，服务便捷。互联网金融业务主要由计算机处理，操作流程完全标准化，客户不需要排队等候，业务处理速度快，实现对客户24小时跨市场、跨地区的服务；互联网金融注重客户体验，强调交互式营销，突出用户在享受服务过程中的主动性，针对不同客户推出个性化产品和服务。如阿里小贷依托电商积累的信用数据库，经过数据挖掘和分析，引入风险分析和资信调查模型，商户从申请贷款到发放只需要几秒钟，日均可以完成贷款1万笔，成为真正的"信贷工厂"。

互联网金融具有典型的平台化特征，具有资源开放化、成本集约化、选择市场化、渠道互联网化、运营高效化、用户行为价值化等优点，这些特点是传统金融所不具备的，互联网金融的迅猛发展必将颠覆传统金融业，但这是一个长期的过程。

互联网金融是互联网与传统金融行业相结合的新领域。与传统金融业相比，互联网金融具备中间成本低、操作更便捷、参与度更高、协作性更好、透明度更强等一系列特征。从理论上说，涉及广义金融的互联网应用都是互联网金融，包括但不限于第三方支付、金融电子商务、网络借贷、网络投资理财等。随着

互联网技术、大数据和云计算等方面的发展，互联网与金融业的相互渗透程度
逐步加深，互联网金融已在匹配资金供需、促进金融资源的有效配置方面深入
传统金融业务的核心。尤其是余额宝、理财通等互联网理财产品出现后，客户
数量大量增加，总体规模也快速膨胀，吸引了社会各界人士的关注。

3.1.1.3　互联网金融对传统金融的影响

　　互联网金融对传统金融的冲击，最突出的是对客户的冲击，商业经营必须
有固定的客户群，而不同的互联网企业也都各有高招，比如腾讯用即时通信工
具 QQ "黏"住客户，网易用邮箱"黏"住客户，搜狐用娱乐、体育等产品
"黏"住客户，而新浪的强项则是为名人开通自媒体，这是传统报纸能做到的
吗？互联网时代的新闻门户仅仅靠提供新闻肯定是不行的，而人民网、新华网
等传统新闻企业转型来的新媒体之所以做不到四大门户那么大，关键还是缺乏
"黏"住客户的手段。

　　互联网金融也是一样，阿里巴巴，淘宝本身就有大量的客户，这些客户既
包含他们平台上的电商，也包含网购用户，这些客户就是阿里集团做互联网金
融的基础，而传统银行即使转型做互联网，也没有哪个具备能"黏"住各类客
户尤其是年轻客户的优势。

　　互联网金融不是技术导向的，而是消费者导向的。如今的互联网就是一种
新的生活方式，电子商务已渗透到人们生活里各个角落。

　　面对着这样的变化，银行已逐渐不能够满足未来客户的需求，现在人们更
喜欢足不出户，一切事情通过网络完成。在这强大的互联网金融攻势面前，传
统银行靠改变盈利模式、调整业务结构、改变客户基础、改善服务水平、建立
和引入新的信息管理系统等应变，或许可以稳住一部分市场，但传统银行没法
给人提供全新的网络化生活方式，而这只有互联网企业能提供。现实就是这么
残酷，现在要的是全新的商业经营模式，而非旧有模式的修补或延伸。

　　数据显示，阿里小微信贷的贷款不良率为 0.87%，低于我国银行业 0.96%
的平均水平。供应商利用京东供应链金融平台获得融资的资金成本为每日
0.019%，相当于 7% 的年化利率，远低于同类银行贷款产品的年利率。互联网
金融之所以能做到这一点，依靠的就是其大数据、大网络的科技优势。

　　有了金融大数据的支持，就可以针对不同的用户提供他们需要的产品，无
论是百度金融中心理财平台支持推出的两款金融产品，还是支付宝的余额宝，
都是对用户需求的一种应对。互联网金融能根据海量网民的搜索，捕捉大众用
户的金融需求，以定制化产品深入 80% 的蓝海理财用户，而传统金融业主要赚
得还是 20% 富人的钱，因为很多传统金融的理财都有一个不低的门槛约束着用

户的参与机会。

另外，通过互联网技术，通过大数据、云计算去识别风险，管理风险，能更有针对性，能更好地为小微企业以及消费者的金融需求服务，而传统金融企业至少目前却不具备这样的数据优势。

从银行传统业务角度看，当下是互联网金融主要有第三方支付、网络信贷、网络理财三大部分，这三项也是传统银行的核心业务。如果说支付宝的网络支付让传统银行业领教到什么叫"冲击"的话，那么余额宝的网络理财则让传统银行业领教到了什么叫"危机"，这种冲击就是金融脱媒化，也就是隔绝了客户与银行的联系，比如余额宝正好卡住了银行资金来源的咽喉，切断、截流了相当一部分银行活期存款来源的渠道，正在动摇传统银行的基础和根本。

网络信贷也必将分掉银行很大一部分信贷份额。而这些只是互联网企业业余的做法，如果互联网企业有金融专家加盟，再给银行的高端客户提供资本运作及全方位的金融服务，就能一次将银行的高端客户掏空，彻底将银行击溃。所以，互联网金融对传统银行业的深远影响还只是刚刚开始。

3.1.1.4 互联网金融的风险

虽然互联网金融具有这些优势，但互联网金融是一个新生事物，在发展过程中必将暴露一些问题和风险，具体表现在以下几个方面。

（1）管理弱。主要表现在以下几点：一是风控弱。互联网金融目前还没有接入人民银行征信系统，也不存在信用信息共享机制，不具备类似银行的风控、合规和清收机制，容易发生各类风险问题，目前已有众贷网、网赢天下等 P2P 网贷平台宣布破产或停止服务。二是监管弱。互联网金融在我国处于起步阶段，目前还没有明确的监管和法律约束，处于监管的真空状态，缺乏准入门槛和行业规范，整个行业面临诸多政策和法律风险。

（2）风险不容忽视。虽然互联网提供了新的融资平台，缓解了微贷难，填补了传统金融服务的空白，具有成本低、效率高、服务便捷、突破时空限制等特点，但在发展实践中，互联网金融仍存在较大的风险，主要表现在以下几点。一是信用风险大。目前我国信用体系尚不完善，互联网金融的相关法律还不健全，互联网金融违约成本较低，容易诱发恶意骗贷、卷款跑路等风险问题。特别是 P2P 网贷平台由于准入门槛低和缺乏监管，成为不法分子从事非法集资和诈骗等犯罪活动的温床。自 2013 年以来，淘金贷、优易网、安泰卓越、旺旺贷等 P2P 网贷平台先后曝出"跑路"事件。二是风险易扩散。由于互联网金融采用线上交易，使得金融欺诈更容易发生，也是金融犯罪的新工具。互联网金融的实时性和扩散性更强，容易引发风险扩散，成为风险扩散的助推器。三是网络安全不容乐观。互联网金融的各种端口直接与外部网络连接，容易受到黑客和病毒攻击。CNNIC 研究报告显示，2013 年下半年，有 74.1% 的网民遭遇过网络信息安全问题，总数达到 4.38 亿人，经济损失合计 196.3 亿元。目前，互联网金融安全问题十分突出，网络金融犯罪问题不容忽视。一旦遭遇黑客攻击，互联网金融的正常运作会受到影响，危及消费者的资金安全和个人信息安全。如杭州"跑酷金融"上线 6 天就遭到黑客攻击，被迫关闭；"余额宝"先后出现账户盗用、用户资料泄露等事件。

相比传统金融，互联网金融具有透明度高、参与度广、交易成本低、操作简便、服务边界广等特征，对传统金融和行业监管带来挑战。互联网金融是一种金融服务模式的创新，在实践中，互联网金融要更好地发展，一方面要鼓励金融创新，为互联网金融创造更好的条件；另一方面要加强行业自律，避免风险扩大，从而促进互联网金融走上持续健康的发展轨道，让普惠金融走得更远。

3.1.2　微型金融

3.1.2.1　微型金融的内涵

微型金融最宽泛的理解是金融领域内，相对于大型金融机构、大规模的资金融通而言，资金数额和规模相对较小的金融活动的统称。一般情况下，指的是为中小微企业、创业者、个体工商户、中低收入阶层等提供的、小额度的、可持续的金融产品和服务的活动。随着金融体系的不断扩大，微型金融的概念也在扩大，一是服务对象的扩展。一般传统上说到小微的服务对象，大家想到的是穷人，但现在情况已经发生变化，现在的微型金融对象包括了那些并不贫困，但仍然不能从正规渠道获得金融服务的个人或小型企业。这样的变化，揭示了正规金融体系难以对这些产生自"草根"的个人和企业提供持续的、有竞争力的服务的现实，意味着微型金融体系有着广阔的发展空间与需求。这正是世界各国政府都致力于发展、支持微型金融的原因。二是金融服务的多元化。过去，一提到微型金融，指的就是小微贷款。但如今，这样的概念已经大大拓展，不只是贷款，还有股权的服务、资本金的服务、存款、保险和其他一些增值服务。三是经营主体的多元化。如今经营小微金融的机构已经广泛，主要有五类，即商业银行、信用合作社、非营利组织、村镇银行以及其他非银行类金融机构。

3.1.2.2　我国微型金融的发展历程

微型金融在中国的发展历程已有 30 多年历史。早在改革开放初期，国外就有一些非政府机构在我国云南、贵州、青海等省份进行小额信贷项目的试验，这个过程一直延续到1997年亚洲金融危机爆发为止。事实上，在20世纪90年代，我国金融改革就开始发生巨大变化。1994年中央出台了两项重要规定，一是关于深化金融体制改革的决定，二是关于外汇管理体制和人民币汇率并轨。上述两项规定促使大型商业银行更加注重经营管理，逐步撤并了一些在县、乡设立的金融机构网点，同时原来依附于农业银行的农村信用社实现"行社分离"，另外还成立了三家政策性银行。总的来说，20世纪90年代我国金融发展的重点在城市，而县、乡的金融发展处于收缩状态。

我国微型金融发展的第二阶段始于1998年。1999~2000年，我国政府开始高度重视对小微企业、农民个体户等微型主体的放贷问题。1999年，中国人民银行专门出台文件，明确由国家正规金融机构承担相关贷款，主要是两个贷款项目：一是个人信用贷款，二是联保贷款。这两项贷款最多的时候，大概覆盖了8000万农户，约占2.4亿农户的1/3，这是很了不起的成绩。在1998~2005年，国家正规金融机构开始介入微型金融，这具有特殊意义，其中主要以农村信用社为主，农业发展银行也有一部分，但是比重很少。

第三阶段是2005年至今。在我国经济金融改革不断推进的大背景下，考虑到四家国有大型商业银行要股改上市，基本无暇顾及微型金融，因此从2004年开始，我国正式提出要积极培育和发展小额信贷，2005年进一步提出要发展小额信贷机构。2005年12月，国内五省份7家小额贷款公司成立，标志着比较符合微型金融概念的小微金融机构正式出现。2006年12月，银监会批准成立农村金融"新三类"机构，即村镇银行、贷款公司、农村资金互助社，这些都属于较为正规的小微金融机构。

近年来，我国微型金融发展又出现了一些新情况。农业银行、民生银行、招商银行等专门成立了农村金融事业部或者微型金融业务线，还有一些商业银行单独出资或者合股成立村镇银行，这些都是带有银行牌照的微型金融机构。客观地讲，这几年我国微型金融发展成果非常丰硕。

3.1.2.3 促进微型金融发展的原因分析

目前微型金融业务已经从单一的小额信贷逐步过渡发展为普惠金融模式，日益成为金融领域的热点，究其原因表现在以下几个方面。

（1）中小企业、创业者、个体工商户对资金的需求剧增。目前，以中小企业、小微企业为代表的民营经济已占据国民经济的半壁江山。而小微企业融资难正是制约这一微循环系统活力的重大因素。微金融的发展，能满足这一部分企业的融资需求，促进经济发展。

（2）社会资本广泛而迫切参与投资的欲望。随着经济的发展，中产阶级数量不断增加，他们有着强烈的投资欲望。微金融的发展，为这部分人提供了更加宽广的投资渠道，能有效利用社会闲散资金，同时为资金持有人创造收益。

（3）互联网金融模式为微金融创新提供可能。信息技术和互联网的发展促进金融业务和产品的创新，从而变革金融业务模式，P2P、众筹等金融模式成为微型金融典型方式。

3.1.3　互联网金融促进微型金融向普惠金融转化

通过上面的论述，我们可以发现，我国微型金融发展历程，是一个社会认知水平不断提高、国家政策配套不断跟进的过程。20 世纪 80 年代初期，微型金融还只是停留在引进国外非政府机构项目的阶段，而到了 2000 年前后，国家已经认识到微型金融，特别是小微信贷在解决扶贫方面的重要作用，开始推行正规的金融支持。从小额信贷到微型金融，再到普惠金融，存在一个理论和政策的延续。例如，2006 年前的官方文件都使用"小额信贷"这一说法，2006 年由中央"一号文件"首次官方提出"微型金融"概念。2013 年中国人民银行行长周小川在《求是》杂志发表文章提出金融包容性发展，倡导推动微型金融向普惠金融或者包容性金融迈进。

互联网金融作为一种新兴的金融业态，在促进微型金融向普惠金融转化方面发挥着重要的促进作用。在国务院《关于印发推进普惠金融发展规划（2016～2020 年）的通知》中，特别提出要发挥互联网促进普惠金融发展的有益作用。依托技术创新与商业模式创新，互联网金融能够有效地解决传统金融由于门槛、成本过高而产生的覆盖群体有限、服务质效不高等问题，使更多的人享受到金融的益处，可以说互联网金融肩负普惠金融落实的重任。

3.1.3.1　解决普惠金融可获得性

普惠金融就是要让金融服务下沉到最基层，渗透到实体经济末梢，而对于未能被传统金融体系覆盖或覆盖不足的小微企业、个体经营人群、个人消费者，首先在于金融资源的可获得性。当前，针对他们的金融服务非常稀缺，深层问题在于一个覆盖广泛、规范健全的社会信用体系的缺失，而小额、分散的需求特征，进一步拉升了服务成本。

基于互联网技术、大数据、云计算崛起的互联网金融，能形成大数据风控能力，做好风险管理，降低获客与服务成本，破解普惠金融深化发展难题。大数据技术将信用的价值数据化、可视化，通过高科技、大数据、云计算、互联网等手段，可以把小额信贷等"不可能"变为"可能"。在宜信公司创始人、CEO 唐宁看来，从大格局讲，整个中国的金融创新应该是双轮驱动的增长引擎。

一个是大量未被传统金融服务覆盖的需求，是蓝海市场；另一个是利用科技开掘服务的广度和深度。50 年前的美国也走过我们今天正在走的路，当时没有互联网和大数据，现在我们拥有了移动智能硬件、移动互联、大数据等科技手段，能够尝试利用科技来"弯道超车"，在经济结构转型升级的过程中，借助互联网金融的模式，为普惠金融提供助力，解决长尾小微群体面临的金融服务的"可获得性"、让金融服务真正普惠大众，提高金融资源配置效率，为国家的金融体制改革提供有益支撑。

3.1.3.2　提升普惠金融服务效率

互联网金融的崛起，提升了金融资源配置效率，互联网技术带来金融交易时间、空间的极大突破，金融的普惠功能将借助互联网技术得以更好、更快地提升。相比传统模式，互联网金融平台基于市场需求和技术支撑，可以在业务模式、产品形态和客户服务等方面进行创新，结合了互联网技术与金融双重优势的互联网金融，能更加便捷、高效的服务普惠大众。

互联网金融并非简单地通过线上填写、提交资料，而是金融底层环节互联网化、移动互联网化，利用大数据技术，将散落在互联网各个角落的有价值的数据转化为精准的金融服务，更加注重个性化和定制化的金融服务，为用户提供的金融服务方案更加透明，最大限度地简化用户操作，降低用户参与的门槛，以用户为中心提供便捷、精准化服务，用户只需简单操作，通过大数据智能决策引擎对借款用户的信用资质和还款能力进行判定，大大提升了信用审核的效率和精准度。

通过大数据征信系统，实时进行信用审核，用户体验和服务效率都得到了极大的提升，而这一切都是通过对互联网数据的调取和分析，从而简化用户借款的申请流程，并且提升审核的效率和精准度。比如，宜信宜人贷的极速模式，对用户的授信时长从原来的几小时压缩到一分钟之内，而且仅仅需要用户授权信用卡账单邮箱、电商或社交平台的相关信息，极大地提高了用户体验和放款效率。同时，利用大数据技术，极大地降低了风险。普惠金融在互联网应用推进下，变得更加简洁、易懂、高效。

中国金融业正在经历一场市场化的大变革，互联网金融成为推动利率市场化进程的重要力量，通过市场的力量激活经济体内在活力，真实反映资金供给与需求的关系，丰富了金融业态，成为中国构建多层次金融体系的重要组成部分，带来整个行业生产率的提高，更是从宏观层面提升了金融资源配置效率，推进了金融的服务效率，将进一步破解融资难、融资贵的问题。

互联网金融正在从出借端和借款端共同唤醒经济体系中"沉睡的资金"，让资金流入实体经济，盘活存量，刺激增量，从而调整经济结构，使要素实现最优配置，提升经济增长的质量。随着互联网金融各项监管细则出台，行业终将告别野蛮生长，"劣币驱逐良币"停摆，一些优势、合规经营平台将迎来新的发展机遇期，互联网金融获得新的"监管红利"。

3.1.3.3　促进普惠金融发展创新

互联网金融为推动普惠金融发展及鼓励金融创新提供了最佳的路径选择，在信贷（P2P 网贷）、支付结算（第三方支付、移动支付）、投融资（互联网基金、互联网证券、互联网保险等）、征信体系建设（大数据金融）、风险管理与防范（大数据、云计算应用）等多个领域推动普惠金融的实现。互联网金融的市场定位主要是在小微层面，本身就具备处理"海量交易笔数，小微单笔金额"的技术优势和金融优势，而这种小额、快捷、便利的特征，正是普惠金融的要求和特点，也正符合金融促进包容性增长的主要功能。

互联网金融可激励民间力量，引导民间金融阳光化和规范化，实现普惠金融。我国民间借贷资本数额庞大，长期缺乏高效合理的投资渠道，游离于正规金融监管体系之外。通过规范发展包括 P2P 网贷、众筹融资等在内的互联网金融，可以有效引导民间资本投资于国家鼓励的领域，甚至是普惠金融项目，遏制高利贷，盘活民间资金存量，使民间资本更好地服务实体经济。

3.1.4　互联网金融对经济发展的现实意义

互联网金融迅猛发展给经济社会发展和人们工作生活带来诸多利好。比如，互联网融资模式使资金供需双方能够直接交易，简化其他金融服务模式必需的中间环节，大幅减少交易成本；作为新型金融服务模式，让中小企业融资、民间借贷、个人投资渠道等问题变得容易解决；可以同时进行双方或多方的各种金融产品交易，供需方均有公平的机会，效率非常高；正在成为解决中小微企业融资问题的有效方式，并让普通老百姓通过互联网就可以进行各种金融交易，便捷交易带来的巨大效益更有社会普惠意义。互联网金融的发展对经济发展现实意义表现在以下方面。

（1）有利于破解小微企业融资难问题。互联网金融类企业利用数据分析优势，可以帮助优质小微企业破解融资困境。数据显示，截至 2014 年第三季度末，阿里小贷已经累计为超过 80 万家小微企业解决了融资需求，累计投放贷款超过 2000 亿元，不良率仅 0.87%。

（2）有利于加强影子银行监管。目前中国影子银行的规模为 15 万~30 万亿元人民币。影子银行的最大风险主要来源于信息不对称，巨大的影子银行规模由于监管缺失给中国金融系统带来了潜在风险。互联网金融的本质就是利用互联网来减少信息不对称，降低金融资产的风险。同时，互联网金融将线下民间金融资产转移到线上操作，有利于相关监管部门准确掌握互联网金融即时数据，能有效促进民间金融的阳光化、便利化，同时互联网金融的快速发展将加速我国利率市场化进程。

（3）倒逼传统金融机构及监管部门改革。信息技术的发展以及互联网的广泛普及，使得更多的企业有能力进入金融领域。很多电子商务企业及互联网公司不断推出创新金融产品，改变了银行独占资金市场的格局，改变了银行传统信贷单一供给格局，打破了传统金融机构间的竞争壁垒。互联网金融的繁荣正倒逼金融机构加快改革，比如利率市场化进程加快、放宽民营资本进入金融领域等。金融领域创新加速，不断涌现新的金融产品、服务模式及商业模式，也要求金融监管部门创新金融监管手段与模式，防范新的金融风险。

（4）不断丰富金融的新业态、新服务与新模式。随着信息技术与金融的不断深入融合，互联网金融加速创新，从最初的网上银行、第三方支付，到最近的手机银行、移动支付，无不体现了金融与互联网的创新应用。此外，民间借贷也开始合法化、线上各类融资平台不断涌现、"智慧金融"也由概念开始走向市场。目前很多基金公司、保险公司也开始尝试通过电商网销、社交网络，甚至是微信平台等推广自己的品牌或是销售产品，基于社交网络的金融产品与服务不断涌现。

（5）有利于吸引广大民众参与金融。由于专业壁垒，民众参与金融的进程一直比较缓慢。互联网金融加快了金融产品模块化和标准化进程，同时也拓宽了金融市场参与的主体范围，市场参与者更为大众化。企业家、普通百姓都可以通过互联网进行各种金融交易，风险定价、期限匹配等复杂交易都会大大简化、易于操作。互联网金融也正在改变传统金融产品由少数精英控制的模式，转而由更多网民参与共同决定金融产品的模式，使得金融产品能更好地满足市场需求。

在当前我国加快金融改革创新的大背景下，互联网金融俨然成为全民热点话题：余额宝、众筹、团购理财、P2P网贷、电商金融，互联网金融的创新以人们意想不到的速度在进行、在革新，而传统金融机构也主动拥抱互联网、加快布局，让整个行业焕发新的活力。互联网的元素使得金融操作更为灵活，工具进一步丰富，社会的金融投资消费理念被不断刷新，互联网金融的内涵在不断延伸，重新定义了互联网时代的金融，这无疑具有革命性意义，而且互联网金融的发展和创新为经济社会发展注入了新的活力。2013年11月，《中共中央关于全面深化改革若干重大问题的决定》明确提出，要"鼓励金融创新，丰富金融市场层次和产品。"互联网金融的出现是国家鼓励金融创新的必然结果，是适应移动互联网时代金融创新的客观要求，是满足不断增长的小微金融服务需求的内在要求。

3.2　互联网金融的发展及对征信的需求

3.2.1　互联网金融发展现状

随着互联网以的迅速发展和普及，社会生活逐步进入互联网时代。人们的生活方式和消费模式日益网络化，产生了巨大的互联网金融服务需求，互联网金融服务需求持续增长为互联网企业提供了拓展金融业务的机遇。近年来，互联网金融业务迅速兴起，2013 年成为互联网金融爆发性成长的一年，整个行业呈现出多元化、差异化的发展态势，涌现出网络贷款、大数据金融、互联网金融门户、第三方支付、众筹融资、在线金融信息服务等多种模式。

3.2.1.1　互联网金融规模不断壮大

互联网与金融的结合，给金融业带来革命性变革，也大大推动了金融行业的创新和发展。基于 Web 2.0，互联网金融发展迅速，逐渐渗透到支付、存贷、理财、保险、基金等传统金融核心业务，中国互联网生态逐渐形成。

在第三方互联网支付领域，据中国电子商务研究中心监测数据显示，2013 年我国第三方支付机构交易规模达到 18.5 万亿元，同比增长 52.3%；2013 年中国第三方移动支付市场交易规模突破 1.2 万亿元，同比增长率高达 707%。第三方支付市场保持高速增长，在推进国民经济发展中作用不断增强。自 2011 年 5 月中国人民银行向支付宝、快钱等 27 家公司发放首批支付牌照以来，截至 2014 年 7 月，我国已有 269 家企业获得第三方支付牌照。以支付宝、财富通为代表的第三方支付企业处于领先地位，市场份额达到 80% 以上，已经超过银联和银行等金融类企业网银支付的总量。在第三方支付领域，截至 2014 年 6 月，我国使用网上支付的用户规模达到 2.92 亿人，较 2013 年增长 3558 万人，我国网民使用网上支付的比例从 2013 年的 42.1% 提升到 46.2%。

网络融资发展迅猛，满足了广大中小客户融资需求。目前，国内网络融资模式主要包括 P2P 平台、众筹融资和基于自有电商的融资。在利率市场化、金融"脱媒"的背景下，网络融资得到了快速发展。在 P2P 网络借贷领域，由于成本低、效率高、门槛低、满足中小客户借贷需求，这一模式一引入中国，便发展迅猛。2010 年，我国 P2P 平台仅有 20 家，而 2013 年，我国 P2P 企业达到 523 家，P2P 网络借贷总成交量以每年超过 200% 的速度增长，2013 年，我国 P2P 网络借贷成交量达到 897.1 亿元。P2P 的迅猛发展，重要动力是因为民间借贷"网络化"。在 P2P 平台规模迅猛扩张的同时，P2P 平台倒闭企业不断增加，行业面临重新洗牌。众筹融资行业开始起步，根据中国人民银行 2014 年 4 月发布的《金融稳定报告（2014）》，截至 2013 年年底，我国众筹融资平台达到 21 家。"点名时间网"上线不到两年，已接到 7000 多个项目提案；天使汇自创立以来，累计已有 8000 个创业项目注册入驻，通过审核挂牌的企业超过 1000 家，创业者会员超过 2 万人，认证投资人达 840 人，融资项目超过 80 个，融资总额超过 2.8 亿元。阿里小贷已向 65 万家企业发放贷款，累计金额达到 1500 亿元，不良贷款率低于 1%。

从余额宝面世以来，余额宝的用户数和资金规模出现爆发式增长 2013 年 7 月，余额宝上线 18 天资金规模达到 66 亿元，平均每天增长 3.66 亿元；到 2013 年 9 月 30 日，余额宝资金规模达到 556.53 亿元，3 个月资金规模增长 490 多亿元，其间平均每天增长约 5.5 亿元；2013 年年底余额宝资金规模达到 1853 亿元，3 个月资金规模增长 1296 亿元，其间平均每天增长约 14.4 亿元；而进入 2014 年，截至 2014 年 1 月 15 日，余额宝资金规模已超过 2500 亿元，客户数超过 4900 万人，与 2013 年年末 1853 亿元的资金规模相比，15 天时间余额宝资金规模就净增长 35%，用户数新增 600 万人。截至 2014 年 2 月底，余额宝用户数达到 8100 万人，超过我国的股民数，余额宝资金规模突破 5000 亿元，截至 2014 年 6 月 30 日，余额宝正式上线一周年，余额宝的资金规模达到 5741.6 亿元，用户数超过 1 亿人，用户继续保持持续增长的势头，但资金规模增长趋于理性，主要受竞争加剧以及年化收益率下滑的影响。正因为余额宝取得如此快速增长，也激发众多基金公司、银行和互联网公司投身互联网理财。据不完全统计，目前市场上效仿余额宝并取名为"某某宝"的理财产品已达到 20 余只，如"零钱宝""现金宝""添益宝""话费宝"等。

3.2.1.2 互联网巨头抢占金融市场

互联网企业不断向传统金融业发起渗透和冲击。截至 2014 年 7 月，我国已有 269 家企业获得第三方支付牌照，其中包括阿里巴巴、腾讯、网易、百度、新浪、盛大等互联网巨头。互联网企业也不断加强创新，不断推出互联网金融产品，阿里巴巴发布的"余额宝"，新浪发布的"微银行"，腾讯发布的微信 5.0 微信支付与"财付通"的互联等更是全面进军金融市场。

2013 年 9 月，腾讯宣布要成立银行，也成为互联网企业进入金融行业的标志性事件，直至 2014 年 7 月 25 日，腾讯先于互联网行业竞争对手拿到了民营银行的牌照。2013 年 10 月，百度联手华夏基金推出一款名为"百发"的理财产品；2013 年 10 月 31 日，百度金融中心理财平台推出第二款产品"百赚"。互联网企业进军金融领域，具有快速发展态势。例如，支付宝旗下余额宝，到 2014 年上半年，累积用户数就超过 1 亿人，存量转入资金规模达到 5741.6 亿元。京东商城、苏宁云商等电商企业纷纷进入互联网金融领域，涉足供应链金融等领域。

3.2.1.3　互联网金融创新不断

互联网金融创新以不断推出新的商业模式为特征。成立于 2003 年 8 月的易宝支付是国内较早成立的第三方支付公司，属于支付模式的创新。2004 年成立的东方财富网很快为人们所知，原因之一是我国基金行业在当时进入了迅速发展的时期，东方财富网最大限度地满足了投资者实时查询基金净值的需求。同年，支付宝产生，方便淘宝用户进行交易，如今，支付宝用户突破 8 亿人，在第三方支付市场处于领先地位；随后，P2P 模式进入我国，并受到追捧。阿里巴巴打造电子商务帝国，2012 年 9 月，阿里宣布重塑为平台、金融和数据三大业务，以阿里为代表的大数据金融模式应运而生。近年来，兴起的互联网金融模式还有以余额宝为代表的余额宝基金平台销售模式、众筹模式、互联网金融门户模式、虚拟货币模式，等等。

由于 P2P 进入门槛低，如今我国 P2P 企业已达 1000 多家，如拍拍贷、宜信、人人贷、陆金所、点融网等；自 2013 年 6 月起，阿里推出余额宝产品后，百度、腾讯、网易、苏宁以及传统金融企业纷纷涉足互联网理财；众筹模式也是近年来兴起的一种互联网金融模式，涉足的企业主要有天使汇、点名时间、36 氪和追梦网等。

3.2.1.4　传统金融机构积极进入互联网金融领域

在各家互联网巨头快速渗透到金融业的同时，传统金融巨头们也不甘示弱，积极拓展互联网金融，传统金融机构创新型互联网平台不断发展。例如，中国建设银行的"善融商务"，交通银行的"交博汇"，中国工商银行打造的"大电商平台"，平安银行则深耕线上供应链金融服务，招商银行的小企业专属互联网融资服务做得风生水起，第一家网络保险公司"众安在线"于 2013 年 11 月 7 日正式上线运营。

为了有效应对互联网企业发起的挑战，也为了更好地满足消费者互联网环境下多层次、多样化需求，传统金融企业加快了金融业务创新。一方面，金融企业加快了金融产品互联网化进程，运用互联网技术把银行产品线上化，通过网络向客户提供金融服务。目前所有商业银行都开通了网上银行业务，向客户提供网上服务。另一方面，传统金融企业利用互联网技术创新业务模式。例如，华夏银行推出了"平台金融"业务模式，为平台客户及其体系内小企业提供在线融资、现金管理、资金监管等全方位、全流程服务。中国工商银行与阿里巴巴于 2013 年 5 月在杭州签署了整体合作框架协议，双方将就电子商务以及相关的安全认证、资金托管、市场营销、产品创新等多个领域开展广泛合作。招商银行联手中国联通于 2012 年 11 月推出首个移动支付产品——招商银行手机钱包。2013 年，已有 30 多家基金公司的淘宝直营店陆续开业，各大银行、保险公司纷纷成立电子互联网金融平台；2014 年 6 月，上海浦发银行搭建服务电商的大数据平台，开通"电商通"信用贷，大大满足了小微企业的融资需求。

"余额宝们"的吸金能力对传统金融业提出了新的挑战，也促进传统金融业加快产品创新。面对挑战，眼下越来越多的银行敏锐地察觉到了金融产业的这场看似悄无声息却如风卷残云般变革的势头，并已有不少银行开始与国内外知名的运营商合作，打造自己的互联网金融系统。例如，2013 年 7 月，广发银行与易方达基金合作推出的"智能金"业务首先面世，其后又与多家货币基金合作推出"快溢通"；2013 年年底，平安银行对接南方基金推出"平安盈"对抗余额宝；2014 年年初，工行在浙江地区推出"天天益"产品，对接工银瑞新货币基金；民生银行的"如意宝"于 2014 年 2 月 28 日正式面世，壮大了银行系"宝宝军团"的力量。如今，共有民生、中行、工行、交行、浦发、平安、广发在内的多家银行推出"类余额宝"产品。

3.2.2 互联网金融对征信的需求

互联网金融的本质是互联网、云计算、大数据和移动支付等技术在金融领域的运用，但其并未改变金融的本质。征信能力和信用评估能力决定了 P2P 和众筹等融资平台等互联金融的成败。信用是金融的核心，征信能够提高放贷机构信用风险管理水平，是现代金融体系运行的基石。互联网金融，其本质仍是金融，仍需按金融规律办事。因此，构建征信体系是互联网金融发展绕不开的话题。

3.2.2.1 互联网金融对信用信息的需求

中国 13 亿人口中仅有 3 亿多人有信贷征信记录，这与欧美经济发达国家征信的覆盖程度有很大差距。以拍拍贷为例，许多拍拍贷的用户没有申请过信用卡，其信用记录基本处于空白状态。在互联网金融征信系统搭建完毕之前，各家平台普遍对借款者的资质进行严格审核。拍拍贷上最终借到钱的用户仅占注册用户的 8%。

严格审核的原因，除了管理融资主体的信用风险，还包括防范欺诈风险。在一些从业人士看来，后者更值得重视。P2P 平台所面临的最大风险，并不是借款者的信用风险，而是欺诈风险，有些人一开始提供的资料就是假的。建立征信系统，风险防范的第一步，就是防欺诈，要尽量把那些蓄意欺诈的人过滤出去。让不良信用借款者和套利者"无处可躲"，真正保护网贷平台和投资者利益。

对于网贷平台而言，除了 P2P 机构与借款者之间的信息不对称，还存在 P2P 机构与投资人之间的信息不对称。从平台利益出发，建立征信数据信息，将"职业套利者"加入黑名单，能有效防范金融欺诈。"职业套利者"的是整个网贷行业正常经营秩序的破坏者，这些套利者同时又存在盗取居民身份信息实施经济犯罪的严重可能。套利者借网贷平台开展的营销活动"趁火打劫"的现象普遍存在，职业套利者可以将套利行为复制到任何一个可以短期获利的网贷平台。而黑名单的建立能有效地防范职业套利者。

3.2.2.2　互联网金融对信息共享的需求

互联网金融的核心词是"金融"，而金融就必须要解决"把钱借给谁比较安全"的问题。目前，P2P 平台获取融资主体信用报告的方式是由借款者自行提供。这既增加了成本，又存在融资主体在中间环节造假的隐患。

从 2013 年以来，包括小贷、P2P、融资租赁等在内的类金融机构快速发展，而这类机构的服务对象，不少正是传统央行征信体系无法覆盖到的企业与个人，对他们的信息进行查询，出具借款者征信报告以及在互联网金融行业内进行信息共享，是所有互联网金融企业的强烈需求。

2014 年网贷行业成交量以月均 10.99% 的速度增长，全年累计成交量高达 2528 亿元，是 2013 年的 2.39 倍。行业的快速发展催生了对征信的迫切需求，然而我国征信体系构建不完善，信用文化的缺失成为网络借贷发展的重要问题，P2P 网贷行业公信力提增缓慢，投资人对于信用债权投资信心不足。

征信产业是信贷业务的发展基石，对于网络借贷行业来说至关重要。完善的征信体系有助于改善信用环境，人们重视自己的信用记录；有利于 P2P 平台甄别信贷风险，分级定价，降低优质借款者交易成本；加速授信过程，提高交易效率。

近一两年，网贷领域的问题平台之所以屡屡发生，一方面，P2P 网贷机构普遍缺乏有效的审贷手段，线下审贷成本较高，既不利于对借款者信用水平的评价，又间接推动了融资成本上升；另一方面，P2P 网贷普遍是信用贷款，由于 P2P 网贷机构无法接入央行信用信息基础数据库，且 P2P 机构间缺乏有效的信息共享手段，使得借款者能够在多家 P2P 机构重复借款，一人多贷的现象比较突出。面对上述情况，P2P 网贷行业亟须建立行业风险信息共享机制，打通单个机构面临的"信息孤岛"局面，为行业整体风控水平提供支撑。

3.2.3　互联网金融对征信的促进

当前互联网金融的运行仍然以信用为基础，对征信需求更迫切、更能产生影响的是能够产生信用信息或利用掌握的资信信息进行评级且该信用信息或机构未接入征信系统的互联网金融模式。

（1）互联网金融拓展了征信应用领域。目前，互联网金融已涉足"征信业务"领域，在防范风险等方面发挥了重要作用，这一点在拍拍贷等网络贷款机构上有最为明显的体现。如网贷平台放款之前提供的信用调查、信用咨询和信用评级，在放款后收集还款信用信息及不良客户信息并向公众提供等。

（2）有利于加快社会信用体系建设。信息源方面：互联网金融的发展将产生更多的、易收集、可利用的信用信息，与金融信用信息基础数据库的现有数据形成互补，有利于进一步完善信用评价的信息基础；市场需求方面：互联网金融的发展依赖于完善的信用体系，对征信存在巨大的现实和潜在需求，有利于形成需求导向型供给；服务机构方面：网贷平台等模式的互联网金融积极倡导诚信建设，并利用互联网技术推动信用评级的发展，有利于营造诚实守信的社会氛围。

（3）面临信用信息"入库"问题的考验。这种考验主要来自两个方面：一是网贷平台等机构的矛盾心理。一方面希望接入征信系统，这样可以便捷、低成本的对客户风险进行筛查，降低违约风险和成本；另一方面也存在隐忧与不安，客户及信贷信息是网贷平台的核心信息和重要资产，接入征信系统后将与其他接入机构共享，但在资金实力等方面却与正规金融无法比肩，从而在不等量竞争中失去原有优势并流失部分小微企业等优质客户，容易使自身陷入始终面对高风险客户群体、高成本拓展新客户并沦为获取正规金融支持跳板的局面，加大经营风险。二是仍面临一些现实问题。如我国对互联网金融信息的使用尚无明确的法律规定，将这些信息纳入征信系统存在法律风险；网贷平台等机构的信息种类庞杂，缺乏统一的数据采集标准等；网络贷款机构的质量参差不齐，生命周期和安全性存疑，是否有能力履行征信系统接入机构的相关责任有待考察。

3.3　微型金融对征信的需求

随着经济的发展，微型金融已经不仅仅局限于对贫困和低收入对象提供的金融服务，而是泛指面向民间的、"草根"的一切数额相对较小的金融活动，体现出能有效、全方位地为社会所有阶层和群体提供服务的普惠金融特征。这里我们主要选择小微企业、农村金融和个人投资理财等三个微型金融领域，分析他们对征信的需求。

3.3.1　小微企业对征信的需求

3.3.1.1　征信难使小微企业的信贷额度趋于下降

根据交通银行历年年报披露的信息，2012 年中小微企业贷款余额达人民币10932.33 亿元，较年初增长 18.50%。2013 年，境内行中小微企业贷款余额达人民币 12479.66 亿元，较年初增长 12.15%。2014 年，境内行中小微企业贷款余额达人民币 12591.51 亿元，较年初增长 0.32%。2015 年中小微企业贷款余额12302.28 亿元，和 2014 年相比出现负增长。增长率逐年下降，今年出现了负增长。中信银行刚披露的 2015 年报表示，小企业信贷业务余额 313.30 亿元，比上年末下降 117.37 亿元，降低 27.25%；小企业客户数为 5542 户，比上年末下降2079 户。根据民生银行历年年报披露的信息，小微企业贷款增幅也不断缩小，2012 年小微企业贷款 3169.51 亿元，增幅 36.33%；2013 年小微企业贷款余额4047.22 亿元，增幅 27.69%；2014 年小微企业贷款余额 4027.36 亿元，出现负增长。

小微企业贷款增幅不断缩小，出现负增长，很大的原因就是传统征信无法满足银行对于中小企业信用评估的需要。中小企业的信用数据很难获取，真实程度很难把握，核实成本也很高，满足不了银行对于中小企业进行批量甄别和筛选的需要。相关专家认为，大数据征信采用云计算技术，从数据调用到评价结果输出全部由计算机算法完成，数据、信息实时、全量，相比大规模的人工信用评估，更为客观、及时，低成本优势也显而易见。

所有做过小微企业信贷的人可能都有过类似的经历，具有极大的挫败感。传统的金融风控手段，在面对小微企业的时候，就像"大炮轰蚊子，有劲儿使不上"。小微企业征信难，难于数据采集；而数据的采集难，表面上看是政府相关数据没开放，其实不然。从源头上，小微企业就很难提供准确、可靠的财务报表；甚至对于部分微型企业，商户根本就没有财务报表，因此运用传统的方法很难采集到可靠的数据。

3.3.1.2 小微企业征信的必要性

征信首先可以解决的就是小微企业在各金融机构之间信息不对称的问题，从而也就可以规避由于信息不对称而导致的小微企业在多家金融机构"投机"行为；更进一步，还可以避免小微企业的"过度借贷"行为。同时，当信息充分共享流动，就会形成对借贷企业一种无形的威慑力。

其次，降低了对小微企业的信贷成本。由于信息采集的困难，各家金融机构都面临着"信息孤岛"的局面。每家金融机构都仅有自己的一部分数据。这部分数据很难起到控制风险的作用。要想打破这种局面，就势必向第三方的数据机构购买相应的数据来补充不足。由公共的征信机构来对金融单位提供小微企业的征信服务。征信机构的采购量大，且可以多次复用，在成本上势必比各家金融机构占有优势。因此，各金融机构只需要用市场的平均成本，即可获得原来高昂的信息成本，从而使最终的信贷成本得以降低。

3.3.1.3 小微企业信用报告的意义

小微企业规模小，借款往往是通过个人经营性贷款来获取，使用企业信贷工具相对较少，所以企业业主的信用状况对企业经营影响较大，商业银行很难从企业信用报告中对业主的信用状况进行判断。为解决金融机构在对小微企业授信时信息不对称问题，通过对小微企业和其关键人信息进行整合，设计单独的小微企业信用报告，以全面反映小微企业的信用状况就显得尤其重要。

小微企业信用报告的内容可以包括信息概要、基本信息、信贷信息、非信贷交易信息、公共信息和声明信息等几个部分。报告主体部分既保持目前银行版企业报告主体内容，又要突出小微企业信用报告自身特点。小微企业信用报告突出信息概要部分的作用，将信息概要部分置于报告第一部分，满足金融机构快速了解小微企业信用状况的需要。与一般企业信用报告相比，概要信息部分增加关键人信息概要和查询历史信息（近3个月内查询记录）。关键人是指小微企业主等对企业的经营活动有重要影响的自然人，来自个人信用报告中的信贷概要信息部分，由查询用户自己判定并在输入查询条件时录入。近3个月内查询历史记录主要是为反映小微企业近期信贷需求。基本信息和信贷信息与银行版企业信用报告保持一致。增加了非信贷交易信息，包括公共事业缴费记录和商务付款信息，该部分信息能够反映小微企业信用历史。为控制小微企业信用报告篇幅，公共信息部分删除了许可、奖励、专利、进出口免检、上市公司或有事项等各类信息。

通过小微企业信用报告这种征信产品可以有效缓解小微企业借贷过程中的

信息不对称和贷款成本过高等问题。

3.3.2　农村金融对征信的需求

2015 年，农村互联网金融将会迎来一个爆发式的增长。目前，京东、阿里等巨头已经布局农村金融领域。贷帮网、开鑫贷、翼龙贷等 P2P 平台也加入了农村金融市场的争夺，农村金融将会是 P2P 细分领域的下一个蓝海，不过，由于传统的征信系统未能完全收录农民的信用数据，征信数据的缺失一直是限制 P2P 行业大规模发展农村金融市场的巨大瓶颈。

3.3.2.1　农村微型金融现爆发式增长

据央行统计，截至 2014 年年底全国涉农贷款余额 23.6 万亿元，占贷款总比重的 28.1%，同比增长 13%，其中农户贷款余额 5.4 万亿元，同比增长 19%。另有数据显示，截至 2014 年年底，农村网民规模达 1.78 亿。农村的金融市场仍具有非常大的拓展空间。

目前，农村的金融机构主要是农村信用社、农村商业银行、农业银行和邮政储蓄银行。这四家机构虽然在一定程度商解决了农村金融问题，但是在农户贷款、理财等方面，依然有很多的缺失，同时，随着智能手机的推广，农村移动互联网的普及度越来越高。而这为 P2P 平台进驻农村金融市场开创了良好的群众基础，这也给了 P2P 平台发展的机会。

据了解，目前准备进军农村金融市场的主要有三类企业，一类是知名电商企业，希望将金融业务推广到农村。第二类企业是传统农村市场服务商，拥有基层网络，从其他业务扩展到金融业务。第三类企业是 P2P 平台，它们认识到农村的资金需求，想要复制城市 P2P 模式来做农村市场。阿里、京东等巨头纷纷开展了农村金融业务。阿里的"千县万村"计划，投资 100 亿元，在 3~5 年的时间里，建立 1000 个县级运营中心和 10 万个村级服务站；京东联手格莱珉公司，展开农村小额贷款业务的合作。2015 年 8 月，京东集团发放了首笔农村互联网无抵押贷款。目前，涉及农村金融贷款的 P2P 平台有帮贷网、开鑫贷、翼龙贷等诸多平台。

3.3.2.2　征信缺失成为农村金融发展"瓶颈"

目前，P2P 平台大力发展农村金融还有诸多障碍。一方面，在农村开展 P2P 推广成本较高。另一方面，农村地域分散、交通不便、单笔贷款金额小、审查成本高、违约率高等因素，都让 P2P 平台自身的风控难度大大增加。

在现行的央行征信系统里面，23% 的数据都是来自于城市市民，而 9 亿多农民里面，被纳入该征信系统内的人渺渺无几。大部分农民群体从未与银行发生过信贷关系，在传统的征信系统上缺乏有效的个人信息。对于农村的征信，目前主要是依靠线下的信息收集和 P2P 平台自身的风控系统。而这正是限制 P2P 平台在农村大规模发展的"瓶颈"。如何解决农村征信数据缺失的问题成为重中之重。

小额贷款公司、融资性担保公司、农村信用社、村镇银行、财务公司等小微型授信机构在支持小微企业和"三农"融资、促进实体经济发展方面发挥了重要作用。为推动金融支持实体经济发展，这些小微型授信机构应积极接入征信系统。一方面，为小微型授信机构接入征信系统创造便捷服务渠道，如互联网渠道等，方便小微型授信机构接入征信系统；另一方面，为支持小微企业和"三农"服务的授信机构提供优惠征信服务，特别是 2016 年以来，对农村商业银行、农村合作银行、农村信用社、村镇银行、小额贷款公司、消费金融公司、融资租赁公司和融资性担保公司等授信机构的征信查询服务收费实行减半优惠，极大地降低了"三农"征信信息查询的成本。在推出小微企业信用报告的基础上，打通个人征信系统与企业征信系统，更全面反映企业信用状况。小微型授信机构接入征信系统进行信息共享，不仅有助于防范该类机构信贷风险，促进金融普惠，而且可以扩大征信系统的信息覆盖面，促进征信系统的发展。

3.3.3　个人理财投资对征信的需求

投资理财已经渐成现代人的一大习惯。对财富的渴望，相信很多人都有切身的体会。特别是随着我国经济的不断发展和人们生活水平的提升，居民理财呈现"井喷式"发展，其中，P2P 网贷理财和各类"宝宝类"理财工具，都是个人投资理财的新宠。其中的"宝宝类"产品，运作有原理相当于货币市场基金，由于其收益率日渐趋趋低，在规模上日趋沉寂。而 P2P 网贷理财则是最受关注的理财品种。P2P 不仅有着收益和保障兼顾的特点，同时助个人实现社会公益价值，使得理财模式的创新达到新高度。区别于其他理财产品的是它的普惠效应，实现理财收益的同时，通过平台的搭建，直接实现理财方对普通民众生活或工作的帮助，填补大型融资机构所不触及的社会生活方方面面的空白。

前面我们论述 P2P，是站在网贷平台和小微企业与个体资金需求者的角度，这里我们从投资者也就是网贷平台资金提供者的角度来论述个人投资理财对征信的需求。

3.3.3.1　P2P 网贷理财的魅力所在

（1）P2P 网贷收益较高。作为约定利率的借贷产品，网贷投资的收益是比较稳定的。虽然央行多次的降息降准，行业整体利率开始逐步下降，但还是高于其他的理财渠道。而利率下降也恰恰证明行业开始往成熟且理性的方向发展。目前主流的平台收益率都在10%左右，这也是一个合理的区间。相对于银行理财产品，其收益优势还是十分明显的。

（2）P2P网贷接受度好。随着时间的推移，P2P网贷在不断地发展壮大。比起之前的无人知晓，现在的P2P已成为了主流的投资理财方式。P2P网贷2016年4月的月报显示，中国P2P网贷行业整体成交量在4月为1389.83亿元，环比增长率为3.8%，对比去年同时期的交易量，增长了2.32倍。可见网贷行业的发展潜力之大，受众面之广。

（3）P2P网贷稳定性强。P2P网贷约定利率的特点决定了其收益的稳定性。与其他投资方式比，P2P不会有太大的收益波动，或者是震荡。相比于低迷的中国股市，随之消沉的开放式基金和各种私募产品，以及与CPI拉不开距离的低收益的储蓄和银行产品，网贷投资的收益率稳定而且保持较高水平。

（4）P2P网贷投资门槛低。大部分的网贷平台投资门槛低至100元，相比信托和银行理财产品的高门槛，网贷投资是低门槛的大众理财产品，适合广大居民理财。

（5）P2P网贷流动性较好。相对别的理财产品，P2P有着比较显著的流动性优势，比银行定期存款要好许多，每月都有回款，而银行要等到期限完毕才有收益。而且一般期限比较短，对于投资人来说极大地加大资金流通性，而且还能实现资产的增值，无疑是比较不错的投资理财方式。

（6）对投资人专业性要求较低。相较于股票、外汇、贵金属等也许发生较高的投资，P2P投资理财不需要那么专业的金融知识。投资人学习和鉴别平台所需要的知识储备和专业储备要求相对较低，可学习性强。P2P理财只需要认准正规、安全、可靠的平台，就可以进行理财投资。

3.3.3.2 征信缺失是P2P理财中的"硬伤"

P2P，简单理解就是陌生人之间的网上借贷，在不相识的人之间开展借贷业务，投资者就需要借助对借款者的数据分析来完成信用评估。目前国内的P2P公司还没有达到完全的网上数据征信，一方面是数据库不完善，各个平台之间数据库相对封闭，另一方面是中国的社会信用体制还不完善，存在很大程度上的道德风险。

网贷之家统计数据显示，截至2016年3月底，网贷行业正常运营平台数量为2461家，累计问题平台达到1523家，占比高达38%。在媒体报道中，"跑路事件"已经成为成为影响P2P行业公信力的最重要的关键词。而跑路事件背后，折射的正是网贷平台的风险控制问题。当下，银行有标准严苛的线下担保、抵押以及信用贷款的审核机制，电商做个人消费信贷，其自身有一套成熟的生态圈内的惩罚约束机制，唯独 P2P 所面临的目前的信用情况相对比较碎片化：线上的数据库不完善，也没有成熟的生态圈；线下的信贷审核在某些领域也不专业，缺乏历史经验积累。征信体系的缺失一直是阻碍网贷行业向前发展的最大阻碍之一。

目前，P2P 在国内的发展呈现出混乱，千差万别的现象，既有线上无担保的，也有线下担保的，既有纯中介的，也有债权债务转让的，最大的问题是缺乏一个完善的，可靠的数据源进行数据征信分析。这也使得目前国内大多数 P2P 不得不走回银行信贷的老路：开展线下的资产抵押，债务等审核，以确定信用。而互联网金融的最大竞争力在于数据分析和征信，P2P 行业在这一方面亟待加强。

3.3.3.3 个人征信机构呼之欲出

2015 年 1 月，央行发布了《关于做好个人征信业务准备工作的通知》，与此同时，腾讯征信、芝麻信用、前海征信、鹏元征信、中诚信征信、中智诚征信、考拉征信，以及华道征信在内的共八家机构获准开展个人征信业务准备工作。

对于国内个人征信业务的"开闸"，业内专家指出，在此之前，我国居民的个人征信信息只有中国人民银行一个出口，而人行征信基本只能覆盖到银行端。而在个人征信机构出现后，征信信息的覆盖范围大大增加。以目前征信机构的"三驾马车"：芝麻信用、腾讯征信和前海征信为例，芝麻信用依托支付宝，侧重覆盖用户的消费信息；腾讯征信通过 QQ、微信，侧重覆盖用户的社交信息；而前海征信则背靠金融属性更强的平安集团，侧重覆盖用户的金融信息；这些信息完全可以成为人行征信的有力补充。但是谈到互联网金融行业，拥有传统金融信息同时覆盖线上数据的前海征信，明显在风控经验上占据优势。

该专家进一步举例说明，假设某个人客户想通过某网贷平台进行贷款，通过查阅该客户的人行征信信息，平台可以得知其有较高的收入水平、无车贷无房贷、信用卡还款记录良好等信用信息，可以接受其贷款申请。但如果这个网贷平台与民间征信机构有合作，而该客户也已被征信机构的数据覆盖到，就可以获得其更为详尽的征信信息。比如某 P2P 平台和前海征信合作，就可以依据其诚信度的分值高低判断客户的综合信用状况，不仅可以有效提升放贷平台的风险审批效率，同时也从源头构筑了第一条风险防线。前海征信还有一款信用风险防范产品好信常贷客，通过大数据有效的侦测申请者的信贷饥渴程度，来判断客户的风险状况，非常有效。试想，一个四处借钱的人，相对风险是不是更大呢？

令人欣喜的是，现在已经有越来越多的 P2P 企业开始认识到风控的重要性，并选择与各大征信机构开展合作。比如惠人贷平台与鹏元征信的合作，后者向前者提供个人征信报告查询以及企业信息查询。又如联众在线金融选择与前海征信合作，后者拥有超过 1000 家合作机构的数据。伴随 P2P 企业自身风控意识的不断加强，再加上有最严监管的利剑在前，实力征信机构的坚盾在后，互联网金融将不再是风险的代名词，互联网金融行业的发展也必将回到有序、健康的正轨之上。

第二部分　大数据时代
——互联网金融波涛暗涌

　　最早提出"大数据"时代到来的是全球知名咨询公司麦肯锡，该公司称："数据，已经渗透到当今每一个行业和业务职能领域，成为重要的生产因素。人们对于海量数据的挖掘和运用，预示着新一波生产率增长和消费者盈余浪潮的到来。"简单地说，大数据是将每个人、每个群体的购买能力、消费水平、生活习性、意愿爱好、身份状况等一系列的原始数据进行汇集、整合、分析、应用，最终会贯穿线上线下，服务应用于整个社会。

　　依托于大数据时代，互联网金融爆发性成长，并在行业内呈现出多元化、差异化的发展态势。互联网金融之所能快速发展本质就在于利用互联网现代科技手段，满足广大用户投资理财、融资借贷等金融服务的需求。根据客户需求的差异，互联网金融涌现出众筹融资、P2P网贷、第三方支付、供应链金融以及信息化金融等多种模式。本部分内容将对这六大互联网金融模式逐一进行阐述分析，以揭示互联网金融平台模式的本质规律。

第4章　众筹融资

4.1　众筹融资概况

4.1.1　众筹的基本概念

众筹（crowd funding），即大众筹资或群众筹资，是指用团购加预购的形式，向网友募集项目资金的模式。众筹利用互联网和SNS（社会性网络服务）传播的特性，让小企业、艺术家或个人对公众展示他们的创意，争取大家的关注和支持，进而获得所需要的资金援助。

现代众筹指通过互联网方式发布筹款项目并募集资金。相对于传统的融资方式，众筹更为开放，能否获得资金也不再是由项目的商业价值作为唯一标准。只要是网友喜欢的项目，都可以通过众筹方式获得项目启动的第一笔资金，为更多小本经营或创作的人提供了无限的可能。

众筹融资具有如下的特征：一是筹资低门槛：无论身份、地位、职业、年龄、性别，只要有想法有创造能力都可以发起项目。二是融资项目多样：众筹的方向具有多样性，在国内的众筹网站上的项目类别包括设计、科技、音乐、影视、食品、漫画、出版、游戏、摄影等。三是依靠大众力量：支持者通常是普通的草根民众，而非公司、企业或是风险投资人。四是注重创意：发起人必须先将自己的创意（设计图、成品、策划等）达到可展示的程度，才能通过平台的审核，而不单单是一个概念或者一个点子。

一起众筹融资要想成功完成，应该满足如下规则：一是筹资项目必须在发起人预设的时间内达到或超过目标金额才算成功。二是在设定天数内，达到或者超过目标金额，项目即成功，发起人可获得资金；筹资项目完成后，支持者将得到发起人预先承诺的回报，回报方式可以是实物，也可以是服务，如果项目筹资失败，那么已获资金全部退还支持者。三是与捐款不同，支持者的所有支持一定要设有相应的回报。众筹平台会从募资成功的项目中抽取一定比例的服务费用，一般是从融资成功的项目中收取一定的佣金，比率为5%～10%。

一起众筹的由筹资人、出资人和众筹平台这3个有机组成部分，如图4-1所示。显然筹资人、出资人是众筹平台的双边市场。筹资人越多越能吸引众多的出资人参与投资，众筹平台越有价值，其平台的知名度不断提升。下面分别介绍筹资人、出资人和众筹平台。

图4-1　众筹平台模式结构

筹资人通常是需要解决资金问题的创意者或小微企业的创业者，但也有个别企业为了加强与用户的交流和体验，以项目发起人的身份号召公众介入产品的研发、试制和推广，在筹措资金的同时获得更好的市场宣传。

出资人往往是数量庞大的互联网用户，他们利用在线支付等方式对自己感兴趣的创意项目进行小额投资。公众所投资的项目筹资成功后，出资人会获得实物回报，可能是一个产品样品，也可能是会员卡或者演唱会门票，但通常不会是资金回报。

所谓众筹平台，是指创意人向公众募集小额资金或其他支持，再将创意实施结果反馈给出资人的平台。网站为网民提供发起筹资创意，整理出资人信息，公开创意实施结果的平台，收取一定比例的手续费。众筹平台要利用网络技术支持，根据相关法律法规，将项目发起人的创意和融资需求信息发布在虚拟空间里，供投资人选择。当然，发布项目前，众筹平台需要对申请上线的项目进行细致的实名审核，并且确保项目内容完整、可执行和有价值，确定没有违反项目准则和要求。随后，在项目筹资成功后要监督、辅导和把控项目的顺利展开。众筹平台的运作模式首先是需要资金的个人或团队将项目策划交给众筹平台经过相关审核后，便可以在众筹平台发布需要融资的项目，向公众介绍项目情况。项目必须是具有明确目标的，通常如制作专辑、出版图书或生产某种电子产品。项目发起人必须具备一定的条件，拥有对项目100%的自主权，不受控制，完全自主。项目发起人要与众筹平台签订合约，明确双方的权利和义务。一般众筹平台对每个募集项目都会设定一个筹款目标，筹资项目必须在发起人预设的时间内达到目标金额，才是筹资成功，支持众筹项目的投资人往往通过各种形式得到相应的回报。如果没达到目标钱款将打回投资人账户，有的平台也支持超额募集。众筹模式不以股权、债券、分红、利息等资金形式作为回报。

目前国内众筹平台发展受到国外众筹风潮的影响逐步发展起来。2011年7月，国内首家众筹平台"点名时间"上线，随后天使汇、追梦网、大家投、好投网、众筹网等多家众筹平台陆续成立，从文化创意、科技硬件到股权融资、实业众筹，各类众筹平台分别寻找细分领域的服务对象深挖市场。

4.1.2　众筹的兴起和发展

众筹最初是艰难奋斗的艺术家们为创作筹措资金的一个手段，现已演变成初创企业和个人为自己的项目争取资金的一个渠道。众筹网站平台使任何有创意的人都能够向几乎完全陌生的人筹集资金，消除了从传统投资者和机构融资的许多障碍。

众筹的兴起源于美国网站 kickstarter，该网站通过搭建网络平台面对公众筹资，让有创造力的人可能获得他们所需要的资金，以便使他们的梦想有可能实现。这种模式的兴起打破了传统的融资模式，每一位普通人都可以通过该种众筹模式获得从事某项创作或活动的资金，使得融资的来源者不再局限于风投等机构，而可以来源于大众。

2012 年 4 月美国通过《就业法案》（JOBSAct），允许公司公开宣布融资的消息，敞开了创业企业进行股权众筹的大门。该法案细则为美国重要的一次新股发行、股权制度改革，开放了融资的限制，同时也要求股权众筹者每年通过股权众筹的方式募得的金额不得超过 100 万美元。2014 年上半年，美国国内众筹模式共发生募资案例近 5600 起，参与众筹投资人数近 281 万人，拟募资金额共 10426.99 万美元，实际募资金额 21508.61 万美元。

众筹模式在 2011 年来到中国，一大批众筹网站相继成立并快速发展，其中绝大部分是以募捐制众筹模式出现。这种新的募资的方式很快就引起了不少的争议。部分投资者非常看好网络股权众募的同时，也有部分投资者觉得这种模式存在很大的风险，因为创业公司往往本身项目风险巨大，且存在信息披露与公司治理的诸多问题。另外，投资者也很难判断融资项目是一个真实的创业公司还是一个诈骗的陷阱。随着众筹模式为代表的互联网金融的发展，监管机构也开始介入并制定相关规章制度，但综合来说监管机构是鼓励互联网金融的发展的，其中央行发布的《中国人民银行年报 2013》中指出，"随着互联网技术对金融领域的不断渗透，互联网与金融的深入融合是大势所趋"。

2011 年 7 月国内首家众筹网站点名时间上线，标志着我国网络众筹的开始。2011 年 9 月首个具有公益性质的众筹平台追梦网上线。2011 年 11 月股权众筹平台天使汇上线，随后的两年里，数十家众筹网站纷纷上线，其中包括 2012 年 12 月上线的大家投，而 2013 年 2 月上线的众筹网，如今已经成为国内最大的众筹平台之一。同年十月中国梦网上线，12 月淘星愿上线，并随后更名为淘宝众筹，

2013 年 7 月京东众筹也宣布上线。随着时间的推移，不少众筹平台只是昙花一现，但经过时间考验的几家已经成长为国内较为具有影响力的众筹平台。今天的点名时间已经转型成为首发平台，从产品的初级阶段就进入产品的研发团队中去，为团队提供建设性意见，有效地减少了传统模式的跳票现象，同时也有助于改善产品的用户体验，可见从众筹到首发，不仅仅是一个名称的改变，也是三年来经验的积累。

4.1.3 众筹的运作流程

一起众筹事件基本的运作的流程大致如图 4－2 所示的若干环节。

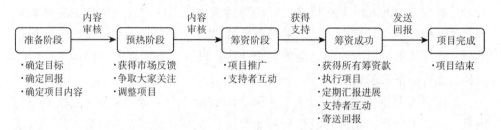

图 4－2 "点名时间"项目流程

首先，需要资金的个人或团队将项目策划交给众筹平台，经过相关审核后，便可以在平台的网站上建立属于自己的页面，通过视频短片、图片、文字介绍等把自己渴望实现的创意或梦想向公众介绍和"炒作"。此外，发起者还需提前设定筹资项目的目标金额以及筹款的截止日期。随后，对该项目感兴趣的个人或团队可以在目标期限内承诺贡献一定数量的资金，最小的捐赠额甚至可以是 1 元。接下来，不同的网络众筹平台会分别采用"达标入账"方式、"当即入账"方式或两者相结合的方式对所筹资金进行管理。"达标入账"方式下，在项目成功前，项目支持者贡献的资金并不会直接到达项目发起者手中，而是先由众筹平台掌握；只有当项目成功后，即项目在规定的目标期限内达到或超过目标筹资金额，支持者的资金才会从众筹平台的账户划拨到项目发起者的账户。项目发起者能够得到资金的前提是项目在规定时间内成功得到甚至超过目标筹资金额，否则得不到任何资金，资金将全部返还给支持者。"当即入账"则是指不论项目在规定的时间内是否达到筹资目标，只要有支持者出资，资金当即被打入项目发起者的账户。"'达标入账'的融资模式旨在保护项目支持者的利益，项目支持者可以根据自己的风险和收益偏好来决定支持以"达标入账"方式发起的项目或是以"当即入账"模式发起的项目。出于风险规避的考虑，一般项目支持者更偏好采用"达标入账"方式进行筹资的项目。而项目发起人由于项目急需资金，所以更倾向于采用"当即入账"的融资模式。一般情况下，如果项目发起者自己有一定的资金或者发起项目紧急，那么通常会选择"当即入账"的融资模式；如果项目发起者仅仅只是想测试项目是否可行，则多数会选择"达标入账"的融资模式。

目前，国外著名众筹平台 Kickstarter 采用的是"达标入账"模式。Kickstarter 的联合创始人 Yancey strickler 称："'达标入账'方式的意义在于保护了项目发起者和项目支持者双方。作为项目发起者，在得到所需资金的情况下，有义务对项目负责到底，所以如果目标是 4 万美元，却只得到 500 美元，那他要做的只是继续筹款，不必执行项目。""而对于支持者，人多保险——他们只要资助了资金充足的项目，没有必要担心钱到底哪去？""如果没有'达标入账'这道槛，支持者大约还是有所忧虑。"Rockethub 采用的则是"当即入账 + 达标有奖"模式，Rockethub 首席执行官 Brain Meece 指出"当即到账"模式意味着"足够创意的项目可以力争上游。"项目发起者大可放心，哪怕他们的项目在截止时间时还差几美元，他们所融得的资金也仍将保存在银行账户上。Indiegogo 采用的则是"当即入账"或"达标入账"的可选模式，项目发起者可以根据项目执行和现金流支出的情况自行选择项目的融资方式。

国内主流的众筹平台（如点名时间等）为了保护项目的支持者，普遍采用"达标入账"的众筹模式。并且，所筹款项会被分成两个阶段拨给项目发起者，即先付 50% 的资金去启动项目；项目完成后，确定支持者都已经收到"回报"才会把剩下的钱交给项目发起者。既然项目发起者预测了项目启动所需的资金额度，即在众筹平台上列示的筹资额度，那么，如果所筹资金未能达到预期额度，即使发起者拿到这笔资金，也依然不足以实现项目启动。退一步讲，就算通过压缩启动资金、降低费用成本等方式利用"当即到账"的资金勉强启动项目，也只能草率完成项目，最终依然无法达到预期的标准和要求。这不仅会造成资源的浪费，更会让支持者失望甚至挫伤支持者的投资积极性。此外，通过"达标入账"方式，在筹资的这段时间里，可以观察大众对于项目的反应。如果直到筹资截止日期依然无法完成合理的筹资目标，那么从某种程度上说，市场对该项目并不看好，因此该项目也就没有投资的必要了。毋庸置疑，"达标入账"方式在一定程度上保护了支持者的权益，同时有效地避免了资源的浪费。当然也有一些众筹平台（如乐童音乐）采用"当即入账"模式，以方便项目发起者尽快实现其梦想。

对于线上筹资项目，一些众筹平台会从中抽取一定比例的佣金（通常低于

10%）作为服务费用。在不同的融资模式下，融资平台所采用的定价方式也会有所不同。通常情况下，在"达标入账"模式下，众筹平台仅向成功融资的项目收取一定比率的佣金作为手续费，比如国外的 Kickstarter 仅对融资成功项目收取 5% 的手续费。在"当即入账"模式下，众筹平台会对融资成功的项目收取较低比率的手续费，而对融资不成功的项目收取较高比率的手续费，比如国外的Rockethub 会对成功融资的项目收取 4% 的手续费，而对融资不成功的项目收取8% 的手续费。在"达标入账"或"立即入账"可选模式下，手续费的收取方式更加灵活。比如前文提到的 IndiegOgo，在"达标入账"模式下，该平台仅向成功融资的项目收取 4% 的手续费，但在"当即入账"模式下，该平台向成功融资的项目收取 4% 的手续费，对融资不成功的项目则收取 9% 的手续费。

当然也有一些企业并不把手续费作为众筹平台的主要收入来源甚至不对上线的融资项目收取任何费用，比如追梦网自成立起就一直实行完全免费的运营策略。按照追梦网的联合创始人杜梦杰的说法，"现在不收，是想逼自己探索其他盈利途径，但目前并不清晰"。因此也存在这种可能，即如果他们最后依然没有找到其他盈利途径的话，还是有可能会走上收费道路的。另外，国内最大的、微电影众筹平台、首家专注于独立电影（微电影）的"垂直型众筹平台"淘梦网也是完全免费的。对此，淘梦网的相关工作人员回应称"淘梦网整体运作是基于原创影视作品的，所以线下我们会进行各类作品的发行工作以及版权方面的服务工作。目前，淘梦网的九成收入来自于作品的发行以及版权方面的服务"。

此外，国内最大的、知名度最高的众筹网站点名时间在 2013 年 7 月 4 日发布公告称将不再收取 10% 的佣金，只要是通过审核的上线项目，将全部免除手续费。点名时间的共同创始人兼 CEO 张佑表示："对于所有创业团队，每一个百分比都是生死至关的资源，所以点名时间将会把每一笔珍贵的资源交给辛苦的创业者。"他还表示："10% 的佣金减免有时候就是 30% 的利润提升。点名时间自己是损失了一个收入源，不过佣金根本就不是众筹类的主盈利模式，现在的首要目标是让更多好项目汇集到点名时间，真正帮到国内的创意工作群体。"

至此，通过众筹网络平台进行筹资的部分已经基本完成。但是筹资完成后的"回报"环节也是整个众筹流程不可或缺的一部分。众筹不是捐款，支持者的所有支持一定要有相应的回报。如果项目成功启动，项目的支持者会根据出资数额的多少获得项目发起者一定的回报。通常情况下，回报可以以股权凭证、债权凭证、红利、现金、会员资格、产品或服务等形式进行。当然，如果目标未能达成，在"达标入账"模式下，由众筹平台代为管理的资金将会被全部如数返还给项目的支持者手中；在"当即入账"模式下，已经拨付给项目发起者的资金则会由项目发起者依据众筹平台的相关条款予以处置。

4.1.4　众筹融资的优缺点分析

4.1.4.1　众筹融资的优点

（1）众筹融资模式是开放性的。这种开放性，体现在众筹融资的灵活性，一是资金的灵活性，二是回报方式的灵活性，三是众筹方式的灵活性。众筹融资是一种开放性平台进行项目筹资，资金是来源于大众里的支持者，比起单一资金来源来说，众筹的资金来源灵活。而且回报投资者的话，可以是服务或相应的实物等。众筹融资所采取的方式灵活，可以股权众筹、产品众筹、债权众筹等。

（2）众筹融资模式是小风险的。创业者金融风险非常小，如果申请贷款项目失败那银行会强制清偿抵押物。而众筹付出的是股权，失败之后也只需付出债权的一部分就可以了。对于创业者来说，只要与参与者保留充分的知情权就可以了。

（3）众筹融资本身就是一种营销手段。众筹本身就是营销方式的一种，能够从一开始就让项目吸引大量的眼球。通过众筹，可以提高公众的认知，在个人的基础上建立良好的社交关系，还可以让捐款人感觉自己也是这个事业中的一部分，进而提高自身对项目的支持力度。

（4）众筹融资模式是多渠道的。互联网是开展众筹工作的绝佳舞台，它能提供无数的第三方入口，省却了自己寻找融资渠道的烦恼。可以在多个第三方众筹平台，发起众筹项目，开展多元化的资金融合渠道。这种融资模式使得资金来源渠道更加宽广，能够更快更好地为创业者获得发展资金，提高创业效率。

4.1.4.2　众筹融资的缺点

相比众筹的优点，众筹的缺点也是十分明显。第一众筹面临非法集资的风险。众筹多渠道的资金来源，获使得投资者取的利益也是相对的少。而且，众筹融资模式也受到法律环境的限制，众筹网站上的所有项目，创业者不能以股权、债券、分红或是利息等金融形式作为回报，这是严重违规处理的方法。项目发起者更不能向支持者许诺任何资金上的收益，必须是以其相应的实物、服务或者媒体内容等作为回报，否则可能涉及非法集资，情节严重的甚至可能构成犯罪。

同时，众筹项目创意可能被"抄袭"。众筹需要向公众展示一部分企业信息，创业者的想法，未来的方向，盈利模式等。当这些原本属于创业者个人的想法被越来越多的人知晓的时候，那么也许就有一部分人心怀叵测，窃取他们的创意为己用。

另外，众筹融资的项目在时间上存在不确定性。众筹，是群众筹资。不过群众筹资，总有一个众筹目标和众筹时间周期。有的众筹项目过热，有的众筹项目过冷，所以众筹所需时间是不一样的。众筹项目的时间周期是动态的，要根据实时众筹情况而定。而对于想在短时间内，众筹项目就达标的人来说，这个不确定性是一个非常大的弊端。

4.2 众筹融资运营模式

众筹在欧美发展得较早，2009 年在美国成立的 Kickstarter 是最有名气的众筹网站。之后，伴随着股权制众筹、借贷制众筹的相关法律法规和政策在很多国家和地区的陆续出台，众筹在海外呈现出爆发式的发展局面。据福布斯报道，众筹融资网站如今有 700 多家，到 2013 年第二季度将增加到 1500 家，呈井喷之势。经过几年的迅速发展，众筹已经逐步形成股份制众筹、募捐制众筹、借贷制众筹和奖励制众筹等多种运营模式。

而在国内，受相关法律环境的限制，众筹网站上的所有项目不能以股权、债券、分红或是利息等金融形式作为回报，项目发起者更不能向支持者许诺任何资金上的收益，必须是以其相应的实物、服务或者媒体内容等作为回报，否则可能涉及非法集资，情节严重的甚至可能构成犯罪。此外，股权制还存在突破法律对股东人数限制等问题。因此，基于我国目前的法律制度环境，大多数众筹平台（包括点名时间、追梦网、淘梦网、亿觅网、觉等）都属于奖励制的，仅有少部分众筹平台（诸如大家投、天使汇、创投圈等）从我国法律环境出发，谨慎地进股权式众筹的尝试和探索。

4.2.1 众筹模式分类

众筹根据其模式可以首先分为购买模式和投资模式两大类。

购买模式中又细分为捐赠众筹和奖励众筹：捐赠众筹是指出资者对项目或者机构进行无偿捐赠的众筹模式，例如微公益等公益募捐平台等；奖励众筹是指出资者对项目或机构投资，获得产品或服务的众筹模式，例如国内的点名时间、众筹网等都属于这类众筹平台。投资模式中包括债权众筹和股权众筹：债权众筹出资者获得一定比例债权，未来获取利息收益并回收本金，例如人人贷；股权众筹指投资者获得一定比例的股权，例如国内的天使汇。我国众筹模式分类，如图 4-3 所示。

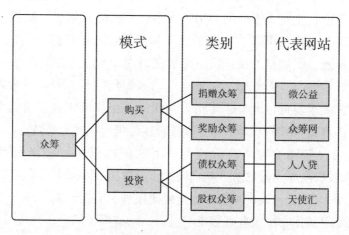

图 4-3　我国众筹模式分类

债权众筹正是当下发展迅猛的 P2P 借贷平台，投资人通过对项目投资按比例获得债券，并在未来获得利息收益且收回本金。股权众筹主要指通过网络的较早期的私募股权投资，是创投业务的补充，不过由于国内法律限制，股权众筹融资的合法性尚在讨论中。奖励众筹则表现为预售类的众筹项目，广义上的团购也被纳入此范畴，类似影视文学产品筹资往往通过奖励众筹模式。捐赠众筹则可以理解为网络上的微型公益平台，国外也有帮助别人实现旅游或策划婚礼等纯愿望项目的众筹平台。

4.2.1.1　债权众筹

债权众筹又称之为"多对多"模式。借款需求和投资都是打散组合的，然后获取债权对其分割，通过债权转让形式将债权转移给其他投资人，获得借贷资金。该模式可以看作是左边对接资产，右边对接债权，平衡系数是对外放贷金额必须大于或等于转让债权，如果放贷金额实际小于转让债权，等于转让不存在的债权。但是根据我国最新发布的《关于进一步打击非法集资等活动的通知》，这种模式被定性为"非法集资"，因此发展受到阻碍。

4.2.1.2　股权众筹

股权众筹方面由于股权众筹的融资人均为初创期企业，因此从投资阶段来讲，种子期和初创期企业占比较高，约为 96%。2014 年上半年，中国众筹领域共发生融资事件 1423 起，募集总金额 18791.07 万元人民币。其中，股权类众筹事件 430 起，募集金额 15563 万元人民币；奖励类众筹事件 993 起，募集金额 3228.07 万元人民币。2014 年上半年股权众筹领域中，原始会的募集成功率是遥遥领先的，295 个参与投资的投资者中能提供近 1.2 亿元的项目资金，成为目前国内股权众筹平台中募集成功率最高的网站。天使汇项目数量较多，但投资人投资意愿不强，主要由于网站采用了国内外流行的"领投＋跟投"的投资模式，也是由于该类投资模式，增加了投资人对项目运营及退出的担忧程度，导致投资意愿不强。大家投的投资供给份额在国内股权众筹领域不足10%，项目数量最少但投资参与人数众多，主要由于大家投的项目投资起点较低，项目方对投资者质量要求较低，此外由于平台对投资人的投资审查严格程度低于天使汇，又高于国内其他股权众筹平台，故投资供给情况出现此类情况。

2014年上半年综合来看，股权类众筹占国内众筹领域融资资金规模的98.71%，而股权众筹领域的资金缺口巨大。股权类众筹融资需求近20.36亿元，实际募集金额1.56亿元，市场资金供给规模仅占资金需求的7.64%，这一组数据也侧面反映出我国中小企业融资难、融资渠道有限等问题。

4.2.1.3 奖励式众筹

奖励式众筹是指投资者在平台上进行投资可以获得相应奖励，投资者持有的是受益权而非股权，奖励型众筹可以为融资方减少消费者需求不足的风险，通过这种模式还可以在不付出企业股权的前提下建立起公司的第一批影响用户群体。奖励型众筹结合了融资及市场调研的双重作用，可以通过预先下单的形式，来确认人们对产品的真实需求。

通过奖励型众筹，如果达到了超募的效果，那么意味着融资的公司或产品，符合当下流行的趋势及热潮。对未来融资也可以起到帮助作用，未来再采取股权式众筹或寻求风投时，可以起到很关键的作用。

4.2.1.4 捐赠式众筹

在捐赠式众筹模式下，通过众筹平台支持某个产品或服务从形式上看似乎和通过电商预购某个产品或服务没有太大差别。但是实际上众筹平台的项目支持者和电商商品的消费者的心理活动是存在差异的。如果说消费者通过电商购买某种产品看重的是"物有所值"，那么募捐制众筹模式下支持者对某个项目的"出资支持行为"则表现出更多的"重在参与"的属性，换言之，募捐制众筹的支持者几乎不会在乎自己的出资最终能得到多少回报，显然，他们的出资行为带有更多的捐赠和帮助的公益性质。虽然众筹网站和电商网站都能提供一盒巧克力或一束玫瑰花，但众筹网站致力于让"消费者"（出资者）忘掉购物这回事儿，认为自己并非在消费，而是资助了一个梦想。众筹网站和团购网站的区别就在于众筹网站带有一定程度的公益性质，将购买消费品的行为转换成了捐助梦想的行为。"这好比买一张专辑，如果你是在音像店里买的，你会觉得只是完成了一次消费，但是如果你买的是路边卖唱艺人的，同样是消费，你却觉得自己是在捐助"。微电影导演李纪正在知乎网站上如是说。因此，在募捐制众筹模式下，大众作为投资人，与其说在进行一项投资行为，不如说正在进行一项带有赠予性质的公益行为。

4.2.2　众筹模式创新

几年来我国众筹模式的创新主要有以下几方面。

(1)"门户网站 + 众筹网站"的模式，利于为双方导入彼此人气，增强用户黏度。众筹网开拓了新颖的互联网商业模式，此次乐视网的众筹网联合开展的众筹项目，不仅能为广大球迷带来更加耳目一新的创新体验，最主要的意义在于双方的首次合作实现了视频门户网站与众筹网站的无缝结合，具有开创意义，为视频门户网站及众筹平台的发展均开启了新的发展思路。

(2)"农业 + 众筹"的模式仅能针对小部分高端用户，具体合作模式仍需探讨。农产品具有生产周期较长、客单价较低、保值期短、产品滞后性强等特性，此外，农产品生长过程中种植户还需承受灾害风险和市场风险。众多因素综合在一起，农业的"互联网化"模式发展举步维艰。目前火热的众筹模式，对农产品来说，只能走高端小众的路线，用户一起凑钱买平时市场里难以窥见的产品，或者是一些精品蔬菜水果等，生产基地想通过"以销定产"模式来销售自己的高端产品，通过众筹还是行不通的。

(3)"传统服务业 + 众筹"的模式将促进产业融合，提高用户便利度。据了解，目前汽车租赁行业整体市场高度分散，前 10 家汽车租赁公司的市场占有率仅为 12%。从品类细分的角度来看，短租公司由于需要大量的资金和车辆、网络的支持，汽车数量最多。众筹模式与汽车租赁行业的结合，有效地缓解了该行业的发展困局，促使了互联网与汽车服务的融合。该模式最大的优势是用户租车全过程中享受了足够多的便利，主要有下单及时、车辆随叫随到、高端客户可线上完成付款、通过打分对司机评级以保证服务质量等。

(4)"艺术行为 + 众筹"模式的出现，加速艺术家梦想实现，使艺术更加平民化。一方面，目前在我国，90% 的艺术梦想因为资金困难而难以实现。作为融资的新途径，众筹模式让艺术梦想有机会落地，众筹平台成为梦想实现的载体。另一方面，长期以来，艺术因其高雅的形象与大众化的概念格格不入，即便是艺术作品逐步大众化，但消费者依然难以接受高水平艺术消费，对艺术投资或支持艺术从业者参与艺术产业实践更是望而却步的。通过众筹，艺术家不仅成功筹资，更是对自身艺术品牌和作品的一种宣传，使艺术更加平民化。

4.2.3　股权众筹的具体运作

股权众筹是指公司基于互联网渠道出让一定比例的股份，面向普通投资者，投资者则通过投资入股公司，以获得未来收益。客观地说，股权众筹与投资者在新股 IPO 时申购股票本质上并无太大区别，但在互联网金融领域，股权众筹主要指向较早期的私募股权投资，是天使和 VC 的有力补充。本节内容将对股权众筹的具体运作进行梳理和分析。

4.2.3.1　股权众筹的种类

从投资者的角度，以股权众筹是否提供担保为依据，可将股权众筹分为无担保的股权众筹和有担保的股权众筹两大类。前者是指投资人在进行众筹投资的过程中没有第三方的公司提供相关权益问题的担保责任，目前国内基本上都是无担保股权众筹；后者是指股权众筹项目在进行众筹的同时，有第三方公司提供相关权益的担保，这种担保是固定期限的担保责任。这种模式国内目前只有贷帮的众筹项目提供担保服务，尚未被多数平台接受。

4.2.3.2　参与主体

股权众筹运营当中，主要参与主体包括筹资人、出资人和众筹平台三个组成部分，部分平台还专门指定有托管人。其中筹资人又称发起人，通常是指融资过程中需要资金的创业企业或项目，他们通过众筹平台发布企业或项目融资信息以及可出让的股权比例。出资人往往是数量庞大的互联网用户，他们利用在线支付等方式对自己觉得有投资价值的创业企业或项目进行小额投资。待筹资成功后，出资人获得创业企业或项目一定比例的股权。众筹平台是指连接筹资人和出资人的媒介，其主要职责是利用网络技术支持，根据相关法律法规，将项目发起人的创意和融资需求信息发布在虚拟空间里，供投资人选择，并在筹资成功后负有一定的监督义务。托管人，是为保证各出资人的资金安全，以及出资人资金切实用于创业企业或项目和筹资不成功的及时返回，众筹平台一般都会制定专门银行担任托管人，履行资金托管职责。

4.2.3.3　运作流程

股权众筹一般运作流程大致如下。

（1）创业企业或项目的发起人，向众筹平台提交项目策划或商业计划书，并设定拟筹资金额、可让渡的股权比例及筹款的截止日期。

（2）众筹平台对筹资人提交的项目策划或商业计划书进行审核，审核的范围具体包括但不限于真实性、完整性、可执行性以及投资价值。

（3）众筹平台审核通过后，在网络上发布相应的项目信息和融资信息。

（4）对该创业企业或项目感兴趣的个人或团队，可以在目标期限内承诺或实际交付一定数量资金。

（5）目标期限截止，筹资成功的，出资人与筹资人签订相关协议，筹资不成功的，资金退回各出资人。

通过以上流程分析可以看出，与私募股权投资相比，股权众筹主要通过互联网完成"募资"环节，所以，又称其为"私募股权互联网化"。

4.2.3.4　股权众筹具体模式

当下，根据我国特定的法律、法规和政策，股权众筹从运营模式可分为凭证式、会籍式和天使式三大类，下面逐一介绍。

（1）凭证式众筹。凭证式众筹主要是指在互联网通过买凭证和股权捆绑的形式来进行募资，出资人付出资金取得相关凭证，该凭证又直接与创业企业或项目的股权挂钩，但投资者不成为股东。

2013 年 3 月，一植物护肤品牌"花草事"高调在淘宝网销售自己公司原始股：花草事品牌对公司未来 1 年的销售收入和品牌知名度进行估值并拆分为 2000 万股，每股作价 1.8 元，100 股起开始认购，计划通过网络私募 200 万股。股份以会员卡形式出售，每张会员卡面值人民币 180 元，每购买 1 张会员卡赠送股份 100 股，自然人每人最多认购 100 张。

在花草事之前，美微传媒也采用了大致相同的模式，都是出资人购买会员卡，公司附赠相应的原始股份，一度在业内引起了轩然大波。

需要说明的是，国内目前还没有专门做凭证式众筹的平台，上述两个案例筹资过程当中，都不同程度被相关部门叫停。

（2）会籍式众筹。会籍式众筹主要是指在互联网上通过熟人介绍，出资人付出资金，直接成为被投资企业的股东。国内最著名的例子当属 3W 咖啡。

2012 年，3W 咖啡通过微博招募原始股东，每个人 10 股，每股 6000 元，相当于一个人 6 万元。很多人并不是特别在意 6 万元钱，花点小钱成为一个咖啡馆的股东，可以结交更多人脉，进行业务交流。很快 3W 咖啡汇集了一大帮知名投资人、创业者、企业高管等如沈南鹏、徐小平数百位知名人士，股东阵容堪称华丽。

3W 咖啡引爆了中国众筹式创业咖啡在 2012 年的流行。没过多久，几乎每个规模城市都出现了众筹式的咖啡厅。应当说，3W 咖啡是我国股权众筹软着陆的成功典范，具有一定的借鉴意义，但也应该看到，这种会籍式的咖啡厅，很少有出资人是奔着财务盈利的目的去的，更多股东在意的是其提供的人脉价值、投资机会和交流价值等。

（3）天使式众筹。与凭证式、会籍式众筹不同，天使式众筹更接近天使投资或 VC 的模式，出资人通过互联网寻找投资企业或项目，付出资金或直接或间接成为该公司的股东，同时出资人往往伴有明确的财务回报要求。

以大家投网站为例：假设某个创业企业需要融资 100 万元，出让 20% 股份，在网站上发布相关信息后，A 做领投人，出资 5 万元，B、C、D、E、F 做跟投入，分别出资 20 万元、10 万元、3 万元、50 万元、12 万元。凑满融资额度后，所有出资人就按照各自出资比例占有创业公司 20% 股份，然后再转入线下办理有限合伙企业成立、投资协议签订、工商变更等手续，该项目融资计划就算胜利完成。

确切地说，天使式众筹应该是股权众筹模式的典型代表，它与现实生活中的天使投资、VC 除了募资环节通过互联网完成外，基本没多大区别。但是互联网给诸多潜在的出资人提供了投资机会，再加上对出资人几乎不设门槛，所有这种模式又有"全民天使"之称。

4.3 众筹融资风险分析

众筹平台是一个有巨大发展前景的创新经济模式，但也正是由于其"新"的特质，国内诸多配套的制度无法迅速跟上，因此也导致了众筹平台相较于其他传统成熟平台含有更大的风险。比如政策方面，相关筹资方式以及证券发行方面的政策出台后，如果对投资人的数量、单笔投资金额做了明确规定，那无论是目前的奖励类众筹产品还是股权类众筹项目，投资者都面临项目已募集资金被返回的风险，这样在从项目成立起到项目资金返回期间的时间成本将成为投资者主要面临的风险。而目前我国众筹领域各主体涉及的法律问题并不是一个监管政策就能全部涵盖的，整个法制体系的完备才能对该领域的发展起到良好的监督、指导、服务的作用。再比如股权众筹项目真实性方面，权股权众筹项目的投资人组成一般由领投人、普通投资人组成，针对筹资金额较高的项目，应积极与其他投资人、平台、筹资人进行沟通，对筹资人背景、资产、项目方案、项目同业竞争等情况进行详细了解，确保项目的真实性。投资金额过大的，对于筹资人的创业经历、创业团队成员情况、提供的项目方案、资产负债等情况需要进行实地调研。另外，目前国内的大多数众筹平台对项目方、投资方均是免费的，而用户免费一直是互联网企业在发展过程中秉持的一条重要原则，随着平台发展加速分化，规模较大发展较早的平台融资轮数及规模受到各方的重视，其估值也逐步提高，此背景下，平台的盈利模式将受更多股东及投资者的关注，是否能永久持续对投资、筹资主体免费一种不确定性风险。下面将众筹融资的风险归纳成以下几个方面。

4.3.1 众筹融资的风险表现

4.3.1.1 法律政策风险

众筹平台是一种创新性的以互联网为依托的经营模式，其崭新的运营模式为其带来广阔的前景，但也正由于其是一种崭新的经营模式，立法速度无法与之匹配。导致诸多法律问题与之相伴而生。目前这些问题主要集中在众筹平台是否涉嫌非法集资犯罪、代持股的风险、项目发起人知识产权权益易受到侵犯、是否突破《证券法》关于禁止公开发行证券的规定、监管制度缺失所引发的问题等，下文中将对这些问题进行一一探讨。

（1）关于非法集资的风险。众所周知，在目前金融管制的大背景下，民间融资渠道不畅，非法集资以各种形态频繁发生，引发了较为严重的社会问题。关于"非法集资"犯罪的认定标准上，最高院给出司法解释，根据《最高人民法院关于审理非法集资刑事案件具体应用法律若干问题的解释》第一条非法集资应当同时满足四个条件，一是未经有关部门依法批准或者借用合法经营的形式吸收资金；二是通过媒体、推介会、传单、手机短信等途径向社会公开宣传；三是承诺在一定期限内以货币、实物、股权等方式还本付息或者给付回报；四是向社会公众即社会不特定对象吸收资金。从形式上看，众筹平台这种运营模式未获得法律上的认可，通过互联网向社会公开推介，并确实承诺在一定期限内给以回报（募捐制众筹除外）——其中股权制众筹平台以股权方式进行回报给出资者，奖励制众筹平台主要以物质回报的方式，借贷制众筹平台以资金回馈方式回报给出资者，且均公开面对社会公众。所以，单从这一条文来讲，众筹平台的运营模式与非法集资的构成要件相吻合。但是，我们对于任何行为进行法律定性时，都不能只注意其形式要件，更要看这一行为的实质要件是否与法律规定、立法精神相违背。因此，我们除了要考虑众筹平台是否符合"非法集资"的形式要件，还要深入考察众筹平台是否符合对"非法集资"犯罪定性的实质要件。《最高人民法院关于审理非法集资刑事案件具体应用法律若干问题的解释》的立法目的中写道"为依法惩治非法吸收公众存款、集资诈骗等非法集资犯罪活动，根据刑法有关规定，现就审理此类刑事案件具体应用法律的若干问题解释如下"。可见，该司法解释的出台是为惩治非法吸收公众存款、集资诈骗等犯罪活动，是为了维护我国社会主义市场经济的健康发展。反观众筹平台，其运营目的包括鼓励支持创新：发展公益事业及盈利。笔者认为，良性发展的众筹平台并不会对我国市场经济产生负面影响，不符合非法集资犯罪的实质要件，所以不应被定性为非法集资犯罪。但与此同时，我们也要严加防范不法分子以成立众筹平台或者发布众筹项目为外衣，实际骗取项目支持者和出资人资金的行为。

（2）关于代持股的风险。凭证式和会籍式众筹的出资者一般都在数百人乃至数千人。部分股权式融资平台的众筹项目以融资为目的吸收公众投资者为有限责任公司的股东，但根据《公司法》第二十四条规定"有限责任公司由五十个以下股东出资设立。"那么，众筹项目所吸收的公众股东人数不得超过五十人。如果超出，未注册成立的不能被注册为有限责任公司；已经注册成立的，超出部分的出资者不能被工商部门记录在股东名册中享受股东权利。目前在中国，绝大部分对股权式众筹项目有兴趣的出资者只愿意提供少量的闲置资金来进行投资，故将股东人数限制在五十人以内将导致无法募集足够数额款项来进行公司运作的后果。因此，在现实情况中，许多众筹项目发起者为了能够募集足够资金成立有限责任公司，普遍采取对出资者建议采取代持股的方式来规避《公司法》关于股东人数的限制。采用代持股的方式虽然在形式上不违反法律规定，但在立法精神上并不鼓励这种方式。当显名股东与隐名股东之间发生股东利益认定相关的争端时，由于显名股东是记录在股东名册上的股东，因此除非有充足的证据证明隐名股东的主张，一般会倾向于对显名股东的权益保护。所以这种代持股的方式可能会导致广大众筹项目出资者的权益受到侵害。

（3）关于知识产权权益受到侵犯的风险。这一问题主要针对奖励制众筹平台，其特点是众筹项目以具备创新性为主。奖励制众筹平台成立的主要目的之一在于挖掘创意、鼓励创新；其上线众筹项目的发起者的主要目的在于实现其创意，贩卖其创意；而出资者的投资出发点在于支持创意、购买新颖的产品。但是发布在奖励制众筹平台的众筹项目大都是还未申请专利权的半成品创意，故不能依知识产权相关法律保护其权益。与此同时，几个月的众筹项目预热期给了盗版商"充分的"剽窃时间。依国内的盗版"实力"，几个月的时间盗版商完全可以仿造发布在众筹平台筹资的创新项目并达到量产再流通到市场，这就使众筹项目失去其最重要的创新性而流掉诸多客户。所以从保护知识产权利益的角度出发，许多众筹项目的发起者只向公众展示其创意的部分细节。连带下来，具有出资意愿的创新爱好者由于无法看到项目全貌而无法对产品形成整体、全面的印象，也就大大降低了其投资兴趣和投资热情。所以我国知识产权相关法律法规在创新性众筹项目方面的缺失降低了创意发布者创新积极性，也使众筹项目出资人对创新项目的支持力度大打折扣，严重地桎梏了众筹行业的发展。

（4）关于存在"公开发行证券"的风险。《证券法》第十条第一款"公开发行证券，必须符合法律、行政法规规定的条件，并依法报经国务院证券监督管理机构或者国务院授权的部门核准；未经依法核准，任何单位和个人不得公开发行证券。有下列情形之一的，为公开发行：一是向不特定对象发行证券的；二是向特定对象发行证券累计超过两百人的；三是法律、行政法规规定的其他发行行为。"

众筹平台在募集资金过程中毫无疑问是面对不特定对象，且人数常常超过两百人，很容易触犯《证券法》关于公开发行证券的规定。奖励制众筹平台为了规避这一风险采取不以现金回馈的方式回报出资者，将投资行为演变为团购、预购行为，从而使整个众筹法律关系与《证券法》撇清。股权制众筹平台对这一问题则是采取成立有限合伙的方式，即由众筹出资者成立有限合伙，再由合伙企业对众筹项目发起者进行投资。然而根据《证券法》第十条第二款"非公开发行证券，不得采用广告、公开劝诱和变相公开方式。"股权式众筹平台的这种方式即属于变相公开的一种形式。因此，笔者认为，股权式众筹平台的发展目前在中国的法律大环境下受到诸多限制。

4.3.1.2 众筹融资的信用风险

上述所讨论的法律风险针对不同模式的众筹平台具有不同程度的影响，但目前在中国，各种模式的众筹平台均存在信用风险。这是众筹行业面临的共通性问题，也是众筹行业要想在中国发展壮大最急迫需要解决的问题。按照众筹法律关系的主体进行划分，众筹平台面临的信用风险包括项目发起者信用风险和众筹平台的信用风险两个方面。

关于项目发起者信用风险。项目发起者的信用风险主要包括众筹平台对项目发起者的资格审核不够全面引起的问题以及项目发起者在募集资金成功后不能兑现其承诺的问题。

（1）关于项目发起者的资格问题，现行法律并没有专门性规定，根据民法上"法不禁止即自由"的原则，任何自然人、法人、其他组织均可以在众筹平台上发布众筹项目。在现实操作层面上也确实如此，众筹平台可以接受任何自然人、法人、其他组织在其上线网站加以注册、发布项目。比如点名时间在其网站上公告"只要你年满18岁（18岁以下可由监护人代理），不论你从事什么职业，不论你的梦想大小，我们都欢迎你来发起项目"。由此可见，众筹平台对项目发起者的资质并无过多要求和硬性审核。而这就会因此产生以虚假身份发起项目的信用风险问题。一旦该项目成功募集资金，出资者可能无法再次与项目发起者取得联络，更无法获得应有回报。这不仅损害了出资者的利益，也给众筹平台造成信用风险。所以，众筹平台应至少对其上线项目的发起者做真实性核查，以此来保证出资人的利益和其平台自身的信用。

（2）关于项目发起者在募集成功后不能兑现承诺的问题。目前通过众筹模式进行筹资的项目大多为创意类项目，一定程度上相当于预售，项目支持者看好某种创意，通过资助的形式使其有足够的资金来将创意变为实物。但出资者和项目发起者双方没有任何实际的接触，出资者仅仅是通过在众筹平台上挂出的项目介绍决定是否对其进行资金支持。对于成功募集资金的众筹项目，众筹平台通常会一次性将款项拨付到众筹项目发起者的账户，在这之后，将不再负有对众筹项目监督的义务，后期的监督缺乏会导致权力的滥用。取得款项的众筹项目发起者有些会按照项目发布时的公告对出资者兑现承诺；有些由于其项目计划不周或其他原因，虽然竭尽全力，但仍然无法兑现承诺；更有甚者，将筹集到的款项挪作他用。对于第一种情况，是成功的众筹项目。对于第二种情况，项目发起者具有违约责任，出资者可以通过诉讼等手段努力取回出资，但将花费大量成本，甚至再次付出的资金会超过最初对众筹项目的出资，得不偿失。所以说，去追究项目发起者的责任对出资人是件极为鸡肋的事情，很大程度上会挫伤出资人的投资积极性。对于第三种情况，项目发起者不但具有违约责任，还可能具有诈骗的动机，但是出资者对其目的动机难以取证，也难以证明项目发起者将款项挪作他用，故难以取得胜诉。

对于此类风险，众筹平台均声明不承担任何责任。也正是众筹平台无法控制项目募集成功后的资金流向及项目发起者是否会兑现承诺的缺陷给筹资者以跳票的机会，即项目拿了钱却延迟交货或者项目中途夭折。美国宾夕法尼亚大学沃顿商学院管理学教授伊桑·莫利克进行的研究显示，约75%的项目无法按期完成，这也越来越让出资者意识到，在众筹网站上的预售行为和网上购物不一样，前者可能面临无法交货的风险，进而导致出资者对众筹行业产生信任危机。因此，能否很好的解决这一问题，将会直接影响草根阶层根植在众筹投资的热情。大成律师事务所（上海）高级合伙人王汉齐认为，尽管双方有过约定，但这种投资行为本身就存在着风险和问题，"如果对公司的真实信息、业务状况、资质信用都不了解，也没有做过尽职调查，在这种信息不对称的情况下贸然投资，并不是好的选择"。

关于众筹平台的信用风险。众筹平台的信用风险主要在于资金托管。众筹平台在目前属于普通的互联网线上平台，其注册为普通工商企业。根据传统的《支付结算办法》第六条"银行是支付结算和资金清算的中介机构。未经中国人民银行批准的非银行金融机构和其他单位不得作为中介机构经营支付结算业务。

但法律、行政法规另有规定的除外"。可知只有银行可以作为支付结算和资金清算的中介机构，而众筹平台并不具有银行牌照。再根据《非金融机构支付服务管理办法》，这是在"支付宝"发展起来后，立法与时俱进地针对互联网支付服务所做的新规，其中第三条第一款"非金融机构提供支付服务，应当根据本办法取得《支付业务许可证》成为支付机构"第三款"未经中国人民银行许可，任何非金融机构和个人不得从事或变相从事支付业务"。可知，目前只有取得《支付业务许可证》的非金融机构才能从事支付服务，而众筹平台并不具备这种资格。但在实际操作中，出资者将出资拨付到众筹平台的账户，再将资金打到成功募集的项目上，众筹平台实质上在其中担当了支付中介的角色。整个资金流转过程并没有资金托管部门，也未受到监管机构的监督。也就是说，众筹平台完全在靠着自己的信用经营着如此庞大的资金量。那么，一旦众筹平台出现信用危机，投资者的出资将难以追回。此外，从项目开始到结束的一段时间内，被托管的资金是会产生收益的，而资金在托管期间所产生的收益应该如何分配也尚无法律做出明确规定。诸多投资者因为以上诸多问题对众筹平台持怀疑和观望态度。

4.3.2　众筹融资风险防范对策

4.3.2.1　加速法律制度建设步伐

（1）对于上述讨论的非法集资问题以及公开发行证券的问题在本质上都属于人数、资本、股权之间的配比问题。法律之所以严格通过人数、资本与股权之间的配比来控制非法集资问题、公司成立条件、公开发行证券等问题，一方面是为了保护出资者的权益不受侵害，另一方面也是为了防止投机性投资问题的出现。这两方面其实是相辅相成的，任何一个方面没做到都会影响另一方面，进而影响我国经济的健康发展。我们虽然也赞同通过法律来对以上问题进行规定，但在多大宽度和深度上进行规制，在此提供一些不同意见以供参考。

在这方面，美国的做法是值得借鉴的。当"众筹"超越了美国证券史上所有的豁免条款时，一部新法 JOBS 法案诞生。JOBS 法案中第三章的名称就叫众筹，它确认股权式众筹的合法性，并对融资方、投资方、平台做了严格的限制。该法案 302（a）条款对美国 1933 年证券法第 4 款进行修改，增加了 4（6）条款，明确了满足以下条件的众筹融资不必到 SEC 注册就可以进行股权融资：由 SEC 注册的经纪人充当中介；筹资者每年通过网络平台募集不超过 100 万美元的资金；前 12 个月内收入不足 10 万美元的出资者所投金额不得超过 20.00 美元或其年收入的 5%，前 12 个月内收入超过 10 万美元的出资者可以用其收入的 10%

用于此类投资，但上限为 10 万美元。

美国 JOBS 法案通过这种方式来防范投机及保护出资者的利益，是一种很好的借鉴模式。这也从另外一个角度反映美国监管和立法体系应对新事物、新革命的灵活性。笔者认为，我们可以部分性地取其精髓。一是肯定众筹平台的合法性及划清其与非法集资等犯罪行为的界限是当务之急；二是鉴于众筹模式已是一种趋势性产业，不妨借鉴美国这种不通过人数，而是通过单一资本量来控制资本总量和股权的模式。我们期待国内相关的法律法规和政策能够尽早出台，为合法合理的项目发起者、项目支持者以及众筹平台提供政策和法律保护。

（2）完善知识产权保护的相关法律制度。对众筹项目的知识产权进行妥善的保护是这些项目赖以生存的基础。也就是说，要想众筹行业真正获得发展，必须为广大的项目发起者提供一个良好的版权环境。然而就目前情况来看，至少存在以下两方面问题：一是众筹项目的创意易被剽窃，导致其丧失新颖性；二是申请专利程序烦琐、耗费成本过大、时间过长。针对这两个问题，笔者认为适当的知识产权备案制度可以起到一个有效的缓冲作用。拥有发明、实用新型或外观设计的项目发起者在公布其创意之前可先对其创新之处做登记备案。在审查期过程中，除非有相反证据证明其非创意持有人，否则不得侵犯其知识产权。如有任何自然人、法人在此过程中剽窃其创意，项目发起者均可在专利获得审批通过后对其追求责任。这样不仅保护了众筹项目发起者的知识产权权益，还能同时保证知识产权的审批质量。

（3）健全众筹行业的监管体制。目前缺少针对众筹平台的监管主体和监管制度的问题令人担忧。美国将这一权利赋予 SEC 和众筹行业协会，两部门共同对众筹平台进行监管。针对我国的情况，各大行业协会在我国所起的监管作用并不十分有效，多数只涉及事务性层面，且如果监管部门过多，将产生互相推诿责任的问题。所以笔者认为，对众筹行业的监管，应把责任确立到某个具体的部门上。这样有利于统一进行管理、收集相关数据信息资料，也能一定程度上防止朝令夕改，便于众筹平台贯彻执行相关的具体制度。与此同时，与众筹监管相关的政策法规也应紧锣密鼓的筹划开来。在此问题上，笔者认为监管部门所指定的监管法规应当给众筹平台留出相当宽度的发展空间。因为如果监管过于僵硬，将无法适应层出不穷的众筹模式；法令的朝令夕改也会使法律的公信力大打折扣，保守的民众为了规避风险也会对此行业持观望态度，更加不利于众筹行业的长远发展。

4.3.2.2　健全信用体制

针对上述提出的众筹平台存在的信用风险，不仅仅是众筹行业存在的信用风险，更是目前我国大部分新兴行业面临的问题。要想根治经济交易过程中的信用风险，一套针对自然人、法人、其他组织的健全的信用体制是必不可少的。信用体制的完善会在很大程度上提升社会整体信用度。然而，这套制度的建立并非一蹴而就的，这就对我们提出更大的考验——如何在社会整体信用体制缺失的情况下保证众筹行业的信用度朝良性发展。在这项工作中，其中关键在于监管机构对众筹平台赋予责任，加强众筹平台对项目发起者的审核深度，跟进融资成功项目的后续发展至众筹项目发起者对全部出资者做出承诺的回报，至于众筹平台的自身信用则应由监管部门进行监管管控以防止众筹平台的操作风险。

4.3.2.3　风险规避的具体方法

目前众筹模式分为股权制、募捐制、借贷制和奖励制，考虑到目前法律风险不明朗，实践中可以先从法律风险最小的奖励模式入手操作，通过不断实践来把控风险。

众筹平台有义务在网站上详细介绍项目的运作流程，特别是在显要位置向支持者（出资者）提示可能存在的法律风险、信用风险和道德风险，明确各方的法律责任和义务，及可能发生争议时的处理方式。

关于第三方支付平台资金管理及分期打款。筹款、扣除管理费、向项目发起者划款都涉及资金，对资金安全、有序地管理既是平台的应有义务，也是防范其自身法律风险的重要手段。对于众筹平台自身而言，最安全的办法莫过于不直接经手资金，而是通过第三方平台独立运作。这种方式能够更好地在项目发起者和出资者之间建立信用平台，同时也从某种程度上保障出资者的资金安全。以 Kickstarter 为例，它以 Amazon Payment 作为整个交易过程中最重要的资金托管和交易平台。出资者（支持者）的钱全部打进 Amazon Payment，筹资者（项目发起者）也只有通过 Amazon Payment 才能把钱转进自己的账户。我国的"大家投"也在 2013 年 9 月 27 日推出一个叫"投付宝"的中间产品，对投资款进行托管。对项目感兴趣的出资者把投资款先打到由兴业银行托管的第三方账户，在公司正式注册验资的时候再拨款进公司。

此外，为了防止项目筹款成功后一次拨款所带来的项目发起者信用危机以及项目无法按时完成的风险，将所筹款项根据项目进展情况分批拨付是十分必要的。这不仅能够监督和敦促项目的进度，还能给出资者的资金增加一道保险防线。我国第一家类 Kickstarter 的众筹网站点名时间诞生后就根据我国国情进行了本土化改变以加强对风险的把控。在 Kickstarter 上，项目成功后平台会马上支付所有款项给项目发起者；但是在点名时间的项目成功后，其只会先付 50% 的款项给项目发起者，然后发起者要对所有支持者进行回报给予，待所有出资者都点击"确认签收"回报后，点名时间才会把余下的款项交给发起者，其作用类似于"支付宝"。上文提到的"投付宝"同样也具备分批拨款的功能，比如投资 100 万元，先拨付 25 万元，根据企业的产品或运营进度决定是否持续拨款。

与此同时，应试积极做好相关政府部门沟通工作。众筹作为一种全新的商业模式，尽管在与相关政府部门或监管机构进行沟通时可能存在一定的难度，但若积极与主管部门沟通，取得相应的指导或进行项目备案，将大大化解在法律模糊地带摸索的法律风险。虽然众筹的某些模式与国内目前的法律法规相抵触，而且国内的互联网融资环境在信息真实、出资者保护、中介服务上都与互联网金融发展较快的国家存在着较大差距，但众筹模式依然可以尝试从金融创新的角度入手，允许个案试水。

最后，应注重对民众进行金融普及教育。2006 年，在互联网行业和金融业都极其发达的美国，财政部联合 23 个部委推出《金融普及教育的国家战略》，政府会对每个普通家庭进行金融普及教育，这种教育甚至具体到"家长该给小孩子多少零花钱"，所以美国全民的金融意识非常强。然而在中国，除专业人士外，普通大众对于金融、对于投资理财都欠缺专业的知识和系统的教育。中国不仅缺少普惠金融体系，也缺少普惠金融教育。因此，在提供产品信息服务的同时，附加金融教育是十分有必要的，并且会有很大的发展空间。

第 5 章　P2P 网贷

5.1　P2P 网贷概况

5.1.1　P2P 网贷的基本内涵

5.1.1.1　P2P 概念起源

P2P 是英文 peer to peer 的缩写，意即"个人对个人"。P2P 网贷，又称 P2P 网络借款。根据银监会与小额信贷联盟的公文，中文官方翻译为"人人贷"。通过中介牵线搭桥，以信用贷款的方式，使有资金的个人将资金贷给其他有借款需求的个人，并获取利息的一种信贷方式。其中，中介机构负责对借款方资信状况的考察，并收取账户管理费和服务费等收入。其本质上就是一种民间借贷方式，贷款利率在不超过银行同期贷款利率的 4 倍的范围内受法律保护。

网络信贷起源于英国，随后发展到美国、德国和其他国家，其典型的模式为：网络信贷公司提供平台，由借贷双方自由竞价，撮合成交。资金借出人获取利息收益，并承担风险；资金借入人到期偿还本金，网络信贷公司收取中介服务费。P2P 网贷最大的优越性，是使传统银行难以覆盖的借款者在虚拟世界里能充分享受贷款的高效与便捷。网贷平台数量近两年在国内迅速增长，迄今比较活跃的有 350 家左右，而总量截止到 2014 年 8 月已有 1600 多家。

5.1.1.2　P2P 参与主体

P2P 网贷服务平台主要针对的是那些信用良好但缺少资金的大学生、工薪阶层和微小企业主等，帮助他们实现兼职创业、培训、购买等方面的愿望。对于这些借款者，无须他们给出贷款抵押物，而是通过了解他们的身份信息、银行信用报告等，来确定给他们的贷款额度以及贷款利率，然后，中介机构将这些信息提供给资金出借人，由他们双方直接达成借款协议，资金出借人获取贷款利息。另外，P2P 网络信贷平台将其作为一种投资的方式，站在宣传的角度对此类平台针对的客户群做了如下概括：有本职工作，不愿长期盯股市盘的办公室白领；信用卡有较大额度闲置未使用的卡奴；有养命钱、养老钱需要对抗通货膨胀保本增值需求的老年投资朋友；保守型投资者；SOHO 一族；有闲杂资金未做保值增值财务筹划的投资者；需理财的非金融专业人士等。P2P 网贷结构，如图 5 –1 所示。

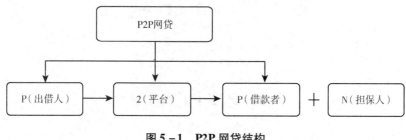

图 5 –1　P2P 网贷结构

5.1.1.3　P2P 网贷的特点

P2P 网贷具有以下特点：一是直接透明：出借人与借款者直接签署个人间的借贷合同，一对一地互相了解对方的身份信息、信用信息，出借人及时获知借款者的还款进度和生活状况的改善，最真切、直观地体验到自己为他人创造的价值。二是信用甄别：在 P2P 模式中，出借人可以对借款者的资信进行评估和选择，信用级别高的借款者将得到优先满足，其得到的贷款利率也可能更优惠。三是风险分散：出借人将资金分散给多个借款者对象，同时提供小额度的贷款，风险得到了最大程度的分散。四是门槛低、渠道成本低：P2P 网贷使每个人都可以成为信用的传播者和使用者，信用交易可以很便捷地进行，每个人都能很轻松地参与进来，将社会闲散资金更好地进行配置，将中高收入人群的闲余资金合理地引向众多信用良好且需要帮助的中低收入人群。

5.1.1.4　P2P 网贷的作用

P2P 网贷的作用表现在以下几个方面：一是 P2P 网贷是企业融资的一个新型途径，基于网络平台的信息共享，促成企业和资本市场，或者个人和个人的对接。网络贷款的这种优势，弥补了传统贷款模式中信息交流不对称的问题。二是 P2P 网贷的门槛相对较低，而且在网站平台上，每个人都可以是信息的传播者和接受者，不但借款的数额和用途等一目了然，而且交易起来相对便捷。同时，P2P 网贷的贷款人群的数量和范围是不受限制的，借贷双方的资金对接效率更高，这为小额贷款的发展提供了成长的空间。另外，P2P 网贷还拓展了信贷额度的范围，弥补了银行信贷的"盲点"。个人、个体户和小微企业欲通过传统的金融机构贷款经常无功而返，而 P2P 网贷恰好瞄准了这一市场需求，成为这些群体融资的新渠道。

5.1.1.5　P2P 网贷的交易流程

在 P2P 网贷过程中，借、贷双方首先需要在 P2P 网贷平台上进行注册并建立账号，然后，借款者向平台提供身份凭证以及资金用途、金额、接收利息额度，还款方式和借款时间等信息等待平台审核。平台审核通过后，借款者的相关信息即可在平台上公布。对于投资者而言，可根据平台发布的借款者项目列表，自行选择借款者项目，自行决定借出金额，实现自助式借贷。

P2P 网贷平台上借贷交易过程多采用"竞标"的方式实现，即一个借款者所需的金额资金多由多个出借人出资，待所借金额募集完成之后，该借款项目会从平台上撤下，此过程一般为期 5 天左右。而后，资金出借人与借款者直接签署个人间的借贷合同，一对一地互相了解对方的身份信息、信用信息。若借款项目未能在规定期限内筹到所需资金，则该项借款计划流标。

P2P 网贷平台对于借款利率的确定一般有三种模式：一是平台给出利率指导范围，由贷款人自行决定比例；二是泽汇贷平台根据借款者的信用水平决定其借款利率，较高信用等级的借款者可以得到较低的利率，而信用等级较低的借款者则会被规定较高的利率，三是借款利率的确定根据出借人投标利率的范围而确定，投资利率最低者获得签订借贷合同的资格。依靠互联网的力量，P2P 借贷平台有效地将出借人和借款者联系在一起，为借贷双方创造显著的价值。作为互联网金融的创新形式，P2P 网贷对未来金融服务的改革发展有着重要借鉴意义。

5.1.2　P2P 网贷发展现状

2005 年 3 月，全球第一家网上互助借贷平台"Zopa"于在英国伦敦诞生。之后很快被拷贝到美国、欧洲大陆和日本。Zopa 的英国网站拥有 40 万会员，已经撮合了 8500 万英镑的借贷。另外，国外比较知名的 P2P 网贷平台还有格莱珉银行、PROSPER、Lending Club 等。其是 2006 年尤努斯教授由于其在小额信贷领域的突出贡献荣获诺贝尔和平奖，让更多的人开始关注小额信贷。P2P 小额信贷市场规模到 2009 年已经达到了 6.5 亿美元。著名的咨询公司 Gartner 曾经预测，P2P 网贷市场于 2013 年达到 50 亿美元的规模。

2006 年，我国首家 P2P 小额信用贷款服务机构——宜信在北京揭牌，从此，P2P 在国掀起了普及的浪潮，到目前为止已有包括点点贷、人人贷、安信贷、宜信、红岭创投等近 40 个网络信贷平台，其发展之迅捷令许多业内人士始料不及。这种无抵押无担保、最高额度几十万的个人对个人的服务模式，提供了银行、信托、小额贷款公司无法提供的业务服务，满足了特定人群的需求，到现在仍然表现出巨大的市场潜力。

2007 年国外网络借贷平台模式引入中国以来，国内 P2P 网络借贷平台蓬勃发展、百花齐放，迅速形成了一定规模。综观其在中国的发展历程，自 2007 ~ 2014 年大约经历了 4 个阶段。

第一阶段：2007 ~ 2012 年（以信用借款为主的初始发展期）

2007 年国内首家 P2P 网络借贷平台在上海成立，让很多敢于尝试互联网投资的投资者认识了 P2P 网络借贷模式，其后一部分具有创业冒险精神的投资人随之尝试开办了 P2P 网络借贷平台。

这一阶段，全国的网络借贷平台大约发展到 20 家左右，活跃的平台只有不到 10 家，截至 2011 年年底月成交金额大约 5 个亿，有效投资人 1 万人左右。

网络借贷平台初始发展期，绝大部分创业人员都是互联网创业人员，没有民间借贷经验和相关金融操控经验，只要借款者在平台上提供个人资料，平台进行审核后就给予一定授信额度，借款者基于授信额度在平台发布借款标。但由于我国的公民信用体系并不健全，平台与平台之间缺乏联系和沟通，随之出现了一名借款者在多家网络借款平台同时进行信用借贷的问题，最为著名的是天津一个网名叫坦克的借款者，在多家平台借款总额高达 500 多万元，这笔借款最终因逾期成为各个平台的坏账。

基于以上问题的重复叠加出现，各个网络借贷平台于 2011 年年底开始收缩借款者授信额度，很多平台借款者因此不能及时还款，造成了借款者集中违约。以信用借款为主的网络借贷平台于 2011 年 11 月至 2012 年 2 月遭遇了第一波违约风险，此时网络借贷平台最高逾期额达到 2500 万元，诸多网络借贷平台逾期额超过 1000 多万元，截至目前，这些老平台仍有超过千万的坏账无法收回。

第二阶段：2012 ~ 2013 年（以地域借款为主的快速扩张期）

这一阶段，网络借贷平台开始发生变化，一些具有民间线下放贷经验同时又关注网络的创业者开始尝试开设 P2P 网络借贷平台。同时，一些软件开发公司开始开发相对成熟的网络平台模板，每套模板售价在 3 万 ~ 8 万元左右，弥补了这些具有民间线下放贷经验的创业者开办网络借贷平台技术上的欠缺。基于以上条件，此时开办一个平台成本大约在 20 万元左右，国内网络借贷平台从 20 家左右迅速增加到 240 家左右，截至 2012 年年底月成交金额达到 30 亿元，有效投资人在 2.5 万 ~ 4 万人。

由于这一阶段开办平台的创业者具备民间借贷经验，了解民间借贷风险。因此，他们吸取了前期平台的教训，采取线上融资线下放贷的模式，以寻找本地借款者为主，对借款者实地进行有关资金用途、还款来源以及抵押物等方面的考察，有效地降低了借款风险，这个阶段的 P2P 网络借贷平台业务基本真实。但由于个别平台老板不能控制欲望，在经营上管理粗放、欠缺风控，导致平台出现挤兑倒闭情况，2013 年投资人不能提现的平台大约有 4~5 个。

第三阶段：2013~2014 年（以自融高息为主的风险爆发期）

这一阶段，网络借贷系统模板的开发更加成熟，甚至在淘宝店花几百元就可以买到前期的网络借贷平台模板。由于 2013 年国内各大银行开始收缩贷款，很多不能从银行贷款的企业或者在民间有高额高利贷借款的投机者从 P2P 网络借贷平台上看到了商机，他们花费 10 万左右购买网络借贷系统模板，然后租个办公室简单进行装修就开始上线圈钱。这阶段国内网络借贷平台从 240 家左右猛增至 600 家左右，2013 年年底月成交金额在 110 亿元左右，有效投资人 9 万~13 万人。

这阶段上线平台的共同特点是以月息 4% 左右的高利吸引追求高息的投资人，这些平台通过网络融资后偿还银行贷款、民间高利贷或者投资自营项目。由于自融高息加剧了平台本身的风险，2013 年 10 月这些网络借贷平台集中爆发了提现危机。其具体原因分析如下：10 月国庆 7 天小长假过后，很多平台的资金提现积累到了几百万元以上，由于这些平台本身没有准备或者无法筹集现金应对提现，造成追求高息的投资人集体心理恐慌，集中进行提现，使这些自融的平台立刻出现挤兑危机，从 2013 年 10 月至 2013 年年末，大约 75 家平台出现倒闭、跑路或者不能提现的情况，涉及总资金在 20 亿元左右。

第四阶段：2014 年至今（以规范监管为主的政策调整期）

这一阶段，国家表明了鼓励互联网金融创新的态度，并在政策上对 P2P 网络借贷平台给予了大力支持，使很多始终关注网络借贷平台而又害怕政策风险的企业家和金融巨头开始尝试进入互联网金融领域，组建自己的 P2P 网络借贷平台。2014 年 P2P 网络借贷平台集中上线期应该在 8 月左右，据统计截至 4 月底全国 P2P 网络借贷平台每月资金成交量已经超过 160 亿元，预计 2014 年年底成交量会达到 300 亿元左右，平台数量达到 1300 家左右，有效投资人会达到 50 万人左右。

总体而言，根据相关数据显示，P2P 网贷运营平台数量在 2010 年仅有 10 家，到 2012 年增加到了 200 家，2013 年达到了 800 多家，2014 年为 1575 家，2015 年 12 月末，运营平台数量为 2595 家。随着 P2P 网贷运营平台的快速增加，月度借贷成交量也大幅增长，从 2014 年年初的 118 亿元到 2015 年 9 月后连续突破千亿元关口，12 月达到 1337 亿元；P2P 平台的贷款余额也从 2014 年初的 309 亿元增加到 2015 年 12 月的 4394 亿元，在短短两年里，月成交量和贷款余额分别增加了 10.33 倍和 13.22 倍。在 P2P 网贷平台上的投资者和借款人也急剧增加，分别从 2014 年年初的 17.19 万人和 3.77 万人增加到 2015 年 12 月的 298.02 万人和 78.49 万人，增加了 16.34 倍和 19.82 倍。

5.2　P2P 网贷运营模式

5.2.1　国外 P2P 的运营模式

5.2.1.1　Proper 模式

2006 年，网站 Prosper. Com 在美国成立并运营。Prosper 帮助人们更方便地相互借贷，借的人要说明自己借钱的理由和还钱的时间；贷款额最低 50 元。Prosper 模式是比较单纯的信贷中介模式，出售平台服务并收取服务费。与普通的机构贷款对借款者过往借款历史的严格审查标准不同，Prosper 出借人是根据借款者的个人经历、朋友评价和社会机构的从属关系来进行判断的。借款者可以创建借款条目（最高 2.5 万美元），并设定一个愿意支付给出借人的最高利息率。然后，出借人开始通过降低利息率进行竞拍，拍卖结束后，Prosper 将最低利率的出借人组合成一个简单的贷款交给借款者。从某种角度上来讲，Prosper 平台类似于证券交易平台的最优档撮合方式，Prosper 负责交易过程中的所有环节，包括贷款支付和收集符合借贷双方要求的借款者和出借人。

Prosper 在提供服务的过程中，从借款者处提取每笔借贷款的 1% ~ 3% 费用，从出借人处按年总出借款的 1% 收取服务费。从 2006 年 1 月发布起，Prosper 促成贷款交易额的增长速度达到了每年 115%；美国国内的总注册会员已接近百万人，2007 年增加用户 40.5 万人，达到了 230% 的增长速度。这个网站最终引起了美国证监会的注意，他们认为网站实际是在卖投资、卖金融产品，这种 P2P（个人对个人）的借贷模式不合法，2008 年年初，美国证监会勒令网站关闭。不过 2009 年加利福尼亚允许该公司重新开业并重新从事 P2P 网贷业务。这说明 P2P 网贷模式在美国也是处于动荡的探索期。

5.2.1.2　Zopa 模式

Zopa 起源于英国，并在美国日本和意大利推广。它提供的是 P2P 社区贷款服务。Zopa 提供的是比较小的贷款，在 1000 ~ 2.5 万美元，他们运用信用评分的方式来选择他们的借款者。首先将借款者按信用等级分为 A*、A、B 和 C 四个等级，然后出借人可以根据借款者的信用等级、借款金额和借款时限提供贷款，当然，借款者也可以相应地选择能够接受的贷款利率。Zopa 在整个交易中代替银行成了中间人，责任包括借贷双方交易中所有有关借款的所有事务、完成法律文件、执行借款者的信用认证、雇佣代理机构为出借人追讨欠账等。

Zopa 希望能用各种保护措施降低出借人的风险，比如强制要求借款者按月分期偿还贷款、借款者必须签署法律合同、允许出借人将一笔钱贷给几位个人借款者。Zopa 的收入来源于收取借款者每笔 0.5% 以及出借人年借款额 0.5% 的服务费。Zopa 的模式获得了业界的认可，在 2007 年分别获得了 Webby Award 的"最佳金融/支付网站"奖和 Banker Award 的"最佳在线项目"奖。成立至今 Zopa 已经获得包括天使投资在内的四轮共 3390 万美元的投资。Zopa 模式的特点在于分散贷款、划分信用等级、强制按月还款，网站担负了更多的工作，较好地控制了风险。

5.2.1.3　Lending Club 模式

Lending Club 于 2007 年 5 月在美国上线，其经营的基础是网民联络平台的高传播特性及朋友之间的互相信任，使用 Facebook 应用平台和其他社区网络及在线社区将出借人和借款者聚合。Facebook 是一个类似于 MSN 的全球网民联络平台，拥有千万用户。Lending Club 具有固定的贷款利率及平均三年的贷款年限。借款者在进行贷款交易前必须要经过严格的信用认证和 A ~ G 分级。出借人可以浏览借款者的资料，并根据自己能够承受的风险等级或是否是自己的朋友来进行借款交易。Lending Club 不采取竞标方式，而是根据不同的借款者的信用等级有不同的固定利率。借款者可以在 Lending Club Facebook 应用中发出借款请求，因为 Facebook 中多为认识多时的朋友或同学，所以大多数借款者都觉得将借款请求在此公布会增加成功的可能性，同时也不必将自己的信用历史公布，增强了私密性。Lending Club 的平均贷款额为 5500 美元。最低 1000 美元，最高 2.5 万美元。Lending Club 模式除了划分信用等级外，网站还规定固定利率，并且利用网民交际平台为自己服务，这可以说是一个创举。另外，其还有贷款最长期限较长，保护借款者信用记录等特点。

5.2.1.4　Kiva 模式

2005 年成立的 Kiva 是一个非营利的 P2P 贷款网站，主要面对的借款者是发展中国家收入非常低的企业。出借人根据地域、商业类型、风险水平等选择企业或企业家。每一个贴出的贷款请求会详细提供各企业家的简历、贷款理由和用途、从其他出借人处借贷的总金额、贷款时限（一般为 6 ~ 12 个月），以及贷款的潜在风险。Kiva 采取的是"批量出借人 + 小额借贷"模式，一般每位出借人只要支付 25 美元。一旦一笔贷款的总金额募集完成，Kiva 使用 PayPal（国际贸易支付工具）将贷款转账给 Kiva 的当地合伙人。当地合伙人一般是发展中国家当地的小额金融服务机构（MFI），他们负责找寻、跟踪和管理企业，同时负责支付和收集小额贷款，最后将到期的贷款收集齐后返还给 Kiva，Kiva 再通过 PayPal 返还给出借人。通过以上四种 P2P 模式的典型分析可以看出，国外 P2P 企业主要是在探索中前进，就其运营模式来看，Kiva 是非营利的公益借款平台，Prosper 是典型的借贷中介平台，在此出借人和借款者完全是自主交易、Zopa 做得更多，最主要的是强制借款者每月还款，降低了出借人的风险，Lending Club 则承担了更多责任，主要表现在根据借款者信用评级规定不同的固定利率并利用现成的网络交际平台为自己服务。而其盈利模式是一致的，利润都是来自中介服务费。据此认为可以把国外的 P2P 企业归纳为：非营利公益型（Kiva）、单纯中介型（Prosper）和除了是平台中介还是担保人、联合追款人、利率制定人的复合中介型（Zopa、Lending Club）三类。

5.2.2 国内 P2P 的运营模式

目前我国 P2P 平台共有十种运营模式。让我们逐一加以介绍。

5.2.2.1 纯线上的网络借贷

民间借贷的互联网化——纯线上的网络借贷。纯线上的模式运作，P2P 网贷平台本身不参与借款，只是实施信息匹配、工具支持和服务等功能。民间借贷搬到互联网上来运营的模式，是 P2P 网贷平台最原始的运作模式，是我国 P2P 网贷借贷的雏形。纯线上模式，意味着获得客户的渠道、信用风控、交易、放款等全部流程都在互联网上完成。这一模式的"鼻祖"是美国的 Lending Club。

较早在这个行业内的是拍拍贷。借款人 A 需要一笔资金，在网站上发布一则借款信息，约定借款期限、最高年利率以及资金筹措期限。有意向其放款人 B（或多个自然人）用自有资金进行全额或部分投标，但投标年利率不能高于 A 所约定的最高值。在资金筹措期满后，如果投标资金总额达到或超过 A 的要求，则全额满足 A 需求的最低年利率资金中标；如果资金筹措期满仍未能集齐 A 所需资金，该项借款计划流标。借款成功后，网站自动生成电子借条，借款人按每月还款方式向放款人还本付息。

P2P 网贷平台负责审核借款人的真实身份、职业、动产、不动产、收入支出等个人信息，评定并公布其信用等级。同时，借贷网站开立第三方账户，用于放款人和借款人之间资金的中转（即放款和还款）。P2P 网贷平台上的借贷无须担保或抵押，投标前，放款人需存入投标资金到网站账户作为保证金。

5.2.2.2 "线上 + 线下"——中国本土化模型

目前大多数中国 P2P 网贷公司正在与 Lending Club 模式渐行渐远，纷纷放弃独立的、提供撮合服务的纯线上第三方平台模式，转向为"线上＋线下"结合、为借款人提供担保或资金兜底保障的模式。

纯线上模式的 P2P 网贷逾期率高达 10%，坏账率在 5% 以上，因此越来越多的 P2P 网贷公司线上完成筹资部分，在线下设立门店、与小贷公司合作或成立营销团队去寻找需要借款的用户并进行实地考察，在创新信用审核方式的同时有效开发借款人。

"线上＋线下"相结合的模式，是指 P2P 网贷公司在线上主攻理财端，吸引出借人，并公开借款人的信息以及相关法律服务流程，线下强化风险控制、开发贷款端客户，P2P 网贷平台自己或者联合合作机构（如小贷公司）审核借款人的资信、还款能力。

5.2.2.3　担保公司担保模式

在 2014 年，互联网金融迎来分工监管，P2P 网贷行业归银监会监管。监管层的意见是去"担保"，因平台自身担保的模式遭到监管层的质疑。P2P 网贷公司去自身担保后，目前担保主要有四种，一是引入第三方担保，二是风险准备金担保，三是抵押担保，四是引入保险公司。引入第三方担保主要是担保公司担保，比如上海陆家嘴国际金融交易市场。

担保公司类型分为一般担保公司担保和融资性担保公司担保。一般担保公司担保的保障又分一般责任和连带责任。总结就是很多 P2P 网贷平台合作的都是一般担保公司，而且一般责任担保存在和不存在几乎无差别。连带责任担保可以起到作用，但是市场上的连带责任担保不多。融资性担保比第三方担保更上档次。

5.2.2.4　风险准备金担保模式

风险准备金模式是目前行业内主流的一种模式，甚至一些 P2P 网贷平台作为主推安全保障模式，目前很多 P2P 网贷平台将其作为辅助安全保障模式的一种。如票据理财出现风险问题的新浪微财富也采用了风险保障金模式。

风险准备金模式，指的是 P2P 网贷平台建立一个资金账户，当借贷出现逾期或违约时，网贷平台会用资金账户里的资金来归还投资人的资金，以此来保护投资人利益。

但是这种模式的问题在于，一些 P2P 网贷平台资金与风险准备金没有实现根本上的分离，风险准备金极有可能被挪用，形同虚设。还有另外一个问题是，风险保障金的提取比例较小，不足以弥补 P2P 网贷投资人的亏损风险。

5.2.2.5　抵押担保模式

2014 年，P2P 网贷平台抵押担保模式盛行。抵押担保模式指的是借款人以房产、汽车等作为抵押来借款，如果发生逾期或者坏账时，P2P网贷平台和投资者有权处理抵押物来收回资金。

从坏账数据上来看，抵押担保模式在P2P网贷行业坏账率是最低的。目前业内做得比较好的平台是房地产抵押贷的91旺财和车辆抵押贷的微贷网。

5.2.2.6 保险公司担保模式

有些P2P网贷公司已经或正在与保险公司"亲密接触"，保险公司将以第三方担保机构的身份帮助P2P平台分担风险。

P2P与保险合作的方式大致有四种：一是平台为投资者购买一个基于个人账户资金安全的保障保险，保障资金安全；二是基于平台的道德等购买保险产品；三是为担保标中的抵押物购买相关财产险；四是为信用标的购买信用保证保险。在保险担保风控模式中，同样存在如同融资性担保的问题——担保费率，因为担保费率会增加投资者的成本，而且比担保公司成本更高，降低投资人的收益，这也是为什么银行的普通信贷业务没有介入保险的原因。根据投资项目的不同，保险公司介入后，对于平台投资收益的影响将在1%～8%不等。保险有其适用范围，适合借款人多、利用大数法则来规避风险。而目前很多P2P网贷公司的借款人还很少，风控标准也不统一，保险公司是不愿意用大数法则来规避风险的。另外，保险公司与P2P网贷平台的合作模式，对于究竟是保平台还是保项目，业内对此还有争议。

5.2.2.7 "P2P + 票据理财"合作模式

互联网上的票据理财被视为对传统票据业务的补充，使得较难通过银行渠道贴现的小额票据得以流通。互联网票据理财之所以广受欢迎源于其显著优势：银行承兑汇票到期由银行无条件兑付，安全性高；流动性强。

不仅一些票据服务公司在打造在线票据理财平台，京东、苏宁、新浪、360、国美在线等互联网巨头以及招行、民生等银行机构也先后开始此类业务。后来有P2P网贷平台也涉足票据理财如中汇在线，问题的爆发也体现出票据理财的风险控制有些难度。

票据理财的问题就在于，票据的真实性、安全性，虚假票据、克隆票、延迟支付均是互联网票据理财"疑难杂症"。票据造假的花样和手法日益翻新，票据造假的水平更趋专业化，甚至有一些中小银行曾在假票识别上栽过跟头，所以风险较大。

5.2.2.8 "P2P + 供应链金融"合作模式

"P2P + 供应链金融"模式，本质是将产业链上下游的中小微企业在核心企业的信用提升下，获得P2P网贷平台更多的金融服务。P2P网贷平台围绕供应链核心企业，参与上下游中小微企业的资金流和物流，把单个企业的不可控风险转化为供应链企业整体的可控风险，通过获取各类信息和数据，将风险控制到最低。

5.2.2.9 P2L 模式（"P2P + 融资租赁"合作）

2014 年以来，在一系列利好政策的推动下，中国融资租赁业重新步入迅速发展的轨道。我国融资租赁领域分为金融租赁，内资租赁和外资租赁。快速增长的金融租赁是有银行等金融机构做背景的，主要与 P2P 网贷公司合作的是内资租赁，尤其非厂商的第三方租赁公司，它们的资金是一大困难，与 P2P 公司合作的意愿也较强。

融资租赁有两个模式：直接租赁和售后回租。直接租赁：企业 A 有设备需求，会找到融资租赁公司 B，B 设计整个购买设备和出租设备的流程，同时 B 租赁公司拥有设备的所有权和出租后的收租权。流程到此，是直接租赁模式。接下来，B 租赁公司可能也需要筹集资金来买设备，因此就与 P2P 网贷平台合作，借助众多投资者的资金，从而将收租权（部分）转移给大众投资者。P2P 网贷平台与 B 合作监管投资者资金账户，并最终将所筹集资金转移给承租企业 A。售后回租：企业 A 有资金需求，可以将自有设备卖给融资租赁公司 B，租赁公司拥有设备所有权，但是将设备租给企业 A，企业获得资金的同时，还可以使用原有设备。流程到此，是售后回租模式。如果融资租赁公司仍有资金需求，可以和 P2P 网贷平台合作，借助众多投资者的资金，从而将收租权（部分）转移给大众投资者。

5.2.2.10 "P2P + 股票配资"模式

股票配资是一个很早就有的产业，但是嫁接在 P2P 网贷平台上是 2014 年下半年才出现。这是一个时机，因为 2014 年下半年股市好转，A 股一扫熊市的阴霾，全年以 52.87% 的涨幅冠绝全球，P2P 网贷平台因为其市场灵活性、创新性，二者的结合再加上这个时机，所以会发展的如火如荼。

股票配资就是一个"借钱炒股"的过程，即通过在线申请，借款人用少量的自有资金做本金，向互联网理财平台借入本金几倍以上（按照一定的配资比例）的资金，这些资金全部注入平台指定的账户中。这种资金的比例一般从 1：1 到 1：5 不等，即如果投资者原有本金 10 万元，最大可以通过杠杆放大到 50 万元。目前做股票配资互联网理财机构有 P2P 网贷平台和金融理财超市等，投哪网、91 金融、PPmoney 等大多是趁着这一波牛市的大潮做起了股票配资的模式。配资业务本身给互联网理财平台带来的风险其实很小，但是这一业务的风险暗藏于杠杆的比例和平台对账户的控制中。

以上 10 种 P2P 运营模式，在具体的操作中存在着良莠不齐的情况，一方面是乱象频发导致的信任危机，另一方面是日益临近的监管脚步，2016 年 P2P 行业将加速洗牌，相当一部分平台将因无法适应监管细则的要求而被淘汰出局，无论从行业发展、政策监管、平台及参与方等多个角度来看，2016 年都是网络借贷行业极为关键的一年，唯有"合规"才是 P2P 平台生存下去的不二法则。

5.2.3　国内 P2P 企业典型分析

数据显示，国内已有上万家注册为担保、金融咨询等公司从事民间借贷中介业务，但是其中可以比较规范和成功从事 P2P 业务的，却仍是凤毛麟角。比较得到公认的有宜信、拍拍贷、红岭创投、齐放和青岛的部分金融中介公司。下面针对这些 P2P 企业做典型性分析。

5.2.3.1　拍拍贷：无抵押无担保模式

拍拍贷于 2007 年在上海成立，是国内较为典型的 P2P 在线信贷平台，可以作为国内 P2P 网站的典型样本。拍拍贷借鉴的主要是 Prosper 的模式，采用竞标方式来实现在线借贷过程。借贷利率由借款者和竞标人的供需市场决定。企业利润来自服务费。其操作流程是：借款者发布借款信息，把自己的借款原因、借款金额、预期年利率、借款期限一一列出并给出最高利率，出借人参与竞标，利率低者中标。一般多个出借人出借很小的资金给一个借款者，以分散风险。网页上会有该借款者借款进度以及完成投标笔数的显示。如果资金筹措期内，投标资金总额达到借款者的需求，则他此次的借款宣告成功，网站会自动生成电子借条，借款者必须按月向放款人还本付息。若未能在规定期限内筹到所需资金，该项借款计划则流标。

其风险控制的两个特点是：一是规定借款者按月还本付息。这样每月要还的数额是很小的，还款压力也小。而出借人可以按月收到还款，风险也小。二是信用审核引入社会化因素。即借款者的身份证、户口本、结婚证、学历证明等都可以增加个人信用分，但这些资料并不需要提供原件，其真实性难以得到有效保证。所以，拍拍贷认为网络社区、用户网上的朋友圈也是其信用等级系统的重要部分之一，网站内圈中好友、会员好友越多，个人借入贷出次数越高，信用等级也越高。这样，网路活跃度也和用户个人身份、财务能力、银行信用度等一起构成了一整套的评价系统。

拍拍贷会将逾期不还的借款者列成黑名单，公开曝光，但并不赔偿出借人的经济损失，拍拍贷只退还出借人手续费，所以资金回收的潜在风险只能由出借人自行承担。拍拍贷对借款者只有信用要求而无抵押，对出借人也不承担担保责任。出借人和借款者完全是自行交易，拍拍贷只是作为一个见证人和交易平台存在。所以，事实上这种形式对出借人来说风险是比较大的。但是拍拍贷的中标利率往往在15%以上，对于出借人来说还是有很大的诱惑。所以投资拍拍贷，风险较高而收益也较高。因为是以竞标形式达成交易，交易双方自由交易，这些都是 Prosper 模式的典型特征。所以，拍拍贷属于单纯中介型 P2P。

综上所述，拍拍贷是一种撮合陌生人之间借贷的网络平台，没有地域和人际范围的限制，具有较广泛的客户人群，因此，在我国金融市场逐步走向成熟以后，拍拍贷具有较大的发展空间。但是，如果借入者不还钱时，拍拍贷不承担任何风险，风险完全在借出者这一方，导致陌生人之间借贷不信任，所以每天有很多借入列表，而真正成交的却占很少一部分。而且其借款的程序太复杂，收取太高的中介费等，妨碍了网站的推广。

5.2.3.2　宜信模式：无抵押有担保模式

宜信 P2P 公司于 2006 年成立于北京。不同于拍拍贷，宜信采取的不是竞标方式。当出借人决定借款，宜信就为他在借款申请人中挑选借款者，借款者的利率由宜信根据其信用审核决定。企业利润来自服务费。对于这一点，宜信公司的创始人唐宁介绍说："宜信和淘宝一样，只不过淘宝'卖'的是货物，宜信'卖'的是信用，我们不吸收存款，也不发放贷款，就是小额信贷中介。"其实宜信的模式更像是房屋中介和淘宝的组合体，房屋中介搜集房源，然后联系买房人，成交后收取中介费。其具体的操作流程是，宜信将出借人的款项打散，做一份多人借款的合同给出借人，等到款项到第三方账户，合同正式生效。宜信虽然没有出借人和借款者双方共立的合同，但是宜信第三方账户人，担任了出借和借款的债务转移人，即首先第三方账户户主成为宜信的出借人，等到宜信挑选好借款者后，第三方账户户主就把债权转到真正的出借人手中。对于 P2P 网贷服务平台推荐的每个借款者，出借人有权利决定是否借给宜信组合的借款者；借款者每月还款，出借人每月可以动态地了解每一笔债权的偿还、收益等信息，出借人可以在第二个月得到所还本金和利息。当然出借人也可以选择不收款而继续放在宜信找下一个借款者，这种模式是由宜信开创的。

宜信模式主要有两个特点：一是宜信的保障金制度。从宜信的运作模式看，宜信对借款者的掌控力度更强，出借人一般不参与审核，并且与借款者没有合同，而只有与宜信第三方的债权转让合同。这样，出借人就会有极大的风险。所以，为保护出借人的借款安全，宜信在与出借人的合同中承诺，一旦出现借款不还的情况，宜信从公司提取的保险金里出钱，包赔出借人全部本金和利息。这是对出借人的最大化担保。二是风险控制的两个绝招。作为还款的有力保障，宜信采取的分散贷款和每月还款制度，比较大限度地保障了有效还款。除此之外，值得一提的是，宜信对借款者审核时都要求面见。所以，宜信在 15 个城市设点，其目的之一就是方便面见。面见由本人亲自出示各种证原件并当面询问使用用途等情况，较好地保证了借款者的真实性。据称宜信的坏账一直控制在 2% 以下。从对借贷流程的强大操控力上看，宜信主要借鉴的是 Zopa 模式，而由 P2P 企业根据信用等级确定借款者利率的方式，则是与 Lending Club 相同，所以宜信属于复合中介型 P2P。宜信模式的风险控制力度较大，投资风险比较小，而收益相比拍拍贷低。

在宜信的收费模式下，借款者需要承担三种费用，利息、服务费、月账户管理费。宜信称其理财产品的投资年收益率达到 10% 以上，而且宜信对出借人也要征收服务费，宜信的理财产品的实际收益应该大于 10%，加上宜信向借款者收取各种费用，对于借款者来说实际上至少一年要付 25% ~ 35% 的利息。宜信平均借款规模在 4 万 ~ 5 万元。其总贷款规模目前已经超过 20 亿元。

5.2.3.3　青岛模式：有抵押有担保模式

青岛是民间借贷比较发达的地区，青岛模式也由于摸索时间较长而相对成熟。青岛模式一个最大的特点是，风险小，不良贷款率低。其重要原因是青岛模式下的 P2P 基本上都需要以房产为抵押，而汽车、股票、合同等一律不得作为抵押物，以控制风险。调查几家较大的 P2P 网站时发现，其要求的抵押物一律是房产证，而且要求必须是可以看到并准确估价的青岛市区的房产。所以，青岛的 P2P 企业是基本不做外地人的生意的。严格的抵押制度的背后是出借人的低风险保障。因为有可信的抵押物 P2P 企业完全可以为出借人做担保。青岛 P2P 借贷利率一般由 P2P 公司根据借款者情况决定，平均在 12% 左右。青岛 P2P 模式是风险最低的，P2P 企业也是担负最大责任的。所以青岛 P2P 企业是典型的"复合中介型"。但是由于其企业都是民间借贷中介转型而来，所以并不重视网络的作用，其网站页面多半并没有个人借款信息或者是出借信息，而是公司的自我宣传，旨在让借款者或者是出借人到其公司面见洽谈，而且青岛只做本地人生意，限制了中介企业的规模扩展，由于 P2P 企业的主要特点是以网络为载体展开运营的，所以青岛模式在一定意义还不是典型的 P2P 网贷。

5.2.3.4　齐放模式：助学平台模式

齐放 P2P 有更多的公益的色彩，但也有可观的利润。齐放网面对经济分层现象严重的大学生，将自己的目标群体锁定在能交学费但需要参加大学之外教育培训和投资的学生。他们或许在国家和社会的帮助下已经能够迈进大学的门槛，但却没有钱购买计算机、参加更多的教育培训等，而齐放网提供这种可协商利息的贷款方式，为贷款拓宽了渠道。

齐放的风险控制有以下三个特点：一是分散贷款。这与其他 P2P 企业是相同的。二是严格审核。齐放有最严格的借款者的身份认证。即学生在发布求助信息前，需要通过五项相关的认证：网站的身份证认证、移动电话认证、银行账号认证和电子邮件认证、学生证认证。通过五次认证之后，学生身份才可以确定。三是风险共担。齐放借款对象主要来自于齐放合作的高校，如四川大学锦城学院、宁夏师范学院等，学校与齐放共同承担风险。这样既可以更好地找到合适的受贷对象，提供受贷学生的真实有效评估，又容易让学生通过齐放找到贷款，还能规避出借人的风险。当借款成立后，钱也不会直接划到学生的银行账户，而是先转到学生所在学校的账户，再由学校将这笔钱发给借款学生，保证了借贷的真实使用。

齐放的利润有三个来源：一是服务费，大约 2% 左右。二是网络广告收入。三是培训学费收入提成。这是比较有特色的一点。齐放通过与培训机构或企业合作，在为无力承担培训费用或企业培训的大学生提供助学的同时，也从培训机构的学费收入中分成。齐放网目前还与东方标准人才服务公司、杭州新志向教育咨询公司等国内多家优秀培训机构开展合作，为大学生提供就业发展计划，将企业的实习资源、培训资源和优质的职业培训产品相结合，不但让大学生能够借到钱完成学业，还要帮助他们实现以后的就业，实现财务独立，这也在一定程度上降低了借款偿还的风险。齐放 2007 年年底启动，6 个月就已经处理了2500 项借款，平均每笔借款数目是 400 美元，还款期限 1～2 年，齐放提供给贷款人的年利率为 5%～15%，根据借款者公认的信用指数进行变动。距公司创始人陈国权称迄今为止还没有拖欠记录。齐放的运营模式属于复合中介型而其盈利模式也是复合的，其利润来源并不是靠单一收取服务费，这在 P2P 企业中式比较特别的一点，也是值得其他 P2P 企业借鉴的一点。而又因为其借款者的单一学生身份使齐放具备公益性质，这点又与 Kiva 有相似之处。

5.3　P2P 网贷风险分析

目前，P2P 网贷平台在工商局和电信局注册的性质为"互联网信息服务行业"而不是金融机构，它们仅接受一般工商企业和互联网行业的一些监管规则，而不接受现行金融体系监管，其开展的许多金融方面的业务并没有相对应的监管主体，也没有相关的措施。此外，P2P 行业的出借人多为普通个人并且数量众多。此类出借人多被高收益吸引，但不具备良好的风险识别能力和风险承受能力。所以 P2P 网贷行业的风险尤其值得警惕，尤其要注意避免风险的链条式传播，引起公众风险。

5.3.1 P2P 网贷风险表现

5.3.1.1 法律风险

P2P 网贷的三方当事人：P2P 平台、借款方以及贷款方均有可能引起相应的法律风险。下面我们来逐一分析。

P2P 平台可能引起的法律风险主要包括：一是可能触及非法吸收公众存款红线。有些 P2P 平台突破资金不进账户的底线，有可能演变为吸收存款、发放贷款的非法金融机构，有些网络平台将自己的账户作为出借人与借款者转账的中间账户，特别是 P2P 平台开展的债权转让业务，形式上已符合"非法吸收公众存款或变相吸收公众存款"中"未经人民银行批准，向社会不特定对象吸收资金"的描述。二是 P2P 平台身份模糊，缺乏明确的法律法规界定。P2P 平台目前主要以投资咨询公司或电子商务公司身份注册，注册门槛低、身份不明使行业机构资质良莠不齐。三是 P2P 平台开展的理财项目，缺乏必要的监管与审批，在公募和私募间游走。一些 P2P 平台已经突破单纯的贷款中介角色，主动开展资金管理业务，如宜信贷推出的"宜信宝"，实际是贷款转售，这种未经监管部门审批的投资咨询公司开展此类业务是否合规值得商榷。

有些 P2P 平台为收取高额手续费或进行错配，有些平台会分别与投资人、借款者签订合同，而非让真实的借贷双方直接签署合同。一般而言，平台先与借款者签订合同，承诺为其寻找或"提供"一笔借款；然后平台发布借款需求，归拢投资人的资金，与投资人签订另一份合同，再出借给真正的借款者。在此过程中，平台承担了资金中介的职责，事实上也必然构建了资金池，涉嫌非法集资。

5.3.1.2 信用风险

（1）借款方信息透明度不高。由于缺乏统一的披露标准，P2P 平台对借款方和借款项目的信息披露不充分。虽然某些 P2P 平台通过认证借款者资产证明、企业资料等来部分确认借款者资质，但仍然缺乏对借款者企业资产负债情况、现金流情况、盈利情况等的审核，或者不能对贷款投向及运作情况作及时披露。同时，P2P 平台未被纳入征信系统，限制了贷款方对借款方信用的甄别能力，借贷双方信息不对称较之传统银行业更为严重，增加了借款方的道德风险。

（2）P2P 平台资本不足。P2P 平台准入门槛低、资金要求低，风险抵御能力不足。有些平台采取拆借注册资本金的方式来完成工商注册验资，验资完成后资金即被取出，没有稳定高素质的团队来维持平台的健康运转。较低的注册资本也使得 P2P 平台无法建立有效的风险补偿基金等代偿机制。

（3）P2P 平台管理人对违约后追偿配合职责有限。当借款方违约时，贷款方需依赖 P2P 平台来收回违约贷款，但是对管理人收回违约贷款并无法律硬性要求，因此极易造成管理人对借款方追偿不力，造成贷款方损失。以美国 Prosper 网站为例，3900 万美元违约贷款最终只收回了 80 万美元。

（4）对不良贷款确认缺乏统一标准。P2P 网络贷款没有统一的贷款分级标准，也没有对贷款的跟踪评级机制。这本身会导致不良贷款的识别困难，无法对不良贷款事前识别与干预。同时，P2P 平台为持续经营，也存在隐瞒不良贷款率的倾向，造成 P2P 不良贷款规模被低估。

（5）担保方风险。一是作为 P2P 贷款业务的担保方，其所承担的风险非常高。借款者无法偿还时，如果担保方无强大的现金流支撑，极易产生资金链断裂，无法真正履行担保责任。目前国内 P2P 网络贷款担保方一般为 P2P 网络平台本身。二是目前尚未对 P2P 平台担保方的资质进行审查，贷款方无法甄别第三方担保是否有能力及意愿履行担保责任。三是第三方担保会加剧借款方的道德风险问题，在没有对借款者违约之后合理惩戒措施的情况下，极易造成借款方主动违约。

5.3.1.3　资金托管风险

（1）沉淀资金安全风险。P2P 平台有大量资金交易往来，借贷资金并不是实时打入双方账户，存在大量在途资金。大多数 P2P 平台通过第三方支付平台代收代支的方式管理在途资金。看似存在资金托管机制，但是许多 P2P 平台只是做了一个接口，资金实际进入了第三方公司内部法人的账户或是 P2P 平台在第三方支付公司开立的账户，并没有真正的资金托管。因此，借款方的沉淀资金仍面临着被第三方公司或者 P2P 平台挪用的风险，近年来已发生了一些 P2P 平台侵占卷款案件。

（2）借贷双方隐私存在泄露风险。在进行 P2P 交易时，借贷双方开立账户时需要输入身份证、银行卡鉴权和手机号等敏感信息。由于 P2P 网贷公司与第三方支付公司资质良莠不齐，有些网站甚至打着互联网金融的旗号骗取客户信息以卖给第三方谋利，客户信息安全难以保障。

5.3.1.4　操作风险

（1）人员操作风险。P2P 平台没有严格的从业人员标准，倘若 P2P 平台管理人员对风险管理、信贷业务等不够熟悉，也未建立完整的内控流程，很容易出现操作不当甚至内部人员欺诈等风险，危害贷款资金以及平台的声誉。

（2）系统安全风险。P2P 平台的业务开展与数据存储均依赖互联网和计算机硬件。为保障业务操作的安全性与连续性，必须有效防止数据丢失、受损、被盗取以及系统被攻击等风险。这对 P2P 平台的系统安全提出了非常高的要求。

（3）不当销售风险。某些 P2P 平台为吸引客户，采取承诺保本、虚假宣传收益、将债权打包成固定售产品销售等不当行为，这既对客户形成误导，也违反了有关部门对 P2P 平台划定的"资金池"红线。长此以往，难免陷入"争取客户—不当销售—客户流失—更多不当销售"的恶性循环。

5.3.1.5　无序竞争风险

P2P 借贷平台数量的蹿升，导致一些平台的目标客户产生重叠，这是近两年我国 P2P 借贷行业出现的新情况。在此之前，由于小额信贷基本上属于空白市场，在大部分区域，要么没有 P2P 借贷平台，要么只有一家。目标客户产生重叠之后，平台之间短兵相接，极有可能导致无序竞争风险，主要表现为以下两个方面。

（1）重复借贷。借款者重复借贷一直是小额信贷市场的顽疾，小贷公司就曾遭遇这一难题。大部分 P2P 借贷平台同样对重复借贷问题极为重视，希冀通过接入央行征信系统或行业组织的信息共享解决这一问题。但是前者目前尚不可行，后者也遭遇重重困难。原因在于许多平台并不愿意向其他平台公开自己的借款者信息，甚至一些平台在知道借款者存在重复借贷行为后仍然心存侥幸。竞争的加剧，以及部分平台缺乏正规的小额信贷技术，将导致重复借贷现象加剧。原因在于：客户开发难度加大，为应对竞争对手，某些 P2P 借贷平台会降低审核标准，即使知道借款者可能存在重复借贷行为，仍然批准其借款申请；一些平台缺乏必要的信评和审贷能力，采取跟随战术，在得知用户获得其他平台的借款后，便认为该用户的信用条件合格，随之主动联系该用户，再次为其提供贷款。

（2）恶意竞价。为了能够在客户（包括借款客户和投资客户）争夺中占据有利地位，一些平台开始尝试使用价格武器，向借款者收取较低利息，向投资人承诺较高收益。恶意竞价之下，平台的收入下降，只能寄希望于业务量的扩展来满足必要的风险保障和经营成本，维持资金流。一旦业务增长未达到预期，平台又缺乏持续的资金投入能力，资金链断裂的风险便急剧增加。充分、有序的市场竞争有利于优化资源配置，降低资金价格，但在优质借款者普遍稀缺、市场监管缺位的情况下，这种竞争很可能在某些区域演变成恶意竞争，给平台自身和整个行业带来不利影响。

5.3.1.6　个人信息风险

2013 年 2 月底，央行下发《关于小额贷款公司与融资性担保公司接入金融信用信息基础数据库有关事宜的通知》（以下简称《通知》），要求各地分支机构尽快选取首批接入征信系统的小贷公司与融资性担保公司，并在年底上报接入工作年度报告。目前，部分省市分支机构已经就此下发工作安排部署，等待两类机构提交申请。但是，新生的 P2P 网贷行业，却游离于央行征信系统之外，成为一条"漏网之鱼"。

征信系统建设直接涉及公民信息安全和企业商业秘密等问题，必须以法律、法规作为制度保障，而我国征信业的发展时间不长，与国外发达国家相比，征信市场管理、征信活动的基本规则尚未制定《个人信用信息保护法》等法律、法规，《征信管理条例》尚在征求意见之中，这使得构建整个社会信用体系的法律基础薄弱。

企业和个人征信系统之间数据尚未开通，企业征信系统中无法显示自然人为企业提供担保信息，个人征信系统中也不能反映个人为企业提供担保等非金融交易信息。我国大量可以开放的信息企业和个人信用信息处于分散和相互屏蔽的状态，在缺乏相关法律法规支持的情况下，使得人民银行的企业和个人征信系统采集其他部门的非银行信用信息无法可依。

征信经营活动缺乏统一的制度规范，部分以"征信"名义从事非法信息收集活动的机构扰乱了市场秩序。且各部门分别进行征信活动，中国人民银行征信中心作信贷征信，国务院各职能部委作各自的职能征信，没有对征信产业进行系统规划。P2P 网络借贷平台也没有建立起自身的征信制度，多数网站只是借助于借款者自行提供的信息，粗略判断其信用程度，致使网络借贷的信用评级始终缺乏客观性和合理性。

目前，各 P2P 网络借贷平台在进行交易撮合时，主要是根据借款者提供的身份证明、财产证明、缴费记录、熟人评价等信息评价借款者的信用。然而一方面，此种证明信息极易造假，给信用评价提供错误依据；另一方面，纵然是真实的证明材料，也存在片面性，无法全面了解借款者的信息、难以做出正确的、客观的信用评价。

5.3.1.7 专业放款人的资金流动风险

在债权转让模式中，专业放款人先以自有资金放贷，然后把债权打包，以理财产品的形式转让出去，利用收回的资金重新进行放贷，快速循环，支撑业务的高速扩张。

在此过程中，一般都会有一个信用评估或贷款审核公司（以下简称辅助公司）与专业放款人配合，对借款者进行审核乃至对贷款进行管理，并因此向借款者收取一定的服务费、管理费。这笔费用多由专业放款人代收，以约定的周期与辅助公司结算（例如月结或季结）。结账周期之内，这笔资金沉淀在专业放款人手中，他可以接着用于放贷。

通过账期的设置，扩大专业放款人的可放贷资金，再通过快速债权转让保持资金快速流动、加速膨胀，是许多线下 P2P 借贷平台维持高速规模扩张的重要路径，也是其超高净资产收益率的来源。

这一中间账户模式给关联的辅助公司带来了资金风险。如果专业放款人使用沉淀资金放出的贷款，在结账周期之内未能及时转让债权，这笔费用将无法及时支付给辅助公司而只能延期处理。在投资人资金充裕、债权开发速度较慢的情况下，这种风险实际发生的概率较低。但是一旦投资端出现停滞，债权转让困难，辅助公司将承受越来越严重的资金压力，账期的设计预计会越来越短。

即使资金供给充足，专业放款人也需要确定合理的放贷速度，使其与债权转让速度相匹配，避免中间账号中的资金量出现大幅波动。资金量过大，将造成资金浪费，增加寻找借款者的压力；过小则难以满足借款者的需求，对平台声誉造成不利影响。

在代收费用之外，有的专业放款人还采用"砍头息"预收全部或部分利息，加快资金回笼。但是根据《合同法》第二百条的规定"借款的利息不得预先在本金中扣除。利息预先在本金中扣除的，应当按照实际借款数额返还借款并计算利息"。因此，"砍头息"并不受法律保护，若借款者因此主张重新计算利息，也会影响专业放款人中间账号资金量的变化，带来流动性风险。

5.3.2　P2P 网贷风险产生的原因

就 P2P 网贷业务的效能而言，在增加小微金融供给和降低融资成本方面发挥了一定的作用，进一步增加了获得投融资服务的社会人口，具有普惠金融的特点。政策层面上对于 P2P 等互联网金融也给予了充分肯定。2015 年 7 月，中国人民银行等十部委发布的《关于促进互联网金融健康发展的指导意见》，明确指出"互联网金融对促进小微企业发展和扩大就业发挥了现有金融机构难以替代的积极作用，为大众创业、万众创新打开了大门"，并且也认识到 P2P 等作为新生事物和新兴业态，既需要市场驱动，鼓励创新，监管政策也要适度宽松，为其创新留有余地和空间。

然而，P2P 网贷平台存在的问题已不容小觑，有的实际状况甚至与监管政策的愿望相悖，总体上鱼龙混杂，乱象丛生，问题平台频频出现，尤其是近期发生的一些严重风险事件对整个行业的发展带来了很大负面影响，市场发展亟须规范治理。下面具体分析 P2P 网贷平台风险产生的原因，以期为化解相应风险提供一定的参考与依据。

（1）我们的 P2P 缺乏必要而适当的外部监管。与英国、美国等在行业监管、金融市场发展水平、社会信用体系完善程度等方面相比，我国的差距还比较明显，传统商业环境的约束力薄弱。P2P 借贷几乎不存在市场准入门槛，也没有专门的法律法规和具体管理办法，监管部门提出的若干原则性意见也未能得到有效落实。P2P 平台从事的资金媒介业务，实质上是利用互联网技术手段与理念从事金融服务，它与传统的金融业务并无本质区别，但是，相对于传统金融业务受到的严格监管，P2P 行业就存在很大的监管套利，因而会吸引大量社会资本投资。由于我国以往民间借贷大多处于灰色地带，而缺乏外部监管约束的 P2P 网贷创新模式则为其提供了"转正"机会，民间资本广泛利用互联网手段和技术将其业务从线下搬到了线上，由此促成了 P2P 行业在短期内出现爆发式增长，也使原来民间借贷的风险扩大化、显性化。

（2）民营性质的 P2P 平台内部缺乏必要的风控机制与管理能力，信息披露不实，有的甚至恶意造假"圈钱"，违规经营比较严重。目前我国运营的 P2P 平台中，属于民营资本的有 2443 家，占比达 94%，而存在问题的 1263 家平台全部属于民营资本，占民营资本平台一半以上。原因是大多数民营平台前期的资金与技术投入都非常有限，缺乏金融专业人才，造成内部管理不规范，风控机制不健全。此外，问题平台会利用大众信息不对称，采取权威媒体做广告增信，找政府官员或社会名流背书，有的还借用银行、保险公司、担保公司等的信用，让信息比较少的民众相信其安全性。在这种强势营销下，许多普通投资者会盲目跟风投资。

（3）P2P 行业所服务的对象客观上存在较高的风险特质。P2P 市场上的借款人往往自身资质较弱，缺少可抵押的资产，而承诺支付的高利率很可能远高于其所经营的项目收益，因此在债务到期时，即使有还款意愿，也缺乏偿还能力。这种风险偏高的借款人构成民营 P2P 平台的主要客户。由于民营 P2P 平台都急于扩大规模以及市场竞争导致获客成本增加，其对注册的投资者几乎没有任何认证的门槛和风险防范要求，许多投资者几乎没有投资损失的风险承受能力，在高收益的诱惑下，风险意识与金融知识最缺乏的普通群众纷纷跟风投资，而一旦资金链断裂无法偿还债务，投资者受伤害最深，很容易变成社会问题。

5.3.3　P2P 网贷风险的防范与化解

5.3.3.1　设立准入门槛，加强政府监管

P2P 网贷平台进入门槛低、运营成本低、利润空间大，不仅聚集着大量的人才与资金，也积累了大量的风险，所以从准入环节入手对其进行规制非常重要，

早一点纳入政府监管和出台从业标准非常有必要。例如，政府可以效仿第三方支付行业发放牌照的方式对其进行准入限制，提出一定的注册资本金及相关条件需求或者可以采取备案的方式便于实施动态监督。牌照的控制可以为了更好地规范行业标准，提高行业质量，使优质企业合法化，将不合规的企业淘汰出局。备案制的方式可以便于政府相关主管部门及时了解 P2P 网贷平台运营情况及实施适时动态监管。

此外，政府部门还可以成立专门的债权登记平台，对现有 P2P 网贷上的交易进行登记，谨防假标出现。因为如果债权信息不能实现第三方登记和担保，一些小型 P2P 网贷公司假造借款标的动力将会一直存在。债权登记平台的建立和相关运行规范可以参考温州民间借贷登记服务中心的相关规则并加以不断完善。

5.3.3.2 第三方资金托管，清结算分离

清结算分离，是指用户在 P2P 网贷平台上进行电子债权交易的资金托管在第三方托管机构，交易过程中 P2P 网贷平台负责债权交易信息的匹配和交易生成并发布资金清算指示，而用户资金结算则由专业的结算平台或者资金托管方的清结算系统完成。在整个交易过程中实现清算与结算分离，信息流与资金流分离，从而保证平台不在任何时候因任何理由以任何方式接触客户资金，保障客户资金的安全性及平台服务的独立性、经营的合规性。同时，P2P 网贷行业实行第三方资金托管也是为了防止平台本身和其从业人员道德风险和操作风险发生的有效手段。

在托管机构方面，比较适合的有银行和第三方支付公司。但银行有时会以"金额太小"为由拒绝此类服务，有时则会提出超过 P2P 网贷平台所能承担的服务费变相拒绝。所以不少 P2P 网贷平台会选择和第三方支付公司合作，在进行资金清算的过程中，P2P 网贷平台首先发出清算指示，然后由出借人在对此指示进行确认，直接由第三方支付公司将款项打入到借款者的账户中。在整个过程中，P2P 网贷平台只能查看账户明细，而不能随意调用资金。

5.3.3.3 完善社会征信体系，实现信用信息共享

如果未来可以将 P2P 网贷数据与央行征信系统实现对接，平台则不再需要花费大量的人力、物力、财力对借款者提供的数据真实性进行审核，可以大大提高平台处理借款申请的效率；同时，实现对接后，也可以增加借款者的违约成本，从而降低违约率。因为借款者在平台上的行为将被纳入央行的征信系统，一旦出现逾期还款等信用缺失行为，可能会影响其在整个商业银行系统的借贷行为，比如贷款、信用卡消费等。

但是，央行的征信数据对 P2P 网贷并不完全适用。因为，中国的小微企业和绝大多数个人在央行并没有相关的征信记录。同时，水、电、煤气、工商等信息可以用来信用评估，但是这些机构的相关信息无法联通。因此目前这些进行传统信用评级的数据并不能完全满足 P2P 网贷的风控。因此，除了利用传统的数据征信体系外，P2P 网贷公司还需要广泛合作，建立网络时代的征信系统和信息互换机制，将具有不良信用记录和逾期欠款的借款者等信息及时纳入系统，实现诚信指数的交换，对列入"黑名单"的客户，各家网站均不给予信贷支持。

5.3.3.4　明确法律性质，确定监管主体

目前国家对于 P2P 网贷平台的法律性质还没有一个明确的规定，所以并没有专门的监管机构对 P2P 网贷平台进行针对性的监管，同时也导致了监管措施的空白。在欧美国家，政府将 P2P 网贷平台上的借贷交易视为一种证券交易，因此将其纳入证监会系统进行有效监管和规范，如美国的证券交易委员会，法国和加拿大的金融市场管理局等。这种将 P2P 网贷纳入现有金融监管体系的做法值得我国深入思考。P2P 网贷在我国实际发挥的功能已经远远超出信息服务中介的范围，而是参与到了我国小型微型金融活动中来，承担起了活跃民间金融的重任。我国应尽快推出相关法律法规，针对其可能存在的风险进行有效控制，规范其业务流程、资金存管方式，并对可能存在的非法行为进行明确界定，以有效促进 P2P 网贷行业的规范化、标准化运作，促进其发展，有效保护广大出借人的合法利益，防止发生系统性风险。例如，2013 年 3 月开始实施的《征信业管理条例》就可以指导、约束 P2P 网贷平台在业务经营过程中生产、收集和存储大量的个人信息的行为，确保个人信息采集、对外提供的合法合规性和安全性。

第6章　第三方支付

6.1　第三方支付概况

6.1.1　第三方支付的内涵

所谓第三方支付，就是具备一定实力和信誉的第三方独立机构提供的网络支付平台，它是以非银行机构的第三方支付公司为信用中介，以互联网为基础，通过与各家银行签约，使得其与商业银行间可以进行某种形式的数据交换和相关信息确认，实现持卡人或消费者与各个银行以及最终的收款人或者商家之间建立一个支付的流程。第三方支付通过其支付平台在消费者、商家和银行之间建立连接，起到信用担保和技术保障的作用，实现从消费者到商家以及金融机构之间的货币支付、现金流转、资金结算等功能。在网络交易中，买方选购商品后，使用第三方支付平台把货款支付给第三方，再由第三方通知卖家货款到达并要求卖家发货，买方收到商品并检验后通知第三方，由第三方将货款转至卖家账户。相对于传统的资金划拨交易方式，第三方支付可以对交易双方进行约束和监督，有效地保障货物质量、交易诚信、退换要求等环节，满足电子商务交易的安全性，为交易成功提供必要的支持。如支付宝、财付通等都属于此类平台。

第三方支付是由具有信誉保障的非银行类第三方机构，采用与各银行签约的方式，提供与银行支付结算系统接口及通道等服务，实现资金转移和网上支付结算。第三方支付有着很强的平台经济属性，即平台上既有供给又有需求算。第三方支付有着很强的平台经济属性，即平台上既有供给又有需求；需求和供给是交叉网状的，即双方对平台提供的产品与服务具有相互依赖和互补性，平台对于一类客户的价值在于另一类客户的规模，如腾讯、淘宝、AppStore、微信等。第三方支付具有显著平台经济特征，它连接着截然不同的三类用户，即银行、商家和消费者，如图6-1所示。三类用户对平台产品或服务的需求是相互依赖的联合交易需求，并且某一边用户效用随着另一边用户数量增加而增加，这是平台多变市场特征之一——交叉网络外部性。因此，第三方支付平台的经济特征可概括为以下几点。

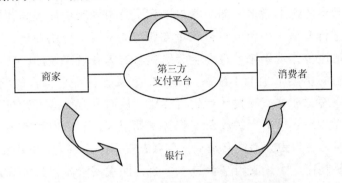

图 6-1　第三方支付平台三边模式基本框架

（1）具有三边市场的特征。第三方支付平台涉及商家、银行和用户三边市场。首先，第三方支付平台具有联合需求特征。任何支付平台三边的用户必须共同参与，并相互依赖。其次，具有明显的成员外部性和使用的外部性特征。成员外部性表现在，加入的商家越多，消费者通过第三方支付平台的交易就越多，平台企业价值就越大。同时，使用第三方支付平台的商家越多，消费者注册并使用该支付平台的可能性就越大；而且平台接入的银行越多，对于商家、用户完成交易越方便。可见，第三方支付平台多边用户分别对另一边用户产生正向网络外部性。第三方支付平台网络外部性表明，在平台发展初期，需要制定较低的价格策略，从而吸引更多的商家和消费者参与，形成有效的用户规模。只有商家和用户达到一定的规模后，第三方支付平台才能获得更好的发展。

（2）第三方支付平台具有区别于一般平台的特殊性。第三方支付平台的双边市场特征具有自身的特殊性，区别于经典的中介平台和媒体等双边市场。首先，第三方支付平台的兴起细化了产业分工，第三方支付平台企业作为银行网关的延伸，与商业银行共同搭建起支付平台。也就是说，第三方支付平台不是一个单独的支付平台，它背后有一个存管行，而与其连接的两类用户背后也有各自的商业银行。三者之间的资金往来都是通过银行以及网银系统运作，形成第三方支付的生态网络。三者之间的信息流、物流才是真正经过第三方支付平台、商家和消费者的核心。其次，第三方支付产业无论是产业组织、发展还是产业链管理，都具有一般性产业特征，但同时，由于其连接了银行和网银系统，还涉及支付结算、消费者沉淀资金管理、反洗钱等金融领域，具有金融业的宏观和微观审慎风险。所以说，正是由于第三方支付平台的双边特征，才使得第三方支付平台的盈利机制显得异常复杂，价格结构或者价格分配的重要性远高于价格本身。

（3）第三方支付平台具有交叉网络外部性特征，且具有正效应。随着支付平台使用者数量的逐渐增多，部分商户受到买方市场吸引而逐渐开始接受并使用支付平台进行交易，平台上买方和卖方就可能形成一定的规模，支付平台的方便快捷价值逐步体现出来，进而会吸引更多的消费者来使用，越来越多的商家在巨大收益的诱惑下也会不断参与进来。如果支付平台拥有的商户规模大，消费者也就更愿意在这家支付平台进行注册，从而更方便地买到自己需要的商品或服务；而如果支付平台的注册消费者规模很大，商户也就更愿意接入这家支付平台，从而拥有更大消费群基础。当双方规模逐渐扩大，突破临界规模后，在正向反馈机制作用下，支付平台进入一个良性发展阶段，买卖双方都可以在更大范围内接触到交易的潜在对象，交易价值得以实现。双边市场接口的设计策略能有效协调和繁荣双边市场需求、实现自身利润增长，体现了第三方支付平台企业不同于传统单边市场企业的发展策略特征：第三方支付平台的行为更注重对商户和消费者产生足够的激励，促成双边市场的繁荣，并从中实现自身利润的增长。

总之，第三方支付平台的发展解决了电子商务的网上支付安全与信用问题，充当了商家与消费者之间的信用纽带；作为交易各方与银行的接口，消除了消费者对商家的疑虑，提供了方便、快捷、简易的支付方式，在很大程度上推动了电子商务的发展。

6.1.2 第三方支付业务流程

在电子商务活动中，要靠交易各方的积极配合才能使整个交易流程顺利进行。具体来说，采用第三方交易平台进行支付要涉及消费者、网络商家、第三方支付平台和相关银行的支持。其一般交易流程如图6－2所示。

在第三方支付模式下，卖方看不见买方的账户信息，从而保障了买方支付的安全性。这一交易完成过程的实质是一种提供结算信用担保的中介服务。

6.1.3 第三方支付发展现状

中国第三方支付市场经过10余年的发展，成为中国金融支付体系中重要的组成部分，也是中国互联网经济高速发展的底层支撑力量和进一步发展的推动力。

伴随经济全球化和技术进步的演进，电子商务在全球范围内广泛发展，带动第三方支付的快速增长。美国、欧盟等发达国家和地区发展起步较早，运作

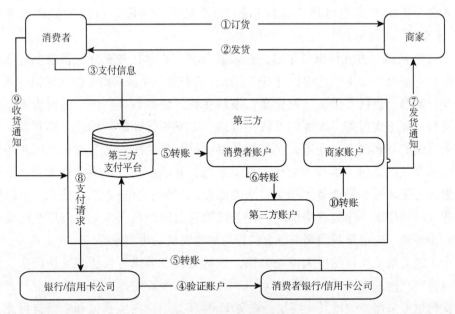

图 6 – 2　第三方支付业务流程

注：①消费者浏览检索商家网页，提交订单；

②消费者向第三方平台提交支付信息；

③第三方支付平台获取买方支付信息并向相关银行或信用卡公司发送支付请求；

④银行或信用卡公司验证消费者账户；

⑤通过第三方平台将资金从银行账户转到第三方账户；

⑥⑦第三方支付平台将转账信息传递给商家并通知商家发货；

⑧商家发货；

⑨消费者收到并验证商品后向第三方支付平台发送确认支付请求；

⑩第三方将消费者信用账户上的货款划入商家账户中，完成交易。

模式和监管体系相对比较成熟。我国虽然起步较晚，但市场却呈现出强劲增长态势，第三方支付发展呈现新的特征，在社会经济发展和提高人们工作生活品质方面发挥了积极作用。

（1）我国第三方支付快速增长，尤其是移动支付发展更为迅猛。据 EnfoDesk 易观智库报告预测，2014 年全年中国第三方支付总体交易规模将达到 17.9 万亿元，同比增长 43.2%。其中互联网支付金额为 9.22 万亿元，同比增长 48.57%。移动支付增长迅猛、线上线下进一步融合是第三方支付的最大亮点。

近年来，基于移动互联网的新型移动支付如手机钱包客户端、应用内支付、手机刷卡器、二维码支付、NFC 近场支付等新型的移动支付方式发展迅速，我国移动支付进入爆发式增长阶段。数据显示，2013 年我国移动支付总体交易规模突破 1.3 万亿元，同比增长高达 800.3%。手机支付用户规模增长迅速。2014

年6月，我国手机支付用户规模达到2.05亿人，网民手机支付使用比例达到38.9%。

（2）从第三方支付市场来看，进入者众多，竞争比较充分。目前参与第三方支付市场竞争的主体已增长到400余家，其中有269家获得中国人民银行颁发的支付牌照，包括支付宝、财付通、银联在线、快钱、百付宝、汇付天下、易宝支付、环迅支付等。牌照的发放使得第三方支付行业的外延进一步延伸，从原来狭义的互联网支付企业，扩展为从事支付业务的所有非金融机构，业务范围包括互联网支付、银行卡收单、移动支付、电话支付、数字电视支付、预付卡发行与受理等多种业务类型。牌照的颁发，增强了第三方支付企业在金融服务领域的信任度，伴随着中国电子商务的快速发展，第三方支付应用在网民中进一步普及，这也是我国第三方支付行业快速发展的主要原因。

正因为移动支付的巨大市场前景，移动支付市场成为包括互联网巨头、电信运营商在内的众多企业布局的重点，百度、新浪纷纷推出移动支付业务，移动支付也迎来爆发式增长，特别是在2013年年底，支付宝钱包和微信支付竞争激烈，分别与航空公司、视频网站、线下零售商、打车软件等建立合作关系，丰富支付应用场景。如今，在移动支付市场基本形成了差异化竞争格局：以支付宝、财付通为代表的远程移动支付客户端；以拉卡拉为代表的手机刷卡器；以联动优势和上海捷银为代表的传统短信支付；以中国移动、中国电信、中国联通三大运营商为代表的移动近场支付。

（3）我国第三方支付市场集中度高。首先从第三方在线支付市场格局来看，从图6-3可以看出，2013年上半年，处于在线支付市场前3位的分别是支付宝、财付通和银联在线，它们的市场占有率分别为51.6%、23.4%和5.5%，三者合计占总体市场80.5%的市场份额，市场集中度较高。以下依次是快钱（6.8%）、汇付天下（6.1%）、易宝支付（3.0%）和环迅支付（2.3%）。

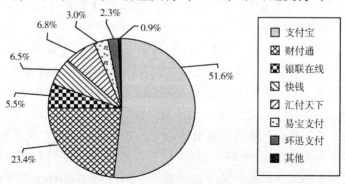

图6-3　2014年第三方在线支付市场占有率情况

从第三方支付移动支付市场格局来看，2013 年移动支付市场竞争格局变化较大，支付宝、拉卡拉、财付通分别以 69.6%、17.8% 和 3.3% 居于市场前 3 位。支付宝、拉卡拉和财付通 3 家公司占据了市场 90% 以上的份额，市场集中度高，其中支付宝交易规模超过 9000 亿元，成为全球最大的移动支付公司。拉卡拉则以强大的营销攻势加速普及手机刷卡器，使用户迅速向移动端迁移，目前活跃终端数已经超过 430 万台，交易金额超过 2600 亿元，客户端下载量达到 2000 万次。

在目前第三方支付市场，是少数几家资本雄厚、技术实力强大、市场定位准确和有创新能力的企业占据整个市场。在充满竞争的第三方支付市场，激烈的市场竞争推动第三方支付市场分化和洗牌，处于不同市场地位的第三方支付机构应采取不同的发展策略才是发展之道。如支付宝、财付通等大型第三方支付机构在巩固现有竞争优势基础上，将逐步向境外、线下等多领域延伸。快钱、汇付天下、易宝支付等中小型第三方支付机构必须向教育、跨境支付、保险缴费等更多垂直细分市场领域拓展，以谋求差异化竞争优势，这样才有可能有生存和发展的机会。随着准入门槛和竞争层次的不断提高，部分第三方支付机构将面临清退、倒闭或被兼并，市场格局将重新洗牌。

随着传统产业的互联网化、居民网络支付习惯的形成、互联网用户和移动互联网用户规模不断发展、我国电子商务的快速增长以及第三方支付产业的发展壮大，网络支付、移动支付、电视支付等线上线下支付应用场景将不断丰富，第三方支付拥有巨大的发展空间，尤其是移动支付市场空间更大。

第三方支付企业发展触及银行的核心业务，且在电子支付领域奠定了优势地位，未来第三方支付交易额将迎来爆炸式增长。第三方支付未来的发展，有可能在银行支付系统之外创造一个新的支付系统。用不了多长时间银行卡可能就没有了，大家都是手机支付，POS 机也会被二维码替代。

6.2　第三方支付运营模式

当我们进行交易时，可以选择网上银行付款、信用卡支付、移动支付、POS 机刷卡以及现金支付等多种支付方式，而这一选择背后却牵涉国内几十家银行、几十亿张银行卡。第三方支付平台运用先进的信息技术，分别与银行和用户对接，将原本复杂的资金转移过程简单化、安全化，提高了资金使用效率。如今的第三方支付已不仅仅局限于最初的互联网支付，而是发展成为线上线下全面覆盖、应用场景更为丰富的综合支付工具。从第三方公司的功能特色来看，第三方支付可以分为支付网关模式和支付账户模式。而从发展路径与用户积累途径来看，第三方支付公司的运营模式可以归为两大类，一类是以快钱为典型代表的独立第三方支付模式；另一类就是以支付宝、财付通为首的依托于自有B2C、C2C 电子商务网站，提供担保功能的第三方支付模式。

6.2.1 独立第三方支付模式

独立第三方支付模式，是指第三方支付平台完全独立于电子商务网站，不负有担保功能，仅仅为用户提供支付服务和支付系统解决方案，平台前端联系着各种支付方法供网上商户和消费者选择，平台后端连着众多的银行，平台负责与各银行之间的账务清算。独立的第三方支付平台实质上充当了支付网关的角色，但不同于早期的纯网关型公司，它们开设了类似于支付宝的虚拟账户，从而可以收集其所服务的商家的信息，用来作为为客户提供支付结算功能之外的增值服务的依据。这种模式在国内以银联、快钱、易宝支付、汇付天下、拉卡拉、首信易支付为典型代表。

独立第三方支付企业最初凭借支付网关模式立足。在支付网关模式中，支付平台是银行金融网络系统和 Internet 网络之间的接口，为需要的商家提供网上支付通道，但不接触商家，这种模式起源于全球最大的支付公司 PayPal。支付网关模式所提供的服务相似度极高，只要攻破技术门槛就很容易被复制，行业同质化竞争相当严重。第三方支付要树立起竞争壁垒，领先于行业需要依靠"增值服务"——为用户提供信用中介、商户 CRM（客户关系管理）、营销推广等服务。这种增值服务的基础是用户信息，于是可以获得用户注册与登录信息的支付账户模式应运而生。

另外，传统行业向电子商务的转变也是促使独立第三方支付企业转型的重要原因。因为只有从提供无差别支付服务转为提供根据具体行业、具体情境量身定制的有针对性的、多样化的电子支付方案，第三方支付企业才能在行业细分领域中找到自己生存的空间。许多第三方支付企业已经认识到电子支付不代表电子商务，第三方支付作为一种工具，不仅可以渗透到各行各业，也可以从线上搬到线下。在下文中，我们将通过快钱、易宝支付、汇付天下几家有代表性的企业案例详细说明独立第三方支付企业为企业提供支付解决方案的具体流程，并通过拉卡拉的案例分析刷卡支付的运营模式。

6.2.1.1 快钱——行业综合解决方案

作为独立第三方支付企业的领军者，快钱的成功清楚地证明了独立第三方支付平台的价值。2011 年 5 月，快钱获得了央行的《支付业务许可证》，它所获批的业务类型涵盖了货币汇总、互联网支付、固定及移动电话支付、预付卡受理和银行卡收单。在业务范围上，业内只有支付宝可与之匹敌。但是，快钱与支付宝走的却是完全不同的道路。

因为没有支付宝占据网络购物市场的先天优势，快钱另辟蹊径，它没有把自己定位于网上支付公司，而是定义为电子支付平台。即使是在电子商务网站的交易中，网上支付也只占 30%，其他大量的交易使用的货到付款。也有一大部分企业是线上交易，线下结算。在发掘企业的线下支付需求后，快钱整合了线上线下支付方式，为企业提供综合解决方案。线上可提供覆盖几乎所有银行的银行卡，并提供大额支付服务；线下则提供 POS 机以及信用卡无卡支付等丰富便捷的支付方式。目前，快钱线下业务规模已经占据整体业务规模的一半以上。

6.2.1.2　易宝支付——垂直行业解决方案

快钱提供的是跨行业通用性的解决方案，这种方案力求最大限度地覆盖行业的差异。而与之对应的是充分发掘行业差异性的垂直解决方案。易宝支付和汇付天下都是这类模式。此类独立第三方支付机构深耕特定行业，针对行业企业做垂直行业支付，把产业的上下游都揽入支付体系，提供立体式解决方案。这样一来就可以通过统一的支付环节提高市场效率和信息透明度。

易宝支付从产业链的各个环节出发，针对不同行业、不同领域制定完整的支付解决方案。在航空旅游业，易宝支付以 ePOs、电话支付、SAAS、授信支付等满足航空公司和代理人机票分销和直销的双重需求。此外，易宝支付也为航空业提供融资类增值服务。一般来说，航空电子机票行业中的机票代理商需要垫付票款从航空公司买票，再卖给下一级代理或旅客，所以资金压力很大，他们经常处于借款的状态。在长期的合作中，易宝支付对他们的信誉已经有了足够了解，所以会根据代理商的信誉状态，联合银行给他们提供短期授信贷款，易宝支付则从中收取一定的手续费或服务费。

在教育考试领域，考虑到考生散落在全国各地，部分区域开通网银很不方便，易宝支付为考生提供神州行支付方式。考生不需去银行开通网银、安装网银电子证书、购买 U 盾等，只需在缴费页面输入移动神州行充值卡的卡号、密码即可完成报名缴费。

除了在航空和教育行业建立起支付、营销和金融增值服务三位一体的交易平台外，易宝支付还针对租车行业集中化加剧的现象，推出了租车行业支付方案。租车行业的用户支付环节比一般的服务交易更为复杂，涉及押金、预授权、二次预授权、退款等步骤，人工操作环节多，财务人工耗费大。作为国内首个租车行业支付解决方案，易宝支付通过实现支付系统与业务系统的对接，帮助租车客户提高门店操作效率，简化财务处理流程。

6.2.1.3 拉卡拉——便民刷卡支付

虽然同为独立第三方支付公司，但拉卡拉与上述那些服务于行业客户的第三方支付公司不同，它所关注的重点是那些客户处于无法或者十分不便享受电子化渠道服务的场合。拉卡拉创始人孙陶然对拉卡拉的产业角色的定位是：拉卡拉靠传统的刷卡终端设备达成网络支付，成为很多第三方支付公司以及银行的合作者，而非竞争者。拉卡拉成立于 2005 年，是联想投资旗下国内最大的线下电子支付公司，它依托遍布城市便利店、超市等渠道的拉卡拉便利支付点，为用户提供信用卡还款、充值、付款、缴费业务。拉卡拉的业务模式可以简单概括为"网上购物，刷卡支付"。用户在拉卡拉的终端设备上可以为各类支付刷卡，这些刷卡信息由拉卡拉的 IT 账单平台系统整理记录后转发给银联系统，由银联完成最终的资金转账。

从盈利模式上看，拉卡拉的服务很少对普通用户（支付方）收费，其盈利目前来自两方面：一是对刷卡交易的收款方收取一定手续费；二是利用拉卡拉的渠道为商户提供其他增值服务，比如广告收入。

拉卡拉的出现最初是为了解决信用卡无法跨行还款的问题。许多持卡人的借记卡（或工资卡）与其持有的信用卡并非同一家银行。由于信用卡无法跨行还款，许多消费者往往奔走于两个不同的商业银行，在两家银行分别排队取款和存款，或者为 ATM 机存取款付出高额的手续费。虽然大多数银行都建立了自己的网上银行系统，但是仍然有大量个人用户在营业厅等待一两个小时来处理最基础的转账事宜。这一方面是由于不同网上银行之间的交易仍然不够通达，另一方面，网上银行对于很多用户而言，依然是个烦琐的过程。

实际上，从支付的技术角度而言，信用卡的跨行转账还款由于只是电子账户的信息转移，完全可以在一台终端设备上实现。于是，拉卡拉以第三方的身份介入其中，与各个商业银行达成协议，弥补市场的缺口。在这一过程中，作为银行的第三方服务平台，拉卡拉不承担资金的转移，因此风险就大大降低。另外，拉卡拉的支付功能也不通过互联网，而是直接在银联刷卡机上刷卡操作，并由专线传输，因此其支付过程也相对安全。

除与银行合作外，拉卡拉与许多第三方支付企业也建立起合作关系，包括支付宝、财付通等在内一直与拉卡拉有着密切合作。因为像支付宝这类支付工具并不能覆盖所有人群和所有需求，尤其对于那些对网络和新技术接受度较低的用户，帮助这些用户"接入"现有的主流第三方支付平台，就是拉卡拉的价值所在。用户可以在拉卡拉的任何终端为支付宝账户充值，然后为淘宝购物进行线下支付。

拉卡拉的发展过程经历了三个阶段：

第一个发展阶段为 2007 年左右，拉卡拉开始进入便利店，通过与终端和渠道厂商逐个洽谈的方式，最终达到了现在 300 个城市、6 万个便利店的终端布局规模；第二个阶段，拉卡拉在报亭等地点设立公共的终端设备，并增加商户收单服务，即拉卡拉多功能 POS 机进行银行卡收单；目前，拉卡拉进入了第三阶段，推出了基于手机音频接口迷你刷卡器，用户在手机上安装一个客户端软件，再通过这个刷卡器就可以完成信用卡还款、银行转账等业务。

值得注意的是，拉卡拉的设备，无论是电话支付、通过手机音频接口支付还是通过拉卡拉 POS 机支付，都离不开"刷银行卡"这个环节。由于拉卡拉的支付方案都需要硬件支持，因此必须在前期做大规模，才能实现边际成本下降；此外，这种方式并没有脱离"刷卡支付"的环节，保留了用户惯用的消费方式，有利于培养用户群体，但却依然脱离不了银行卡这一媒介。

6.2.1.4　独立第三方支付小结

总的来说，独立第三方支付运营平台主要面向 B2B、B2C 市场，为有结算需求的商户和政企单位提供支付解决方案。它们的直接客户是企业，通过企业间接吸引消费者。独立第三方支付企业与依托电商网站的支付宝相比更为灵活，能够积极地响应不同企业、不同行业的个性化要求，面向大客户推出个性化的定制支付方案，从而方便行业上下游的资金周转，也使其客户的消费者能够便捷付款。独立第三方支付平台的线上业务规模远比不上支付宝和财付通，但其线下业务规模不容小觑。独立第三方支付平台的收益来自和银行的手续费分成和为客户提供定制产品的收入。但是，该模式没有完善的信用评价体系，容易被同行复制，因此迅速提升在行业中的覆盖率以及用户黏性是其制胜关键。

6.2.2　有交易平台的担保支付模式

有交易平台的担保支付模式，是指第三方支付平台捆绑着大型电子商务网站，并同各大银行建立合作关系，凭借其公司的实力和信誉充当交易双方的支付和信用中介，在商家与客户间搭建安全、便捷、低成本的资金划拨通道。在此类支付模式中，买方在电商网站选购商品后，使用第三方支付平台提供的账户进行货款支付，此时货款暂由平台托管并由平台通知卖家货款到达、进行发货；待买方检验物品进行确认后，通知平台付款给卖家，此时第三方支付平台再将款项转至卖方账户。这种模式的实质是第三方支付平台作为买卖双方的信用中介，在买家收到商品前，代替买卖双方暂时保管货款，以防止欺诈和拒付行为的出现。

由于拥有完整的电子交易平台和大量的网络客户资源，此类第三方支付的平台业务主要为线上支付，并在线上第三方支付市场中占据了较大份额。典型企业是基于淘宝网的支付宝和基于腾讯旗下拍拍网的财付通，二者的业务规模占线上支付市场的80%左右。从商业模式来看，此类第三方支付平台一方面服务于自有的或合作伙伴的电子商务平台，面向个人用户和商户提供线上支付服务，以担保支付促进平台交易；另一方面，利用交易平台或集团拥有的庞大用户资源，进行平台营销。

6.2.2.1 担保支付模式的产生原因

支付宝发展的最根本原因在于支付宝一直关注并普及互联网上的信任文化。

在支付宝出现之前，中国的第三方支付平台提供的支付模式是效仿美国的Paypal公司，即在电子交易中，交易双方达成交易的一致性后，买方发出付款授权后，第三方支付平台立即向卖家支付约定的金额。在这个交易过程中，第三方支付平台不参与对交易本身的控制。第三方支付平台不关心卖家有没有真实向买家发货，或者交易物的质量如何。这种支付模式适用于信用体系比较完善的美国，具有完备的法律制度和相对成熟的信用控制机制。在严格的信用控制体系下，任何违背交易诚信的行为都会受到相应的惩罚。

但是上述模式并不适用于信用体系与法律体系尚不完善的中国，尤其是在个人对个人交易中。在支付宝等具有担保功能的第三方支付平台出现之前，中国的电子商务一直停留在简单的信息发布阶段。因为买卖交易中的网络卖家和买家都素未谋面，作为卖方，担心买方订立合同后拒收货物，或者收货后拖延付款甚至赖账；作为买方，则担心卖方不能按时、按质、按量地交货，不愿意提前把货款交给卖方。阿里巴巴集团旗下的C2C（个人对个人）网购平台淘宝网受这种国内网购大环境的影响，交易一直处于低迷状态。淘宝网意识到如果不解决网上交易的诚信问题，支付交易的安全问题，不可能把电子商务从信息发布阶段延伸到交易阶段。于是，2003年10月，支付宝成立，作为淘宝网旗下的一个部门存在，并首次在淘宝上推出其全球首创的担保交易模式。2004年支付宝脱离淘宝成为独立的公司，并与其他外部电子商务网站展开合作，成为网上通用的支付工具。支付宝的担保支付模式使得此前一直困扰国内网购发展的买卖双方信任问题首次得到解决。经过了2003年、2004年的培育之后，2005年支付宝的交易量达到了120亿元。2009年7月6日，支付宝宣布用户数突破2亿人。在用户数和交易笔数上，支付宝首次超过了全球最大的第三方支付平台

Paypal。

6.2.2.2　虚拟账户

在担保支付模式中，虚拟账户是核心。因为此类第三方支付平台需要暂时保存买卖双方的交易资金，而交易双方的交易资金记录是通过第三方支付的虚拟账户来实现的。当然，虚拟账户并不是担保支付模式所独有，由于虚拟账户有重要价值，快钱、易宝支付等也效仿支付宝，开始了虚拟账户模式。

无论支付宝还是财付通，买卖双方都需先在支付平台上开设账户，这种账户对用户而言是虚拟账户，并不是用户在银行进行了开户，只是在平台上拥有而已。在网络上看来，每个用户都有一个虚拟账户，记录自己的资金余额，其实其背后对应的是支付宝的银行账户。

当达成付款的意向后，由买方将款项划至其在第三方支付平台的虚拟账户中，其实是将自己在银行的资金转到第三方支付平台在同一银行的账户，从而形成自己在虚拟账户中的资金。此时卖家并不能拿到这笔钱，只有等买家收到所购买的商品或者服务，确认无误后，买方再次向第三方支付平台发出支付指令。第三方支付平台扣减买方虚拟账户资金，增加卖方的虚拟账户资金。最后第三方支付平台将自己在银行的账户中的资金向商户的银行账户划转以后，卖家才可以从账户中拿到这笔钱。

通过利用虚拟账户对买卖双方的支付行为进行记录，支付宝已经积累了海量的数据。支付宝发布"电子对账单"就是对买方信息的记录。而对卖方，除了其营业执照、经营许可证、商品授权等静态信息，还有其在支付宝上产生的大量动态信息，包括各种交易情况和支付情况。事实上，建立在这些海量数据基础上的以支付宝交易记录为基础的淘宝卖家信用度已经成为淘宝卖家最珍贵的资本和买家做出购物决定最重要的参考因素。

目前，支付宝通过虚拟账户记录的信息以及与外部商户、外部机构互换的大量信息，三方面数据相结合为支付宝打造信用体系提供了基础。例如，建设银行与支付宝合作推出的卖家信贷甚至以这些海量数据作为判断信用、决定贷款发放的最重要因素。与传统的银行借贷还贷记录所积累的信用相比，这样的交易记录无疑详尽准确得多。

6.2.2.3　用户黏性与支付营销

支付宝有淘宝上的庞大用户群，财付通则有腾讯 QQ 用户群以及腾讯门户网站、拍拍网上的用户。对二者而言，用户资源是制胜法宝，因此此类支付平台偏重于站在个人用户角度设想应用场景，充分挖掘消费者在社会生活中的支付需求，改善用户体验，以增加用户黏性。无论是支付宝已开展的公共事业缴费和快捷支付项目还是财富通提出"生活好帮手"概念，都是希望消费者能够被某些应用吸引到第三方支付平台上，成为其服务的用户。

支付宝和财付通之所以注重用户积累和客户黏性等指标，目的是为了实现第三方支付平台潜在价值的提升。担保模式下的第三方支付平台也是一个用户平台，可以集支付与营销功能于一身。由于可以为商家引入用户，他们可以成为其他电商平台的合作伙伴，从而牢牢控制住线上支付市场。由此，支付宝和财付通借着在终端的客户规模从电子商务向更多传统支付领域延伸，通过带入用户资源的方式深入行业，从最早为电商领域提供第三方支付支持的支付宝，现开始向更多行业拓展，涉及了基金保险、物流、教育、航运和旅游等。

腾讯财付通自从 2011 年上线至今，市场份额一直排在支付宝之后。两者几乎同时由各自母公司的电商业务孕育而出，随着拍拍网与淘宝的差距越来越大，财付通也开始另辟蹊径。财付通基于腾讯平台资源为商户提供多项增值服务，如 QQ 共享用户登录服务，把超过 12 亿腾讯用户开放给合作伙伴，提升商家的网络直销效果；Tips 弹窗推广服务，整合 QQ 和财富付通的用户，采用定向推广。

目前，腾讯财付通与中国南方航空股份有限公司、深圳航空有限责任公司、春秋航空、上海航空股份有限公司、厦门航空有限公司等开展战略合作，在机票在线订购支付、联合机票平台运营、商旅分销结算等方面达成战略合作，使用财付通作为第三方支付平台，发展航空客票营销管理新模式。

在与深圳航空公司的合作中，财付通在 QQ 会员中组织了"深航学子游活动"，从而增加深航主站的访问量和会员注册量，有效拉动了深航的品牌曝光。另外，与航空公司建立机票专区，是腾讯财付通助力航空公司网络互动营销的成功模式。南航财付通机票专区，是腾讯财付通与南方航空集团联合推出的在线购票平台，用户不但能享受优惠的机票折扣，还可以快捷地完成航班查询订购、在线支付等一系列机票购买服务。财付通机票专区在用户中已经得到很好的口碑，用户量也出现高速增长的趋势。

6.2.2.4　担保支付模式小结

支付宝和财付通由各自母公司的电商业务孕育而出，本是作为自有支付工具出现。在淘宝、拍拍等 C2C 电子商务网站上聚集的个人商户和小微企业商户没有技术实力来解决网络购物的支付问题，双方通过网络直接交易对消费者而言也缺乏信任感，这就需要中立于买卖双方、有技术实力又有担保信用的第三方来搭建这个桥梁，支付宝和财付通即在这种需求下应运而生。担保支付模式极大地促进了它们所依附的电商网站的交易量，电商网站上的消费者也成为支付平台的使用者。担保交易模式所打造的信任环境为其带来了庞大的用户群，这些海量的用户资源为这类第三方支付平台创造了强大的优势地位，这是如快钱这类的独立第三方支付平台难以企及的。

6.2.3 两种模式的对比分析

独立第三方支付立身于企业（B）端，担保模式的第三方支付平台则立身于个人（C）端，前者通过服务于企业客户间接覆盖客户的用户群，后者则凭借用户资源的优势渗入行业。两者由于出身不同，走出了完全相反的路线，殊途同归，却又各有自身的优势。和担保模式的第三方支付公司相比，独立第三方支付公司的规模较小，但在保险、航空旅游、行政教育等行业应用领域也显示出了独特的生命力。无论是支付宝、财付通这样的由大型电子商务交易平台价值链延伸的在线支付工具，还是快钱、易宝支付、汇付天下这样的独立第三方支付平台，其盈利模式都很相似，主要有交易手续费、行业解决方案收入和沉淀资金利息三个收入来源。一般来说，支付公司通过提供免费、便捷的服务来吸引付款者使用，支付公司收取商家一定比例的接入费、服务费和交易佣金，同时付给银行一定的费用，之后的差额即为支付平台的盈利。举例来说，当你通过第三方支付向商户支付 1000 元，那么第三方支付收取商户 1% 手续费，但其向银行只需支付 0.5%，那么这 0.5% 的手续费就是第三方支付平台的收入。目前，第三方支付与银行的结算费率并无统一标准，由双方自行商定。行业解决方案的收入亦是第三方支付公司的主要收入，并且是第三方支付行业切入互联网金融未来最重要的收益来源；另外，第三方支付平台中买卖双方的货款大量存在延时交易、延期清算的情况，从而平台中会积累一些不参与流通的沉淀资金，通过沉淀资金获得的利息可以成为第三方支付平台的收入，但只占总收入的 5%。

同时，两类支付平台都已认同"虚拟账户"的价值，账户的支付信息和交易信息是支付平台提供增值服务的基础，而增值服务是未来的新兴盈利点。对于所有第三方支付平台而言，最重要的生存法则就是扩展平台的用户群以及开拓市场，这可以分为两大发展方向，一是沿着细分行业领域，纵深发展，为企业客户的电子化支付提供专业的服务和支持；二是为用户提供安全、便捷的第三方支付服务，满足用户社会生活中方方面面的支付需求。在这一发展过程中，第三方支付平台开始探索增值服务。它们的触角已从支付结算领域延伸到资金融通领域，并掀起了惊涛骇浪。借助所积累的精准的交易信息，第三方支付平台不仅可以分析使用者的行为与偏好，还可以评估使用者的信用等级。第三支付平台的金融化趋势日益凸显，向传统金融发了起全面冲击。

6.3 第三方支付的风险分析

6.3.1 第三方支付面临的主要风险

近几年，第三方支付行业迅速发展，但同时风险事故也频发，客户信息泄露、伪卡欺诈、网络欺诈、套现等网络犯罪案件快速攀升，第三方支付业务已成为银行卡犯罪新的高发部位，由于互联网交易的特点，客户维权也比较困难，因此有必要对第三方支付行业的风险进行详细分析与识别。

6.3.1.1 政策风险

第三方支付同样受到宏观环境的影响，宏观环境有利，则第三方支付承担的金融风险小，宏观环境不利，则第三方支付承担的金融风险大。相比其他宏观影响因素而言，第三方支付作为新兴行业，受政策的影响更为明显。例如，政策支持创新，则第三方支付作为创新的产物，将会获得鼓励和支持，反之，如果以保守政策为主，严格防范网上支付风险，则第三方支付面临风险。

2014年以来，关于第三方支付的争论从未停息。3月央行下文要求暂停支付宝和财付通的二维码支付和虚拟信用卡业务，这在一定程度上影响了第三方支付的发展。随后有媒体报道称央行就《支付机构网络支付业务管理办法》草案最后一次征求意见，并披露草案中有诸多限制第三方支付发展的条例。尽管最后《支付机构网络支付业务管理办法》并未真正落地实施，但在这一监管风波的可以明显看出，第三方支付的发展面临着比其他成熟行业更敏感而不稳定的政策风险。

另外一个需要注意的问题是虚拟货币。根据腾讯公司2013年度财务报表显示，全年总收入为604.37亿元，比去年同期增长38%，其中互联网增值服务收入为451.46亿元，占总收入的74.7%，比去年同期增长25.9%。依托逐年增长的虚拟货币增值服务与网络游戏，作为互联网增值服务的主要收入实现形式，Q币已经是中国互联网市场中规模最大的虚拟货币。由于虚拟货币的发行是由互联网服务商自行决定的，其货币发行行为不受监管。目前，虚拟货币可以通过第三方支付平台及其他渠道与实体货币进行双向兑换，也能购买实物商品（除Q币外，新浪的U币可在新浪商城中购买商品；百度币已经用于个人MP3收费下载；淘金币和天猫积分可直接用于现金抵用购买商品），已经具备了实体货币的职能。而对于实体货币，国家可以通过公开市场操作、贴现、存款准备金等手段或制度调节货币流通量，但对于虚拟货币，其流通量完全取决于发行企业本身，虚拟货币代替人民币成为网上交易的一般等价物，在很多网站都可以和人民币兑换。举个例子来说：100 元可以在腾讯官方买到 100Q 币，但是有人在淘宝上出售 100Q 币只卖 80 元，而且长期固定，这种行为如果换到现实的人民币市场就是地地道道的外汇黑市。虚拟货币的发行如果不进行必要监管，将可能面临与实体货币流通量不当带来的一样的问题，引发通货膨胀，这样就加大了虚拟货币对实体货币冲击的风险。对外经贸大学信息学院院长陈进表示："虚拟货币但凡跟人民币发生联系，就会跟现实中的银行一样，可能面对挤兑等现实风险。"当发行虚拟货币的第三方支付企业将出售虚拟货币的资金进行投资，当客户要求赎回虚拟货币的时候，投资的资产可能无法迅速变现，而此时，该第三方支付企业又无法以合理的成本迅速增加负债或变现资产，以获得足够的资金来偿还债务，这样，第三方支付企业就会遭受流动性风险。

因为政策具有滞后性，目前对于这种虚拟货币的监管还是一片空白。当这些有着相似属性的金融手段成为投机倒把的安乐窝时，负责中国金融政策的央行，也的确有必要正本清源，对专门从事虚拟货币兑换的网站进行监管，严格市场准入。

6.3.1.2　法律风险

无论是国内还是国外，第三方支付平台的法律地位都不是很明确。任何一个第三方支付公司，都会尽量称自己为中介方，在用户协议的多处地方避免说自己是银行和金融机构，试图确立自身是为用户提供网络代收代付的中介地位。由于涉及类似网络交易平台的法律地位，在交易中的法律责任等很多法律问题都没有明确的立法加以规范。

但是我们可以看到，在处理第三方支付业务的整个过程中，第三方支付所起的作用包括：托管货款；代收代付；存取货币；清算结算；信用担保，而这一切与银行类金融机构的职能非常相似，但目前的第三方支付的性质界定与监管标准又未具体明确，处于网络运营与金融业务交接的灰色地带，其服务实质上类似于金融服务中的清算结算业务。同时，提供服务时出现的大量沉淀资金一定程度上具备了资金储蓄的性质。两者都是《商业银行法》规定的银行专营业务，必须经过银监会的批准才能从事。在国内，法律规定只有金融机构才有权力吸纳代理用户的钱，其他企业和机构不得从事类似的活动。因此，第三方支付平台显然已经突破了这种特许经营限制，服务提供者已经具备了银行的某些特征，但目前还没有相应金融监管法规和机构管理，存在"违法经营"之嫌。

2010 年以前，第三方支付企业最担心的是主体资格问题。央行发布《非金融机构支付服务管理办法》（以下简称《办法》）及实施细则，并发放了 197 块牌照以后，明确了行业内大多数企业作为非金融机构的主体资格，让企业能够专心于业务发展。第三方支付行业进入监管时代，法律风险也相对降低。

第三方支付业务常涉及银行法、证券法、消费者权益保护法、隐私保护法、知识产权法和货币银行制度、财务披露制度等。由于第三方支付属于新兴事物，尽管国家和政府已意识到对第三方支付监管的重要性，但法律法规尚未完善，未形成一套较完善的独立的法律体系，对诸如第三方支付业务资格的确定、第三方支付活动的监管、客户应负的义务与银行应承担的责任等，还缺乏相应的法律法规加以规范。而一旦出现新的法律法规，这都将引起第三方支付的风险。例如，我国颁布实施《办法》后，对第三方支付实行许可制度，这对于一部分不符合条件的第三方支付企业，则会遭受较大损失。

6.3.1.3　金融风险

对于第三方支付公司来说，金融风险包括沉淀资金、洗钱、套现等的风险，而第三方支付公司面临打击金融犯罪和保护消费者主要面临以下四个方面和传统的不一样的难点：一是主体的虚拟性，大部分交易是非实名的。二是交易本身的虚拟性，网络发生的交易和本身的交易不一致的，很难核实交易这个过程，控制交易的程序。这样的特点使得网络支付可能更容易成为洗钱、套现等金融犯罪的温床。三是由于网络的遍及性，使得传播范围广。四是由于第三方支付的具有跨国界性，解决不同国家法律之间的差异又存在一道法律障碍。正是由于这些原因，利用第三方支付进行的洗钱和套现等犯罪活动对第三方支付公司自身的控制和监管能力以及国家的监管能力提出了更高的要求。

（1）沉淀资金风险。在交易过程中，当买方把资金转到第三方的账户，此时第三方对资金进行保管，买方仍然拥有资金的所有权。当买方收到商品，确认付款后，资金所有权转到卖方。第三方支付中一般规定只有当买方收到商品并做出反馈后，系统才能把货款划到卖方账户，这就形成了在途资金。与银行系统运营过程中产生的在途资金相比，第三方支付中的在途资金沉淀时间更长，加上买卖双方暂存在支付平台账户内的资金，随着用户数量的增长，资金沉淀量会非常巨大。如果第三方支付企业出于逐利的需要，将此在途资金用作风险投资，一旦投资失败，投资无法收回，则第三方支付将会遭受重大流动性风险。以支付宝为例，据业内人士估计，考虑到出项资金和进项资金之间的时间差，支付宝账户沉淀资金每月至少在 100 亿元左右。随着以余额宝为代表的"宝宝"军团的推出，似乎缓解了这一风险。但是面对银行不断推出的理财产品，余额宝的年化收益率持续低于 5%，远低于刚推出时 7% 的收益率。在银行理财产品的逼近下，货币基金并没有看起来那般光鲜。

（2）洗钱风险。洗钱是指将毒品犯罪、黑社会性质的组织犯罪、恐怖活动犯罪、走私犯罪或者其他犯罪的违法所得及其产生的收益，通过各种手段掩饰、隐瞒其来源和性质，使其在形式上合法化的行为。2006 年 10 月，反洗钱国际组织——金融行动工作组（Financial Action Task Force，FATF）的一份报告称，互联网支付特别让 FATF 担心，因为用户可以在网上匿名开立账户，所需仅是信用卡和银行账号，有时甚至只是一张长途电话卡。信用卡与银行卡还能追溯到个人，长途电话卡可以匿名购买，根本无从追到个人记录。

第三方支付出现后，这项工作又面临新的情况。一是网络交易更具有隐蔽性。网络交易的多个环节都可以被利用来转移"黑钱"，并且速度快，瞬间即可到账，监管机构难以掌握全部环节。二是网络交易在一定程度上脱离了传统监管部门的监管。第三方支付将款项在银行之间的流动割裂开来，监管机构难以像在银行一样追踪款项的流动。三是网络交易真假难辨，增加监管机构监测的难度。网络交易原本就具有虚拟性，从外部来看，很难识别是否真的进行了交易，影响监管机构对可疑交易的判断。

洗钱犯罪能和一些犯罪共生，成为这些犯罪的下游犯罪。从司法角度看，洗钱犯罪妨碍了司法活动，极大地危害了公共安全。从金融管理秩序角度看，洗钱活动严重扰乱了金融管理秩序，破坏了公平竞争的规则，从而直接危害到正常的社会经济秩序。央行在《非金融机构支付服务管理办法》中规定支付机构应当遵守反洗钱的有关规定，履行反洗钱义务。因此如果第三方支付企业不积极参与反洗钱工作，可能受到行政处罚。如果卷入相关事件中，可能与金融机构合作时遭到拒绝。

（3）套现风险。通过第三方网上支付平台套现，是指持卡人通过互联网进行虚假交易，利用第三方网上支付平台套取信用额度并获得现金的行为。采取这种方式，持卡人可以长期套取银行的资金，实现无息用款，而第三方网上支付平台则仅仅是被动地充当中介的作用。《支付机构互联网支付业务管理办法》公布后，明确规定信用卡不得透支为支付账户充值。随后很多支付企业取消了信用卡充值功能。但是这也不能完全堵截信用卡套现，持卡人可以通过网络购买自己的商品，或者与其他人相互购买商品从而进行套现。交易资金进入支付平台的账户，"商家"获得"购物者"支付的货款后从银行取现，再还给买家。整个过程没有真实的货物交易，只是在网上走一个过程，其过程如图 6 - 4 所示。

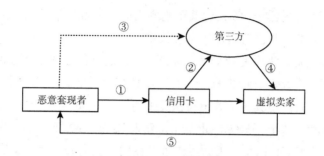

图6-4 套现流程

注：①恶意套现者透支信用卡进行网上购物，制造虚假交易；

②交易资金从信用卡账户转入第三方支付平台；

③恶意套现者向第三方发出支付指令；

④第三方支付平台将交易款支付给虚拟卖家；

⑤虚拟卖家将资金返还给恶意套现者，完成套现过程。

信用卡套现是一项央行严厉打击的非法行为，不法分子利用虚假身份信息取得银行信用卡后，通过套现骗取银行资金。情况严重会影响我国金融市场的稳定性。如果第三方支付套现现象持续发展下去，会影响第三方支付平台跟银行之间的合作关系，催生大量的网上虚假交易，影响交易安全和信用危机；影响电子商务市场的稳定，同时不利于整个社会良好诚信环境的养成。而且，在套现过程中持卡人一旦无法如期还款，则不仅会给自己的信用记录带来严重污点，还有可能因还不上款而被认定为恶意透支，面临刑事处罚，得不偿失。

6.3.1.4 操作风险

操作风险是指第三方支付机构因信息系统不完善、内控机制失灵、操作人员违规操作、诈骗或其他一些原因而导致的直接或间接损失的风险。第三方支付的使用还没有一个统一的流程，不同支付服务商提供服务使用上有差别，再加上用户疏忽大意，企业内部员工欺诈、违规等，这些都会引起第三方网上支付中的操作风险。操作风险多是由人为的错误、系统的失灵、操作程序发生错误或是控制失效而引起的，其内容涵盖了第三方支付机构内部的诸多风险。

用户开户操作时产生盗取银行账号和密码，冒充用户操作，盗取用户资金，用户付款时无明确的汇入账户造成可能的损失。汇款操作时产生的风险包括提现操作、退款操作、验证操作、手工反现操作、佣金计算与发放风险。收款操作时产生的风险包括支付平台从用户收款、商家从支付平台收到款项的风险，银行与支付平台之间资金转移中的收款操作风险等。如支付平台已收到线下汇款款项但无法确认款项应汇入哪个账户，收到客户支票（空头支票的风险）并汇入其支付平台账户的操作，被退款即支付中介为客户汇出款项，但因各种原因款项被退回，由此产生的客户收款时效性、快钱成本问题。对账包括与银行对账、与合作伙伴对账、日清日结、支付中介与商家之间对账、支付平台在各行资金调拨发生差错的风险。

6.3.1.5　技术风险

技术风险是指在第三方支付企业运营过程中，由于自然原因、人为因素、技术漏洞、管理缺陷等产生的，通过技术层面反映出来的风险。IT 技术、通信技术是第三方支付存在的基石，离开技术所有的业务都无法发展，考虑到其对于第三方支付的重要性，因此未将其作为操作风险的一个分支，而是独立为一节进行分析。下面将从系统风险、数据安全、网络安全三个方面展开。

（1）系统风险。系统风险可以分为硬件风险和软件风险，是固有的风险。硬件风险是由基础设施引发的，企业在部署 IT 体系时，可能对外界的变化不能充分估计，或者对设备本身不够了解，采用了不恰当的设备，不能满足业务发展的需要，比如计算机运行速度缓慢，存储不够使用等都会阻碍业务发展。即使构建了一套适合的 IT 设备，硬件突发的故障也可能导致不同程度的风险。例如，硬盘损坏导致用户数据丢失，CPU 突然掉电导致整个支付系统暂停运营等，硬件故障导致的损失又可能是无法恢复的，因此对于硬件风险应该足够重视。软件风险主要是各类软件在运用过程中引发的风险。虽然在开发过程中会经过无数次测试，但任何一款软件都不可能做到零风险，仍然会存在各种各样的问题，例如数据库的并发数，当用户人数逐渐增多，同一时间使用支付系统的用户也越来越多，达到数据库并发数上限时，就可能导致数据库崩溃，无法进行操作。

除以上两个固有风险外，业务外包所引发的风险也不可忽视。因为 IT 行业是一个专业性非常强的行业，越来越多的企业选择把 IT 开发以及运维管理外包给其他科技公司，通过这种方式企业既可以享用最新的科学技术，又不用承担高昂的人力成本，有效解决人员规模、技术实力、资金压力等瓶颈。但是在实际操作中，很多科技公司对风险这一模块的管理比较粗放，缺乏风险评估、控制机制，而企业本身对外包业务质量的监督和约束也不够，在签订外包协议时对业务质量的约定、考核等不足，科技公司没有制定一套有效的应急预案，没有定期进行应急演练，在突然发生故障时，可能无法迅速恢复，导致大量风险。

（2）数据风险。信息化高度发展的同时，必然能伴随大量的数据资源。根据易观智库的数据预计，到 2014 年，中国第三方互联网支付交易规模预计将达到 8.8 万亿元，注册账户规模达到 15.64 亿。如此庞大的用户数量，再加上活跃的市场交易，会导致数据量急剧膨胀。如今是大数据时代，大数据具有数据体量大、数据类型多、价值密度低，处理速度快的特点，因此为企业带来机遇的同时，也带来很大的挑战。

第一，海量的数据需要足够的带宽、大量的存储设置，以及先进的数据处理技术，很容易造成企业发展的瓶颈。如何开发系统、有效运用这些数据创造价值也是困扰企业技术条线的难题。

第二，数据的保管与维护，水灾、火灾等灾害可能对存储设备造成威胁，突然的断电也可能导致存储出错，海量的数据在数据库维护、备份上也存在很多的困难。数据管理不善就可能导致数据不一致、同一数据散落多处、共享度低，最严重的是数据丢失。

第三，数据的安全问题，数据可以分为传输中的数据、静态数据、处理中的数据三类，这三类数据都面临着不同的风险。由于第三方支付的接口直接同银行关联，在支付时会保留客户姓名、身份证号、银行卡号、密码等关键信息，不法分子可能会通过系统漏洞盗取这些静态数据信息，加以利用，从而盗取客户资金。2011年12月新浪、天涯等多个知名网站都发生用户信息泄密事件，被公开的数据库约有26个，涉及账号、密码信息约2.78亿条。一旦这种大量泄密的事件发生，可能引发很严重的后果。

除此外，客户端、第三方支付平台、银行之间是通过数据流进行信息交换的，有不法分子通过窜改数据流以达到少付款的目的。处理中的数据也可能面临处理结果不准确的风险。

（3）网络安全。网络安全实质上是网络信息安全，存放在接入互联网的存储设备上的数据，容易受到恶意或者偶然的攻击，使其保密性、完整性、可用性等受到威胁。在第三方支付领域，尤其是互联网支付业务离不开电子商务，各类数据传输都必须依赖互联网，并且这些数据很多是关系到用户资金安全的数据，具有很强的隐私性，因此必须重视网络安全带来的困扰。网络安全可能从两方面影响企业的运行，一方面是企业自身，基础设施的漏洞和应用程序的漏洞都可能是企业的系统受到攻击。国家互联网应急中心2013年公开发布信息安全漏洞7854个，其中高危漏洞2607个，漏洞一旦被黑客发现并利用，可能引发很严重的后果。

另一方面是对企业用户的影响。目前困扰第三方支付的主要是网络钓鱼。2013年，互联网与金融行业深度融合，以余额宝、现金宝、理财通等为代表的互联网金融产品市场火爆，在线经济活动日趋活跃。但与此同时，钓鱼攻击呈现跨平台发展趋势，在线交易系统防护稍有不慎即可能引发连锁效应，影响金融安全和信息消费。网络钓鱼通常有三种手段，一是注册和真实网站十分相似的网站，比如用数字 1 代替原网站中的字母 1，这是最初级的手段。二是制作一个足可乱真的网页，最主要的是仿冒支付页面，整个网页同真实的几乎无差别，但是数据却传输到不法分子处。三是通过黑客程序，寻找存在安全漏洞或缺乏有效保护的计算机，并且将黑客程序植入其中，用户输入信息后能够直接被不法分子获取。不法分子获取用户的账号密码等信息后，会立即转走其在银行中的存款，给用户带来难以弥补的损失。2012 年 8 月南京程某发现银行卡上 3 万多元余额以代缴的名义通过第三方支付企业上海捷银信息技术有限公司划转到了别人的账户中。业内人士分析该事件是因为第三方支付企业的系统存在漏洞，受到不法分子的攻击，在支付代扣系统中非法绑定了代扣业务，最终导致用户的资金被非法转移。根据国家互联网应急中心的统计，2013 年钓鱼网站数量继续迅速增长，CNCERT 共监测发现针对我国银行等境内网站的钓鱼页面 30199 个，涉及 IP 地址 4240 个，分别较 2012 年增长 35.4% 和 64.6%。CNCERT 全年接收到网络钓鱼类事件举报 10578 起，处置事件 10211 起，分别较 2012 年增长 11.8% 和 55.3%，为广大网民挽回数亿元损失。境内主机约 1135 万余台感染木马或僵尸程序，信息安全面临严重威胁。

除此之外，第三方支付还面临着信用风险（包括消费者、商家、第三方支付企业、银行信用风险），外在环境风险（包括自然灾害、意外事件、政局变动造成的风险），市场因素变动风险（包括银行费率、利率等变动造成的风险），竞争机构的风险（包括银行、现有企业和替代品企业）等诸多风险，但是这些风险与其他金融行业面临的风险相似，在此不再一一进行赘述。

6.3.2　第三方支付风险防范建议

由于第三方支付具有信息化、国际化、网络化、无形化的特点，电子支付所面临的风险扩散更快、危害性更大。一旦金融机构出现风险，很容易通过网络迅速在整个金融体系中引起连锁反应，引发全局性、系统性的金融风险。因此必须采取措施，对第三方支付金融风险加强防范，促进第三方支付的健康发展。

6.3.2.1　推进立法，加强监管

第三方支付和 P2P 平台一样，存在着鱼龙混杂的问题。对于此问题，首先是从源头上提高第三方支付机构的准入门槛，借鉴国外审查和许可并行的准入机制，从注册资本金、规模、执照等方面进行严格限制。其次是加强对第三方支付平台沉淀资金的监管。严格执行央行出台的《支付办法》《实施细则》和《备付金办法》，遵循"两种银行、三种账户"的存放规则，支付机构不得擅自

挪用、占有、借用客户备付金，不得擅自以客户备付金为他人提供担保，严格按照风险准备金的计提比例提取风险准备金，以弥补客户备付金的特定损失。此外，加快相关立法进程，尽快对沉淀资金的利息归属问题、风险准备金的计提比例问题、第三方支付的外部监管问题等做出相关规定。

根据现有法规，监督管理第三方支付机构的部门主要有：中国人民银行、工商行政管理部门、信息产业管理部门及税务机关等。应将中国人民银行作为第三方支付金融风险的主要监管者，其对第三方支付机构的业务准入、交易行为、经营行为等方面实施监管，支付机构和备付金存管银行应分别按规定向中国人民银行报送备付金存管协议、备付金专用存款账户及客户备付金的存管或使用情况等信息资料。中国人民银行将依法对支付机构的客户备付金专用存款账户及相关账户等进行现场检查。中国人民银行委托商业银行代其监管，对第三方支付公司开立在银行的支付结算专户进行监管。商业银行必须认真执行托管方的指令，严格履行相关监管规定，监控专户的资金流动情况，确保资金的合法使用。这样不仅能提高监管效率，还能降低监管成本。

尽管中国人民银行已颁布了《非金融机构支付服务管理办法》《支付机构互联网支付业务风险防范指引》《支付机构互联网支付业务管理办法（征求意见稿）》和《支付清算组织管理办法（征求意见稿）》，明确了"结合国情、促进创新、市场主导、规范发展"的监管工作思路，对第三方支付的申请与许可、监督与管理、罚则等进行了规定，成为一个具有指导意义的监管框架，但由于第三方支付涉及的部门多、牵涉的情况复杂、面临的问题多，相关的法律法规尚未完全建立起来，因此，相关部门要适应第三方支付新的发展形势，加快法律法规制定步伐，尽快建立适应我国国情的第三方支付监管法律体系。同时，要加强对现有法律法规的执行力度，加大对违法违纪支付行为的惩处力度，使现有的监管措施能够真正落到实处。

6.3.2.2 开展第三方支付平台评级工作

中国人民银行应加强对第三方支付机构和作为其账户监管机构商业银行的检查力度，特别是对客户备付金的使用、内控制度、财务状况进行检查和审计，以及时发现存在的风险，及时予以处理。商业银行也要实时监控第三方支付机构资金的使用特别是客户备付金存款专用账户的资金变动情况。同时，官方权威机构对第三方支付平台进行评级，将第三方真人真事各项安全性指标如服务质量、网络安全、客户利益维护等作为评级标准，建立一个第三方支付平台评级体系，这样来自外部的压力会促进第三方支付平台不断进行技术改造，降低网络风险，提高服务质量。

6.3.2.3　将第三方支付平台纳入反洗钱监控范围

第三方支付平台中的交易其交易主体涉及面广、手续便捷，只要持有网络银行卡就能将资金通过支付平台支付给其他主体，或者用信用卡进行支付，这些都为洗钱者和套现者提供了可乘之机。将第三方支付平台纳入反洗钱监控范围可以借鉴美国经验，要求第三方支付平台在金融监管机构进行注册，提交大额和可疑支付交易报告，并完整、妥善保存交易资料。美国将对第三方支付机构的监管的重点放在交易过程，而非从事第三方支付的机构本身。美国《爱国者法案》规定，第三方支付平台作为货币服务机构，需要在美国财政部的金融犯罪执行网络注册，及时汇报可疑交易，保存所有的交易记录。对此，我国可以在法律制定中和操作过程中进行借鉴。

6.3.2.4　依靠高科技手段加强信息系统安全

第三方支付系统自身的安全性能是抵御风险的关键部分，第三方支付机构要重视系统建设。目前，第三方支付机构已经普遍采取了多重认证措施来保护账户安全，例如分别使用不同的交易密码和登录密码、安装安全插件、使用验证码以及数字证书等。在账户安全方面，第三方支付机构要向金融机构看齐，不断提升安全保障措施。现在不少第三方支付机构提供了 U 盾或和银行 U 盾绑定的方式，来保护用户账户安全。第三方支付平台要根据现实情况定期升级网上风控系统，以打击"钓鱼""盗卡"等网络犯罪除了第三支付机构自身的努力外，监管部门也应尽快出台适合第三方支付机构的信息系统安全规定，并逐步完善第三方支付机构计算机信息系统安全评估机制，对第三方支付平台进行现场检查和客观评估，保证其信息系统安全稳定运行。

6.3.2.5　过程监督

第三方支付平台在事前、事中、事后都要采取相关措施才能保证将风险降到最小。

事前审核主要是对用户身份进行验证、对商户级别进行评估。对交易双方身份的核查是为了防止网络诈骗和非法交易的发生。第三方支付平台都推行实名认证，即身份证认证，与公安部全国公民身份证号码查询服务中心合作校验身份证的真伪。还有的第三方支付公司与银行合作，进行银行卡认证，利用银行账户实名制信息来校验用户填写的姓名和银行账户号码是否准确。对商户的审核，除了非现场审核外，部分支付平台开始推行现场审核。为了避免接入一些不良商户，部分第三方支付机构参考银行经验，在确定签约意向后，派风险控制人员对商户进行实地考察，了解商户的经营背景、经营状况以及商户经营者的基本信息。综合现场了解到的信息，对商户进行一个级别的评估，根据不同风险级别的商户，提供不同的服务。

第三方支付机构还应当对交易负起监督责任。第三方支付机构可采用实施一定比例的随机抽查，对交易的合法性进行审核，及时发现问题并处理。当发现商户无法解释非常规资金流动时，公司可以冻结该账户。对于大额资金流动，第三方支付平台可以通过限额短信提醒、大额消费回呼确认等方式，再次询问用户意向。同时，第三方支付平台可以和用户、相关部门协作，开通群众举报热线并及时上报非法交易，共同维护网络安全。

对于已发生的非法交易，第三方支付平台要做好记录，保存交易过程等消息资料。建立不良信用记录黑名单，对非法使用第三方法平台的用户和商家，进行标记，并拒绝提供支付服务。第三方支付平台，还可以引入保险机制来进行事后的全额赔付，以保障用户资金不受损失。例如，对于快捷支付用户，支付宝联手中国平安财产保险免费赠送一份永久的资金保障险，如果用户使用快捷支付付款发生被盗，平安财险均将给予100％赔付，所有投保费用均由支付宝承担。

第7章　中小企业供应链金融

7.1　中小企业供应链金融概况

7.1.1　供应链金融的基本内涵

供应链金融（Supply Chain Finance，SCF），是商业银行信贷业务的一个专业领域（银行层面），也是企业尤其是中小企业的一种融资渠道（企业层面）。具体是指银行向客户（核心企业）提供融资和其他结算、理财服务，同时向这些客户的供应商提供贷款及时收达的便利，或者向其分销商提供预付款代付及存货融资服务。简单地说，就是银行将核心企业和上下游企业联系在一起提供灵活运用的金融产品和服务的一种融资模式。

一般来说，一个特定商品的供应链从原材料采购，到制成中间及最终产品，最后由销售网络把产品送到消费者手中，将供应商、制造商、分销商、零售商、直到最终用户连成一个整体。在这个供应链中，竞争力较强、规模较大的核心企业因其强势地位，往往在交货、价格、账期等贸易条件方面对上下游配套企业要求苛刻，从而给这些企业造成了巨大的压力。而上下游配套企业恰恰大多是中小企业，难以从银行融资，结果最后造成资金链十分紧张，整个供应链出现失衡。"供应链金融"最大的特点就是在供应链中寻找出一个大的核心企业，以核心企业为出发点，为供应链提供金融支持。一方面，将资金有效注入处于相对弱势的上下游配套中小企业，解决中小企业融资难和供应链失衡的问题；另一方面，将银行信用融入上下游企业的购销行为，增强其商业信用，促进中小企业与核心企业建立长期战略协同关系，提升供应链的竞争能力。在"供应链金融"的融资模式下，处在供应链上的企业一旦获得银行的支持，资金这一"脐血"注入配套企业，也就等于进入了供应链，从而可以激活整个"链条"的运转；而且借助银行信用的支持，还为中小企业赢得了更多的商机。

供应链金融本质是基于对供应链结构特点、交易细节的把握，借助核心企业的信用实力或单笔交易的自偿程度与货物流通价值，对供应链单个企业或上下游多个企业提供全面金融服务。供应链金融并非某一单一的业务或产品，它改变了过去银行等金融机构对单一企业主体的授信模式，而是围绕某"1"家核心企业，从原材料采购，到制成中间及最终产品，最后由销售网络把产品送到消费者手中这一供应链链条，将供应商、制造商、分销商、零售商直到最终用户连成一个整体，全方位地为链条上的"N"个企业提供融资服务，通过相关企业的职能分工与合作，实现整个供应链的不断增值。

供应链金融融资模式目前主要有三种，分别是应收账款融资模式，基于供应链金融的保兑仓融资模式和融通仓融资模式。应收账款融资模式是指企业为取得运营资金，以卖方与买方签订真实贸易合同产生的应收账款为基础，为卖方提供的，并以合同项下的应收账款作为第一还款来源的融资业务。基于供应链金融的保兑仓融资模式是在仓储监管方（物流企业）参与下的保兑仓业务，融资企业、核心企业（卖方）、仓储监管方、银行四方签署"保兑仓"业务合作协议书，仓储监管方提供信用担保，卖方提供回购担保，银行为融资企业开出银行承兑汇票。融通仓融资模式是指融资人以其存货为质押，并以该存货及其产生的收入作为第一还款来源的融资业务。企业在申请融通仓进行融资时，需要将合法拥有的货物交付银行认定的仓储监管方，只转移货权不转移所有权。在发货以后，银行根据物品的具体情况按一定比例（如 60%）为其融资，大大加速了资金的周转。

供应链金融和传统金融的区别主要体现在对风险的控制、授信的灵活度等方面，具体情况如下面两个图表所示。其中传统金融——孤立的关注企业和业务本身。而供应链金融供应链金融是商业银行根据产业特点，围绕供应链上核心企业，基于交易过程向核心企业和其上下游相关企业提供的综合金融服务。它以核心企业为基准创建"1＋N"或"M＋1＋N"的金融服务模式，同时它更加关注交易过程，整合物流、信息流和资金流，并根据产业特点，跨行业的提供金融服务。传统金融的融资模式和供应链金融的融资模式如图 7 - 1、图 7 - 2 所示。

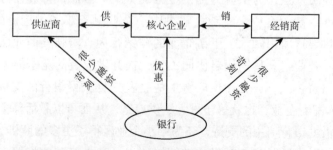

图 7 - 1　传统金融的融资模式

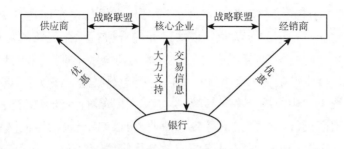

图 7-2 供应链金融的融资模式

7.1.2 供应链金融的参与主体

供应链金融的参与主体主要有金融机构、中小企业、支持型企业以及在供应链中占优势地位的核心企业。

金融机构在供应链金融中为中小企业提供融资支持，通过与支持型企业、核心企业合作，在供应链的各个环节，根据预付账款、存货、应收账款等动产进行"量体裁衣"，设计相应的供应链金融模式。金融机构提供供应链金融服务的模式，决定了供应链金融业务的融资成本和融资期限。

中小企业在生产经营中，受经营周期的影响，预付账款、存货、应收账款等流动资产占用大量的资金。而在供应链金融模式中，可以通过货权质押、应收账款转让等方式从银行取得融资，把企业资产盘活，将有限的资金用于业务扩张，从而减少资金占用，提高了资金利用效率。

支持型企业供应链金融的主要协调者，一方面为中小企业提供物流、仓储服务，另一方面为银行等金融机构提供货押监管服务，搭建银企间合作的桥梁。对于参与供应链金融的物流企业而言，供应链金融为其开辟了新的增值业务，带来新的利润增长点，为物流企业业务的规范与扩大带来更多的机遇。

核心企业：在供应链中规模较大、实力较强，能够对整个供应链的物流和资金流产生较大影响的企业。供应链作为一个有机整体，中小企业的融资"瓶颈"会给核心企业造成供应或经销渠道的不稳定。核心企业依靠自身优势地位和良好信用，通过担保、回购和承诺等方式帮助上下游中小企业进行融资，维持供应链稳定性，有利于自身发展壮大。

7.1.3 中国供应链金融发展现状

2001 年下半年，深圳发展银行在广州和佛山两家分行开始试点存活融资业务（全称为"动产及货权质押授信业务"），年底授信余额即达到 20 亿元人民币。利用特定化质押下的分次赎货模式，并配合银行承兑汇票的运用，结算和保证金存款合计超过了 20 亿元。之后，从试点到全系统推广，从自偿性贸易融资、"1＋N"供应链融资，到系统提炼供应链金融服务，该行于 2006 年在国内银行业率先推出"供应链金融"品牌，之后，中信银行、浦发银行、兴业银行、民生银行、招商银行、交通银行等各家商业银行，甚至包括四大国有银行都已涉足于此，许多银行也获得了显著的成效。从实践中来看，尽管各商业银行推出的供应链金融模式基本类似，但各行从本行的实际出发，从不同的角度来推行供应链金融，并形成了各自的品牌。

时至今日，在"互联网＋"的时代，供应链金融注入了新的元素，赋予了新的定义，衍生和变幻出多种类型的供应链金融。在中国目前金融结构以银行为主导的模式下，中小企业的贷款更难有效从银行获得，"互联网＋供应链金融"的诞生，利用行业数据和资源，更有效的向生态圈或产业的各类型公司企业放贷，并且有效控制风险。对于中小微企业来说，绝对的是一场"及时雨"。

2015 年上半年，"互联网＋供应链金融"项目获投项目近十起。阿里巴巴、京东、苏宁等在早几年就开始了供应链金融的尝试。在 P2P 领域，草根投资、银湖网、积木盒子等均通过供应链金融占领市场。同时，众多传统企业也将目光瞄准"互联网＋供应链"。其中，家电巨头海尔布局互联网金融，其供应链金融业务占 60％以上。五粮液于今年 2015 年 5 月"杀进"医药供应链金融。此外，蒙牛、梦洁家纺等纷纷开始了供应链金融的布局。

未来，供应链金融在中国经济转型中发挥的巨大金融能量，由于我国供应链金融市场规模目前已经超过 10 万亿元，预计到 2020 年可达近 20 万亿元，存量市场空间足够大，也可以诞生出许多伟大的互联网金融公司。另外，农村贷款难、贷款成本高、融资效率低一直是亟待解决的问题。农村金融，特别是在消费金融、小额信贷、农资金融服务方面还有很大的体量。希望金融借助母公司新希望集团在农村/农牧领域 30 年得天独厚的产业链资源优势，把供应链金融服务深度拓展到农村这个大市场，也将是一个巨大的投资机会。

7.2 中小企业供应链金融运营模式

互联网与供应链金融结合的优势主要表现在网络化、精准化、数据化三个方面。以在线互联、风险控制、产融结合的形式，基于大数据、云平台、移动互联网、互联网金融的供应链金融将打造一个更富有市场力的实体产业链生态环境，供应链金融要实现物流、商流、资金流、信息流的"四流合一"，互联网则是实现这一目标的最佳方式。

7.2.1　电商平台发展模式

电商平台发展模式是指电商平台通过获取买卖双方在其交易平台上的大量交易信息，并且根据客户的需求为上下游供应商和客户提供金融产品与融资服务。即电商平台凭借在商流、信息流、物流等方面的优势，扮演担保角色（资金来源主要是商业银行）或者通过自有资金帮助供应商解决资金融通问题，并从中获取收益。电商平台发展模式，如图 7 - 3 所示。

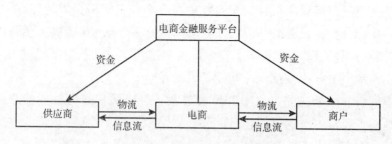

图 7 - 3　电商平台发展模式

电商平台能够方便并快速地获取整合供应链内部交易和资金流等核心信息，这是电商平台切入供应链金融领域的最大优势所在；同时，由于积累了大量的真实交易数据，电商平台可以通过不断积累和挖掘交易行为数据，分析、归纳借款者的经营与信用特征，通过云计算和大数据技术电商平台可以做到合理的风险定价和风险控制，且相关成本很低。

首先，电商平台切入供应链金融领域在资金端方面相较于商业银行处于明显的弱势地位；其次，电商平台相较商业银行来说缺乏相应的风控人才和经验的沉淀；最后，新兴的电商平台由于缺乏足够的流量，从而无法产生大量的核心交易数据，进而无法完成风险定价。但是无论如何，电商平台依然是供应链金融领域强有力的竞争者之一。

电商模式包括综合电商模式和垂直电商模式两大类。目前，国内综合电商模式的成功案例包括阿里、京东、苏宁等；垂直电商模式主要有上海钢联、生意宝等。

京东是供应链金融电商平台模式的典型代表，下面重点介绍京东供应链金融模式。

京东做供应链金融可谓有天然优势基因。京东有优质上游供应商，还有下游的个人消费者，积累了许多潜在的金融业务客户，也积累了大数据现成的资源，京东选择金融水到渠成。京东于 2012 年启动供应链金融服务。

供应链金融意味着必须有真实交易发生，在京东上游，有许多供应商存在融资需求，京东的供应链金融就是服务这些企业。消费金融则是针对个人的融资需求，这也是京东金融关注的重点。由于京东平台的市场资源非常充沛，有的业务京东自己做不了，或者说其他金融机构有优秀的产品，京东金融通过打造开放平台满足广大用户金融服务需求。

京东供应链金融是一款针对京东上下游合作商提供的快速融资的服务，供应商可凭采购、销售等数据快速获得融资，3 分钟内即可完成从申请到放款的全过程；且无须任何担保和抵押，能有效地提高企业营运资金周转。京东联手中国银行、建设银行、交通银行、工商银行、华夏银行等为供货商提供订单融资、应收账款和协同投资等金融服务，以较低的贷款利率成功获得了超过 50 亿元的授信。在前两项服务中，京东充当受托人的角色，为核心企提供资金，由银行审查商户的资金、物流情况，对其发放贷款，这样供货商可以提前拿到货款，尽可能地减少周转中出现的资金短缺问题。

目前，京东的供应链金融分为两部分，一部分是由银行作为出资方、担保公司担保，用京东平台的数据提供风险控制的面向供应商贷款的互联网金融服务；另一部分则是由京东自身作为出资方，面向供应商贷款的服务，如 2013 年 12 月京东推出的"京保贝"，平均费率为 10%，京保贝通过对京东平台上采购、销售、财务等数据进行集成和处理，从而完成自动化审批和风险控制，京保贝的资金完全是京东自有资金，放款周期也缩短到最少 3 分钟。

从 2013 年开始，京东重点为下游的消费者服务，推出了直接面向消费用的具有赊账属性的服务——"京东白条"，消费者在京东购物时，可以获得 1.5 万元的信用额度，享受"先消费、后付款"30 天免息期或者 3 ~ 12 个月分期付款，每月费率为 0.5%。在短短 1 年多的时间内，京东就创造了平均贷款额度 80 万 ~ 100 万元的佳绩。

京东金融的一切布局都将围绕两个轴心，一个是京东平台长期积累的云端数据，另一个就是承载用户账户体系的第三方支付网银在线。网银在线是京东之前收购的一家支付公司，支付是传统银行业务的组成部分，没有这两个组成部分，京东在互联网金融的布局将无法开展。

以京东为代表的供应链金融模式是以电商或行业龙头企业为主导的模式。在海量交易数据基础上，作为核心企业，或以信息提供方的身份或以担保方的方式，通过和银行等机构合作，对产业链条中的上下游进行融资的模式。在此合作模式中，京东等龙头企业起到对信息进行确认审核、担保或提供信息的作用，并没有实质上对用户提供资金的融通，这一职责仍旧由银行或别的资金供给方担任。之所以将这一模式确定为电商或行业龙头企业主导的模式，在于其能够为银行提供流量、数据或信息，而由于银行竞争的同质性，在这一模式中，银行成为"附庸"。

从银行的角度看，互联网手段正在驱动银行做出改变。银行希望放款更便捷，同时缩短放款时间，这也是银行积极搭建供应链金融网络的原因，不过涉及融资，就一定要用到信用评价体系，银行需借助京东来了解上游供应商的情况。京东供应链金融的运营模式究竟是怎样呢？总体来说，京东向其供应商提供应收账款融资、订单融资、供应商委托贷款融资、营收账款资产包计划等服务，解决供应商传统担保不足情况下的融资需求。供应商无须在银行拥有授信额度即可获得融资，降低融资门槛；利用委托贷款，可加速资金周转，提高资金使用率，增加业务利润。贷款来源为 15 家银行提供的 100 亿元授信额度，京东提供交易数据，进行贷款申请的审核，向银行提交申请。贷款利率在基准利率基础上上浮 10%～30%，贷款额度在几百万元左右，大的供应商会达到上千万元，小的在 20 多万元至 30 多万元，已累计放款几十亿元。

京东的供应链金融是京东对供应商、银行的深度绑定，从供应商的角度来看，主要是由于金融借贷需要信用凭证，其往往和支付、物流等供应链环节紧密对接，通过供应商在支付、物流上的数据和凭证进行抵押担保。这也意味着，供应商一旦要申请金融贷款服务，需要在物流、支付上与京东深度对接，对于京东来说，打造供应链金融生态系统是京东金融持续发展的关键。

7.2.2　P2P 网贷平台发展模式

作为互联网金融重要分支的 P2P 网贷行业累计总成交量历史性地突破 10000 亿元大关，P2P 网贷行业目前已正式迈入"万亿时代"。然而，我们看到大体量的行业发展规模的背后，随着同质化竞争的激烈、P2P 行业综合利率的持续下滑、问题平台频现等；同时，随着外部商业银行等传统金融机构的加速互联网化以及诸如阿里巴巴、腾讯、京东等电商巨头的积极介入，留给 P2P 网贷平台的蛋糕已越来越小，对于 P2P 平台来说，转型已迫在眉睫。

P2P 网贷行业的转型发展最重要的不是在资金端而是在于风控端或者资产端，因为优质的资产直接决定了平台的低坏账和低逾期，可以说资产端创新是 P2P 网贷平台转型的核心驱动。而供应链金融由于依托产业链上的核心企业，在贸易真实的前提下，将单个企业不可控的违约风险转化为供应链整体可控的风险，从而从资产端和风控端这两个角度实现了对 P2P 平台运营风险的有效控制。

面对已成为"红海"的网贷市场，供应链金融正因为其安全系数高，未来发展空间巨大等特点，被越来越多的平台所尝试。"P2P + 供应链金融"是 P2P 网贷行业转型发展的突破口之一。

目前，P2P 平台开展供应链金融主要有以下几种模式。

（1）围绕一个或者几个核心企业做链条上下游中小企业的短期应收账款模式。

具体流程为 P2P 首先选择在某条供应链上拥有较大控制权的核心企业，由于核心企业与其上游供应商之间存在真实的赊销债务，且核心企业基本不存在无法偿还该债务的风险。则以签订真实贸易合同项下的应收账款作为第一还款来源，由 P2P 平台撮合投资人与供应商达成借贷关系。在这过程中，核心企业往往还被要求承担对供应商的信息核实、风险监督的责任，以及对 P2P 投资人本息保障等兜底责任，如图 7-4 所示。

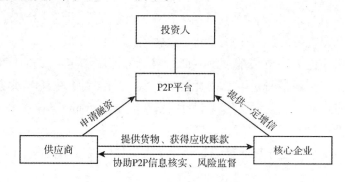

图 7-4　短期应收账款模式

（2）与保理公司进行合作，相当于一种债权转让模式，如图 7-5 所示。

具体流程为上游供应商在获得对核心企业的应收账款后，将债权转让给商业保理公司，由保理公司向其提供融资服务；保理公司获得这笔资产后，再通过 P2P 平台将债权打包成投资标的让线上投资人进行投资。等应收账款到期回收，保理公司收回本息后再支付给 P2P 投资人。同样的，这一过程中，保理公司通常会被要求承担资产回购或购买保险等方式对投资者进行本息保障。

此种模式相当于一种债权转让。P2P 平台与保理公司达成战略合作，由保理公司选取核心企业，P2P 平台只需对保理公司进行筛选和授信，用以控制该合作方的风险；同时对保理公司推荐过来的债权进行二次复核，用以控制具体项目的风险，其实就类似 P2P 与小贷公司的合作模式。

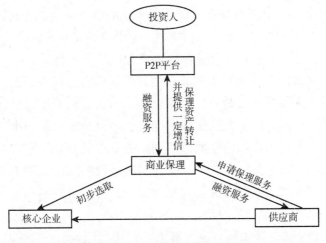

图 7 – 5　债权转让模式

（3）由物流企业作为核心企业模式，如图 7 – 6 所示。

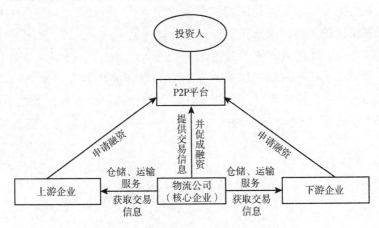

图 7 – 6　物流企业作为核心企业的模式

P2P 平台首先与供应链上的核心企业即物流公司达成战略合作关系。在这种供应链关系中，上下游企业之间交易的达成，通常要借助物流企业提供相关服务才能实现，包括租用仓储场地或者货物运输服务。物流企业通过提供物流服务能有效掌握上游供应商和下游经销商之间的第一手交易信息，然后将该真实的贸易信息给到 P2P 平台，经平台审核通过后，从而为供应链上下游企业提供各类型的信用贷款。当然在这一过程中，物流企业需要协助对货物进行评估与库存监管，同时为 P2P 平台投资人提供一定的增信措施。

无论上述哪种模式，对于 P2P 平台而言，都需要先找到一个或数个在供应链上拥有较大控制力的核心企业，并由其通过供应链提供资产资源，平台负责撮合线上投资人与之达成交易，从而完成一笔 P2P 供应链金融。

P2P 网贷平台切入供应链金融领域主要有以下几个优势：一是 P2P 网贷平台处理和整合信息能力以及审批效率、创新速度都远超商业银行，且企业融资门槛相较银行要低得多；二是相比于商业银行，P2P 网贷平台优势在于贴合市场、机动灵活，且资金来源风险偏好多元化，可以满足产业链中的中小企业的个性化需求；三是由于供应链金融涉及的标的如应收账款、存货和预付账款等都属于短期资产，周转率较高，P2P 平台把相应债权标的可以打包设计成短期产品，符合目前 P2P 线上投资人的短期投资偏好，且收益率相比银行理财产品要高出很多。

P2P 网贷平台发展模式同时也具有以下几个局限性：一是 P2P 网贷平台目前的资金规模相对较小，尚处于野蛮成长阶段，问题平台频出，风险比较大；二是随着 P2P 网贷行业监管细则的出台并落实，宝象金融研究院认为未来 P2P 平台的发展势必要经过新一轮洗牌；三是 P2P 网贷平台的风控能力和手段相对商业银行来说比较孱弱，这从问题平台频现就可见一斑，另外，P2P 平台缺乏专业的供应链金融方面的人才资源储备。

我们看到，一些国内领先的 P2P 平台在自身丰富的行业经验累积和专业的风控能力的基础上，纷纷深度介入能源、农业、旅游、珠宝等产业供应链领域。目前，国内成功切入供应链金融的 P2P 平台主要有宝象金融、银湖网、农发贷等。

7.3 中小企业供应链金融风险分析

2015 年以来，供应链金融发展火爆，在互联网金融行业整体融资趋冷的背景下，供应链金融平台仍在不断得到风险资本的青睐。其实，这是供应链金融因其风控严谨而多层次，因此是最后一片优质资产集中供应的领域，在经济下行期，互联网金融平台都在开展资产端的激烈争夺，供应链金融无疑将会受到大家的最大关注。但是做好供应链金融除了有一定资源背景外，还必须设计好交易结构，并同时深入而严谨的把握其风控关键点。

7.3.1 供应链金融风险表现

传统的信贷业务主要考核企业资质、业绩、财务特征和担保方式等，从单一主体经营、财务、市场等角度对企业综合实力、还款能力进行的信用评价。

但在供应链背景下，链上企业的风险已发生根本变化，其不仅受自身风险因素的影响，同时还受供应链因素的影响。一方面，供应链上核心企业较高的信用水平和增级效用以及真实贸易项下产生的自偿性还款现金来源，降低了上下游交易方的信用风险；另一方面，供应链上各环节主体之间环环相扣，相互传递的风险因素，又使各企业所面临的环境更加的复杂多变，不仅包括主体自身的信用风险，同时还涉及企业所处供应链的整体运营风险、交易对手风险、贸易背景真实性风险、交易资产风险、操作环节风险等。

7.3.1.1　核心企业信用风险和道德风险

在供应链金融中，核心企业掌握了供应链的核心价值，担当了整合供应链物流、信息流和资金流的关键角色，商业银行正是基于核心企业的综合实力、信用增级及其对供应链的整体管理程度，而对上下游中小企业开展授信业务，因此，核心企业经营状况和发展前景决定了上下游企业的生存状况和交易质量。一旦核心企业信用出现问题，必然会随着供应链条扩散到上下游企业，影响到供应链金融的整体安全。

一方面，核心企业能否承担起对整个供应链金融的担保作用是一个问题，核心企业可能因信用捆绑累积的或有负债超过其承受极限使供应链合作伙伴之间出现整体兑付危机；另一方面，当核心企业在行业中的地位发生重大不利变化时，核心企业可能变相隐瞒交易各方的经营信息，甚至出现有计划的串谋融资，利用其强势地位要求并组织上下游合作方向商业银行取得融资授信，再用于体外循环，致使银行面临巨大的恶意信贷风险。

7.3.1.2　上下游企业信用风险

虽然供应链金融通过引用多重信用支持技术降低了银企之间的信息不对称和信贷风险，通过设计机理弱化了上下游中小企业自身的信用风险，但作为直接承贷主体的中小企业，其公司治理结构不健全、制度不完善、技术力量薄弱、资产规模小、人员更替频繁、生产经营不稳定、抗风险能力差等问题仍然存在，特别是中小企业经营行为不规范、经营透明度差、财务报表缺乏可信度、守信约束力不强等现实问题仍然难以解决。

与此同时，在供应链背景下，中小企业的信用风险已发生根本改变，其不仅受自身风险因素的影响，而且还受供应链整体运营绩效、上下游企业合作状况、业务交易情况等各种因素的综合影响，任何一种因素都有可能导致企业出现信用风险。

7.3.1.3　贸易背景真实性风险

自偿性是供应链金融最显著的特点，而自偿的根本依据就是贸易背后真实的交易。在供应链融资中，商业银行是以实体经济中供应链上交易方的真实交易关系为基础，利用交易过程中产生的应收账款、预付账款、存货作为抵押、质押，为供应链上下游企业提供融资服务。

在融资过程中，真实交易背后的存货、应收账款、核心企业补足担保等是授信融资实现自偿的根本保证。一旦交易背景的真实性不存在，出现伪造贸易合同或融资对应的应收账款的存在性与合法性出现问题或质押物权属与质量有瑕疵或买卖双方虚构交易恶意套取银行资金等情况出现，银行在没有真实贸易背景的情况下盲目给予借款者授信，就将面临巨大的风险。

7.3.1.4　业务操作风险

操作风险是当前业界普遍认同的供应链金融业务中最需要防范的风险之一。供应链金融通过自偿性的交易结构设计以及对物流、信息流和资金流的有效控制，通过专业化的操作环节流程安排以及独立的第三方监管引入等方式，构筑了独立于企业信用风险的第一还款来源。

但这无疑对操作环节的严密性和规范性提出了很高的要求，并造成了信用风险向操作风险的位移，因为操作制度的完善性、操作环节的严密性和操作要求的执行力度将直接关系到第一还款来源的效力，进而决定信用风险能否被有效屏蔽。

7.3.1.5　物流监管方风险

在供应链金融模式下，为发挥监管方在物流方面的规模优势和专业优势，降低质押贷款成本，银行将质物监管外包给物流企业，由其代为实施对货权的监督。但此项业务外包后，银行可能会减少对质押物所有权信息、质量信息、交易信息动态了解的激励，并由此引入了物流监管方的风险。

由于信息不对称，物流监管方会出于自身利益追逐而做出损害银行利益的行为，或者由于自身经营不当、不尽责等致使银行质物损失。如个别企业串通物流仓储公司有关人员出具无实物的仓单或入库凭证向银行骗贷，或者伪造出入库登记单，在未经银行同意情况下，擅自提取处置质物，或者无法严格按照操作规则要求尽职履行监管职责导致货物质量不符或货值缺失。

7.3.1.6　抵质押资产风险

抵质押资产作为供应链金融业务中对应贷款的第一还款源，其资产状况直接影响到银行信贷回收的成本和企业的偿还意愿。一方面抵质押资产是受信人如出现违约时银行弥补损失的重要保证；另一方面抵质押资产的价值也影响着受信人的还款意愿，当抵质押资产的价值低于其信贷敞口时，受信人的违约动机将增大。

供应链金融模式下的抵质押资产主要分为两类：应收账款类和存货融资类。应收账款类的风险主要在于应收账款交易对手信用状况、应收账款的账龄、应收账款退款的可能性等。存货类融资的主要风险在于质物是否缺失、质物价格是否波动较大、质物质量是否容易变异以及质物是否易于变现等。

7.3.2 供应链金融风险防范与化解的具体措施

7.3.2.1 银行方面

（1）严格确定供应链核心区也的准入条件。供应链金融各种业务模式直接或者间接都涉及核心企业的信用水平，核心企业在对上下游企业融资起着担保作用的同时，其经营风险也对供应链上其他企业具有直接的传递性，直接决定着供应链业务整体的荣损，对其准入管理尤为重要。银行应设定核心企业的选择标准：一是考虑核心企业的经营实力。如股权结构、主营业务、投资收益、税收政策、已有授信或有负债、信用记录、行业地位、市场份额、发展前景等因素，按照往年采购成本或销售收入的一定比例，对核心企业设定供应链金融授信限额。二是考察核心企业对上下游客户的管理能力。如核心企业对供应商、经销商是否有准入和退出管理；对供应商、经销商是否提供排他性优惠政策，比如订单保障、销售返点、价差补偿、营销支持等；对供应商、经销商是否有激励和约束机制。三是考察核心企业对银行的协助能力。即核心企业能否借助其客户关系管理能力，协助银行加大供应链金融的违约成本。

（2）选择基础条件较好的企业链群。对供应链成员企业要不断优选，重点在钢铁、汽车、石化、电力、电信等产业链比较完备、行业秩序良好、与银行合作程度较高的若干行业进行优选：要通过调阅财务报表、查看过去的交易记录和电话调查等多种手段，帮助核心企业制度性地评估供应链成员企业。要引导核心企业在选择成员企业的过程中，将信用度的评价作为一项重要标准。对各加盟企业进行严格筛选，对潜在的不良成员要及时予以淘汰，保证企业供应链及供应链金融的和谐发展。

（3）建立明确而又细致的操作规范。在贷前调查阶段。考虑到信息要求比一般企业授信更复杂。银行应建立专业的调查、审查模板和相关指引，调查人员应该按模板要求的框架进行信息搜集。有效降低调查人员主观能力对调查结果有效性的影响。在授信业务落地环节，应细化与授信主体及其下游企业之间合同协议签订，印章核实，票据、文书的传递等事项的操作职责、操作要点和规范要求。在出账和贷后管理环节，应明确资金支付、质物监控、货款回笼等事项的操作流程、关注的风险点和操作的步骤要求，使得操作人员有章可循，严格控制自由裁量权。要针对业务管理需要，明确权责。建立起专业的管理部门、设置专业的管理岗位、明确流程环节中各岗位的职责分工，并细化到岗、到人，实现由专人专岗负责业务推动、业务管理、价格管理、合同签署、核保、资金支付和回笼监管等相关工作，使得各岗位之间能够做到既相互衔接配合又相互监督检查，真正实现通过流程化管理落实对供应链金融业务的封闭操作和全程监控，实现供应链金融业务的专业化运作和集约化运营。

（4）慎重选择抵质押物权。抵质押资产作为银行授信的物质保证，其变现能力是授信安全的重要指标。为确保抵质押资产的可变现能力，银行必须与专业资产评估机构及物流企业进行合作，对用于抵质押的资产进行客观评估，针对不同资产的特点进行慎重选择。

在选择用于抵质押存货的过程中，应当要求存货量足质优、易于贮存、流动性强、货权清晰；在选择应收账款时，需关注应收账款所依附的基础合同应当真实有效，应收账款应当处于债权的有效期内且便于背书转让等；在选择预付款时，应当注意上游企业货源的充足性、违约赔偿能力及在违约情况下企业的回购意愿与回购能力等。

（5）加强供应链金融管理的信息化建设。为了保证供应链金融中物流、资金流与信息流的协调，保证各种信息流活动的无缝隙融合，应加大信息管理硬件投入以及相关专业人员的培训，借助互联网技术和软件，如 ERP 系统平台、EDF 等信息处理技术，建立物资与资金数据高度共享，并借助信息技术平台，将供应链的上下游企业组织起来，加强各企业间的信息交流，降低信息传递风险。

7.3.2.2 企业方面

供应链金融中的企业可以充分利用大数据时代互联网技术的智能化、移动互联等特质，构建移动物联网，促进更多传统的现货销售业务上线，开拓新的上下游供应链，创造新的物流业务。现代大数据环境中的企业要坚持整合这一核心观念，通过技术、管理、制度等方面创新，整合上下游供应链参加者的运作动态和资金状况，方能自如掌控自身发展步骤，应对供应链金融风险。

（1）企业应该加强大数据技术的应用范围，在该技术的支持下，建立一套健全的信用机制，并加强与客户、银行建立长期的合作伙伴关系。因为，在传统的物流金融中，信息不对称的问题比较突出，往往使银行的贷款极易转变为不良贷款，并导致金融服务效率低下。然而，在大数据下的物流金融服务中，可以有效地避免信息不对称的问题，有助于企业充分了解客户的需求，从而有利于提高效率，防范金融风险。

（2）企业通过借助大数据技术手段，还可以加强对客户的信用管理能力。在物流金融中，通过引入大数据技术，并借鉴银行信用评估和风险控制的方法，可以很好地对客户的资信进行资料收集、档案管理、调查管理、信用分级，从而达到信用风险防范、信用额度稽核以及财务管理等目的，有助于企业对客户进行全方位的信用管理，以及对融资项目进行风险评估。

（3）企业要不断优化大数据技术在物流金融中的功能作用，以此提高金融管理水平。当物流企业从传统的仓储物流服务向现代的物流金融服务延伸和拓展时，信息化管理就成了物流企业开展物流金融服务的必要条件和基本保障。然而，仓储信息化的过程也是不断改善优化管理和业务的过程，这就要求物流企业必须加强大数据技术的应用，通过运用信息化手段，对物流过程、客户运营状况，以及库存商品市场价值做出充分的了解和监控，从而才能有效地防范物流金融风险。

7.3.3　关于在线风险防控

在线供应链金融是商业银行和各种金融机构、物流企业为了防范原来供应链金融服务中的风险而推出的一项新业务，其目的是通过线下线上结合，从资金和物流上都形成闭环，相互制约相互控制，从而避免原来相互推诿职责不明以至于监管失控的局面。

例如，中国最大的综合性物流供应商中国外运长航集团的在线供应链金融服务，就是指中国外运长航集团针对某一类大宗商品（如有色金属、粮食、橡胶等），开发由生产企业、银行、物流企业、商贸企业共同参与的供应链融资信息系统平台，制定供应链融资规则、流程和标准，在供应链内部形成完整闭环融资服务体系。

闭环融资服务体系是指参与融资的生产企业、物流企业、商贸企业，必须将合同（包括订单）、资金结算、货物进出仓库的信息提供给供应链融资服务平台，做到信息及时、准确、透明。平台对每笔贷款、购销合同、资金结算、货物相关信息进行核对，发现问题及时纠正，或采取终止贷款、冻结账户、处置货物等措施。

第8章　信息化金融机构

8.1　信息化金融机构概况

8.1.1　信息化金融机构基本内涵

信息化金融机构，是指在互联网金融时代，通过广泛运用以互联网为代表的信息技术，对传统运营流程、服务产品进行改造或重构，实现经营、管理全面信息化的银行、证券和保险等金融机构。

信息化金融机构从另外一个非常直观的角度来理解，就是通过金融机构的信息化，让我们汇款不用跑银行、炒股不用去营业厅、电话或上网可以买保险，虽然这是大家现在已经习以为常的生活，但这些都是金融机构建立在互联网技术发展基础上，并进行信息化改造之后带来的便利。未来，传统的金融机构在互联网金融时代，更多的是，如何更快、更好地充分利用互联网等信息化技术，并依托自身资金实力雄厚、品牌信任度高、人才聚焦、风控体系完善等优势，作为互联网金融模式的一类来应对非传统金融机构带来的冲击，尤其是思维上、速度上的冲击。

金融信息化是金融业发展趋势之一，而信息化金融机构则是金融创新的产物。从金融整个行业来看，银行的信息化建设一直处于业内领先水平，不仅具有国际领先的金融信息技术平台，建成了由自助银行、电话银行、手机银行和网上银行构成的电子银行立体服务体系，而且以信息化的大手笔——数据集中工程在业内独领风骚。

目前，一些银行都在自建电商平台，从银行的角度来说，电商的核心价值在于增加用户黏性，积累真实可信的用户数据，从而银行可以依靠自身数据去发掘用户的需求。从经营模式上来说，传统的银行贷款是流程化、固定化，银行从节约成本和风险控制的角度更倾向于针对大型机构进行服务，通过信息技术，可以缓解甚至解决信息不对称的问题，为银行和中小企业直接的合作搭建了平台，增强了金融机构为实体经济服务的职能。但更为重要的是，银行通过建设电商平台，积极打通银行内各部门数据孤岛，形成一个"网银＋金融超市＋电商"的三位一体的互联网平台，以应对互联网金融的浪潮及挑战。

互联网金融时代，信息化金融机构的运营模式相对于传统金融机构运营模式发生了很大的变化，目前信息化金融机构主要运营模式可分为以下三类：传统金融业务电子化模式、基于互联网的创新金融服务模式、金融电商模式。传统金融业务电子化模式主要包括网上银行、手机银行、移动支付和网络证券等形式；基于互联网的创新金融服务模式包括直销银行、智能银行等形式及银行、券商、保险等创新型服务产品；金融电商模式就是以建行"善融商务"电子商务金融服务平台、众安在线、泰康人寿保险电商平台为代表的各类传统金融机构的电商平台。

8.1.2　信息化金融机构的特点

金融信息化是金融业发展趋势之一，而信息化金融机构则是金融创新的产物。目前金融行业正处于一个由金融机构信息化向信息化金融机构转变的阶段。总的来说，相比较于传统金融机构，信息化金融机构有如下几个特点。

（1）金融服务更加高效便捷。传统金融机构通过信息技术投入，硬件设施升级等基础性信息化建设，实现了工作效率的极大提升。信息化金融机构通过以互联网技术为基础的更高层次的信息化建设，对传统运营流程、服务产品进行改造或重构，更是在金融服务方面同样取得了质的提升。更加高效便捷的金融服务，成了信息化金融机构的一个显著特点。

（2）资源整合能力更为强大。现代金融机构的业务构成复杂，信息化的建设使得金融机构能够实现业务的整合。同时，通过完整的 IT 建设，可以使得金融机构按照一个统一的 IT 架构将机构内部各管理系统全部整合到一个系统管理平台，实现各系统的互联互通。通过信息化建设集成的统一内部管理系统，使得金融机构可以运作的空间更为广阔。

（3）金融创新产品更加丰富。金融机构的信息化建设极大地提高了金融的创新能力，各金融行业不断推出新型的金融产品。金融行业线上线下业务的创新组合，也给人们的生活带来了便利，同时拓展了金融机构自身的服务空间。

8.1.3　信息化金融机构发展历程

经过 20 多年的发展，中国金融机构信息化建设从无到有、从小到大、从单项业务到综合业务，取得了令人瞩目的成绩。我国金融信息化的发展，已从根本上改变了传统金融业务处理模式，建立在计算机和通信网络基础上的电子资金清算系统、柜台业务服务系统和金融管理信息系统表明一个多功能的、开放的金融电子化体系已初步形成。

纵观我国银行信息化发展历程，从最初电子设备在银行业的使用和普及，到银行网络化的建设和应用，银行信息系统建设已经走过了20多年的历程，大体经历了三个阶段：第一个阶段是20世纪70年代末到80年代末以电子银行业务为主的阶段，银行开始采用信息技术代替手工操作，实现银行后台业务和前台兑换业务处理的自动化；第二阶段是20世纪80年代末到90年代末以连接业务为代表的银行全面电子化建设阶段，我国银行业在全国范围内建起了一批基于计算机网络的应用系统，实现了处理过程的全过程的电子化；第三个阶段是从20世纪90年代末一直持续到今天的以业务系统整合、数据集中为主要特征的金融信息化新阶段。随着计算机信息化建设的不断发展，金融机构信息科技工作由原来的全面管理、维护和系统研发为主，逐渐转变成以贯彻落实总行及管理机构标准规范为主导，以保障本地区网络安全稳定运行为重点的工作机制。

我国保险业信息化发展历程也大体经历了三个阶段：20世纪80年代到90年代初是起步阶段，国内一些大型保险公司初步实现了办公系统信息化；20世纪90年代中后期，随着网络技术的发展，我国保险公司加快网络的应用，基本实现保单电子化、保险业务流程信息化和网络化，所有大型保险公司开始对业务进行系统整合；2000年以后，保险业信息化程度有了新的飞跃，这一阶段的保险业积极开展电子化建设，信息化主要成就有不断开发保险新产品，精算的效率与保险计费的科学性不断提升。

我国证券行业信息化起步较早，发展较快。证券业最早应用信息技术的是证券交易所。1990年，上海证券交易所通过计算机进行了第一笔交易。1992年，深圳证券交易所复合系统正式启用。十几年来中国证券市场的快速发展，目前证券交易所的信息化的主要成就包含四个方面，分别是交易系统的信息化、信息平台系统、通信系统和监管系统。证券公司作为证券业的主体，也是证券信息化的主体。目前国内的所有证券公司都建立了网上交易系统，通过互联网实现了全公司互联和集中交易。在管理、决策和风险控制方面，也基本实现了信息化，包括稽核系统、财务系统和统计分析系统等。

在信托行业，无论是国家推动互联网金融发展的明确思路还是信托行业自身转型的客观需要，以信息技术的创新引领信托公司转型都是必然的出路。一直以来，信托行业的"小众"与互联网的"大众"是天然的矛盾点，高端理财和"丝金融"之间的衔接点仍处于探索阶段，所以信托公司对于互联网的介入也仅仅是跟进，形成"你有我有大家有"的格局，现在仍处在解决"从无到有"

的阶段。创新意味着差异，有差异，竞争的格局才会拉开。

2013 年以来，金融行业信息化进入了创新机遇期。经过了之前十余年的数据和业务的大集中建设，包括银行、保险、证券等在内的金融行业信息化正在走向一个全新的阶段。基于云计算、大数据、移动与智能设备以及社交网络等第三类平台的金融服务，正在成为新的金融业务创新及增值点。

8.1.4　信息化金融机构未来趋势

（1）服务机构虚拟化。金融服务机构的虚拟化目前在国内的发展已初见成效，越来越多的用户通过线上的网上银行，手机银行加上线下的 ATM 等设施进行日常金融业务。对于金融机构本身来说，服务机构虚拟化的发展，也是在人力成本不断上涨，行业竞争日益激烈的环境下的明智选择。对于一般的金融机构来说，虚拟化能够在简化工作场所，优化日常任务的同时，使金融机构能够将更多的时间用于满足客户的需求，从而提高自身的竞争力。对于中小金融机构来说，可以通过虚拟化来进行业务扩张。由于虚拟化建设的标准化程度更高，其成本远低于建立实体网点，中小金融机构在无力广泛建设实体网点的情况下，可以选择建设虚拟化机构来实现扩张。从风险控制角度来讲，内部操作人员的操作失误是金融机构的风险来源之一，虚拟化的建设使得很多需要人工操作的业务改为由精度更高的计算机系统执行，其犯错概率也会相对减小，从而减少操作风险。

（2）服务对象平民化。随着我国金融业市场化程度不断加深，金融业所面临的竞争也日益激烈。互联网时代新兴互联网金融企业的进入，更使传统金融机构感受到威胁。同时，互联网时代金融机构的信息化建设，使得金融机构推出小额理财产品的成本大幅下降，使小额理财成为可能。随着我国社会经济的不断发展，无论收入水平如何，普通居民的投资理财意识将更为强烈，银行存款的低利率已经很难引起他们的兴趣，寻求收益更高的投资方式也成为他们迫切的需求。可以说现实的激烈竞争和居民的金融需求要求金融机构服务对象平民化，而互联网技术又使得这一趋势成为现实，未来的信息化金融机构的服务将会向着更加平民化的趋势发展。

（3）金融机构平台化。我国商界流行这么一句话，一流企业做标准，二流企业做品牌，三流企业做产品。最近几年的商业经验表明，最顶尖的企业是做平台，平台经济实质是全球化、信息化、网络化三大趋势的集大成者。未来是平台制胜时代，对于金融机构而言，谁建立了平台，谁就能在竞争中居于有利位置，从而具有聚集各种资源的能力，在竞争中掌握主动权。从风险控制角度来看，通过平台占有的社会资源越多，抗风险的能力就越强。平台通过不断增加参与者规模并且逐渐改进、完善平台商业模式来为参与者带来更多价值，最终完成平台自身的增值。

（4）金融服务个性化。互联网通过开放、分享、个性化和分布式协作改造着传统金融，互联网时代的信息化金融机构的运营模式使得金融服务的成本更低，操作更便捷，同时服务的透明度更高，个性化更强，用户体验更好。对于信息化金融机构而言，未来的竞争更多体现在服务质量的比拼上，是否有能力针对客户的不同需求推出个性化、定制化的产品是每个金融机构必须面对的考验。

金融服务的个性化主要体现在渠道多元化以及丰富的客户体验上。对于金融机构来说，需要通过对客户细分及针对不同市场、不同时期的数据分析，差异化地满足不同的客户需求：一方面多元化的渠道可以为客户提供更多个性化的服务；另一方面在每一个互动的过程中，数据支持可加深对客户的了解，从而提升不同客户群体的服务体验。手机银行的推出，是金融服务个性化的一个典型例子。手机银行提供给用户自主选择的服务种类多样，不仅包括生活缴费等服务，还可以设定每日转账额度，选择保存转账账户，提供各种投资理财方式等，都体现出十足的个性化服务，极大地丰富了用户的服务体验。

8.1.5 信息化金融机构对未来金融业的影响

8.1.5.1 信息化成为企业核心竞争力，上升到战略层面

对于传统金融机构来说，其核心竞争力在于机构本身的规模优势，包括机构的实体网点数目，资金实力，人才优势等因素。进入互联网时代，规模优势固然是金融机构竞争力的重要体现，然而，金融机构的核心竞争力已逐渐转移到其信息化程度上。未来的信息化金融机构比拼得更多是建立在信息化技术层面上的金融产品创新和业务创新，以及金融服务体验的完善。信息化对于金融机构来说，意味着更加灵敏的市场反应，更大程度的利用信息价值。同时信息化建设能够化解企业内部信息不对称问题，充分挖掘客户信息，并通过建立互联网平台的方式建立金融生态圈，其对于金融机构的提升是全面性的，也决定了未来的金融机构的核心竞争力所在。

8.1.5.2 金融服务竞争战场转移

互联网时代的平台模式改变了盈利的着眼点，信息化金融机构由传统的产品服务提供者转变为从产业需求与供给之间的连接者。在互联网平台模式下，仅仅提供产品和服务已不再是能金融机构对盈利能力的要求。越来越多的企业

已着手变换其商业模式，从产品销售角色转而将自身打造成某种媒介的角色。

对于信息化金融机构来说，需要将互联网平台开放、协作、分享的精神融入金融机构的业务创新中，这种平台精神活化在商业活动中，能够为企业带来更多创新性的机遇和更为广阔的市场。

8.1.5.3　中小金融机构上升的机会

在讲究规模优势的金融行业，与大型机构相比，中小金融机构缺乏资金和人才。但这不代表他们没有机会，开拓大型金融机构还尚未涉足的市场空白，联合拥有海量用户的互联网企业开拓新的投资渠道，推出个性化创新金融产品来满足不同客户的需求，中小金融机构就很有机会突出重围。在互联网时代，规模的竞争优势不会再像传统模式时代一样起到决定性的作用，对于金融机构来说，借助于互联网传播速度与广度带来的优势往往成效更加显著，而且经常是先进入者取得绝对优势。

相对于大型金融机构，中小金融机构拥有创新成本优势，大型金融机构因其庞大的规模，烦琐的流程使其金融创新往往需要考虑更多复杂的因素，经历更漫长的时间，而中小金融机构更加灵活、简化。

8.1.5.4　混业经营趋势明显

金融业混业经营，是指银行、证券公司、保险公司、信托公司等金融机构在业务上相互融合、渗透与交叉，它突破了分业经营业务模式的局限，借助金融创新手段不断丰富金融产品内涵，极大地提高了金融市场资金运用效率，为客户提供一站式金融服务奠定了基础。

对于信息化金融机构来说，通过混业经营，更好地实现包括客户资源、硬件资源和人力资源的共享及整合，同时可以精减人员，削减物理网点，降低经营成本，提高经营效率来增强竞争力。同时，混业经营往往也意味着更为强大的资源优势和规模优势，从而带来更强的竞争优势。混业经营将使得金融机构的业务类型更为广泛，收入来源增多，市场份额扩大。随着经营业务领域的扩展，经营也能得以分散。以往单一业务经营模式，一旦受经济波动或其他因素影响，很难分散风险，多元化的业务经营则给了金融机构更多应对的机会。

8.2　信息化金融机构运营模式

信息化金融机构主要运营模式分为以下三类：传统金融业务电子化模式、基于互联网的创新金融服务模式、金融电商模式。

8.2.1 传统业务的电子化模式

传统业务的电子化实质也是金融电子化的过程，是指金融企业采用现代通信技术、网络技术和计算机技术，提高传统金融服务行业的工作效率，降低经营成本，实现金融业务处理的自动化、业务管理的信息化以及决策的科学化，为客户提供快捷、方便的服务，达到提升市场竞争力的目的。它是一种基于传统的、封闭的金融专用计算机网络系统，其本质是行业内部管理的自动化与信息化。

以银行为例，目前传统业务的电子化模式按业务形态分类，可分为网上银行、手机银行、电话银行、家居银行等。除银行外的其他行业主要是依托信息技术，实现业务的网络化，包括网上证券服务，网络保险等形式。传统业务的电子化使得金融机构处于一个对金融信息进行采集、传送、处理、显示与记录、管理和监督的综合性应用网络系统之中。具体而言，这种系统包括四个层面，一是金融自动化服务系统，二是金融管理信息系统，三是金融电子支付系统，四是金融决策支持系统。通过一个完整的系统，对金融机构的运行提供全方位的支持。传统业务的电子化，从根本上改变了金融机构原有的业务处理和管理体制，大大加快了资金的周转速度。同时，金融业也发展为一个全开放的、全天候的和多功能的现代化金融体系。这种体系提高了金融业的效率，降低了经营成本，也使金融机构的收入结构发生了根本性的变化。

8.2.2 基于互联网的创新金融服务模式

8.2.2.1 直销银行为代表的银行业金融服务模式

以互联网技术为支撑的金融创新的遍布金融行业，基于互联网的新金融服务模式在不同的金融行业有着不同的代表模式。银行业作为我国金融系统的重要组成部分，其信息化水平一直处于领先地位。目前基于互联网的新进入服务模式也率先在银行业展开，比较有代表性的是直销银行模式。目前，直销银行在国外的发展已经比较成熟，国内的直销银行正处于试点阶段，最先涉足此模式的是民生银行和北京银行。

所谓直销银行，是指业务拓展不以柜台为基础，打破时间、地域、网点等限制，主要通过电子渠道提供金融产品和服务的银行经营模式和客户开发模式。此种模式能够为客户提供简单、透明、优惠的产品，具有显著的市场竞争力和广泛的客户吸引力。直销银行是几乎不设立实体业务网点的银行，其主要通过互联网、移动终端、电话、传真等媒介工具，实现业务中心与终端客户直接进行业务往来。直销银行是有独立法人资格的组织，其日常业务运转不依赖于物理网点，因此在经营成本费用支出方面较传统银行更具优势，能够在经营中提供比传统银行更具吸引力的利率水平和费用更加低廉的金融产品及服务。

2013 年 9 月 16 日，民生银行宣告与阿里巴巴合作，最早把直销银行的概念送入了公众的视野。然而最先推出直销银行业务的却是北京银行，2013 年 9 月 18 日，北京银行宣布在与其境外战略合作伙伴荷兰 ING 集团正式开通直销银行服务模式。然国内的直销银行业务才刚刚起步，其发展模式已呈现出不同特征，北京银行的直销银行模式与即将推出的民生银行直销银行模式差异较大。

从目前来看，很难草率判断哪种模式会成为我国直销银行发展的主流模式，甚至还有其他新型直销银行模式问世。随着金融互联网化的深入，国内银行会积极借助互联网技术变革传统金融服务模式，通过为客户提供更好的服务体验来在激烈的市场竞争中获得优势。

8.2.2.2　众安在线开创互联网保险新业态

众安在线是保险业基于互联网一次创新金融服务的尝试，定位于"服务互联网"，其产品需求来自于互联网，通过互联网的技术手段来解决保险流程问题，有望成为互联网金融渠道新的发展形态。与传统保险机构不同的是，众安在线将不设分支机构，主要从事网络安全、电子商务、网购消费者权益保护、社交网络等互联网相关的财产保险业务。定位于"服务互联网"的众安在线除通过互联网销售既有的保险产品之外，还通过产品创新，为互联网的经营者和参与者提供一系列整体解决方案，化解和管理互联网经济的各种风险，为互联网行业的顺畅、安全、高效运行提供服务和保障。

8.2.2.3　余额宝模式引领互联网基金

互联网平台对基金公司来说是一个巨大的渠道，淘宝、腾讯、京东等互联网平台将给基金带来可观的客户流量。未来的互联网公司与基金公司的合作模式很可能会各司其职，发挥特长：互联网的第三方支付、基金销售等平台扮演的是渠道角色，而基金公司应将更多的注意力放在产品创新上，进行"产品定制"，扮演内容提供商的角色。随着"80 后"、"90 后"等互联网新生代逐渐成为基金客户的主流，互联网在基金公司销售渠道占比中将占据重要的比例。

从初期看，由余额宝带来的互联网基金风潮，主要是渠道和客户量的突破，基金行业规模的进展。基金借助强大的第三方互联网销售平台，终于实现了基金销售的"非银行化"。余额宝模式所引领的互联网基金，其意义不止于此。互联网基金很可能在一定程度上解决了基金业面临的痼疾——客户体验不佳。未来的互联网基金的突破口可能在于更多地推出低风险的固定收益产品。

8.2.3 金融电商模式

8.2.3.1 银行业的金融电商

就表现形式而言，目前银行业的金融电商主要表现形式有两种：第一种是以中国建设银行为代表的自建平台模式。第二种是以招商银行为代表的平台合作模式。

总体来讲，银行经营电商业务存在很大的短板，在业务中主要表现在用户的活跃度不够高，交易量也不及传统电商的千分之一，笔者认为主要缺陷有以下几点：一是商业银行内控比较严格，审批流程较长，而电商是短平快的业务，要求快速反应；二是由于长久的垄断地位所致，银行与电商相比服务意识更差一些；三是商业银行用有传统的金融人才，但缺少了解电商运营的人才；此外仓储、物流等因素也将是银行电商平台建设的短板。

但是对于银行来说，其建立电商平台还是具有一定的优势，主要有以下三点：一是商业银行有很多对公客户，这些对公客户有一大部分是制造企业，这就决定银行有足够量的货源；二是商业银行有大量的个人客户，可以作为买家，拥有的大量的买家资源；三是在金融行业中，商业银行的作用属于金融中介，电商平台的建立，可以拓宽银行作为中介的内涵。

8.2.3.2 证券业的金融电商

与银行业的电商模式类似，证券业的金融电商模式也主要分为依靠传统电商平台渠道及自建电商平台等模式：一种是目前部分券商正在做的，自己搭建电子商务网站；另一种是通过与淘宝、腾讯等大型网络公司合作，在对方的平台上销售产品的模式；此外，资本较充足的券商甚至可以直接收购第三方电子商务公司。

相对于银行，券商面临的主要问题是客户流量有限，不具备银行那样的海量数据资源，其品牌认知度也远低于银行。对于券商来说，建立电商平台，本身就是一个争抢客户数据的行为。在券商进军电子商务领域的竞争中，一批券商已经抢得先发优势。其中，国泰君安的网上商城，已经成为各家券商模仿和学习的模板。在国泰君安的网上商城，金融产品同一般商品一样销售，甚至引入了目前火热的团购模式。

8.2.3.3 保险业的金融电商

目前国内各大保险公司纷纷试水电商，试图通过电商平台的建立来取得渠道的突破。平安、太平洋等保险公司陆续推出网上商城，消费者可以在其官网上购买保险产品。同时保险公司也和电商企业积极合作，淘宝保险便是保险公司和电商企业合作的产物。

由网销逐步进入互联网保险已成为行业共识，目前保险业的运营模式主要分为两大类：综合考虑成本、控制权及相关影响等因素，大型保险企业倾向于自建网销渠道或依托官网进行互联网销售；另一种类型就是中小型保险企业普遍选择"借力"第三方的模式。但是总体来说，保险电子商务基本还处于"赚吆喝"的阶段，大部分通过电子商务平台销售的保险产品利率润较低，整体盈利前景尚未明朗。

8.2.3.4　信托行业的信息化发展模式

信托行业在信息化发展过程中，逐步形成了两种信息化发展模式：一是以自主研发为主的"平安模式"；二是以供应商产品采购为主的"外包模式"。"平安模式"，顾名思义，平安信托是该模式最主要的代表公司。平安信托作为平安集团的子公司，在整个平安集团 IT 大集中的框架和发展思路下，平安信托的信息化自主研发之路由平安科技主要承接完成。平安科技目前有将近 5000 人的团队，负责平安集团整体 IT 产品研发和运营工作，IT 的一体化大集中也为平安集团所有金融板块之间协同发展提供了有力的平台支持。

不过信息系统的自主研发在整个信托业还是较为"小众"的发展方式，除了平安信托，华宝信托的一部分信息科技开发工作也由其集团内部的宝信科技承担，成为其自主研发的重要支持力量。随着互联网金融的快速发展，上国投、兴业、中粮、北国投、长安等信托公司也都开始尝试增加 IT 队伍中具有开发经验的人员组成，以增强自主开发能力。另一种是多数信托公司选择的"外包模式"，该模式是以供应商提供的成熟产品作为信息系统建设的解决方案，同时供应商人员会部分参与信托公司的日常信息系统维护工作中。对于 IT 人员有限的信托公司而言，这种模式的优势在于可以高效地支持公司各类业务的开展落地。而弊端就在于供应商提供的产品往往是标准化的，对不同公司的"客户化""个性化"的需求实现困难，也不利于信息化工作的全面统筹和长期规划。

8.3　信息化金融机构风险分析

8.3.1　信息化金融机构面临的风险

8.3.1.1　法律风险

法律风险，是由于金融机构违反法律法规或者由于法律的滞后性，相关法律法规不健全而导致的风险，由于法律的滞后性，加之金融信息化的迅猛发展，使得金融创新的速度远远超过了金融法制建设的速度，而监管又必须依法进行，所以金融机构面临的法律风险十分严重。

我国缺乏关于客户信息披露和隐私保护的有关法律法规，在金融机构逐渐信息化的过程中，金融消费者合法权益被侵害的可能性加大；通过互联网提供金融业务，黑客可能利用虚假网站欺骗客户，金融机构可能承担相关责任，金融网页为增强客户服务，通常会链接到其他网站，可能会使金融机构面临连带法律风险；银行在提供电子认证服务时如果没有在合同中明确双方的权利义务，那么一旦出现损失，银行须对使用其证书的客户负责；当客户出现操作失误，所造成的损失应如何划分，这些问题都需要明确的法律规定，通常情况是客户不对非己方疏忽而导致的问题负责。

信息化业务中无疑会涉及电子货币，由于电子货币的匿名性，使交易方式难以追踪，为洗钱、逃税等活动提供了便利，电子货币具有潜在的私人发行的可能性，目前我国还没有这方面的相关监管法律；电子化虚拟化的金融业务模糊了国家之间的自然疆界，其业务和客户随着互联网的延伸可触及世界的任何角落，这对于传统的基于自然疆界的法律法规是莫大的挑战，关于跨境网上金融服务的交易管辖权以及法律适用性的问题尚不明确。

8.3.1.2 操作风险

金融机构操作风险具有不同于信用风险和市场风险的显著特征，是其基础性风险巴塞尔银行监管委员会对操作风险的正式定义是：操作风险是指由于不完善或有问题的内部操作过程、人员、系统或外部事件而导致的直接或间接损失的风险。根据《巴塞尔新资本协议》，操作风险可以分为由人员、系统、流程和外部事件所引发的四类风险，并由此分为七种表现形式：内部欺诈，外部欺诈，聘用员工做法和工作场所安全性，客户、产品及业务做法，实物资产损坏，业务中断和系统失灵，交割及流程管理。

具体而言，对于信息化金融机构，最突出的操作风险要属信息技术风险。当前，中国金融机构的业务开展高度依赖于信息技术的应用，信息技术风险已成为金融机构操作风险的重要方面。我国许多金融机构的信息化建设正在遍地开花、如火如荼地进行，但对潜在的信息技术风险却浑然不觉。

随着金融机构信息化程度的加深，金融业对数据的依赖将越发明显，数据的完整和安全已经成为金融业稳定运行的关键，因灾害导致的系统停顿将会让运营付出相当大的代价，灾备中心的建设显得尤为重要。

8.3.1.3 系统风险

系统性风险是指一个事件在一连串的机构和市场构成的系统中引起一系列

连续损失的可能性。风险的溢出和传染是系统性风险发生时最为典型的特征，另一个重要特征就是风险和收益的不对称性。与个别风险的管理相比，对系统性风险的监管更艰难、更复杂，需要监管理念、监管方式的根本性转变。

通过信息化建设，金融机构可以通过信息技术化解一部分风险，譬如因为人工操作失误带来的风险，然而系统性风险却难以通过技术解决。信息化金融机构往往面临着海量数据的集合，机构内部资源的整合的情形，而一旦发生系统性风险，由于风险的传染性，这种破坏力会更加强大，所以需要信息化金融机构特别重视。

8.3.2　信息化金融机构风险特点

随着金融信息化建设的不断推进，信息化金融机构面临的风险主要表现出以下新特点。

（1）信息化的金融服务扩大了传统金融服务的外延，其安全性面临新的考验和挑战。引入社会第三方服务机构的发展趋势，带来了可管理性、可控性等新的问题。

（2）金融数据的处理越来越集中，使技术风险也相对集中，对金融机构的安全运行提出了更高要求。信息技术本身处在一个快速更新和发展的过程中，这会带来更多形式的安全威胁手段与途径，这就要求信息化金融机构不断采取新型的、更高强度的安全防护措施。

（3）网络的跨企业、跨行业以及跨国度特性使对金融机构的安全控制变得更加复杂。随着以网上银行为代表的无国界金融服务越来越普及，来自互联网上的威胁也越来越大，网络黑客攻击的危险性也越来越大。

8.3.3　信息化金融机构风险防范措施

在金融机构信息化过程中，更多金融创新往往意味着更多的不可控因素，同时也意味着更多的风险，提高对风险的识别能力，防范能力和化解能力是金融机构应对风险的主要措施。

针对我国金融机构的风险暴露和普遍性存在的风险认识不足的现状，笔者提出如下建议，以期可以帮助金融机构防范和减弱信息化进程中的各种风险，保障其更好地向信息化之路迈进。

针对系统性风险而言，首先应该提升金融机构对系统性风险的认识，尤其是要意识到系统性风险作为重点防范风险，需要独立的专业化的管理；其次，信息化金融机构要建立适当的系统性风险管理组织体系，保持系统性风险管理的独立性和专业性；最后，信息化金融机构要尽早开始损失数据库的建设和系统性风险量化模型的研究开发，并探索行业数据共享方式，为系统性风险管理提供良好的技术支持。

针对法律风险而言，完善的法律体系可以为金融机构的良好运营和对金融机构的有效监管提供全面的法律依据。从现在开始，我国就必须大力加强金融法律体系的建设，运用法律手段规范、保障和促进金融业的运行，提高依法监管的水平和效率。金融机构信息化业务风险的防范和化解是相互支撑、相辅相成，风险防范做得好，可以大大减轻事后化解的难度和成本，而风险化解工作的经验教训又可以堵塞事前防范的漏洞，提升依法管理的水平。因此，我们需要保证二者同步健康的发展，只有这样才能真正发挥法律控制系统的作用。

针对操作风险而言，金融机构在面临某项业务带来的操作风险暴露时，应对策略可以分为两大类：规避或者承担。规避策略意味着拒绝开展该项业务，或者关闭已开展的业务。规避策略彻底消除了该项业务的操作风险暴露，无须支付管理成本，但其代价是失去了开展该业务可能带来的盈利。规避策略适应于操作风险很大并难以衡量，而且缺乏管理手段的新业务，也适应于操作风险水平和业务盈利水平不匹配的业务。规避策略的关键是科学地确定规避的风险对象。当然，金融机构并不能对所有承担下来的操作风险都采取风险降低的策略，还应该采取风险转嫁的策略。这一方面是因为有些操作风险性质过于复杂或者所涉及的知识领域并非该金融机构核心竞争力所在的领域，金融机构可以通过业务外包的形式将不擅长或不重要的业务或管理环节委托给外部专业机构。另一方面是转嫁风险是因为业务中的操作风险具有发生概率很小、后果很严重的性质，金融机构本身缺乏管理的手段和承担的能力，于是通过购买保险将操作风险转嫁给保险公司。

第三部分　互联网征信应运而生

　　信用是金融发展的基石，大数据背景下的征信模式变革则是互联网金融发展的基础。在信息技术高度发达、信息应用无孔不入的市场经济社会，征信系统在传统模式的基础上，呈现出新的典型特征。随着大数据背景下的网络信贷业务的发展，如何构建适合我国国情的互联网金融征信体系，它的模式和架构如何，是亟待探讨和解决的问题。本部分内容从互联网金融风险、中小企业融资困境以及农村金融发展等方面分别阐述大数据时代下，互联网征信对于微型金融的重要作用；同时介绍互联网征信的发展定位以及互联网征信发展模式。

第9章　互联网征信的功能

9.1　防控互联网金融风险

9.1.1　互联网金融风险

9.1.1.1　互联网金融特点

区别于传统的金融，互联网金融顾名思义是建立在互联网体系上的一种衍生金融，目前我国尚未对互联网金融进行一个明确定义，但一些学者已经提出其对互联网金融的定义，普遍来说，互联网是一种基于网络技术与通信设备等现代化信息科技而实现资金融通的一种服务。其主要模式大致分为第三方支付、P2P网络借贷、大数据金融、众筹、信息化金融机构等。

互联网金融基于其依赖互联网产生的原因，因此具备相当高的开放性和兼容性，同时又不失传统金融的特征。首先，互联网金融的网络效应非常显著，具备的网络特征非常丰富，如开发、平等、互动等明显的网络特点。互联网金融就是通过网络上的平台互动，通过合理标准的服务于合同，从而形成产品效用由用户的数量来控制的一种新型消费者经济。其次，互联网金融仍然存在着传统金融行业的特点，虽然其业务是建立在信息技术上，但是核心依旧是为用户提供金融服务。最后，互联网金融追求的是用户的体验，是金融行业通过互联网平台尽可能地满足用户的需求的一种模式。

9.1.1.2　互联网金融风险

（1）网络技术风险。互联网金融其一系列的操作都是依靠互联网技术来进行运行的，互联网金融活动都是通过网络传输来处理交易信息，这就导致其存在着很大的风险。由于当前网络的不够完善，计算机技术的不够成熟等原因，病毒、黑客等一些网络固有的问题就将成为互联网金融的风险。网络软件及硬件设备的瘫痪，网络信息的泄露、篡改都将严重影响互联网金融的安全，对于互联网肌肤密钥技术管理及TCP/IP协议安全性都将是个巨大的挑战。

（2）操作性风险。互联网金融由于它对于技术性要求非常之高，这就使得其在技术操作上也存在着风险。具体指的是因为操作不当或者操作失败的一些内部流程、工作人员的流失、系统上的一些缺陷或者外部因素而导致的一些损失的可能性。操作性风险的特点大致可分为可控制性小、涉及面广同时关联性强等。

（3）法律风险。互联网金融在我国属于一个新兴的领域，我国当前对于分业经营、监管模式，监管主体依旧不是很明确，使得互联网金融处于一个相对无人管理的状态。因互联网其运行的特点，涉及的范围广，因此导致我国监管部门并不能明确地具体划分监管客体。

（4）虚拟风险。互联网的存在是必然具有虚拟性的，那么互联网金融毫无疑问也具备这一特点，虚拟性就会导致使用互联网金融交易的用户身份及提供的信息真假难辨，从而使互联网金融活动信息发生不对称。一些不法分子利用互联网的虚拟性特点，制造虚假的身份信息进行网络诈骗，洗钱套现等犯罪行为；同时也将导致资金周转的沉淀资金不能得到有效的监管，增加了支付风险。

9.1.2　互联网金融的风险控制

虽然高速发展的互联网科技从很大程度上确保了网络金融商品的顺利经营，不过对比于传统金融业的风险监管系统，网络金融的风险机制，无论在合法化、规范化还是科学化等层面，仍存有诸多缺陷，这些缺陷必将增大其本身的金融风险，既对网络金融公司持续维持长期稳定发展有很大的负面影响，还会制约整个国家与社会的和谐进步。

9.1.2.1　互联网金融风险控制的目标

（1）诚信违约风险控制。无论哪种金融商品都存在诚信方面的风险，它的诚信都离不开团队、个体、政府三者之一的担保。若没人对这一商品展开诚信担保，不管是创新金融商品的公司或是投资人，都存在着将自身活动的效益占为己有而让总体社会来担负自身活动风险的可能。这一做法无疑会让金融市场所面临的风险越来越大。不管现今的网络金融商品具备怎样的虚拟特性和科技含量，终究都是围绕金融这一中心展开的，其归宿从来都不是互联网科技，而是金融。网络金融的中心非金融莫属，网络金融所创新的只是实际金融的方法而并非金融自身，所以，网络金融买卖一样需对诚信的风险加以定位。金融所具备的信息不匹配、交易成本、管理、金融风险等要素绝不会由于网络金融的产生而不存在，相反会更为繁杂，只是创新的形式与体现的程度有所差别。

（2）科技风险控制。网络金融是基于水平较高的计算机技术水平产生的，因此计算机网络体系的弊端也决定了网络金融的某些风险，开放程度较高的网络体系，尚不健全的密钥监管和加密科技，TCP/IP 合约存在的风险，再加上计算机病毒和计算机黑客的进攻，很容易给买卖主体造成一定的经济损失；另一角度，国内的网络金融无论软件还是硬件通常是从外国引进的，相应的现今技术自主知识产权的网络金融设施尚属空白，一旦所选的科技出现错误，将很容易导致系统无法正常运转，带来重大经济损害。所以，为减少科技风险，必须提升有关软件和硬件设施的规划与制作能力，逐渐突破国外的科技限制。另外，增强行业内部门之间的交流与合作，设立一致的科技指标，能够有效抑制选取科技风险的反复出现。

（3）业务操控风险控制。买卖主体并没有充分理解网络金融的操控规则与标准，造成本可避免的经济损失，进而有可能造成买卖进程中的流动性失误或支付结算的中断错误。买卖进程中出现的错误，不管有意还是无意，对用户和网络金融部门来说，都会增大网络金融发展进程中的风险，所以，必须增大信息披露的范围，创建个人资料诚信系统，创建其更具人性化的计算机网络安全系统，加强网络金融操控规则和程序的普及力度，建立起诚信度较高的网络金融买卖市场。

（4）法律风险控制。当前国内有关金融机构、证券、保险方面的法律都是以传统金融业为基础来制定的，无法满足网络金融的发展需求，导致买卖主体间权责不明，在一定程度上阻碍了网络金融市场的深入发展，所以必须加快健全网络金融风险预防的法制体系的建设步伐，确定市场准入退出机制和资产流动机制，设立标准一致的网络金融买卖管理系统，并参考其他国家网络金融法律制定的规则，进一步健全对消费人员隐私信息的维护、电子合约的法制性和买卖证明材料认可等规则，最终形成权责清晰、法理分明的网络金融市场。

9.1.2.2　互联网金融风险控制的协调

（1）创新与监管两者间的相互协调。金融互联网市场代表了金融产品和服务的发展大方向，世界各国各金融机构皆在全力拓展自身的金融互联网服务，但是，金融互联网市场巨大的风险却又使得监管机构任其不断创新，监管机构始终面临监管和创新两者间选择的两难。应当设立统一的金融互联网监管机构，对其适度监管，增大对金融互联网的实时监督管理，预防风险过度集中，并增加对金融互联网创新的扶持强度，以抢夺未来的国际金融市场。

（2）消费者权益和金融机构利益之间的调和。金融互联网市场给消费者提供了高速有效的交易模式，与此同时，也不断涌现出消费者和金融机构间的权益争夺，监管机构在维护消费者权益，进而维持市场信心的同时，又要保障机构的利益，以增进金融互联网市场的发展和创新，两者的协调问题就显得尤其重要，消费者在权利利益方面的分配处于相对弱势，却是市场运行的前提和基础，因此，监管机构必须格外加强对消费者权益的保障，维护金融市场的秩序和信心，此外，金融互联网机构将有更大动力对相关服务进行改进，加速创新。

（3）监管模式的发展。我国采用较常见的按照金融行业划分监管的模式，也就是证监会、银监会、保监会对证券业、银行业、保险业分别实行监管，而金融互联网市场经过不断深化的发展，已经在行业之间的结合部，和新的方向产生突破，金融互联网的业务交易范围越来越大，模式也越来越多，分业监管这一方式没有办法对金融互联网整体业务进行全面有效管理监督，这将造成中间地带的不监管以及部分行业的重复监管，且各个部门之间信息协调沟通的问题也将影响监管的效果。虽然监管机构当前的分业监管模式在传统金融的分业经营模式下取到一定的效果，但是金融互联网的各种金融服务、创新却对监管机构带来了新的考验，所以应对混合和分业模式进行协调，以实现对金融互联网的综合风险监管。

（4）国内和国际的监管协调。金融互联网的发展打破了传统地域间的限制，使全球金融的联系更加紧密，金融互联网的使用者不再仅局限于一个国家内部，而是延伸到全世界，国内公民对服务的选择也扩展到了全世界范围，这样，单独的国内监管就受到了挑战，与此同时，金融互联网的交易风险可迅速在全球金融市场间传播，进一步扩大了风险的传染性，仅靠一个国家的监管机构没有办法对金融互联网进行交易监管，这样就必须通过金融互联网监管的国际的合作，但是，各个国家权责的分配及优先考虑本国的金融机构利益造成国际合作困难重重，即使这样，国际的监管合作已是大势所趋，应全力探索国际金融互联网金融监管多方面的合作模式，将监管标准统一化，增强沟通和协调。

9.1.3 大数据征信与互联网金融风险控制的内在联系

9.1.3.1 大数据征信的原理

大数据征信的数据基础是大体量、多元化、大样本的非结构化数据，其原理是通过信息主体的各种行为数据进行综合性、多角度，多层次的收集处理，同时根据信息主体对应产品维度建立对应的数据模型，然后使用该模型计算、按照特定维度与关联性得出信息主体的各个信息维度特点，最终按照一定的信用评估算法计算信用主体的信用分数。大数据征信包含的数据主要涉及传统央行的征信数据、经营数据，身份数据、社交数据、消费/财务数据、日常活动数据、特定场景下的行为数据等。目前，大数据征信在互联网金融风险控制领域已经一定程度上得到应用。

9.1.3.2　大数据征信的信息处理与整合

与传统征信系统的先整合后按需查询相比，大数据征信一般是征信系统收到服务请求并得到确认授权之后才开始征信处理。用户在使用大数据征信服务时，第一次需要提交各种基础信息，大数据征信公司一般利用大数据技术按照信用数据模型在很短的时间内就可以推演出用户的信用评分。大数据征信系统反馈的结构报告一般有两个部分：一是个人基础金融信息，例如银行各种交易记录，二是用户在互联网上的"行动"，大致分为个人网络消费信息、社交信息以及其他生活信息等。对于个人金融信息，数据公司在得到用户授权后，会直接通过银行内部信息系统调取个人相关金融业务信息，从而进行收集处理。对于个人的网络信息，针对社交网络公开信息，例如，新浪微博的微博，朋友圈的共享等直接收取，对于类似淘宝账单、电商购物清单等需要用户自行提供或者授权相关电商提供；第三层是"违约记录名单"数据库，例如各个银行信用卡中心的违约名单和小额信贷的违约名单等，以及其他设计不良信用的记录。

9.1.3.3　我国互联网金融征信体系建设的优越性

大数据背景下，我国的互联网金融征信具有以下四个特点：一是将软信息转化为硬信息，通过互联网金融交易的特殊性可以将个人及机构的私人信息公开化，隐性信息显性化；二是将分散信息集中化，无论是第三方支付信息、电子商务信息还是网络信贷信息，都可以通过互联网金融平台进行数据整合；三是云计算的应用可以依据一定的信用指标对信息进行检索、排序和计算，有效地凝练和反映出汇聚出来的海量数据；四是信息资源共享化，通过网络资源分享和共享机制，使得互联网金融交易的信用信息可以在人与人之间，人与各平台机构之间实现均等化，消除信息不对称。与传统的金融中介相比，互联网金融的信息处理特点决定了其在风险管理和控制以及风险定价方面具有较强的数据优势。在大数据的时代背景下，通过云计算的技术支撑，资金供需双方的信息通过互联网金融交易得到解释和传播，继而被搜索引擎组织和标准化，最终形成时间连续、动态变化的信息序列。首先，通过互联网金融平台所生成的信息，可以弥补传统征信体系建设中个人和机构没有义务披露的信息并进行传播；其次，云计算的运用保障了海量的数据资源能够准确得到处理和解释；最后，搜索引擎对各种信息进行重新整理、排序、检索，进而缓解信用信息超载的问题，有针对性地满足信息需求。这种以极低的成本来获取信息、处理信息、进而得出资金需求者的风险定价和动态违约概率的方法，不仅满足了金融交易的信息基础，也表明了我国建设互联网金融征信体系具有一定的优越性。

9.1.3.4　大数据征信与互联网金融风险控制的内在联系

互联网金融数据拥有规模性、多样性和高速性三大特点。

（1）规模性。规模性是指网络金融数据数量到达一定的程度，不能利用当前主要的剖析工具第一时间处理。网络金融数据的规模表现在使用者规模加大、贸易规模加大两方面。一是因为网络金融的准入条件较低，效率很高，网络金融的参加者更拥有广泛性、规模性，更为平民化造成网络金融使用者规模巨大。二是根据网络的特性，加上网络公司的平台、客户和大数据优势，网络金融的客户规模和贸易规模极易快速增加。

（2）多样性。多样性是指网络金融数据的数据种类，不仅有结构化的数据，而且有半结构化及非结构化的数据，比如文本数据。另外，还表现在网络金融行为的多样性，网络金融产生了在线支付、还贷借贷、理财、保险等业务，充实了网络金融的方式。常见的网络金融行为包含 B2B 电商金融、B2C 电商金融、网销基金（网络理财）、网络保险、电子银行、电子商务、P2P 网贷、网上支付、众筹融资、虚拟货币等。

（3）高速性。高速性是指网络金融数据的汇总和处置一定要及时高效，不能有长期的延误，未能及时处理将会带来没有必要的损失。而且，利用网络平台的推广，网络客户的回应速度加快，加上客户规模巨大，数据的提升速度呈现出指数增长。大数据征信依赖巨量的、相互性很高的非结构化数据，而互联网金融数据恰好可以作为大数据征信的数据来源，从而为互联网金融产品提供风险控制评估。

9.1.3.5 互联网金融征信的可行性

上海资信所建立的 NFCS 系统是我国首个网络信贷征信平台，它涵盖了交易主体在网贷平台上从申请、签订合约到合约执行这一全部信贷周期的行为记录，包括被征信主体的基本信息、申请信息、开立信息、还款信息和违约信息，加大失信行为的损失，对机会主义行为进行有效的制约。NFCS 系统的顺利运营表明互联网金融征信具有一定的可行性。

（1）互联网金融交易信用信息的采集更全面地体现了交易主体在匿名、虚拟的环境下进行商业活动的信用信息，这些信息作为非银行信用信息纳入征信系统，可以作为重要参考有效的补充银行信用信息的不足。信用信息越全面，声誉传递效应就越明显，对信息主体的信用判断就越准确，有利于企业和个人的信用约束机制的建设。

（2）网络交易的信用信息具有电子化和及时性的特点，方便信息的采集、搜集和汇总分析，能够对征信对象最新、最全面的信用记录进行实时跟踪，反映其当前的信用情况，满足征信体系中对信息的完整性、真实性和时效性的要求。此外，也可以通过运用央行征信数据库先进的防病毒和防黑客的计算机系统来保障互联网金融征信系统的安全，有助于体系的构建。

此外，从目前我国央行对企业和个人的征信体系的构建及应用来看，互联网金融征信在促进金融和经济发展的过程中起到了重要的作用。阿里小贷公司通过支付宝平台和中国建设银行的合作所展开的针对淘宝店家的小微信贷的尝试，成功说明了第三方支付征信对网络信贷的发展起到了很好的推动作用。如果将互联网金融征信平台上的信用信息纳入央行征信系统，对商业银行及网络信贷平台在防范高风险融资、贷后风险预警和提高审贷效率等方面将会产生积极的作用。

与此同时，"管理信贷行业，推动建立社会信用体系"作为中国人民银行的重要职责之一，应发挥其推动和完善社会信用体系建设的主导作用，将互联网金融征信系统作为维护健康、诚信的互联网金融环境的重要内容纳入社会信用体系。同时也有效避免了网络信用体系建设的多头混乱、资源浪费、数据无法共享、缺乏权威的局限性。

9.1.4　大数据征信控制互联网金融风险

大数据征信的基础性条件是大量的数据以及先进的数据分析技术。随着互联网行业的迅猛发展，新兴的以百度、阿里、腾讯为代表的互联网公司开始迅速介入互联网金融行业，并积极推出各自的大数据征信产品。例如百度公司成立了"百度金融"，着力通过其在中国中文搜索引擎的地位，利用其掌握先进搜索引擎技术和互联网门户优势，在未来大数据征信互联网金融领域占有一席之地。同时阿里巴巴推出了大数据征信产品"蚂蚁信用"引起了业界极大的关注。

在大数据技术被广泛传播与逐步应用的背景下，阿里巴巴集团尝试将大数据技术应用于互联网金融征信领域，并且开始有意义的实践。"芝麻信用"就是在这种背景下依托阿里巴巴庞大的产品线和用户数据积累，结合互联网公共数据对个人信用进行评估的大数据征信系统，这为个人和小微企业描绘出一幅"信用画像"。"芝麻信用"的数据源主要分为三个部分：一是网站门户、金融机构、权利职能部门、部分用户交流平台等对外公布的数据信息；二是政府职权部分内部或者金融结构内部存储的用户私有数据；三是阿里巴巴集团旗下电商以及第三方支付宝平台中的用户网购，以及支付记录等。"芝麻信用"通过大数据模型将收集的信息进行模型推演计算评分，以此信用等级评定的依据。这些信用评估共同组成较为完善的大数据信用评价体系，可以协助互联网金融企业对用户的信用能力做出一定程度判断，从而提高产品风控水平。

考虑到数据的来源以及范围，完整性问题，"蚂蚁信用"的实际应用效果和发展前景还需要等它面市以后看营业情况，但它的创新理念与产品实践为我们互联网金融风控提供了宝贵经验。目前，蚂蚁信用还没有上市，但是借助于阿里巴巴公司在互联网金融行业的影响和各个财经网站的宣传，蚂蚁信用知名度迅速上升。

9.1.5　推广互联网金融大数据征信风险控制的现实意义

相较传统金融征信方式，发展大数据征信的风险控制模式具有一定的前瞻性：首先数据统计比较及时；其次，借助大数据模型提供精确的评估结果。由于结果的度量度比较可靠，借贷产品的风险溢价可以做到误差最小，从而提高资金使用效率，推动货币流转速度；就长期来看，也有助于互联网金融行业金融普惠的发展以及提升金融平等。大数据征信技术具有很强的金融价值，主要体现在以下几个方面。

9.1.5.1　强化信息透明，促进信用交易

诺贝尔经济学奖（2001）得主乔治·阿克罗夫其在《柠檬市场：质量的不确定性和市场机制》一文中，用常规易懂的语言和案例解释了在市场经济中信息不对称问题对商品质量以及市场机制失灵的问题。随着现代社会的不断分工发展，信息在各个信用主体之间传播的速度在加快，同时信息量也随之大规模增加。大数据征信通过对大量、多样的数据采集处理，使得信息不对称程度得以降低，同时投资者能够通过大数据征信系统得到被贷款人信用状况，从而促进资金交易的达成。

9.1.5.2　降低道德风险与逆向选择

信息在金融市场具有特别重要的作用。金融交易的结构以及成交价格往往取决于信息的获取成本以及双方信息对称程度。而"有限理性"和"机会主义"的存在则为交易的达成，抬高了交易成本，增加了风险，也即造成逆向选择和道德风险。在金融市场逆向选择和道德风险经常会有发生，非常严重地影响了交易秩序。大数据征信模式通过信用主体的大量数据分析、推演，精确地控制信用主体的风险能力，从而金融交易中的逆向选择和道德风险。

9.1.5.3　信用污点社会化惩戒

征信制度对于收入稳定、信用良好的人促进其信用交易，信用主体更加容易得到金融机构的融资，对于信用等级不良或者有其他违法案例的自然人则会给予很低的信用等级，即将其历史不轨行为列入"黑名单"，一旦进入黑名单一定期限内等于剥夺信用主体金融融资能力。同时如果名单制度被社会信用系统引用，将形成社会化的惩罚压力，这将会使得大众爱惜自己的信用，提高社会

公德和自身信用等级，形成良好的金融秩序。

9.1.6　我国大数据征信互联网金融风险控制的主要障碍

9.1.6.1　我国现行法律规范与大数据信用征信风险控制方式不适配

2014 年 6 月 27 日国务院发布了《社会信用体系建设规划纲要（2014 ~ 2020 年)》以及之前颁布的《征信业管理条例》和《征信机构管理办法》。这些法律初步形成了我国征信行业的法律规范，使得业务主体有法可依，正当权益得到了保护。但是随着互联网金融行业的不断发展以及大数字征信系统的出现，传统的法律法规条文开始明显不能满足新的发展形势需要。另外目前的法律规范对于大数据征信数据处理的各个环节尚未做出定义明确界限，对于大数据征信中重点关注的个人隐私保护等问题尚未做出法律形式的规定。

9.1.6.2　征信监管水平有待提高

大数据时代已经到来，随着互联网金融行业的不断发展，网民人数的急速增加，我国征信业开始面临新的发展机遇与挑战。央行作为我国征信行业的主管机关，有义务也有条件对大数据征信的方式开展产品尝试与理念推广。目前而言，监管结构对于大数据征信还未采取有效措施，监管人员的相关互联网知识和大数据理念也有待进一步提高。另外大数据征信业企业也没有建立行业协会协调从业企业的自律性，保护行业的未来发展环境。总之，大数据征信行业的监管法律体系尚未完善，行业良好发展氛围有待逐步营造。

9.1.6.3　互联网金融数据来源整合难题与应用困境

（1）基础数据整合难度较大。随着互联网带来的广泛网络化潮流，政府职能部门开始逐步信息化，同时强化数据共享，但是由于种种原因，数据整合程度但仍不能满足大数据征信需要。政府的自来水公司、电力部分、煤气公司为代表的基础信息以及个人的档案、户籍、司法系统，社保等系统尚未完全联网互通，社会基础信息相对缺乏。

（2）互联网线上个人交易转账信息和个人交往交流信息呈彼此封闭、割裂的状态，市场上的电商、社交平台企业相互在彼此领域竞争非常激烈，这导致数据的整合提取非常困难。另外所建构的大数据模型的可信赖性有待检验。征信数据模型的准确性建立海量数据处理的基础上，同时需要不断地根据实际情况调整模型参数和维度。由于系统应用时间短数据少，目前的大数据模型大多基于规则制定，其中征信规则占有很大的比例，未能完全发挥大数据征信的优势特点。再有就是大数据征信的受众面窄。大数据征信的大部分数据取自于互联网，因此不使用网络的人群就不能被覆盖到，例如技术发展落后的人群以及老年人等。对于这类只能依靠其他方式获取其征信数据，从而实现覆盖。

9.1.7 以大数据征信提升我国互联网金融风控水平政策

9.1.7.1 加强宣传，提高我国社会对大数据征信互联网金融风控的认知度

随着我国互联网及互联网金融行业的迅速发展，采用大数据征信风控模式的互联网金融产品逐步发展起来，目前典型产品比如蚂蚁信用，已经在业内迅速传播，但是互联网金融是面向大众的金融体系，其客户也远远超出传统金融行业的范围；所以必须加强宣传，提高我国社会对大数据征信金融风控的认知度。

（1）互联网金融企业利用其资源加强宣传。以目前典型的蚂蚁信用为例；阿里巴巴集团在我国互联网金融行业拥有举足轻重的地位，对于蚂蚁信用而言，企业可以依托阿里系产品电商，淘宝天猫，聚划算，支付宝，阿里妈妈，高德地图，UC浏览器，新浪微博，陌陌，阿里云等各个互联网方向的产品进行宣传，加强社会对数据征信风控模式的认知度。

（2）金融监管部门加强宣传。大数据征信的互联网金融风控模式可以减少金融信息不对称问题，同时有效降低逆向选择与道德风险，其黑名单制度也对违约行为进行披露，强化了制度规制和约束，这些都大大有利于金融监管部门的提高监管效率，总体上控制企业风险，因此金融监管部分应该大力加强宣传，主要方式首先可以采用政策鼓励方式，对采用大数据征信风控的互联网金融企业给予便利政策，强化企业自身推广宣传的积极性，其次可以通过金融监管部门官方网站进行新闻宣传，使社会大众了解政府部门对大数据征信风控模式的态度，提高社会认知度。

9.1.7.2 构建基于大数据征信互联网风控总体思路

（1）政府推动统一大数据征信主体。目前，我国的大数据征信主体还处于原始发展阶段，很多产品还处于研发、宣传阶段，考虑互联网金融企业的繁杂性和多样性，以及发展速度，相关部门应该未雨绸缪，着力推动大数据征信主体的统一。统一大数据征信主体考虑两个统一：一是央行的征信系统采用大数据征信的方式逐步扩展，收录互联网金融信息，按照大数据征信方式进行数据挖掘，维度分析等；二是建立统一互联网个人大数据征信系统，涵盖个人的全部网络动作信息，也包括线下的个人基础信息，逐步形成有第三方机构主导经营的互联网大数据征信风控系统。

（2）扩大大数据征信数据来源，提高大数据征信模型准确性。大数据征信风控核心来源大数据技术的数据收集、整理、建模、提炼过程，这就决定了建

立大数据征信风控模式必须扩展大数据征信的数据来源。数据来源方面一方面是以水电煤气为代表的基础信息以及存储于政府各个职能部门公检法中的各类个人档案社保基础数据；另一方面，支付信息和社交信息加强彼此的联系，在数据共享上加强合作，减少彼此的数据获取成本。由于大数据征信的主要数据源于互联网，对于网络技术相对落后的群体大数据征信系统存在信用数据较少的情况，所以这种情况下应该采取特殊方式获取数据，扩展大数据征信系统数据覆盖面。大数据模型方面必须对现有模型加强检验准确性。征信数据模型的精度提升必须建立在大数据有效、充分抓取以及处理的基础上，要不断地实践反馈和反复修正，美国 Zest Finance 公司的实践有很好的借鉴意义。

（3）政策促使互联网金融产品使用大数据征信风控评级。由于大数据征信风控模式的巨大便利性，因此在政策层面应该强化互联网金融产品使用大数据征信风控进行风控评分。具体可以采用如下方式：一是降低大数据征信使用的成本，可以让企业在成本可控的条件下，尽量使用大征信风控评定风险。二是加强互联金融企业数据保密性，大数据征信系统不自动获取使用企业数据，而是通过协议依照具体规程获取数据，减少企业使用顾虑。三是提高大数据征信风控系统便利性，拓展多种风控检测方式可以通过互联网网站、互联网协议接口以及线下方式方便互联网金融企业使用。

9.2　解决中小企业融资困境

9.2.1　融资方式的分类

从外部资金来源分析的话，中小企业在宏观经济市场中首选是通过银行取得贷款，也可以从节约企业固定资产投入成本的角度进行融资租赁，或者在民间金融市场选择商业融资，当企业具备一定条件时也可以选择内部股权融资和对外私募股权融资，处于同一行业内的中小企业也可以选择发行中小企业集合债来实现捆绑式融资，从而获得最小贷款费用率。鉴于我国的金融体系市场还不成熟，国内大多数中小企业直接选择银行贷款和商业融资两种途径增资，下面分别针对每种融资方式进行剖析的同时将着重分析银行贷款体系中的不同方式。

9.2.1.1　银行贷款

相比较大中型企业而言，由于其自身条件不足以作为银行抵押担保物，中小企业通过银行取得贷款并不容易，可以通过在银行的抵押物、质押物或者第三方信用担保的方式取得，也就是人们熟知的抵押贷款、质押贷款和信用贷款，目前国内信用担保方面的政策法规不够完善，我国的征信系统才刚刚起步，企业的信息特别是中小企业的信息不够透明和真实，这些需要政府引导建立全国网络征信系统平台和企业信用担保体系。

（1）抵押贷款是指企业向银行或其他金融服务机构提供价值大于贷款数额的动产或不动产作为抵押，从而取得贷款的一种商业经济行为。企业提供的抵押物通常有各种有价证券、股票、货物提单、企业拥有的房产或其他不动产等资产。银行拥有抵押权，但并不影响企业对该抵押物的使用权，只有在贷款期限已到而企业无力偿还贷款的情况下，银行才有权处置该资产。银行抵押房贷的金额一般为50万元到10亿元不等，一般经营状况良好，且资产结构较好的企业容易取得银行抵押贷款。

（2）质押贷款在形式上与抵押贷款相同，区别在于质押贷款指的是借款者以其拥有的动产或权利（不包含不动产）作为质押物向银行或其他金融机构申请贷款的一种商业经济行为，根据《中华人民共和国担保法》规定，出质人如以银行承兑汇票、汇票、本票、支票、国库券等有价证券作为质押物的，质押率不得高于90%；以商业承兑汇票、股票、动产、货物提单等作为质押物的，质押率不得高于70%；以其他权利或者其他动产作为质押物的，质押率不得高于50%。由于通常作为质押物的质物为国库券、AAA级企业债券等风险较低的有价证券，故中小企业较少利用质押贷款来获取资金。

（3）信用贷款其实是通过社会伦理的道德约束和法律的强制约束把信用价格化，在我国信用贷款最早主要应用于房地产行业，是银行提供的主要房贷方式，信用贷款不需要提供担保或者质押，而实质上是银行以借款者的信用作为担保发放的贷款。在我国社会经济中，企业的信用几乎没有价值，企业本身信用价值的体现手段也几乎没有，由于这种信用贷款方法风险较高，短时间内银行对企业的信用度只能借助客观工具来衡量，银行通常需要对借款的企业进行全面的评估和考察，确定企业的经济效益良好、经营管理水平较高、有良好的发展前景，最终决策对该企业贷款。目前，我国金融市场中信用贷款所占的份额正在逐年上升，想要建立更完善的信用担保体系市场还需要政府的支持才能稳定提升我国中小企业在市场中的信用价值。

9.2.1.2　融资租赁

融资租赁指的是租赁公司（出租人）根据企业（承租人）对所需物品的要求，租赁公司出资采购企业所需物品，之后以向企业（承租人）出租、分期收取租金的方式来帮助成立初期固定资产缺乏的中小企业。在该物品出租期内物品的所有权归出租人所拥有，租期届满时承租人可根据自身需要购买所租物品剩余价值或者由租赁公司回收处理该租赁物。这种方式不需要企业有很高的资信或者足够的抵押物作担保，而是集融资和融物于一体，把风险转移给租赁公司，特别适合我国中小企业的融资需求。2014 年全球国际市场融资租赁业的市场渗透率达到 20%，比 2013 年增加了三个百分点，而我国由于还处于由粗放向集约型经济的转型中，融资租赁行业在市场中的渗透率仅为 6%，虽然远远低于国际水平，但随着我国对实体制造业的支持，未来几年在大型机器设备的供需市场上必然会刺激融资租赁业的发展。

9.2.1.3　商业融资

商业融资从狭义上来讲即是企业根据自身经营情况和公司经营发展的需要，通过一定的渠道以支付高于所得资金额的货币交易方式来获得资金的供应，获取资金的渠道有内源融资和外源融资。而广义上的商业融资就是货币资金在市场中的流通，是企业通过多种渠道在金融市场上资金的吸纳和放贷，最明显的表现形式就是金融市场中数量庞大的中小企业投资担保公司。中小企业进行商业融资一般通过银行、信用卡、保单质押、典当行等平台进行，其中保单质押是通过贷款人将自身在保险公司的保单质押给保险公司，从保险公司处获得贷款的一种方式，典当行也被大多数中小企业所青睐，典当物可以是房产、机动车、黄金玉石、有价证券等。

9.2.1.4　股权融资

股权融资的方式对于一些处于成长期或者稳定期的中小企业来讲是不错的融资途径，中小企业通过出让部分公司的股权给新的股东来增加公司的营运资本，相当于为公司增加投资人，新的股东对公司的分配利润享有按相应比例分红的权利。股权融资可以通过私募股权的方式进行，也可以通过在公开市场上发售股权的形式进行，只不过只有在中小板或新三板上市的中小企业才有资格公开出售股权，公开发售股权对企业的资产规模、资产负债率，营运能力、偿债能力、盈利能力要求相对较高一点；而私募股权则相对较容易，只要企业能找到愿意增资入股的投资人为公司增加资本便可。

9.2.1.5　中小企业集合债发行

中小企业集合债发行一般指的是指由相同或相关联行业内的若干家中小企业联合一起进行捆绑式发行债券，选择其中一家规模相对来说比较大的企业做领头人，利用国家对中小企业发展的税收鼓励和支持政策，采取"统一冠名、捆绑发行"的方式来进行融资。中小企业通过采用发行中小企业集合债的方式进行融资可以说是一种双赢的模式，这种方式可以避免中小企业和金融银行机构之间信息不对称的问题，也可以防止银行机构对单个中小企业信任度较低的问题阻碍中小企业贷款渠道，以及我国中小企业一直以来向金融机构申请贷款担保抵押不足的问题，同时，通过相同行业内的企业互相结合，更有助于中小企业联起手来共同做强做大。经以上几种融资方式介绍，可看出我国中小企业融资的性质无外乎是通过自有资金的形式和外部借入资金的形式。

9.2.2 我国中小企业融资现状分析

经济统计中的数据显示，我国停止生产的中小型企业中大约有 47% 企业是由于资金供应链断开而导致的生产暂停，其中60%以上的企业认为自己生产经营中断的原因在于无法获得或很难获得银行方面的中长期贷款资金，此外还有81%的中小型企业反应"自身所有的流动资金满足不了需求"。

9.2.2.1 中小企业在我国资本市场上的融资状况

据国际金融公司去年对国内北上广、江浙地区一带以及"珠三角"地区一带的大约600家的私营企业针对其融资结构及融资方面两个方面进行统计调查报告，报告结果显示我国中小型企业的融资现状可以概括为以下几点。

（1）银行渠道单一且门槛过高。中小型企业的融资渠道比较狭窄，不能够像大型企业一样可以通过上市或者发行债券的方式来获得资金，只能通过传统的融资方式（例如银行）来获取资金。中小型企业从银行获取贷款的难度较大，在我们国家大约有1.4%的中小型企业才能获得银行的贷款，而且这些贷款的总额只占贷款总额的8%左右。

（2）企业在资本市场贷款成本较大。中小型企业在银行金融机构贷款的利率普遍在5%~8%浮动，贷款期限一般都在6~12个月，实质上相当于是短期借款，像这种贷款利率偏高、周转期限有限的短期贷款会大大增加企业的财务负担，同时增加企业的资金运营成本，这将不利于我国中小型企业发展那些周期相对较长而回报率较高的项目。

（3）资本市场结构呈现倒金字塔现状。我国金融资本市场随着改革开放和国际化市场的发展，构建处理多层次的资本市场结构，然而我国资本市场结构呈现典型的倒金字塔结构现象，处于顶层的主板市场的上市公司总数占整个资本市场的36%以上，而中小板、创业板市场上的中小企业公司总数加起来只有15%左右。

9.2.2.2 中小企业自身融资情况

（1）由于中小型企业大都采用租赁和租购的方式来购置经营设备、办公场所等，所以中小型企业的固定资产占总资产的比例较低。而且中小型的创业初始资金大多来源于创业者自身的积蓄或者家族的资金，很少能够通过银行或者其他的财政支持方面来获取资金。

（2）作为一种特殊性的商品，资金很容易在经营过程中损失，从而成为"坏账"，最终导致资金的追还较为困难，所以银行等金融机构在批准贷款方面显得非常谨慎，企业只有满足烦琐的审批手续才能获取贷款，而对于处于初创期的中小企业各方面规章制度不够规范和完整，往往达不到银行的审批要求，这就是我国中小企业输在起跑线上最直接的外在原因。

9.2.2.3　我国中小企业融资困难的因素分析

根据中国统计局 2014 年对国内 3 万家中小型和小微型企业的财务报表数据提取分析，其中企业年利润率超过 5% 的中小微型企业数量不到 30%，超过 60% 的企业资产负债表及现金流量表上显示的企业流动资产率较低，结合中小企业的融资背景状况，我们分析中小企业的融资困难问题时可以主要从内外部因素两大方面来分析，其中内部方面主要是中小企业自身的问题，外部因素包括经济环境因素、政治环境因素、技术环境因素和社会环境因素，在此主要针对中小企业融资困难的内部自身因素和外部经济环境因素进行详细分析。

（1）中小型企业自身资质较低。由于在我们国家的大多数的中小型企业大都处理产业链的低端，此类企业在经营过程中会存在各种各样的问题，如：所生产产品属于低端技术产品、企业的组织结构采用"家族式管理"、财务制度不规范以及财务披露往往不真实等。鉴于现实实际情况，我们不难看出中小企业自身存在的以下几个问题：一是中小型企业规模较小，不像大型企业在面对危机时有一定的弹性和韧性，市场盘活能力较差。当在面对金融危机时，素质不高的中小型企业很容易受到冲击，经营风险较大，从而更难获得银行的信贷。二是中小型企业的组织结构不合理，缺乏规范化管理。由于大部分中小企业是由个人或者家族来创立的，这也导致管理方面不能建立先进的企业管理制度，难以在人才引进方面形成良好的机制，出现家族式管理的状况，公司管理落后，综合素质较低。三是中小型企业自身往往不注重信用价值关系的建立，企业往往对外披露一套账，对内还有一套账，使得银行在为其审批贷款申请时不得不考虑财务状况是否反映真实，这便增加了企业贷款的隐形成本和阻力。

（2）中小型企业自身硬性条件不够，缺少抵押物传统的银行贷款模式一直都是贷款申请人持有足够资产作为抵押，银行才会根据抵押物的价值的一定比例对企业提供贷款，这也是银行为了防止坏账的产生，降低其提供贷款服务过程中的风险而采取的做法。但申请贷款的中小企业资质有限，一般都处于初建期或者成长期，没有足够的固定资产、土地、房屋等作为抵押物，因此可见此类条件进一步增加了中小企业的贷款难度，由于自身方面信用等级不够以及可抵押资产不够，中小型企业只能够寻求在大型企业的帮助下取得贷款。抵押担保能力不足，导致中小型企业在贷款过程中的手续不足，从而降低了企业申请贷款时的成功率。

（3）中小型企业的信用价值较低。商业银行在给企业发放贷款时，会对企业的资产状况和信用指数进行评级，信用指数高的企业可以更加容易获得贷款，反之则较难获得贷款。许多中小型企业的财务人员做内外两套账，实际资产情况和经营状况不够透明，不以诚信经营为主，缺乏信用意识，银行对企业的了解途径和平台较少，双方信息严重不对称，这也直接导致银行在对申请贷款中小型企业的资金使用状况监督起来较为困难，部分企业会采用伪造资产证明、交易合同等手段来骗取银行的贷款，然后采用改制、破产、不规范的资产评估等方式来逃避银行的债务，这不仅给银行带来了巨大损失，也使中小型企业在自身发展历程中永远留下抹黑的一幕，并且为以后的融资增加困难度。

（4）经济环境因素分析。中小企业所处的经济环境为中国特色社会主义经济，其融资方面的经济环境可以归宿到我国银行金融市场环境的分析上，以下三点主要从金融市场中银行机构的角度对中小企业融资的经济环境因素进行阐述。

第一，银行贷款政策不合理，我国银行业一直以来都秉着传统经营的思想，只是觉得越大越好，越大越有保障，所以在针对国有大中型企业的贷款方面时无论是信贷流程还是产品设计方面均比较健全，而在服务中小企业方面做得还不够。此外由于民营企业存在手续烦琐以及信用系数较低的因素，国有银行的信贷人员为了防止出现贷款出现坏账的风险，大多不愿意去审批中小型企业的贷款申请。

第二，银行体系结构不够完善，目前我国银行主要由国有银行垄断，由于手续烦琐，大型银行不愿意去服务中小型企业，而地方性金融机构或者股份制商业银行在业务流程办理方面也是效仿四大国有银行。可以针对中小型企业融资制定特殊策略的民营银行，却由于准入机制等原因发展情况不佳。所以银行体系结构的不合理也是导致中小型企业贷款困难的原因。

第三，银行审批手续烦琐，效率低，中小型企业在申请贷款时具有金额相对较小、时效快、期限短等特点。国有银行在审批方面相当专制，各地方分行及商业银行所经办的贷款审批必须通过总行的审核通过后才有效，烦琐的审批流程和冗长的审批周期于中小型企业对于资金需求紧急相背而驰。中小型企业贷款金额较低，但是贷款的经办环节、发放过程和大型企业的贷款过程一样都要经历调查、评估、监督。而大量的中小型企业贷款的审批会增加银行的运营成本，并且由于信贷存在着责任追求的制度，这也就大大降低了信贷人员为中小型企业进行贷款审批积极性，所以银行更愿意审批大型企业的贷款，不愿意为中小企业的少许贷款额度而费心费神。

9.2.3　我国中小企业征信体系建设现状

1999 年 7 月，原国家经贸委发布了《关于建立中小企业信用担保体系试点的指导意见》，中小企业信用担保体系建设正式开始。2003 年颁布了《中小企业促进法》，在各级政府部门的高度重视下，中小企业信用担保行业蓬勃发展。从 2003 年开始，国家发展改革委确定在北京市、山西省太原市、吉林省长春市、浙江省台州市、四川省成都市开展中小企业信用服务业务试点。

9.2.3.1　我国中小企业征信范围及规范

2006 年中国人民银行在全国试点开始征集中小企业信用信息，并在企业信用信息基础数据库中加入中小企业信用信息模块。征集的中小企业信用信息包括企业概况、法定代表人情况、总经理情况、财务负责人情况、注册资本及构成情况、企业购销情况、企业主要财务指标、对外投资情况、企业其他重要信息等十大项，超过 400 项的指标。

2012 年中国人民银行征信工作会议指出，截至 2011 年年底，全国已累计补充完善中小企业征信信息 227 万户，其中有 21.6 万户中小企业获得银行贷款，贷款余额 4.2 万亿元。

9.2.3.2　我国中小企业征信体系发展特点

目前，我国中小企业征信体系已有了初步进展，在中小企业融资和商务活动中发挥了重要作用。但是，其与中小企业对征信体系的要求还有一定距离。我国中小企业征信的主要特点表现在以下几个方面。

（1）征信报告应用市场尚处于初级阶段。由于我国目前仍以资本作为配置资源的主要依据，信用还未发挥资源配置作用，中小企业征信报告尚未得到金融机构和政府的广泛运用。没有足够的征信报告生产商与需求客户，征信报告交易规模不大，征信报告产业链尚未形成。

（2）中介服务集中度较高，服务多样性不足。虽然目前国内征信市场上有数十家公司并存，但是从业务数量和征信规模看，新华信商业风险管理有限公司、华夏国际企业信用咨询有限公司、美国邓白氏咨询上海有限公司等几家公司已占据了全部市场份额的 80% 左右，其他各种类型的公司占市场份额不足 20%。信用评级、信用担保、信用管理等公司发展程度不足。

（3）相应的监管机制尚未形成。在行业准入管理方面，政府按照信息咨询企业的标准进行工商注册管理。在从业人员执业资格、执业技术准则、行业标准方面尚无相应的法律规范。政府监管部门监管制度与政策法规尚未出台，具体扶持政策尚未具体落实。

9.2.4　我国中小企业征信体系建设存在问题

9.2.4.1　政策、法律方面的缺失

在政策层面上，表现为政府对中小企业的支持力度不够。与大型企业相比，中小企业由于资本少、规模小，难以得到政府部门在资金、项目上的扶持，征信体系建设缺乏必要扶持制度。

在法律层面上，中小企业信用法律体系尚不完善。一是《征信业管理条例》虽然已经自 2013 年 3 月 15 日起施行，这在一定程度上有利于提高中小企业的信息透明度，但是其尚未对中小企业征信做出特别规定。二是我国除《中华人民共和国中小企业促进法》外，专门为中小企业设立的法律不足，导致中小企业外部环境建设缺乏必要的法律依据。三是我国缺乏对信用中介机构成立、运营的法律规范，导致信用评级市场、征信市场秩序混乱。

9.2.4.2　缺乏对中小企业信用信息的整合与共享

信用信息的整合与共享一直是我国征信体系建设中的难点和重点。由于中小企业信用信息的整合与共享是征信体系建设中的难点。我国中小企业信用信息分散在各个部门中，如工商、公安、海关、税务等部门都有相对独立的信息资源。然而，由于部门之间缺乏必要的协调、共享机制，中小企业信用信息难以整合，中小企业信用信息获取难度大、成本高，出现资源浪费和重复建设现象。

同时，掌握数据的部门一般都把有关企业信用数据保密或非商业化，从而难以形成商业化的征信数据环境，不利于中小企业征信行业的发展。银行和中小企业信息不对称程度较高，获取中小企业信息成本过高，导致银行缺乏借贷动机。

9.2.4.3　缺乏与中小企业对应的金融服务层次

在完善的金融服务体系中，金融体系和企业体系应该互相对应，即大型金融机构负责为大型企业提供服务，而中小金融机构和民间金融机构则为中小企业提供服务。然而，由于我国中小企业融资渠道有限，银行需要向中小企业提

供本应由其他融资渠道提供的资金。国家统计局企业调查队（2007 年）的调查显示，我国中小企业外部融资的渠道单一，中小企业的外部资金主要来源于各类贷款（占到70% 以上），其他来源很少，而且大部分银行并未开设专门的中小企业部门，导致中小企业借贷缺乏专门的职能机构。

另外，由于我国中小金融机构及民间金融机构出于控制风险的考虑，偏向于向大型企业贷款，导致中小企业融资供应缺位。同时，部分为中小企业服务的中小金融机构借贷规模较小，民间借贷大多没有合法地位，不能正常稳定地为中小企业提供资金。金融层次的缺乏扩大了中小企业的融资困境。

9.2.4.4　缺少有效的监管体系

完善的监管体系是中小企业征信体系建设的基础保障。然而，我国在准入和规范方面对信用服务行业监管不足。在行业准入方面，政府按照信息咨询企业的标准对信用服务机构进行工商注册管理，在从业技术、行业标准等方面缺乏必要监管。在行业规范方面，我国目前只对信用评级采取分市场监管模式，而对信用登记、信用管理咨询、信用担保、商账追收等业务，监管主体和标准尚未明确。

9.2.4.5　缺乏对中小企业信用能力的认同

中小企业由于注册资本规模较小，缺乏自身的资本信誉；企业本身在技术、管理和人才方面存在不足；企业以无形资产为主，缺少可作抵押的固定资产等，难以获得社会对其信用的认同。同时，近期中小企业制假售假情况的频发也降低了中小企业在社会公众中的信誉度。

另外，我国目前尚处于市场经济的初级阶段，主要以资本多少进行资源配置。社会普遍认为资本金多、规模大的企业信用较好，争相对其提供金融服务，导致资源配置过度；而中小企业由于规模、资本的限制，难以得到资源。由于我国还未把信用作为资源配置的条件，中小企业征信报告难以发挥有效作用，金融机构等仍以资金、规模为门槛将中小企业拒之门外。

9.2.5　美国中小企业征信体系建设经验借鉴

我国征信体系存在一系列问题，需要对国外成功经验进行借鉴。美国征信体系建设模式将为我国中小企业征信体系建设提供参考。美国具有完善的征信法律体系、健全的信用管理体系和多元化的信用服务机构。美国征信体系主要由以下三部分组成。

9.2.5.1　完善的法律体系和健全的信用管理体系

美国有比较完备的法律体系，将信用产品加工、生产、销售、使用的全过程纳入法律范畴。目前，美国征信相关的法律共有 16 项，如《公平信用报告法》《公平信用机会法》《公平信用结账法》《公平信用和贷记卡公开法》《信用修复机构法》等。这些法律分为两大类：第一类法律主要规范信用信息的使用，包括信息的收集与使用传播等，其最重要的内容是对征信数据的使用与保护，这是征信法律制度的基础。第二类法律主要规范征信机构行为，包括征信机构信用信息采集、使用及披露等。

9.2.5.2 政府职能明确

美国征信体系的第二部分是明确政府管理部门的职能和建立失信惩戒机制。失信惩戒机制包括：收集并识别不良信用信息；较长时间地保存不良信用信息；对失信者进行惩戒，使其付出高昂的违约成本；将处罚决定通报给相关机构，以形成社会对失信者的联合制裁。

9.2.5.3 市场化运作的各类信用服务公司

目前，美国信用服务机构主要有三大类：一是资本市场上的信用评估机构，即对国家、银行、证券公司、基金、债券及上市大企业的信用进行评级的公司。二是商业市场上的信用评估机构，即对非上市企业信息进行征集与评定的公司。三是对消费者信用评估的机构，即信用局。

美国征信体系建设的经验是：完善的信用法律与监管体系是信用体系建设的基础保障；明确的政府职能和失信惩戒机制是信用体系建设的效率保证；健全的中介服务机构是信用体系建设的重要手段。完善的征信体系有利于降低社会范围内的信息不对称程度，提高金融活动效率，为中心企业发展提供良好的社会信息环境。

9.2.6 完善我国中小企业征信体系的建议

9.2.6.1 构筑和完善中小企业征信服务体系

为加强中小企业信用信息环境建设，我国需要建设和完善全国联网的中小企业信贷登记系统，增加来自税务、工商、海关、环保及公检法等部门的信用信息数据，并逐步向联合征信体系过渡。同时，完善各部门信用信息分类制度，对信息的保密等级进行划分，将部分数据进行商业化处理，用于建设中小企业征信平台。中小企业征信体系的完善，有利于形成对失信行为的惩罚机制，培养中小企业的信用意识。

9.2.6.2 发展资信调查和信用评级等中介机构

我国目前缺乏专门为中小企业设置的信用服务机构和与之对应的管理办法。因此，一是应鼓励符合条件的各类型中小企业信用服务机构发展，向市场提供中小企业基本情况、财务情况、经营情况等信息，充分揭示其信用情况。二是设立符合中小企业特点的信用评级办法，充分考虑其资产、风险、技术等方面特征，对其进行客观信用评价。三是完善中小企业信用服务机构监管，加强对其进入、退出的审核及定期的资质审查。

9.2.6.3　创新金融服务

针对我国中小企业金融层次缺乏的问题，应该创新我国金融服务。一是大型银行应该开设专门的中小企业部，对中小企业业务进行单独核算，设立基于中小企业特征的信用评级方法，为中小企业融资提供专业化、个性化服务。二是应该改革现有中小金融机构。地方中小金融机构在中小企业贷款上具有比较优势，为此，监管部门应该要求地方中小金融机构定位准确，不要与大银行盲目竞争，侧重中小企业关系型业务。鼓励中小银行在地、县、乡提供金融服务，同时鼓励发展适应中小企业特点的小额贷款公司、村镇银行、中小企业投融资公司等，让基层的金融组织更好地为基层的中小企业提供融资服务。三是应该规范发展民间金融机构，使体制外金融成为解决我国中小企业资金约束的一种有效途径。应该给予非正规金融发展以必要的制度空间，使部分符合条件的民间融资合法化，引导和规范其发展。

9.2.6.4　完善我国中小企业征信法律制度

我国中小企业信用体系发展缓慢，很大程度上与我国尚未制定统一的信用法律有关。我国现行征信方面的法规主要是《征信业管理条例》，然而其中并没有对中小企业征信进行特殊规定。我国应借鉴美国经验，一方面，完善中小企业征信法律法规，规范中小企业信用信息的使用，并注重征信数据的保护；另一方面，鉴于我国征信机构业务缺乏专门的法律制约，应该规范征信机构的信用信息采集、使用、披露等行为。

9.2.6.5　增加中小企业征信报告应用渠道

政府方面，应改变传统的以规模为门槛的项目招投标方式，转为以信用为门槛进行招投标。过去中小企业由于规模较小，难以取得招投标资格。以信用为门槛进行招投标一方面扩展了中小企业业务渠道，另一方面增加了中小企业征信报告应用渠道，鼓励中小企业建设自身信用，获得较高的信用评级。同时，在政府项目审批、政府项目补贴审批、扶持基金审批等领域也应逐步转变为以信用为门槛，扩展中小企业征信报告应用渠道。行业协会方面，应建立企业征信评价制度，进行上下游行业产业链征信并促进信息交换，行业协会内企业可直接使用征信信息进行授信等决策。另外，应建立行业协会信用信息交换平台，可提供对外查询，从而形成对中小企业的约束。

9.2.7 征信视角下中小企业融资的 SWOT 分析

9.2.7.1 优势分析

（1）提高了银企间信息透明度。征信系统可以有效整合中小企业信贷记录和非银行信用信息，全面、客观、及时地反映企业信用状况，提高银企之间信息透明度和可信度。截至 2015 年年底，企业信用信息基础数据库累计收录企业和其他组织 2120 万户，为银行了解中小企业还款意愿、监控其偿债能力搭建了高效、可靠的信息渠道，有效避免了道德风险和逆向选择，增加了中小企业融资机会。

（2）形成了守信激励和失信惩戒机制。征信体系为中小企业提供了信用展示和信誉传播平台，形成信用溢价与失信折价机制。守信企业通过征信体系展示自身良好的信用记录，得到政策激励。同时，征信体系也使失信企业陷入"一处违规、处处受限"的困境，在放贷、担保等各项经济活动中处处碰壁，提高其"失信成本"。因此，征信系统倒逼企业自发形成纠正机制，缓解信息不对称程度，逐步建立起守信激励和失信惩戒机制，最终形成社会认可约束的信誉交易机制。

（3）降低了中小企业融资风险溢价水平。由于信息不对称，银行只能通过提高贷款利率，用较高的资金价格覆盖不确定的信用风险，造成中小企业融资风险溢价较高。而完善的征信体系能够大规模高效率地收集、加工、处理中小企业信用信息，帮助银行在短时间内以较低的成本了解中小企业偿还意愿和偿债能力，客观评价中小企业信用风险并合理定价。

9.2.7.2 劣势分析

（1）《征信业管理条例》配套措施尚未有效跟进。《征信业管理条例》（以下简称《条例》）是行政法规，还未上升到法律层次，且其配套措施也未能完全出台，特别是信用评级有关的具体实施细则未能有效跟进，使得中小企业信用评级行为与评级结果不能得到有效的法律规范。此外，随着"大数据"时代的到来以及互联网金融的兴起，中小企业信息的运用和保护的矛盾在新的领域不断出现，征信法律法规建设仍任重道远。

（2）人民银行信用信息基础数据库尚不完善。从数量上看，企业信用信息数据未能覆盖未与银行发生信贷关系的中小企业信用信息，而且非银行信息主要分布在工商、税务、公安、法院、公用事业等部门，影响了中小企业信用信息数据库的完备性和全面性。从质量上看，中小企业信用信息数据报送的及时性、准确性以及数据库更新频率离国际标准还有一定差距，数据库质量有待提高。

（3）现有征信产品无法满足中小企业融资需求。目前，市场上征信产品仅有信用报告、信用调查、信用咨询等几种，缺乏信用风险评估、组合分析和风险预警类征信产品，导致中小企业信用展示渠道受阻，难以起到为中小企业"增信"的效果，无法满足中小企业融资需求。

9.2.7.3　机遇分析

（1）《条例》开启了中小企业融资的新局面。《条例》及《征信机构管理办法》的出台实施，为中小企业主动进行信用展示和信誉传播提供了法律支撑，提高了中小企业应用征信系统融资的合规性、合法性，有助于促使征信体系在化解中小企业融资难题中发挥更大作用。

（2）信用信息共享建设提高了中小企业融资的便利性。按照国务院要求，目前人民银行已经启动征信系统二代建设和金融业统一征信平台建设。同时，社会信用体系建设步伐日益加快，推进工商、税务、法院等各部门分散零星的信息实现批量采集、更新与共享，帮助银行快速、准确、全面了解中小企业信用状况，发挥信息披露、揭示风险的作用，提高了中小企业获得融资的便利性。

（3）互联网金融开辟了中小企业信用融资的渠道。大数据、云计算、大联网等信息科技的快速发展，使得大量中小企业的需求，正被拥有大量数据信息和数据分析处理能力的互联网企业高度聚焦。通过深度挖掘中小企业在电子商务平台上累积的信用数据及行为数据，并将这些数据映射为客户的信用评价，向优质中小企业提供快捷、高效的网络融资支持，实现了信息流和资金流的有效整合，为中小企业融资开辟了一条信用渠道。

9.2.7.4　威胁分析

（1）中小企业信用整体缺失。部分中小企业的欺诈行为和由此引发的抽逃资金、拖欠账款、逃废银行债务、恶意偷税漏税等信用问题，在社会上形成了中小企业信誉较差的群体印象。中小企业信用缺失是造成银行对其信贷支持力度不够的重要原因，同时也阻碍了信用良好的中小企业公平获取银行信贷支持的机会。

（2）征信监管体系缺位。目前，《条例》对于互联网金融监管仍处于真空状态，互联网金融机构的性质、前置审批、经营监管等均游离于监管之外。由于征信监管体系的缺位，导致阿里巴巴、京东、苏宁等掌握庞大信用信息数据的互联网企业一旦发生网络信息泄露或者信息滥用事件，极有可能侵犯企业隐私和商业机密，损害中小企业合法权益。

9.3 推进农村金融发展进程

9.3.1 农村金融发展存在问题

9.3.1.1 政策性农村金融主体缺失

由于农业的弱质性，需要政府通过农业政策性金融机构支持农业发展，农村政策性金融是在现有市场经济条件下，通过弥补市场不足、保护农业发展的有效手段，从广义上讲，应当包含银行、保险、投资等多方面，其中政策性银行是核心主体。在我国，中国农业发展银行承担着我国农村政策性金融的主要职能。

农业发展银行成立之初的主要目的是保证国家对农产品收购管理政策性的实施，实行收购资金封闭管理的金融政策。因此主要为贯彻国家政策、管理农村金融事业、储备国家粮棉油及农业开发等方面的政策性贷款等。因此在成立之初，农业发展银行在代替政府履行支农职责方面起到了重要的作用，促进了我国粮食流通体制改革的顺利进行，保护农民的根本利益。但在实际运作中，农业发展银行与目标定位却有较大的差距。除法人主体不完备、政企不分及效率低下等弊端外，造成政策性农村金融主体缺失，形成农村正式金融抑制的直接原因有：

（1）中国农业发展银行单一的服务功能影响支农作用。收购资金的封闭管理保证了粮食流通体制改革的顺利进行，但是也造成了农业发展银行业务发展领域过窄的弊端。1998年以来，为了配合粮食流通体制管理改革，国务院将开发性贷款和粮棉加工业务贷款从农业发展银行划出，农业发展银行实际基本上只负责粮棉油收购资金的管理工作，信贷服务仅仅局限于单一的国有粮棉油流通环节，没有进一步扩大其他政策性业务的开展，例如，对国家农业基础设施建设进行融资，支持农业科技化及农业成果的转化，为农业的生产开发、农业产业化提供金融服务，制约了农村生产条件的改善。而且在粮食流通体制市场化改革背景下，粮棉购销主体多元化，市场化，国有粮食购销企业收购粮食量明显下降，以购销信贷为主的农业政策性业务发展逐渐萎缩，对农业贷款总额显著下降。

（2）资金运作体制不完善降低农业发展银行在农村金融市场中的作用。农业发展银行作为我国农村政策性金融机构，主要为弥补市场机制的缺陷，是商业性金融机构的补充，理论上其资金来源应当具有多元化特征，应通过财政拨款、发行金融债券、向中央银行借款、同业拆借、境外筹资等多种方式解决资金来源问题。但实际运作中，农发行主要以向中央借款的方式筹集资金。而在资金运用中，农发行使用资金方式比较单一，多采用贷款模式，而农业贷款，特别是农业基础性贷款有投资数额大、投资期限长的特点，如果人民银行资金长期被占用，则不利于资金平衡。这样在央行借款的短期性与贷款运用的长期性之间发生矛盾，其结果是，一方面政策性银行不断的借新还旧，另一方面造成农业发展银行亏本经营，经营支农业务的动力下降，只有通过逐步缩小支农服务范围来减少亏损数额，降低在农村金融市场中的作用。单一的、过窄的服务功能及不完善的资金运作体制，使得政策性金融对农业信贷服务整体偏弱，而且农发行没有同农民发生资金借贷关系，实地走访发现在农户的借贷来源比重中来自农发行的借款占比为零，几乎很少农户了解农发行，可见农发行并没有承担起解决农村中弱势群体信贷需求的政策性功能，加剧了农业发展对信贷资金需求的紧张局面，农村政策性金融主体的缺失，造成农村正式金融抑制。

9.3.1.2　合作性农村金融主体缺失

农业合作性金融是农村金融中不可分割的一部分，对农业生产发展具有积极的促进作用。合作金融具有自愿性、互助共济性、民主管理性和非营利性四个特征。1996 年 8 月，国务院发布的《关于农村金融体制改革的决定》和 1998 年《国务院转发中国人民银行〈关于进一步做好农村信用合作社改革整顿规范管理工作的意见〉的通知》文中把合作制原则解释为"自愿入股、民主管理和主要为入股社员服务"。2003 年，国务院颁布《深化农村信用社改革试点方案》，标志着深化农信社改革进入具体实施阶段。改革后的农信社有了长足的发展，截至 2005 年 6 月末，农村信用社资本充足率从 -8.45% 提高到 5.89%，总体抗风险能力有了质的变化，不良贷款率从 36.93% 下降到 17.54%，比 2002 年末下降 19.4 个百分点，资产质量明显改善。尽管农村信用社历史包袱、资产质量得到明显改善，支农作用得到进一步发挥，但由于各种因素的影响及农信社自身存在的问题，阻碍农信社作为我国农村合作性金融的发挥。

（1）农信社法人治理结构不完善，影响农户互助合作。社员代表大会、理事会、监事会为农信社的基本治理结构。由于产权界定不清晰，"三会"制度形同虚设，这与农信社改革目标相悖，合作金融性质未得到足够的体现。经过深化改革，农信社新的管理框架虽已形成，但机制建设刚刚起步，大部分治理结构仍有待完善，目前农信社理事会受经理层控制，体现经理层意志，并凌驾于社员代表大会之上，内部人现象较为普遍，致使民主管理职能缺位。

（2）农信社非农化倾向。偏离为社员服务原则。农信社是农村合作性金融的主体，是农民自己的资金互助组织，按照合作制原则应不以盈利为主要目的，而是服务于本地区入社会员的合作型金融机构。但在实际运作中，农信社过分看重业绩的增长，以追求盈利为主要目标；监管部门对农信社各项监管均使用商业银行的监管指标，每年都要下达经营指标，在再贷款、存款准备金等方面并没有给予适当优惠。农信社一直在"继续走合作化道路"还是"走商业化道路"的选择上徘徊，这使农信社偏离了为社员服务的合作原则，非农化倾向明显。

（3）农信社手续繁杂、效率低下，减弱支农效率。这主要是因为农信社手续繁杂，农信社过于强调贷款抵押或质押的贷款方式。同时为了防范风险，农信社实行高度集中的授信管理制度，每笔贷款都要经过对客户的信用等级评定、内部授信、贷款调查、审查、审批等程序，使农户的贷款需求不能及时得到满足，农村正式金融的储蓄—投资转化效率低下，媒介作用大大降低，从而减弱农信社的支农效率。农信社不完善的法人治理结构、非农化倾向及繁杂的手续，使得合作性农村金融的支农作用大打折扣，农村正式金融的媒介作用效率低下。而且调查结果显示农信社在合作化与商业化取向上一直在徘徊，使农信社离农民距离越来越远，并没有完全承担起支农的作用，农村合作性金融主体的缺失，导致农村金融抑制。

9.3.1.3 商业性农村金融主体缺失

商业性农村金融是独立的企业经营主体，是按照《中华人民共和国商业银行法》和《中华人民共和国公司法》设立的、吸收公众存款、发放贷款、办理结算的企业法人，其经营目标是追求利润的最大化。商业性金融是农村金融体系的重要组成部分。20世纪90年代，农行逐步步入商业化时期。1994年政策性农村金融业务从农业银行剥离，1996年农村信用社与农业银行脱钩，1997年以后，农业银行进行大规模经营战略性调整，追求规模化和城市化，营销优质客户，并全面推行经营目标责任制，以业绩定等级、以效益定薪酬，向商业化趋势改革在商业化战略获得成功的同时，农业银行同时调整自身目标市场和业务定位，加大城市信贷市场的开拓力度，收缩县级以下的业务网点，弱化了对农村金融的支持作用。

（1）农业银行全面收缩县域以下网点，逐步脱离农村。1997年全国金融工作会议确定国有银行收缩县及县以下机构的基本策略。1998~2002年年初，包括农业银行在内的四大国有商业银行逐步从农村撤走，基本取消县一级分支机构的放贷权，共撤并约3.1万个县及县以下机构。

（2）农业银行支农作用弱化。1997年亚洲金融危机过后，农业银行作为国有商业银行，在利益最大化的要求下，对市场定位和经营策略进行调整，商业化经营行为日益突出，弱化了服务"三农"的定位。部分农村网点只存不贷，同时减少对农村网点的投入，提高对农业信贷管理的限制，提高农村信贷准入标准，致使农业银行对农贷款总量及比例显著降低。迄今，农行支农作用大大弱化，支农地位不断下降。

（3）新型农村商业银行或农村合作银行脱农现象严重。2003年实行的农信社试点改制，经济较发达地区的农信社通过股权改革转变为农村商业银行或农村合作银行。同时，由于农业的"弱质性、高风险性、长期性"与农村商业银行和农村合作银行的"盈利性、安全性、流动性"经营方针相悖，改制后的农村银行其业务定位方向从服务农业变为工商业，新型农村银行涉农贷款比例、农村客户不断下降，脱农现象严重。虽然农村商业性金融机构仍有一部分的扶贫、农业综合开发的专项贷款，但农村商业性金融以商业化为导向，全面收缩涉农业务，撤并县域以下代办站网点，使得农村商业性金融主体缺失，农业银行已脱离农户，支农作用日益弱化，导致农村金融抑制。

9.3.1.4 农村金融创新不足

农村金融创新不足是制约农村金融发展、产生农村金融抑制的重要原因。农村金融创新包含金融体制创新、金融制度创新、金融产品和服务创新等诸多方面，农村金融实地调查及影响农户信贷可得性的角度，农村金融创新不足主要体现为农村小额信贷发展缓慢及农业保险发展停滞不前两个方面。

（1）我国农村小额信贷的支持力度不足。我国最早真正意义上的小额信贷产生于1993年的中国社会科学院在河北易县组织的易县信贷扶贫合作社，至今发展主要可以分为试点阶段（1993~1996年）、扩展阶段（1996~2000年）、制度化建设阶段（1996~2005年）及纯粹商业化运作阶段（2005至今）。作为一种新的扶贫方式和金融创新，小额贷款在一定程度上对扶持贫困人口和改善低收入群体生活提供了有力的支持，但是相对农村巨大的融资缺口，我国农村小额信贷作用有限。

第一，农村小额信贷资金来源不足，农户受益较小。现有的农村小额信贷主体资金来源主要有国际国内扶贫援助、央行再贷款、组织的自有资金等。但国际国内扶贫援助资金来源有限、央行对农信社再贷款限制因素较多、组织自有资金匮乏，而且商业性小额信贷机构只能办理信贷业务不能办理储蓄业务，也不能向商业银行贷款用于小额信贷，这种只存不贷并限制资金来源的经营模式使农村小额信贷主体的资金来源渠道狭窄，相对于农户对资金的需求缺口，用于信贷资金总额较小，农户受益相对较小。而且小额贷款资金的利率由政府实行贴息优惠，导致各方面力量竞争信贷资金，真正到达农户手中的信贷资金其实很少。

第二，小额信贷业务品种单一、额度较小不利于农业经营生产扩大。农村小额信贷机构主要经营小额信贷业务，农户小额贷款的金额等级又主要分为三等，一级可贷款 5000 元，二级 3000 元，三级 1000 元，主要适合以小规模家庭生产为主的传统农业生产。资金金额较小的生产资金可通过农户自筹资金的方式解决，但我国处于新农村建设时期，农业产业结构调整深化，农民加大对新兴养殖业、高效经济作物、农副产品加工、流通的投入，农户对资金的需求量发生变化，对大额贷款的需求越来越高，只经营小额信贷不利于农户农业经营生产的扩大，降低小额信贷的支农作用。

第三，农村小额信贷是一种较为灵活的信贷方式，其信贷直接作用于农户，解决农户小额的、季节性生产的资金需求。作为农村信贷的重要业务品种和信贷来源，小额信贷是农村金融创新的重要方式，对丰富农民信贷来源渠道，增加农民信贷配给可得性，发展农村金融，破除农村金融抑制有着重要的作用。但现阶段相对于全国农户基数大、资金需求总量高及农业扩大再生产的特点，我国农村小额信贷资金来源单一、信贷额度较小的弱点使无论资金总量还是从贷款额度上都显得捉襟见肘，实地调查中，福建省农村小额贷款占农户借贷比例偏低，说明其并没有广泛而有效的覆盖农户群体，小额信贷对农业生产发展的支持作用有限。

（2）我国农业保险发展不足使农户信贷可得性偏低。我国农业保险虽然恢复于 1982 年，但经过短暂而快速的发展后一直停滞不前。政策性农业保险制度设计缺陷致使农业保险发展缓慢。我国实行"政府财政补贴 + 保险公司商业经营 + 农户自愿参保"的模式，中央财政补贴到位的前提是农户参保保费和基层财政补贴已经落实的，这种制度设计虽然避免了地方政府的道德风险，但存在上级财政资金拨付存在滞后性的弊端。而且我国政策性农业保险品种较少，而且，由于我国农业尚未摆脱靠天吃饭的局面，因此巨灾险险种的机制设计尤为重要，但时至今日，我国对农业巨灾风险的处理还属于空白。

商业性保险公司压缩涉农保险亏损业务，农业保险发展动力减弱。长期以来，国内仅有中国人民财产保险公司、中华联合财产保险公司两家公司经营少量的农险业务。而且农业保险机构不断撤并，农业保险发展动力大大减弱。

由于农业天然的弱质性，农业保险的发展对稳定农业生产、保障农业生产持续性有着极其重要的作用。农民"贷款难"根源在于农民自身积累有限、抗风险能力较弱，由于农业产业不确定性强，抵御自然灾害能力较差，弱化了农产品获得金融支持的能力，而农业保险能够为这种不确定性提供支持，对农村信贷的发展起到"保驾护航"作用，提高农业生产者融资能力，因而农业保险的创新发展对发展农村金融，提高农户信贷可得性具有重要的作用。

政策性农业保险制度设计缺陷及商业性保险公司压缩涉农保险亏损业务导致我国农业保险发展停滞不前，农村金融创新动力不足。农业保险发展的停滞无法为农产品获得信贷支持提供保障，农民收入抵抗风险能力较弱，稳定性不强。农业保险是农村金融的重要方面，是第二大主成分因素，反映农业保险的重要性，而农民收入来源是农户信贷配给的重要原因，而农户收入的不确定性使以农业生产为目的的农村信贷配给失去强有力的支持，农民信贷可得性大大降低，从而抑制农村金融发展。

9.3.2　我国农村金融征信系统发展中存在的问题

9.3.2.1　部分农村金融机构对企业征信和个人征信系统数据库建设缺乏积极性

目前农村金融机构力量薄弱，而且大多地方农村金融机构只有农村信用社，贷款渠道选择性单一，发生异地贷款的可能性很少。加上农村金融机构尤其是信用社对贷款对象比较熟悉，在进行贷款调查时，更加看重自己实地调查得到的信息。影响了部分农村金融机构对企业征信和个人征信系统数据库建设的积极性。

9.3.2.2　信用信息采集困难

在实际工作中，征信系统数据库数据的采集难是一个普遍性问题。例如人民银行规定个人信息集，包括很多内容，涉及个人基本资料、贷款情况、担保、欠息、诉讼、纳税、交易、电话费、水电费有无拖欠等多项信息，但目前真正能够采集到的信息也仅限于一些基本个人情况和在金融机构的贷款信息，其他信息采集都比较困难。

9.3.2.3　农村金融征信系统数据库信息收集途径单一

目前，我国农村金融征信工作主要由农村金融机构向中国人民银行建立的企业征信和个人征信系统数据库查询企业和个人有关信息，而中国人民银行征信中心也主要是通过收集企业和个人在贷款时向银行提供的有关信息建立征信系统数据库的，途径比较单一，不能有效地借助征信中介机构全方位地掌握和了解贷款人的相关信息。

9.3.2.4　农村金融征信系统数据库信息收集范围有限

由于中国人民银行征信中心原则上只有企业和个人在向商业银行申请贷款

时向银行提供有关信息才能收集到这部分企业和个人的信息，因此，企业征信和个人征信系统数据库所收集的只是部分企业和个人的相关信息，收集范围相对有限，不能反映全部企业和个人的资信状况。

9.3.3　建设农村金融征信系统的意义和价值

建设农村金融征信系统的基本目标是使农村金融机构能够综合了解贷款人的资信状况，从而帮助农村金融机构防范信用风险，以保持金融稳定，推动经济社会健康发展，并促进农户和农村中小企业树立信用意识，积累良好的信用记录，促进社会文明、和谐和进步。

9.3.3.1　有助于贯彻落实党中央推进社会主义新农村建设精神

中共中央国务院《关于推进社会主义新农村建设的若干意见》中对加快推进农村金融改革有着明确的意见和要求，要求通过加快推进农村金融改革，切实解决农户和农村中小企业贷款难问题。农村金融征信系统是农村金融系统不可或缺的组成部分，对加快农村金融改革、推进社会主义新农村建设有着实质性的意义和作用。

9.3.3.2　符合加快建设企业和个人信贷征信系统的要求

党的十六届三中全会《关于完善社会主义市场经济体制若干问题的决定》提出要形成以道德为支撑、产权为基础、法律为保障的社会信用制度，并按照完善法规、特许经营、商业运作、专业服务的方向，加快建设企业和个人信贷征信系统。建立农村信贷征信系统符合党的十六届三中全会精神，有助于加快建设企业和个人信贷征信系统；农村金融征信系统是社会信用体系的重要组成部分。

9.3.3.3　建立农村金融征信系统在防范信贷风险方面起着重要作用

目前，造成农村金融机构网点减少、农村信贷减少的一个主要原因是农村信贷风险大，回收贷款难，金融机构作为自负盈亏的经济实体，从经营的角度会缩小农村信贷规模。农村金融征信系统的一个重要内容，就是建立农户和农村中小企业信用信息基础数据库。农户和农村中小企业信用信息基础数据库不仅有利于防止农户和农村中小企业过度负债，防范信贷欺诈，降低不良贷款比率，提高审贷效率，而且在方便广大农户和农村中小企业借贷，促进生产、消费和就业等方面将会发挥重要作用。农村信贷征信体系将有利于化解农村信贷风险、促进农村金融发展，是对现有的银行征信系统的完善和发展。

9.3.3.4　有利于加大农村金融机构信用信贷力度

我国《商业银行法》中规定：商业银行贷款，借款者应当提供担保。商业银行应当对保证人的偿还能力，抵押物、质物的权属和价值以及实现抵押权、质权的可行性进行严格审查。经商业银行审查、评估，确认借款者资信良好，确能偿还贷款的，可以不提供担保。目前，我国商业银行主要对收入稳定、良好的个人和信用评级良好、获得授信的企业实行不提供担保的贷款，广大的农户和农业企业根本无法获得信用贷款，做好农村金融征信系统建设工作，可以根据我国农村的实际情况，为促进新农村建设对资信状况良好的农村企业和农户进行信用贷款，加大农村金融机构促进新农村建设的积极作用。

9.3.3.5　建立农村金融征信系统有助于公平信贷

征信有助于贷款人获得更公平的信贷机会。合理、有效的征信系统可以使贷款银行通过了解信用报告里的信息，核实贷款人在借款申请表上填报信息的真实性，减少相关的调查环节和事务、减少环节，节省时间，提高贷款效率。征信系统提供给银行的是客观的信用资料，减少了人为的主观感受、个人情绪等因素对贷款的影响，让贷款人得到更公平的信贷机会，提高效率。

9.3.4　建设农村金融征信系统的途径

市场经济是信用经济、法制经济，如果没有信用机制作桥梁和起调节的作用，单纯依靠法律制度来维护的市场经济将缺乏活性和效率，需要支付高昂的运营成本。建设我国农村金融征信系统的目的，就是要不断增强农村金融市场主体活性，提高信贷效率，降低运营成本和风险，为建设社会主义新农村服务。

9.3.4.1　明确建立农村金融征信系统目标，有效获取信息资源

建设农村金融征信系统，就是要把农村信贷目标客户群、有信贷动机的所有农户和中小企业关于信用的信息收集在一起，形成一个数据库，各种信用服务机构通过信息资料的分析和评价，最终以信用报告等信用产品的形式提供给金融机构，作为金融机构进行信贷活动中决策分析的依据和参考。针对我国信息资源的发生和存在状况，建立农村金融征信系统必须借助工商、税务、物价、司法、公安、教育及与日常生活消费相关的部门，实现信息数据共享。同时，由于功能完善的信用数据库是建立社会信用体系必备的基础设施，建议银行等部门建立行业或部门的数据库，将自建数据库中的部分内容提供给信用中介机构或与信用中介机构共享。

9.3.4.2　推进农村金融征信系统标准化管理，提高信用产品质量

建设农村金融征信系统应统筹规划，统一标准。作为征信业的主要管理部门，人民银行应积极引导信用行业相关技术标准的研究和制定工作，抓紧制定和规范信用信息采集的技术标准，如信用主体的标志、信用信息分类及编码、

信用数据格式和征信数据库建设规范等通用标准，建立符合农村实际的农村信贷信用监管指标体系。提高信用信息的采集和使用效率，加速整合全社会的信用数据，规范征信行业管理和服务，促进信用信息的专业化和标准化。由于农村金融征信系统主要是为金融机构从事信贷业务提供服务的，因此，提供的信用产品的质量将直接决定商业银行的需求。从信用服务的供给来看，要有有实力的机构或企业来提供高质量信用产品，增强信用产品的权威性。解决好信用产品的市场需求问题是农村信贷征信系统存在和发展的关键之处。

9.3.4.3 科学确定农村金融征信系统发展模式，促进信用中介机构规范发展

结合我国目前推进市场化进程的现状和现行的金融体制管理，农村金融征信系统建设应采取以下模式：以人民银行作为政府主导的代表，负责筹建相关征信数据库，向征信机构有偿提供数据、资料服务，由银行监督管理部门对征信机构进行监督管理。既可以充分利用现有资源，调动各方面的积极性，又可以使征信机构在最短的时间内取得最大成效，以最小筹建成本取得最大的收益。同时，职责的分工也有利于避免内部人违规、权力寻租现象，有利于监督管理。建立农村金融征信系统应做好与其他信用信息系统的衔接，处理好农村金融征信系统与联合征信示范工程的关系；通过政策支持，促进信用中介机构的建立与规范发展，扶持一批具有公信力的社会信用中介机构。

9.3.4.4 完善对农村金融征信系统法律并加强监管

要加快农村金融征信相关立法工作，一是要对我国现行的一些不适合、甚至有碍于建设农村金融征信系统的法律法规进行调整；二是要加快农村金融征信系统相关立法。由于征信数据及其处理结果在某种程度上比较敏感，要加强对农村金融征信系统的管理和监督。当前，需要通过立法形式确立农村金融征信系统的监管主体和监管框架，加强对农村金融征信系统的管理和监督。

9.3.4.5 发挥金融征信在健全农村增信机制中的作用

在经济"新常态"下，继续增加农民收入、缩小城乡居民收入差距、发挥金融征信在农村中的重要作用，健全农村增信机制可以从3个方面着手：创新农村征信产品和担保服务方式、发挥民间资本在征信体系中的作用以及推进农村诚信意识和诚信文化建设。

（1）创新农村征信产品和担保服务方式。结合地方实际，积极创新抵押担保方式，探索以农村承包土地的经营权、宅基地、集体林权、大型农机具、农房和动产为重点的多元化抵押担保模式，明确农村产权关系，积极探索"信贷+保险"产品、"普惠卡"以及中小企业集合票据等金融产品体系和服务方式、

搞活农村金融征信市场活力。

（2）发挥民间资本在征信体系中的作用。农村地区一直有着其特有的信用信息、信用担保以及解决贷款纠纷的方式。要构建农村征信体系，就必须重视民间信用、尊重民间信用、合理开发、利用由民间借贷建立起的农村本地信用资源，发挥民间信用在农村地区的重要作用，从中吸取有益的经验，对好的信用担保模式加以推广。

（3）推进农村诚信意识和诚信文化建设。在乡、镇、村开展诚信文化的宣传和教育活动，普及金融、征信知识，大力开展"信用乡""信用村""信用户"建设活动，推进农村诚信意识教育。政府应与工商、行政、税务以及金融机构等单位联合采取一定措施，建立信用记录，形成机制，对那些信用记录良好的农户给予优惠、激励政策，对于失信农户制定一定的惩罚措施，让农户真切地感受到诚实守信、现代的信用制度带来的福利和方便，从而高度重视信用体系的构建。

9.3.4.6　调整农村信贷结构和完善农村风险保障体系

消除城乡差异不可能完全依靠政策财政大规模的扶贫"输血"，更应该帮助农村地区发挥"造血"功能，尽快调整产业结构，增加第二、第三产业的增收空间。

（1）用发展农业现代化实现农村风险自我保障和补偿。政府要在市场定位、资源配置等方面向农村农业生产规模化和集约化倾斜，调整农村信贷结构，增加农村地区尤其是农林牧渔业等农村产业链前端产业的金融供给，通过有力的金融支持，更好地发挥农业生产的潜力，大力发展农业现代化，降低农业生产受自然气候原因影响所引发的风险，提高征信等级。同时，进一步创新和完善农业生产组织体系、经营管理体系以及产品服务体系，提高农业生产自我保障的能力，建立和完善农业风险分担和补偿机制、降低金融机构对涉农贷款的风险，这样才能调动农户和金融业双方的积极性，从根本上保证农村征信体系建设的全面开展。

（2）完善农业风险管理体系。尽快完善包括证券、保险、期货、信贷以及担保等行业在内的农村金融体系，除信贷以外，积极探索农村地区其他直接融资模式，探索农村小微企业以证券、发债等方式进行融资的可行性渠道，充分发挥期货市场在市场价格中的作用。对于现有的期货产品进一步精细化，不断完善、创新的期货品种。创新农业保险品种，不断完善农业保险体系。通过对农村地区的信贷市场、证券市场以及期货保险市场的不断完善，逐步构建起相互依存、相互配合的符合农业现代化的农村农业风险管理体系。

9.3.4.7 利用"互联网＋"完善农村信用信息的征集、管理和评价

当前世界已经进入"互联网＋"的时代,这为征信工作提供了极大的便利。构建农村征信系统,就应把握好"互联网＋"的时代优势,充分发挥好"大数据"的作用,让"互联网＋""大数据"在信用信息征集、管理和评价中为我所用。

(1)构建多方参与的农村征信体系。征信体系本身就是社会、政治、经济、文化等因素共同协调发展的过程和产物。因此,要构建农村征信体系并不是政府或是人民银行一家的责任。一方面,人民银行要发挥自己在构建农村征信体系中的主导作用,搭建农村征信平台,为农村征信体系的完善提供信用信息资源,且这个系统要实现与社会其他部门的信息同享;另一方面,政府及相关的部门要转变观念,共同构建一个由政府、银行、工商、税务、公安、法院等多部门在内的多方联动机制,共同丰富农村信用信息资源,共同打击不守信行为,让守信者得到实惠、失信者得到严厉处罚。同时,加强对银行和征信从业人员的培训,创新信用信息采集方式,降低征信系统填报的难度,确保信用信息征集、管理和使用的可操作性。

(2)充分运用科技手段提升农村金融服务水平和效率。随着"互联网＋""大数据"时代的来临,现代化的技术设备在金融服务领域得到了广泛应用,对填补农村金融服务空白也起到了重要的作用。要构建农村征信系统,首先要充分利用好"手机银行""支付宝"等现代化的通信设备和手段,扩展金融服务的覆盖面,为农村地区提供一些基础性的金融服务,确保资金信息的安全、提高金融服务水平和效率,在做好基础性金融服务的同时,逐步构建企业和个人的数据库,稳步推进农村信用体系建设。

(3)确保农村征信市场稳健发展。2013年,中国人民银行颁布了《征信机构管理办法》,明确了各方在征信体系建设中的权利、义务和责任。2014年,中国人民银行又先后发布了《金融信用信息基础数据库用户管理规范》《征信机构信息安全规范》两项征信行业标准,进一步丰富了征信法律制度体系,为规范信用信息的采集、加工、保存、查询和使用以及征信机构建立和完善信息安全管理体系提供了指导和支撑。要构建和完善农村征信体系,就要学习和充分理解相关法规,最重要的是要结合农村地区的实际情况,将这些相关的规定和管理办法落实到位,明确主体责任,坚决惩处有法不依、不作为、执行不到位的行为,共同促进并确保农村征信市场的稳健发展。

第 10 章　互联网征信的发展定位

10.1　互联网征信体制建设

10.1.1　我国互联网金融征信体系建设的优越性

大数据背景下，我国的互联网金融征信具有以下四个特点：一是将软信息转化为硬信息，通过互联网金融交易的特殊性可以将个人及机构的私人信息公开化，隐性信息显性化；二是将分散信息集中化，无论是第三方支付信息、电子商务信息还是网络信贷信息，都可以通过互联网金融平台进行数据整合；三是云计算的应用可以依据一定的信用指标对信息进行检索、排序和计算，有效地凝练和反映出汇聚出来的海量数据；四是信息资源共享化，通过网络资源分享和共享机制，使得互联网金融交易的信用信息可以在人与人之间，人与各平台机构之间实现均等化，消除信息不对称。

与传统的金融中介相比，互联网金融的信息处理特点决定了其在风险管理和控制以及风险定价方面具有较强的数据优势。在大数据的时代背景下，通过云计算的技术支撑，资金供需双方的信息通过互联网金融交易得到解释和传播，继而被搜索引擎组织和标准化，最终形成时间连续、动态变化的信息序列。

首先，通过互联网金融平台所生成的信息，可以弥补传统征信体系建设中个人和机构没有义务披露的信息并进行传播；其次，云计算的运用保障了海量的数据资源能够准确得到处理和解释；最后，搜索引擎对各种信息进行重新整理、排序、检索，进而缓解信用信息超载的问题，有针对性地满足信息需求。这种以极低的成本来获取信息、处理信息、进而得出资金需求者的风险定价和动态违约概率的方法，不仅满足了金融交易的信息基础，也表明了我国建设互联网金融征信体系具有一定的优越性。

10.1.2　互联网金融征信的必要性

互联网金融是现有金融体系的有益补充，而征信体系是现代金融的基石，在互联网金融背景下，征信体系的完善更是改善互联网金融生态的重要方面。

10.1.2.1 征信数据支撑互联网金融发展

传统金融业如银行要发放贷款，需要对贷款人进行信用审核，注重实物资产、债务水平、现金流水等，而互联网金融征信注重消费数据、频率和地位。不同于传统的金融业，互联网金融公司，尤其是电子商务平台，拥有自主支付渠道和积累大量数据是它们的优势所在，以此来有效、快捷地对借款者进行资信评估，并快速发放贷款。基于电子商务平台的大数据金融，就是因为掌握了用户的交易数据才能为内部的商户提供融资业务，并借助大量的网络信贷业务发展壮大，同时将平台信贷的不良率保持在较低水平。如阿里巴巴网贷，就是利用其电商平台进行信用数据征集和使用，很好地控制了商户信贷违约的风险，进而实现稳定、可观的利息收入。再如，腾讯、苏宁、京东等电商，也是利用自身电子商务平台上的客户数据开办网络小额贷款或与金融机构合作开发金融产品。另外，P2P网贷平台放款人通过数据来分析、评估借款者的信用，其实也是借助互联网数据进行征信管理。除上述电商大数据金融及P2P网贷平台，数据征信还可以独立开办业务，国外专门提供数据征信服务的公司就普遍存在，它们通过搜集、挖掘、加工数据，形成信用产品卖给需要这些征信数据的公司和个人。

10.1.2.2 完善的征信体系有助于互联网金融控制风险

互联网金融征信系统对于信贷风险管控的价值在于它把以前商业银行通过看报表、现场收集的资料通过网络抓住了，从而大大提高了效率和精确度，而且一旦交易达成后会产生新的信息又进入征信系统，累积成范围更广、行业更多、数据更全的征信数据，这也正是征信系统相比较于电商平台自筹的征信组织本质上的不同。一个主体在阿里平台上有表现，在京东平台上有表现，在其他平台上也有表现，这样的表现是隔离的，独立取得的互联网行为报告是不全面的，正如在进入人民银行征信系统前，工商银行有一个主体的信贷记录，农业银行、建设银行都有，但是信息隔离得出的信用报告是不全面的，信息只有在更广更大范围内共享，才会全面完整地体现主体的信用记录。征信系统可以帮助互联网金融企业解决以下核心问题：一是放大网络金融的违约成本，降低行业总体经营风险。二是帮助互联网金融企业全面掌握融资主体的负债水平和历史交易表现、优化信审流程，降低成本。三是帮助投资人了解投资对象的真实信用水平，为互联网金融企业被迫超自身能力提供担保获取资金的局面解困。

10.1.2.3 有利于传统征信业务创新

首先，征信系统需要覆盖更广大人群。中国13亿人口中目前仅3亿多人有信贷征信记录，金融服务有明显的长尾效应，处于尾部的人群较难获得理想的金融服务。互联网金融的发展弥补了正规金融领域没有服务到的人群，而征信需要为每个有金融需求的个体建立信用档案。其次，征信系统需要探索更便利的服务方式。互联网技术日趋成熟，应用互联网技术对网络上的信息进行征集、加工，并形成征信产品提供给征信需求方是未来征信服务的技术趋势。最后，征信系统需要创新风险评价模式。网络社会中个人的行为方式，已经在电商平台、社交网络、网络工作工具及渠道上留下痕迹，基于此类信息开发有效的风险防范模型，是对传统风险评价方式的重大突破。

10.1.2.4　有助于在更大范围内形成良好的信用环境

一方面，互联网金融机构可以通过借助征信系统的威慑力和约束力，增加对线下信用风险的管理手段，控制还款人信用，督促客户按时还款，使客户更加重视保持良好的信用记录，更大程度提高金融资源的配置效率，减少互联网金融模式下的金融交易成本；另一方面，可以使互联网金融的守信用客户积累信用财富，进而提升个人、小微企业的信用水平，使其获得成长为传统金融服务对象的机会和资格，在客户成长发展维度上，互联网金融将为传统金融培育潜在客户，二者形成良性互补。

10.1.3　互联网金融征信的可行性

上海资信所建立的 NFCS 系统是我国首个网络信贷征信平台，它涵盖了交易主体在网贷平台上从申请、签订合约到合约执行这一全部信贷周期的行为记录，包括被征信主体的基本信息、申请信息、开立信息、还款信息和违约信息，加大失信行为的损失，对机会主义行为进行有效地制约。NFCS 系统的顺利运营表明互联网金融征信具有一定的可行性。

（1）互联网金融交易信用信息的采集更全面地体现了交易主体在匿名、虚拟的环境下进行商业活动的信用信息，这些信息作为非银行信用信息纳入征信系统，可以作为重要参考有效的补充银行信用信息的不足。信用信息越全面，声誉传递效应就越明显，对信息主体的信用判断就越准确，有利于企业和个人的信用约束机制的建设。

（2）网络交易的信用信息具有电子化和及时性的特点，方便信息的采集、搜集和汇总分析，能够对征信对象最新、最全面的信用记录进行实时跟踪，反映其当前的信用情况，满足征信体系中对信息的完整性、真实性和时效性的要求。此外，也可以通过运用央行征信数据库先进的防病毒和防黑客的计算机系统来保障互联网金融征信系统的安全，有助于体系的构建。

（3）从目前我国央行对企业和个人的征信体系的构建及应用来看，互联网金融征信在促进金融和经济发展的过程中起到了重要的作用。阿里小贷公司通过支付宝平台和中国建设银行的合作所展开的针对淘宝店家的小微信贷的尝试，成功说明了第三方支付征信对网络信贷的发展起到了很好的推动作用。如果将互联网金融征信平台上的信用信息纳入央行征信系统，对商业银行及网络信贷平台在防范高风险融资、贷后风险预警和提高审贷效率等方面将会产生积极的作用。

（4）"管理信贷行业，推动建立社会信用体系"作为中国人民银行的重要职责之一，应发挥其推动和完善社会信用体系建设的主导作用，将互联网金融征信系统作为维护健康、诚信的互联网金融环境的重要内容纳入社会信用体系。同时也有效避免了网络信用体系建设的多头混乱、资源浪费、数据无法共享、缺乏权威的局限性。

10.1.4 我国互联网金融征信体系的建设现状

10.1.4.1 互联网金融崛起为我国征信业发展带来的新机遇

互联网金融的兴起有益于征信业务创新。互联网金融服务对象的特殊性导致不同的征信需求，使得征信业在以下方面得到发展新机遇。

（1）征信业务需求迅速增长。互联网金融模式将给金融消费者带来个性化的金融服务、精细化的金融营销和批量化的业务处理，准确掌握服务对象的信用状况、消费习惯及风险偏好更为重要，征信业务的需求也将快速增加。传统金融机构将拓展金融服务领域，将原有查询信用报告开展信贷业务，扩大到对电子商务领域和互联网平台上小微企业、个人的信用信息征集。P2P、网络小额信贷以及电子商务的开展高度依赖交易对象的信用信息，也将产生巨大的征信需求。此外，金融服务和产品的升级为有效防范违约风险也需要征信机构提供行业历史违约率、重要风险预警和个人信用评分等高端产品。因此，互联网金融兴起及发展将为征信业带来更广阔的市场空间。

（2）征信产品将更丰富。互联网技术已经相当成熟，基于互联网收集信息数据、提供服务给征信服务带来便利。大数据、搜索和云计算等也将推动传统征信服务方式的升级和产品的创新。传统征信业务将得到优化，例如利用互联网平台开展信用信息报告的查询、个人身份信息验证，以及将村镇银行和小额贷款公司等小型金融机构接入互联网平台。高端征信业务也将得到发展，通过互联网，资金需求方的信息在社交网络显示和传播，由搜索引擎组织和标准化，云计算进行高速处理，变成动态变化、时间连续的信息序列，最终得出资金需求者的风险定价和动态违约概率。在积累完整历史数据后，还可以利用大数据技术挖掘行业分析、重大风险预警和宏观的经济形势预测等服务。

（3）信用信息征集范围覆盖面更广。通过互联网技术的应用，传统的社会征信机构将扩大征集范围，同时阿里巴巴、腾讯、京东和百度等互联网企业依托电商平台、社交网络和搜索引擎等工具整合加工信用信息，各级政府部门也将进行电子政务工程改革，为依托互联网实现各部门间信用信息共享提供可能性。最终，在征集互联网信用信息后，原本以征集信贷数据为核心的人民银行征信系统可以归集到包括信贷、证券、保险、电子商务、政务和司法等领域的信用信息，进一步提高专业化和完整性。

（4）征信机构种类更加丰富。当前，国内的公共征信组织主要有中国人民银行征信中心和其他 70 多家社会征信机构。在互联网金融模式下，互联网企业、金融机构也将开展住信业务。一类是电子商务公司组建征信机构，依托自身电商平台和支付渠道，建成覆盖广泛的信用信息数据库，开展小额贷款、网络联保贷款和网络理财等业务，其中以阿里金融尤为突出。另一类是金融机构拓展业务成立征信机构，征集银行信贷记录、P2P 借款信息以及其他公共部门提供的信用信息等，成为专门挖掘金融数据的中介组织，如平安集团下属的 P2P 平台陆金所。还有一类是第三方公司利用共享平台，借着互惠互利的机制，为会员机构提供信息查询及征信报告，深圳鹏元、上海资信、北京安融惠众是这一类市场化征信机构的代表。

10.1.4.2　我国互联网金融兴起给现有征信体系带来的挑战

互联网金融的发展方兴未艾，创新型金融服务平台如雨后春笋般出现，而现有征信体系建设已滞后于金融业的发展，制约着互联网金融的发展。目前，我国互联网金融征信系统建设缺位，互联网金融的信用信息尚未被纳入人民银行征信系统。征信系统的数据主要来源并服务于银行业金融机构等传统意义上的信贷机构，P2P、电商小额贷款机构等新型信贷平台的信贷数据游离于征信体系之外，无法利用征信系统共享和使用征信信息，对借款者的信用缺乏了解，导致坏账率升高，风险加大。

许多公司已经看到互联网金融征信系统缺位产生的机会，并展开行动做 P2P 咨询平台。2013 年 3 月，安融惠众在北京发布了"小额信贷行业信用信息共享服务平台"（MSP），该平台以会员制同业征信模式为基础，采用封闭式的会员制共享模式，目的是帮助 P2P 公司、小额贷款公司、担保公司等各类小额信贷组织防范借款者多头借款，降低违约风险和减少坏账损失，提供行业借款信息共享服务，形成业内失信惩罚机制。而上海资信旗下的征信业务已经获得央行颁发的征信牌照，于2013年6月正式上线"网络金融征信系统"（NFCS），服务于人民银行征信系统尚未涉及的互联网金融领域，为网络金融机构业务活动提供信用信息支持。但是，这些信用信息共享平台有着各自的风控模型，数据来源或是通过与线下的小贷公司共享数据的方式获取，或是通过自己的线下团队人工获取数据搭建数据库。而且，这些数据全都是割裂开来的，由每个平台各自使用，截至目前，没有一家平台将数据与其他平台共享。总体而言，自发组织或市场化运营的共享平台的信用信息远远满足不了互联网金融行业发展的需求，征信业的发展脚步已跟不上金融的创新脚步。

10.1.5 我国互联网金融征信体系建设

新兴的互联网金融业态迫切需要征信体系在互联网上进行信息共享，征信体系不完善已是制约我国互联网金融发展的软肋，因此也催生我国征信体系开始变革和发展完善，选择一种适合我国国情，并行之有效的建设模式并加快推进互联网金融征信体系建设显得尤为重要和迫切。

10.1.5.1 模式提出的背景

（1）历史条件。目前，我国互联网金融征信体系处于起步阶段，基础薄弱，征信覆盖面窄，缺乏普遍的公信力。各非官方信用信息共享平台基本处于各自为营，游离于社会信用体系之外的状态，相互间缺乏共享渠道和机制。必须建立一个覆盖所有与互联网金融发生联系的个人和企业，允许任何互联网金融机构接入公共征信服务平台。而作为征信体系重要组成部分的人民银行征信系统规模大、功能完善、应用领域广且影响力持续扩大，已建成企业和个人信用信息基础数据库，另外还有几十家的社会征信机构对其进行补充。这种有政府背景的公共征信系统在降低建设成本、缩短建设周期上有巨大的优势，对推动互联网金融征信业发展有着重要的作用。

（2）征信市场化发展状况。目前，虽然国内也出现了一批市场化经营的征信机构，但由于政府在征信市场占有政策和规模优势，国外一些大型征信机构也不断进入国内征信市场参与竞争，市场化经营征信机构没能获得更多发展机会，普遍存在规模小，数据采集困难、专业化水平低、信用产品质量差等问题，另外，信用信息共享机制不完善也使它们难以充分提升其市场竞争力。

（3）社会信用环境状况。当前我国处于转型发展阶段，加上市场经济体制建立时间短，社会信用意识和信用环境整体水平不高，为经济利益而牺牲信誉的行为时有发生。一方面是因为部分人信用意识淡薄，另一方面也是因为失信成本过低。政府层面虽然提出要建设"守信激励、失信惩戒"的社会信用环境，但相关的配套机制并未及时建立。此外，政府政务信息的公开程度不高，职能部门间信用信息缺乏共享，也造成我国社会信用环境整体不理想。

（4）社会信用体系建设模式。互联网金融的本质是利用互联网信息及相关技术，加工传递金融信息，办理金融业务，构建渠道，完成资金的融通。从本质上看，互联网金融的核心还是其金融属性，本质上还是金融。按理类推，互联网金融征信的属于金融征信的范畴，确切地说应是金融征信的一个分支，互联网金融征信体系是社会征信体系的子体系，建设模式应与社会信用体系建设模式保持一致，而我国社会信用体系采取的是"政府推动、央行运作、市场补充"建设模式。

10.1.5.2　模式建设的原则

（1）征信信息可共享性。单个互联网金融平台依靠自身力量建成征信系统，或者小范围平台间组成的共享平台，容易造成信息割据，形成信息孤岛，无法准确及时识别单个借款者在多个互联网融资平台重复借贷的情况，互联网融资平台与客户间由信息不对称、平台间因信息孤立导致合成谬误。也就是说，对个例来说，每笔贷款的完成，理性的融资平台虽能保证单笔交易的安全，但将多笔交易合成在一起可能造成人人遭狭的合成谬误。由于互联网融资平台间的竞争必将造成相互间信息的孤立，各平台只能获取与之发生业务联系的部分信息，无法动态、整体地了解对方在其他平台的贷款情况和信用表现，同一个体可以通过与多家互联网融资平台建立业务联系，多头贷款、过度贷款，却能不被发现和监督。当企业经营出现状况后，如果一家平台首先采取强制收贷方式，其他平台必然迅速采取措施，造成多米诺骨牌效应，结果企业必然陷入更大的困境甚至倒闭，互联网融资平台的大部分信贷资产也难以保全。为实现行业会员间的信用信息的互联共享，降低风险，一些地区谨慎探路，建立网贷行业协会试图帮助会员企业间共享信用"黑名单"，有效防范借款者诈骗、"过度借贷"等风险；一些第三方征信机构，或通过购买数据，或通过数据交换，或实地调查，建立信用信息共享数据库，为会员提供征信查询。例如，上海资信的网络金融征信系统（NFCS）、北京安融惠众的小额信贷行业信用信息共享服务平台（MSP）等。但这些摸索毕竟只是单一行业性、区域性的，受众面较窄，发挥行业自律、监管作用有限，不能完全解决借款者过度借款、重复融资的问题，因此在系统建设之初就应该将建立覆盖全行业、全国的互联网金融征信系统作为主要目标，实现互联网金融全行业信用信息可共享。

（2）网络数据可获取性。网络上每天涉及金融业务的电子商务、P2P、众筹等网站和网民数量众多，每天新增或退出互联网金融领域的网点、网络主体也不计其数，如何保证征信系统成功采集网络数据、采集到有效的网络数据成为决定建立上述理想模式成败的关键。调查显示，中国中小企业 B2B 电子商务运营商平台营收市场份额中 8 家核心企业占比 64.5%，其中阿里巴巴份额 43.1%；中国 B2C 购物网站交易规模前 10 家企业交易额占市场整体的 89.7%，其中天猫占比 51.1%。而 P2P 和众筹方面，虽然还处于跑马圈地阶段，但整体来看，已基本形成了以人人贷、人人聚财、温州贷、陆金所、合拍在线等为首的 P2P 主流阵营和以点名时间、点梦时刻、淘梦网、大家投、天使汇、3W 咖啡等为首的众筹主流阵营。因此，只要人民银行征信中心与主要的电商平台、P2P 和众筹网站建立合作关系，设立数据接口，并统一数据采集标准，基本可以有效获取大部分的互联网金融信用信息数据。

（3）最终产品可更新性。互联网金融业务频繁发生，并产生海量数据，业务双方信用信息随时变化，保证信用报告的迅速更新，并能及时提供给信用报告需求方是保障这一模式有效性的关键所在。一方面，在云计算、大数据等计算机技术的支持下，征信系统有能力实现对原始数据的即时采集，限时加工，并快速提供最终产品。另一方面，为提高业务主体双方信用度和保证交易的安全性，互联网金融平台一般采用会员制，并要求会员实行实名注册认证，且目前征信中心已开展互联网的个人信用信息服务平台的验证试用工作，所以，未来完全能够通过互联网链接导向方式，为业务主体双方提供查询信用报告的地址，确保最终产品及时更新、便捷获取。

（4）客户隐私可保护性。未来互联网金融征信子系统征集的主要是个人基本信息、个人网络信贷交易信息和反映个人信用状况的网络交易信息和其他信息。例如姓名、住址、婚姻状况、职业、联系方式、网络信贷记录、债务状况以及与信用状况有关的行政处罚记录、民事责任和刑事责任等都属于个人隐私，我国法律保护个人隐私权，个人也不愿隐私信息被泄露、被窃取。而征信机构采集、加工、整理、保存和提供的绝大部分是私人隐私信息，有义务、有责任保护客户的隐私信息，因此互联网金融征信子系统在设计之初就应该将隐私保护作为重要义务，严格遵守有关法律法规规定，提高安全防护技术措施，确保客户隐私不被侵犯。

10.1.5.3 理想模式：依托人民银行征信系统建设互联网金融子系统

结合我国互联网金融发展的实际，根据上述建设原则，兼顾市场经济发展要求，我认为互联网金融征信体系应该采取"政府推动、央行运作、市场补充"的建设模式。并且可以尝试在人民银行征信系统平台上创建一个互联网金融征信子系统，允许互联网金融全面接入央行征信平台。参考人民银行征信系统对银行类金融机构信用数据的采集、加工、使用步骤，可以勾勒出主要由数据来源对象、征信管理平台和信用产品最终用户构成。

（1）数据来源对象。互联网与金融结合的模式主要分为四大类：一是金融互联网，传统金融体系利用互联网提高运营效果，借助互联网在线交易，传统金融模式上叠加一些互联网应用，比如说电子银行以及股票、保险等金融产品的在线交易。二是电商大数据金融，平台企业依托自有或者第三方平台的海量信用信息数据为用户创新性开展资金融通业务，主要表现是阿里小贷、苏宁金融，京东供应链以及腾讯电商的金融服务等，这些电商平台依靠自身的支付核心开展客户和数据积累，并以此开展平台的理财或小额信贷服务，这也是目前我国发展最为全面的互联网金融表现形式之一。三是网络融资，是指依托移动、网络独立进行金融服务的模式，主要表现是 P2P 网络信贷和众筹。四是互联网金融门户，如网贷之家、网贷天眼和融 360 等，主要服务是提供金融产品的搜索和数据处理，以平台模式积累流量，提高产品提供者与投资者间的信息透明和对接效率。模式一金融互联网并非真正意义上的互联网金融，信用信息数据的征集可依托传统金融渠道，模式四其实是互联网金融服务，是为互联网金融提供服务的中介，对其信用信息征集意义不大，因此，征集互联网金融信用信息数据的对象主要是模式二电商大数据金融和模式三网络融资。

（2）征信管理平台建设。当前在全国的征信体系里央行的征信系统最为权威、全面，但短期内互联网金融机构接入央行征信系统条件尚不成熟，因此需要寻找或设计一个平台，作为过渡，通过这个平台逐步将新型放贷主体的信用信息纳入征信系统，最终在这个过渡平台的基础上成立征信系统的互联网金融子系统。目前开展市场化征信服务的第三方征信渠道主要有上海资信、北京安融惠众和深圳鹏元等，其中上海资信的网络金融征信系统（NFCS）可作为征信系统的首选过渡平台具有政策、技术和资源三方面的优势。首先，上海资信受人民银行征信中心控股，双方已建立战略合作关系，合作开发并代理销售人民银行征信中心定向产品。因此，由上海资信代为经营征信系统互联网金融子系统过渡平台具有政策优势。其次，2013 年 6 月 28 日 NFCS 系统正式上线，从系统开发之初，就考虑了与央行征信系统对接的兼容性。从数据内容、数据格式、数据字典做好了与央行征信系统对接的准备，为两者间实现信息共享做好铺垫，具有技术优势。最后，从系统上线到 2013 年底半年的时间，NFCS 系统便与全国 79 家互联网金融企业建立合作关系，并且计划 2014 年底将主流网贷机构都引入该系统，在资源上具有优势。随着 NFCS 系统对数据的积累与沉淀，可最终将其转化为征信系统的互联网金融子系统，业务涵盖以互联网金融征信为代表的非银行领域，加快我国征信系统的覆盖进程。

（3）最终信用产品构成。参照人民银行征信系统的征信报告构成，结合互联网金融的特点和信息构成，可勾勒出互联网金融子系统信用档案的构成。主要包括征信主体信息、融资申请信息、借款开立信息、借款偿还信息以及特殊交易信息。主体基本信息提供交叉验证的信息支持，防范身份欺诈，提供贷后管理的多方信息比对；融资申请信息第一时间提供主体是否存在多头申请的欺诈可能；借款开立信息和借款偿还信息提供动态的负债与违约信息，帮助企业了解主体的真实的负债水平及偿还能力变动情况辅助决策；特殊交易信息整合业内的黑名单，放大失信者的违约成本，形成威慑。随着数据量的丰富，互联网金融子系统还可以提供更多增值类的服务产品，如评分、主动风险预警等深加工产品。

（4）内部工作循环过程。参照中国人民银行征信系统信用数据的采集加工使用流程，由设置在不同网络信贷平台、电子商务平台等的业务数据端口征集翔实的信用数据后，子系统先是利用机构代码或身份证信息查询系统审核确定互联网金融交易者身份，然后对信息数据进行分类整理、加工、储存，将处理过的数据汇集到征信系统的企业信用信息数据库和个人信用信息数据库中进行整理、剖析、评价，最终开发出不同种类的产品，提供给最终客户。

10.1.5.4 理想模式建设的可行性

（1）政策可行。2003 年，人民银行获得国务院授权承担"管理信贷征信业，推动建立社会信用体系"的职能，2008 年，进一步扩大职能范围，从原来的"管理信贷征信业"扩大为"管理征信业"。而互联网金融征信体系是社会信用体系建设重要组成部分。因此，积极参与并发挥主导，推动我国互联网金融征信体系建设努力培植健康、诚信的互联网金融市场环境，是人民银行的职责所在。

（2）基础可行。20 年来，我国央行以信贷咨询登记系统为基础，通过扩大信用信息采集范围，将单纯采集信贷信息扩大到采集信贷、工商、税务、电信、环保等多种类信用信息，建立了个人和企业两个信用信息基础数据库。截至2013 年 12 月底，两大数据库已收录 8.39 亿自然人和 1919 万家企业，日均查询量分别达到 97.8 万次和 31 万次，并以两大数据库为主体，建立了我国征信体系的主体架构。因此，由中国人民银行具体运作互联网金融征信体系的建设具有夯实的基础。

（3）技术可行。在网络交易环境下产生的互联网金融信用信息具有电子化和实时性的特点，有利于信息的征集和分析。利用人民银行的支付系统、征信平台建设互联网金融征信平台，采集分散在各个网络支付、信贷及投融资平台的信用信息，迅速汇集、加工、储存产生相应的数据产品，充实到征信系统信息库，这在技术上是可行的，而且，征信系统已经有把网络信用信息纳入采集范围的案例，如重庆市征信系统从开始建设时，就已尝试将网络信用信息作为数据来源之一。此外，人民银行的征信系统有先进的计算机安全防护功能，能最大程度预防黑客和病毒攻击，系统安全和技术有保障，通过这种模式建设互联网金融征信系统，也能够降低经济和时间成本。

（4）相得益彰。采集的信用信息越全面，信息与信息越能够相互印证，对信息主体信用状况的判断越全面、更准确。目前，人民银行征信系统采集的信用信息绝大多数来自于传统银行类金融机构，帮助银行间进行信用信息共享。而互联网金融信息与实物隔离，主体间匿名且不用见面的特点决定它本质上还是信用经济活动。互联网金融活动会产生大量的信用信息，这些信用信息与银行信贷信用信息相得益彰、相互补充，有助于公正评价企业和个人的信用状况。所以，如果能把这部分互联网金融信用信息纳入征信系统征集范畴，利用征信系统的信用约束机制，帮助银行和互联网金融企业加强对信息主体进行信用判断，将有助于信息主体加强自身的信用管理。

（5）整合资源。我国现在互联网金融征信的建设主要是由一些互联网金融平台或第三方机构充当，这些平台或机构规模小、经营分散、覆盖面窄、成长缓慢、相互隔绝，也不权威，有时相互间为了争夺客户资源会不惜采取信用炒作、互换或甩卖的行为。互联网金融征信业的多头建设会造成资源的浪费，不利于整合资源，并且征信业有个显著特点，就是越大规模的征信机构，越能提供齐备和精准的信用信息，所以，由公正独立、规模强大的人民银行征信系统来整合互联网金融信用信息资源，统一采集数据、使用信息，能够缩减降低成本和重置浪费，高经营效益。

10.1.6　建设理想模式面临的问题

10.1.6.1　内部系统建设面临的问题

尽管在人民银行征信系统上创建互联网金融征信子系统具有诸多有利条件，然而国内互联网金融起步晚、底子薄，互联网金融征信子系统的建设刚处在探索阶段，要想允许互联网金融全面接入央行征信平台，还需要解决以下问题。

（1）成本问题。人民银行征信系统依靠《征信业管理条例》赋予的权利强制要求传统金融机构提供个人和企业的信用信息，然而对那些通过辛苦经营集聚信用资源来获利的征信机构、网络组织和互联网金融企业，它们并没有义务向人民银行征信中心无偿提供信用信息。不以营利为目的的人民银行征信中心参与创建互联网金融征信体系将会使政府财政增加负担，今后是选择投入更多财政支出，还是选择走商业化道路，需要抉择。如果无法无偿获取信用信息，成本的因素应该要考虑，哪些信息需要成本哪些可以免费获取、信息的定价，这些都需要考虑和设计。

（2）统一征信标准问题。互联网金融信贷数据数量巨大，种类复杂，形成的信用信息多种多样，信用信息的哪部分内容适合采集，采集多少，各个征信机构缺乏统一的口径和标准，且不同数据库和征信机构间缺乏共享交流，独立操作，重复征集，自成体系，导致客户互联网交易、信贷信息分散，信息征集、评价的指标、方法不统一，造成混乱，无法形成共享互补，造成资源浪费的同时也无法全面评估客户的总体信用状况。如何统一征信标准，开发符合互联网金融各类网络业务接口规范尚需论证。

（3）数据质量问题。互联网业态虚拟化程度高，互联网金融信贷过程的真实性不易考察验证。电子商务方面，多数电商网站以交易成功次数作为信用数据累积基础，而忽略交易的金额和内容，造成利用虚假交易快速提高信用等级的现象时有发生，"刷信用""假评价""给好评返现金"等现象降低了网站评级威信及可信度，对网络交易造成了负面影响。网络信贷及众筹方面，利用互联网融资平台变相吸收公众存款或非法吸收公众存款案例屡有发生，一些网络信贷平台已超越信息中介属性，利用互联网进行民间非法集资，存在虚构债权债务、转移资金、短贷长投的行为，一旦采集了这些虚假互联网金融信息后，征信系统的可靠性将会下降。

（4）隐私保护问题。互联网金融企业以社交网络、电子商务为平台，大量采集客户的基本情况、经营状况、财务状况、交易数据、消费规律、选择偏好和信誉评价等信息，但是2013年3月《征信业管理条例》出台后，对信用信息的采集须经主体本人同意、采集范围和不良信息告知制度等有了明确规定，互联网金融企业在对客户进行信用信息采集行为容易超出法律规定范围。例如，《征信业管理条》第十三条规定，采集个人信息应当经信息主体本人同意，未经本人同意不得采集。传统金融征信模式下，未取得信息主体同意，采集者就不得获取其信息。但在互联网金融征信模式下，只要主体登录网站，互联网金融平台便可以自动记录主体的网络行为，在主体不知情的情况下就已经完成对主体信息的收集。

（5）信用产品升级问题。信用评分是国际通用的信用风险管理工具，是信贷机构利用本机构客户信息，以客观、量化的方式计算出反映消费者信用风险高低的分数，分数区间一般为 0 ~ 1000 分，代表了消费者的信用风险在总体人群中的相对排序位置，可以直观简洁地判断风险高低。目前，人民银行征信系统主要的信用产品不仅包括信用报告，还包括个人信用评分。人民银征信中心个人信用评分是一种"通用型"评分，不同于商业银行开发的个人信用评分，征信中心个人信用评分计算时利用了消费者在各个信贷机构的所有信贷业务信息，使用的信息更加广泛、更加全面，评分的高低预测的是消费者未来的综合信用表现而非单一信贷账户未来的表现，因此一般可被称为"通用型"个人信用评分。个人信用报告是征信中心提供的记录个人信用信息的文件。它是个人信用信息基础数据库的基础产品，全面记录个人信用活动，反映个人信用状况，是个人的"经济身份证"。个人信用报告中主要收录了个人的基本信息、个人信贷交易信息以及反映个人信用状况的其他信息。个人信用评分是在对个人信用报告上的信贷信息进行客观、量化分析后，得出的一个反映个人信用风险状况的分数。目前，个人信用评分是根据个人信用报告中的信贷信息进行计算得出的结果。建立互联网金融征信子系统后央行征信系统如何继续开展信用评分业务，需要研究。

10.1.6.2　外部环境配套面临的问题

（1）信息化程度较低，互联网金融仍处于初级阶段。近年来，以第三方支付和 P2P 网络借贷为代表的互联网金融发展迅速，据艾瑞咨询统计数据显示，2013 年中国第三方互联网收单交易规模突破 59666 亿元，同比增长 56.9%。P2P 网贷方面，截至 2013 年年底，我国 P2P 网贷平台数量为 523 家，同比增长 253.4%，成交额达 897.1 亿元，同比增长 292.4%，2013 年的日均交易额超过 60 亿元。但与英美等发达国家相比，我国的互联网金融仍处于初级阶段，消费者通过互联网消费及借贷的比例仍较低。在英美等发达国家，由于信息化程度较高，大部分人消费时喜欢刷卡，很少使用现金，从而为互联网金融征信提供了丰富的源数据，而我国的现金使用率较高，个人金融数据难以统计，政府推动信息化的进程相对缓慢。

（2）相关法律法规不健全，缺乏失信惩罚机制。我国现有法律条文能够对互联网金融进行规范和约束不多，即使有相关的条款也并不完善，尚未制定具有针对性的法律或法规，社会上更是缺乏对互联网金融中欺诈与失信行为的严格惩罚机制。一方面，征信法律法规不完善，2013 年 3 月《征信业管理条例》的出台为征信业的规范发展提供了法律依据，但与该条例相配套的规章制度尚未出台，同时，该条例对在互联网上开展的征信活动缺乏约束力。在互联网金融模式下，金融机构将打破分业经营的限制，因此，未来的征信系统需要综合信贷、结算、保险、证券等多种业务，才能获得可持续发展，因此需要综合性的法律法规管理和规范。另一方面，互联网法律法规不健全，2005 年 4 月 1 日正式实施的《电子签名法》和《电子认证服务管理办法》，虽对互联网金融带来的身份认证问题有一定帮助，但是，在互联网金融市场准入、认证体系、服务体系、电子发票、支付结算、交易主体的行为规则等关键环节，缺乏具体的法律法规。

（3）行业自律协会滞后。行业自律有利于促进企业间的有序竞争、规范运营和消费者权益保护。而目前国内互联网金融刚处于发展起步阶段，没有形成体系，不但监管缺位，行业自律也极为松散，中国小额贷款联盟于 2013 年 1 月颁布《个人对个人小额信贷信息咨询服务机构行业自律公约》，但目前只有少量机构加入。行业自律的滞后，不利于规范互联网金融的发展、保护出资人利益，更是导致信用违约事件频发的主要原因。

（4）互联网金融监管缺失，经营缺乏规范性。目前我国的互联网金融发展刚起步，行业准入门槛低，政府监管不到位，因无须相应金融监管部门的准入批准，利用互联网融资平台变相吸收公众存款或非法吸收公众存款案例屡有发生，一些网络信贷平台已超越信息中介属性，利用互联网进行民间非法集资，存在虚构债权债务、转移资金、短贷长投的行为，而行业经营不规范、缺乏监管更助长了行业不正之风，导致行业内部鱼龙混杂，机构素质良莠不齐。据 P2P行业门户"网贷之家"统计，截至 2015 年出现倒闭或资金链断裂的 P2P 平台已经共有 658 家，涉及资金巨大，为发展热火朝天的互联网金融产业蒙上了一层阴影。

（5）信用信息资源分割，信息共享机制欠缺。美国很多政府部门的个人社会化数据是共享的，征信机构搜集信息相对容易。而我国目前信用数据开放程度低，信用信息的条块分割和部门垄断现象也比较严重；许多信息相对封闭和分散于各个部门，使用信息缺乏透明度。由于互联网金融尚无法全面接入人民银行征信系统，互联网金融公司间信用信息共享渠道不畅，难以有效规避客户的重复融资行为，增加互联网金融公司和商业银行的整体金融风险。目前一部分互联网金融企业游离于人民银行征信体系外，无法直接查询借款者在银行的贷款及负债情况，只能依赖自身的审核技术和策略，独立采集、分析客户信用信息，时滞较长，除了降低互联网金融公司审贷效率，影响网络贷款的发放，也容易诱发恶意骗贷、借新还旧风险。同时，由于信用信息交流存在障碍，无法形成有效的事后惩戒机制，借款者的违约成本较低，无法对借款者的骗贷行为起到足够威慑，不利于互联网金融行业的长期健康发展。

（6）互联网金融信用中介服务落后。我国社会信用体系中介服务产业整体发展比较落后，尤其是对互联网金融提供信用服务的行业整体水平不高，信用调查和评价的科学性、完整性不够。目前，在电子商务方面有淘宝网的支付宝平台、拍拍网的财付通平台、易趣网的安付通平台等网站开展信用中介服务工作，但它们各自只对与其有利益关系或发生业务往来的购物网站有信誉度和公信力，无法对整个电子商务企业和消费者的信用水平做出客观、有效的分析评价，因此可以说这类信用中介与真正意义上的互联网金融信用中介还有一定差距，其信用信息覆盖和使用范围、影响力、市场开发程度都有待提高。在网络信贷方面有上海资信、北京安融惠众、深圳鹏元等公司开展征信服务，但这些公司刚处于起步阶段，征信服务的对象规模有限，无法做到广泛覆盖。

10.2　互联网征信内容与体系衡量指标

10.2.1　互联网金融征信体系的内容

市场经济发展的必然产物就是社会信用体系，而征信体系则是指包括法律法规的制定、征信机构的组织、征信行业的管理、征信文化的建设以及宣传和教育等与征信有关的活动所共同构成的一个体系。因此，互联网金融征信体系作为解决互联网金融交易的信息不对称、完善社会信用体系的手段，其内容主要包括以下几个方面：征信的对象、征信的客体、征信服务范围、征信机构类别、征信法律和监管、征信宣传教育。

10.2.1.1　互联网金融征信的主体

依据对互联网金融征信的界定可知，互联网金融交易的参与者包括个人、企业、各机构。互联网金融征信的目的就是能够使交易者及时、有效、准确地了解对方信息，进行互联网金融交易活动，而交易者正是网络交易信用信息的提供者，同时也是被征信者。因此，我们根据社会交易成员类别将互联网金融征信对象分为个人征信和互联网企业征信，其中互联网企业征信包含电子商务企业征信、网络信贷平台征信、第三方支付机构征信。

10.2.1.2　互联网金融征信的客体

互联网金融征信的客体就是指参与互联网金融交易的一切信用记录，即线下交易中所缺乏的所有私人及隐形的软信息，通过互联网金融征信，将这些软信息转变成硬信息。互联网金融征信的客体包括参与网络交易的个人及企业的电子商务交易信息、网络金融信贷信息、第三方支付信息、用户反馈信息等。

10.2.1.3 互联网金融征信服务范围

互联网金融征信的服务范围主要包含以下几种。

（1）信用调查。客户为获取授信、签约或者处理违约等，而委托征信机构依法对被调查对象进行查询，以了解其互联网金融交易的信用状况并生成信用报告的活动，有助于为客户进行决策有据可依。

（2）信用报告。互联网金融征信机构根据一定的标准对信用信息进行提炼、整理、分类、加工，形成企业或者个人线上经营信用报告数据库，方便申请人进行查询的服务。

（3）信用评级。采用科学统一的指标对征信主体守信情况、偿债能力进行综合评价并给出直观的信用等级排列，有助于预测互联网金融征信主体未来的经济行为。

（4）信用咨询。随着互联网金融的发展、征信市场的完善，为满足客户个性化的需求，征信机构在信用报告和信用评级的基础上，提供市场营销预测、违约方案咨询、信用评分模型研发等新兴互联网金融征信产品。

10.2.1.4 互联网金融征信机构类别

我国的征信体系建设主要是以政府和中国人民银行为主导，强制性的获取信息以确定信息的真实性和有效性，并保护信息安全。目前，上海资信公司所开发的网络金融征信系统（NFCS）通过对数据的积累与沉淀，其业务涵盖了以互联网金融征信为代表的非银行领域。因此，互联网金融征信机构应该以央行的征信系统为主，从数据内容、数据格式、评价标准等方面对信息进行处理，以实现将互联网金融征信机构同央行征信体系交换和共享信用数据，提高数据库的广度和深度。

10.2.1.5 互联网金融征信法律和监管

通过与征信有关的主体法律和关联法律的制定为明确信用数据的取得和使用、保护征信主体的权益、规范征信行业的发展提供有效的法律保障。与此同时，组建行业协会，充分发挥行业自律并对征信行业强制性监管，以保障信息安全、征信市场健康发展、加快互联网金融成长。

10.2.2 互联网征信体系衡量指标

10.2.2.1 互联网征信标准的含义

（1）互联网征信标准的定义。互联网征信标准是指为了规范征信机构的业务运作、形成良好的行业秩序，解决信用信息服务中的实际问题，通过互联网制定而成的共同使用和重复使用的一种规范性文件。互联网征信标准针对征信机构和征信行业在信息采集、处理、加工和使用中所面临的实际问题，提供了一种建立在科学、技术和经验上的、可共同和重复使用的解决方案。

（2）互联网征信标准的内涵。互联网征信标准的内涵包括四个方面：一是征信标准是一种规范性文件，是为征信机构及相关主体开展业务活动提供规则、导则或规定特性的文件。二是制定征信标准的目的是为了获得最佳的运行秩序，通过征信标准的制定和实施，使征信机构和征信行业的有序化程度达到理想状态。三是制定征信标准的对象为重复性的事物，如某一项业务流程、某一种评级符号被许多人反复应用，或同一类征信技术在不同地点、不同对象上应用。四是征信标准是征信技术或实践的规范化成果，并以此促成对征信资源更有效的利用。

（3）互联网征信标准的分类。按制定主体，征信标准可以分为企业标准、行业标准、国家标准、国际标准。企业标准是由征信机构制定的在其内部使用的标准。行业标准是指由征信管理部门、征信行、世协会制定并公开发布的标准，包括由征信机构制定、后来上升为行业标准或被其他机构所采用的企业标准。国家标准是指由一国征信标准化机构制定并公开发布在一国范围内使用的征信标准。国际标准是指由国际或区域性标准化组织、经济金融组织制定和颁布，在全球范围或特定地区适用的征信标准。

按标准内容，征信标准分为总体和基础类标准、产品和服务类标准、运营管理类标准和信息技术类标准。总体和基础类标准是对征信标准制定起指导作用，作为其他征信标准编制和引用的依据而具有广泛指导意义的标准。产品和服务类标准是指征信机构对外提供服务，为确保服务品质、提高生产效率而对不同征信业务、征信产品进行规范的标准。运营管理类标准是指征信机构对内设部门进行的管理活动所需要的标准。信息技术类标准是征信业为实现信用信息采集、加工、交换、使用等过程而制定的技术支撑和安全维护标准。

按标准实施的约束力，征信标准可以分为强制性标准和推荐性标准。强制性标准是指强制实施的征信标准，征信机构必须按照标准要求执行。推荐性标准是征信管理部门或征信行业协会积极向征信机构推荐应用的标准，征信机构可以按照自愿原则自主决定是否采用。

10.2.2.2　互联网征信标准的作用

征信标准的应用与实践为征信业的发展和繁荣提供了重要的制度保障。在现代征信领域，征信标准已成为征信机构或一国征信业的核心竞争力，征信标准化水平已成为衡量一国征信业发展水平的重要标志。一个征信机构乃至一个国家的征信业，要在激烈的市场竞争中立于不败之地，必须深刻认识征信标准对企业和行业发展的重要意义。

（1）互联网征信标准是征信机构科学管理的有效工具。1911年，科学管理之父泰勒用标准化的方法制定了"标准时间"和"动作研究"，证明标准化可以大幅提高劳动生产率。在征信领域，征信标准的广泛应用使得征信机构的生产、服务提供、技术运营、风险控制都日益规范化、程序化，大大提高了生产效率。例如，征信机构根据个人信息主体众多、查询量大的特点，开发出柜面、自助终端、互联网、移动终端等服务渠道，并根据服务渠道的不同制定规范化的查询流程，在方便信息主体查询本人信用信息的同时，使得大规模、广覆盖的个人信用报告查询服务成为可能，极大地提高了服务效率。

（2）互联网征信标准是征信市场规范发展的重要保障。征信标准是保障征信市场正常运行的必要条件之一。众所周知，互联网征信市场由市场主体和市场客体组成。市场主体是人，包括互联网征信市场上的所有组织和个人，如征信机构、信息提供者、信息使用者、信息主体及行业主管部门等。市场客体是互联网征信产品和服务，以及围绕互联网征信产品和服务进行的征信活动和行为。规范互联网征信市场一方面需要出台征信法律制度，依靠公权力合法干预和调整征信市场主体的行为，另一方面还需要制定征信标准，对征信机构的管理制度、产品和业务、技术秩序等做出规范，促进征信市场形成良好的行业秩序。

（3）互联网征信标准是信用信息共享的技术基础。互联网征信标准起源于信用信息共享的需要，其最基本的作用在于建立数据库、实现各类数据库互联互通，促进信用信息的合理流动和传播。通过制定征信数据元、数据采集格式、数据交换格式等标准，能够统一不同信息系统间的业务语言，实现各类信用信息的快速采集和整合。在美国等征信发达国家，由行业协会或政府部门牵头制定的信用信息共享技术标准，在促进信息共享和传播、推动征信体系发展方面，发挥了积极的作用。

（4）互联网征信标准是连接不同征信市场的桥梁和纽带。在经济全球化的趋势下，信用信息服务呈现出跨国界、跨区域的特征。在这一过程中，征信标准成为连接不同征信市场的桥梁和纽带，成为征信产品和服务走向境外征信市场的"通行证"。只有按照同一标准组织生产、提供信用信息服务，征信才能在更大范围内发挥作用，满足更广阔领域的市场需求。

10.2.2.3 互联网征信标准的发展趋势

随着全球征信市场的快速发展，征信标准化活动取得了长足进步，征信标准制定呈现出全新的特点。

（1）互联网征信标准的领域不断拓展。最初的征信标准以信息共享技术为中心，随着信息技术和互联网的快速发展，一些大型征信机构建立起庞大的全球信用信息数据库，开始将工作重心向完善其全球服务网络转变。征信标准逐渐由信息共享技术向征信产品与服务、运营管理等领域拓展。以信用评级为例，次贷危机爆发后，信用评级机构作业不规范引发的信任危机引起了世界各国的广泛关注，要求加强信息披露、提高透明度、强化市场监管的呼声高涨。在此背景下，一些政府部门、行业协会纷纷出台规范评级机构业务操作的指导性文件和管理要求，进一步提高了信用评级机构产品和服务的规范化水平。

（2）互联网征信标准的制定主体趋于多元化。征信标准的制定主体由最初的征信机构，扩大为政府部门、行业协会、区域组织和国际组织。征信标准起源于企业标准，其初衷是大型征信机构为了实现扩大信息采集和数据库的互联互通。随着全球征信业发展到一定阶段，在一些征信业起步较早的国家，征信行业协会或标准化组织为了解决本国征信业发展中的实际问题，制定发布了在本国范围内适用的征信标准，征信行业或国家标准开始出现。当前，征信业的发展已突破国界，呈现国际化的趋势。与之相适应，区域组织和国际组织也成为征信标准的重要制定主体。区域和国际组织的征信标准化活动大大加强了全球征信体系建设与监管的协调一致性，促进了各国征信标准的交流与合作。

（3）互联网征信标准与其他领域标准相互影响和融合。征信标准的制定和完善是一个渐进发展成熟的过程。在这个过程中，征信标准与其他领域的标准相互影响和融合。一方面，征信行业直接参考和借鉴了其他行业标准。一些通用性、基础性的信息安全、金融服务、主体标识标准在征信行业得到了广泛应用。另一方面，征信标准也对其他行业的标准产生了深远的影响。如信用评级相关规范对金融机构建立内部评级体系产生了积极的影响，邓白氏编码标准更是在全球范围内被诸多行业或领域所接受。

10.2.2.4　互联网征信标准化

（1）互联网征信标准化的定义。征信标准化是指为了在征信机构或行业内获得最佳秩序，解决信用信息服务中的实际问题而制定和实施征信标准，并对标准实施情况进行评估的活动过程。互联网征信标准化包括三个相互关联的环节，即制定和发布征信标准的相关活动、贯彻实施互联网征信标准的相关活动和评估征信标准应用成效的相关活动。

（2）征信标准化的内容。征信标准化的目的是"保证征信机构或征信行业有效、规范的运作秩序，解决资源共享的实际问题"。这既是理解征信标准和征信标准化一系列问题的基本出发点，也是评估征信标准化效益的准则。在征信标准化中，制定互联网征信标准、实施互联网征信标准、评估互联网征信标准三个环节缺一不可。制定互联网征信标准是起点，标准制定是否科学合理事关标准的推广和应用价值；实施互联网征信标准是关键，标准价值的大小需要通过实施来体现，并且在实施中总结经验发现问题，进一步优化；评估互联网征信标准是征信标准使用价值提升的重要途径，通过评估去粗取精、去伪存真，促进标准价值的提升。

互联网征信标准化是一个循环往复不断提升的活动过程。从深度上看，标准化是征信业理论研究和实践经验不断积累与深化的过程，标准的制定是积累的开始，标准的修订是积累的深化和无止境的循环上升；从广度上看，征信标准化的范围和内涵随着征信业的发展而不断扩展和延伸，从基础标准到技术、业务、服务和管理标准，不仅针对征信业当前存在的问题，而且针对潜在的问题。

征信标准化还是一个动态的发展过程。在标准化过程中，征信标准的种类日益增多、内容日益丰富，征信标准体系日趋完善，有利于形成良好的行业秩序，促进征信业向更高级形态演进。与此同时，征信市场的发展也向征信标准体系提出了更高的要求，成为推动征信标准化活动不断优化的外生动力。

10.2.2.5 互联网征信国际标准

互联网征信国际标准是指由国际性或区域性标准化组织、经济金融组织或行业协会制定颁布的征信标准。征信国际标准是全球征信业发展到一定阶段的产物。随着信息跨境流动、跨境征信合作日益频繁，各国互联网征信市场面临技术和业务语言不统一、互联网征信产品和服务差异显著等问题。为解决这一问题，一些国际性、区域性组织开始研究制定在全球或部分国家适用的征信标准，以指导和规范成员国的征信体系建设，推动全球征信市场发展。

当前，互联网征信国际标准的制定主体较为多元化，既包括国际标准化组织、国际电工委员会、世界银行、金融稳定理事会等国际性组织，也包括在区域经济一体化进程中扮演积极角色的区域性组织、地区性行业协会。

近年来，征信体系作为重要的金融基础设施，在全球范围内得到了快速发展，但一直没有统一的原则来系统地指导参与各方如何去应对征信系统发展中的挑战，以及如何建设和完善各国的征信体系。为弥补这一缺陷，世界银行于2009年6月成立了征信标准国际工作组，成员来自世界银行、国际清算银行、国际货币基金组织、国际开发银行等国际组织，部分国家中央银行以及美国、欧洲、亚太地区的征信协会。2011年9月，工作组发布了《征信通用原则》，提供了一套征信体系政策和监管的国际标准，旨在为各国征信体系提供关于其核心特性的建议，使其可以实现共同的政策目标，即有效支持稳健、公平地开展信贷交易，促进竞争性的信贷市场健康发展。

《征信通用原则》由一般原则、相关各方作用和有效监管建议三部分组成。一般原则针对征信体系建设中最为关注的信息、信息处理、机构治理和风险管理、法律和监管环境、信息跨境流动等问题制定。相关各方作用针对与征信业务密切相关的信息提供者、信息使用者、征信机构、信息主体和政府部门等相关方制定，明确了各方的责任和义务。有效监管建议对征信监管提出了五条建议。《征信通用原则》指出，征信体系包括促进信用信息流动的组织、个人、规则、程序、标准和技术。征信体系的核心是有关借款者的信息数据库，以及让数据库得以有效运转的技术、制度和法律框架。征信体系的公共政策目标是有效支持信贷交易稳健、公平地开展，促进竞争性的信贷市场健康发展。《征信通用原则》从信息采集、信息处理的安全性与高效性、机构治理与风险管理、法律和监管环境、信息跨境转移提出了五个方面的通用原则。

（1）关于信息采集的原则。征信体系应当拥有准确、及时和充分的信息（包括正面信息），这些信息应当从所有相关并可得的信息来源制度化、系统化地采集，并保存足够的时间。具体包括五条原则：一是信息准确性，为确保信息质量，必须在信息采集和处理的每一个环节建立信息质量控制机制；信息要准确无误地与其所属主体关联；为确保信息的持续准确性，征信系统要对同一类信息提供者实行适当的信息报送标准和程序；二是信息实时性，征信机构和信息提供者要制定详细、明确的信息更新规则，确保信息按事先约定的周期或触发事件更新。最低限度的要求是错误信息必须得到及时纠正，最好是当信息主体出现信贷敞口改变、逾期、欺诈、不良和破产等事件时，也能及时更新信息；三是信息充分性，征信机构应当从所有相关的数据源采集履行其职责所需的信息，包括负面信息、正面信息，以及征信体系认为必要的、其他几条原则强调的信息。征信机构应当制定明确的规则，规定哪些数据项是强制报送项，哪些是可选项，信息项至少要包括身份信息和信贷信息，信贷信息应包括初始贷款金额、初始放贷日期、到期日、贷款余额、贷款类型、违约信息、逾期信息以及贷款转让信息，理想情况下还应包括保证、担保品等信用风险缓释工具及其估值信息；四是信息采集必须是制度化和系统化的，在法律法规的限制范围内，征信机构应尽可能地从所有相关数据源采集信息，政府部门应当依法公开信息，以合理的成本向征信机构系统化地提供信息；五是信息保存期限。征信系统所采集的信息，应根据其使用目的，保留适当的期限；删去某项信息的具体时间或事件必须明确。

（2）关于信息处理的安全性与高效性的原则。征信系统应当拥有严格的安全性和可靠性标准，这些标准应当是高效的。具体包括三条原则：一是安全性。征信系统的参与机构必须采取有效措施，防止信息丢失、破坏、损毁、滥用或被非法获得。二是可靠性。征信机构应采取有效措施，避免事故导致服务中断较长时间，确保持续服务。三是效率。征信机构无论从运营还是成本核算的角度，都必须是高效的，应持续满足用户需求，提供高标准服务。

（3）关于机构治理与风险管理的原则。征信机构和信息提供者的机构治理安排应当确保其管理业务风险的可靠性、透明度和高效性，并向使用者公平地发布信息。具体包括四条原则：一是机构治理的可靠性，征信机构和信息提供者应有一套机制来确保其管理的可靠性，该机制应包括独立的审计或检查；二是机构治理的透明度，征信机构的内部治理应确保与自身及其活动的相关信息得到及时和准确的披露；三是管理经营风险的机构治理的有效性，征信机构和信息提供者应识别机构面临的所有相关风险，风险分析的结果需定期向其最高治理机构报告，为了更好地应对和缓释风险，征信机构和信息提供者应当建立完善的内控制度和风险管理机制；四是确保用户公平获取信息的机构治理的有效性，征信机构的治理安排应当促进所有的信息使用者以平等的条件获得信息，这一目标不能因征信机构所有权结构的不同而受到影响。

（4）关于法律和监管环境的原则。征信的法律和监管框架应当清晰、可预测、非歧视性、恰当支持信息主体的权利，法律和监管框架应当包括有效的法庭和庭外争议处理机制。具体包括五条原则：第一，明确性和可预测性，法律和监管框架应当足够清晰和明确，使信息提供者、征信机构、信息使用者和信息主体能对其行为可能导致的后果有充分的预见性；在一个国家内部，法律和监管框架中所使用的术语应当是一致的；公众对征信相关法律和规则的认知，可以促进法律和规制框架的明确性和可预测性。第二，非歧视性，无论参与者的性质如何，都应以公平的方式提供和使用信息；有关信息质量、安全措施和消费者个人权利保护的义务应适用于所有信息提供者、征信机构和信息使用者。第三，适当性，法律和监管框架的相关规定不应过度严格和累赘；法律和监管必须符合实际且有效，以确保便于遵循。第四，消费者权益和信息保护，关于信息主体/消费者保护的条款必须清晰界定，最低限度应包括以下内容：一是消费者有权拒绝为某些目的采集、使用其信息；二是有权被告知关于其自身信息采集、处理和使用的条件；三是免费或低成本地定期获得征信系统采集的关于本人的信息；四是有权对关于本人信息的准确性提出质疑。第五，异议处理。在规范征信活动的相关法律或规定中，要规定异议处理的流程。针对信息主体与信息提供者之间发生的信息异议问题，信息提供者和征信机构必须就此对相应信息进行标注，信息提供者和征信机构必须通力合作，快速解决异议，法律框架应规定恰当的执行机制，包括对信息主体的损害赔偿机制。

（5）关于信息跨境转移的原则。具备适当条件时，应当推动信用信息的跨境流动。具体包括两条原则：第一，信用信息跨境流动的前提条件，一是必须根据市场条件、经济金融一体化的程度、法律和监管障碍、参与者的需求等因素分析信息跨境转移的可行性和必要性；二是应强化相关国家和地区信用信息采集格式和程序的标准化来支持信息跨境转移。第二，信息跨境转移的要求。一旦决定信息跨境转移，应识别和管理跨境产生的潜在风险，并且相关国家和地区征信监管部门之间应有合作和协调机制。

10. 2. 2. 6　中国的互联网征信标准

中国征信行业的标准化进程尚处于起步阶段。国家对征信标准化工作十分重视，明确要求抓紧制定征信业法规制度和行业标准。早在 2002 年，国务院指示中国人民银行牵头，22 个部门和单位组成建立企业和个人征信体系专题工作小组，重要任务之一就是制定征信行业标准。自 2003 年中央编办在"三定方案"中明确中国人民银行"管理征信业，推动社会信用体系建设"的职责以来，征信标准化的步伐不断加快，在加快征信法制建设的同时，陆续制定和发布了一些征信行业标准。2006 年 11 月，中国人民银行发布了《征信数据元数据元设计与管理》等 5 项标准，这是中国发布的第一批征信行业标准。

中国征信标准的制定、组织、管理活动在全国金融标准化技术委员会（以下简称金标委）的统一指导下开展。金标委是经国家标准化管理委员会授权，在金融领域内从事全性标准化工作的标准化组织，负责金融业标准化技术归口管理工作和国际标准化组织中银行与相关金融业务标准化技术委员会的归口管理工作。国家标准化管理委员会委托中国人民银行对金标委进行领导和管理。

中国征信标准的制定和发布遵循一定的程序，按照《金融国家标准管理办法》及《金融行业标准管理办法》的相关法规。

迄今为止，中国人民银行共制定和发布了十项征信行业标准。其中，《征信数据元数据元设计与管理》《征信数据元个人征信数据元》《信贷市场和银行间债券市场信用评级规范　信用评级主体规范》《信贷市场和银行间债券市场信用评级规范信用评级业务规范》和《信贷市场和银行间债券市场信用评级规范信用评级业务管理规范》五项标准于 2006 年 11 月发布；《征信数据元信用评级数据元》和《征信数据交换格式信用评级违约率数据采集格式》于 2009 年 1 月发布，《机构信用代码》于 2012 年在全国范围内推广实施，《金融信用信息基础数据库用户管理规范》和《征信机构信息安全规范》于 2014 年年底发布。

（1）机构信用代码。为了提升机构的信息透明度，加强机构管理，中国人民银行着手建立机构信用代码制度，并于 2012 年在全国范围内推广。目前，机构信用代码已成为中国社会信用体系建设的重要制度，是金融系统及其他经济领域机构客户身份识别的重要手段。

机构信用代码是从信用的角度编制的用于识别机构身份的代码标识。机构信用代码共 18 位，包含 5 个数据段，从左至右依次为 1 位准入登记管理机构的类别、2 位机构类别、6 位行政区划代码、8 位顺序号、1 位校验码。该编制规则既借鉴了相关部门编码的一般规则，也体现了金融系统机构编码的特性。

机构信用代码有助于实现信息共享，改进社会管理方式。首先，机构信用代码是一种"桥梁"码，与现有各类编码并存，并能全面匹配、链接机构其他编码，如登记注册号码、纳税人识别号等。建立机构信用代码制度，有助于打破部门信息封锁、机构信息共享困难的局面，实现不同行政管理机关之间共享信息、互通有无，加大守信激励、失信惩戒工作力度。其次，机构信用代码全国通用，能够提升机构的信息透明度，促进机构加强自身信用管理，提升社会信用意识，方便机构之间的经济交往，降低交易成本。最后，机构信用代码结构清晰、含义明确，能够分机构类别、机构性质、行政区划等不同口径进行统计分析，为宏观决策提供基础数据参考，助推社会管理方式的改变。

（2）征信数据元标准。征信数据元是征信领域内反映信息主体的特性及信用状况的数据单元，通过定义、标识、表示以及允许值等一系列属性描述的不可再分的最小数据单元，如借款者名称、登记注册类型、登记注册号、学历、还款日期、还款方式，搭建信用信息共享的基础。

目前中国已发布的征信数据元标准有 3 项，分别是《征信数据元数据元设计与管理》《征信数据元个人征信数据元》《征信数据元信用评级数据元》。其中，《征信数据元数据元设计与管理》是指导性标准，结合征信业务特点，对征信数据元的基本概念和结构、征信数据元的表示规范以及特定属性的设计规则和方法进行规定，明确了征信数据元的动态维护管理机制，为指导征信机构或其他相关信用信息报送或使用机构编制征信数据元目录提供了统一的方法和指南。《征信数据元个人征信数据元》按照《征信数据元数据元设计与管理》的基本原则和方法，对个人征信市场所涉及的基础性、通用性数据元的定义、计量单位、表示等 18 个属性进行了统一规定。《征信数据元 信用评级数据元》规定了与信用评级相关的数据元，适用于对信用评级机构及金融机构内部评估系统的评级结果进行质量评价，以及相关机构间的信用评级信息交换与共享。

（3）金融信用信息基础数据库用户管理规范。《金融信用信息基础数据库用户管理规范》的适用范围为金融信用信息基础数据库的运行机构、向金融信用信息基础数据库报送或查询机构的管理员用户、数据报送用户、查询用户、异议处理用户等各类用户。《金融信用信息基础数据库用户管理规范》按照征信中心、人民银行各级查询网点、从事信贷业务的机构、金融管理部门四类机构，管理员用户、数据报送用户、查询用户、异议处理用户四类用户进行划分，对各类用户的职责、用户创建、用户变更、用户停止、用户操作等行为进行规范，使同一类型的不同机构按照统一的标准创建用户、对用户进行管理。

（4）征信机构信息安全规范。《征信机构信息安全规范》从管理规范、技术规范和业务操作规范三个维度对征信机构信息安全进行规范，为征信机构信息系统建设、运行和维护以及开展安全检查和内部审计提供了指南。标准的主要内容包括：第一，安全管理规范，包括安全管理制度、安全管理机构、人员安全管理、系统建设管理和系统运维管理五个方面内容。第二，安全技术规范，明确了客户端、通信网络和服务器端的不同技术要求。第三，业务操作规范，从系统接入和注销、用户管理、信息采集和处理、信息加工、信息保存、信息查询、异议处理、信息跨境流动、研究分析、安全检查和评估等环节，有针对性地提出征信机构业务操作的管理要求。

（5）信用评级标准。中国人民银行先后发布了 4 项信用评级标准，分别为《信贷市场和银行间债券市场信用评级规范信用评级主体规范》《信贷市场和银行间债券市场信用评级规范信用评级业务规范》《信贷市场和银行间债券市场信用评级规范信用评级业务管理规范》和《征信数据交换格式信用评级违约率数据采集格式》。《信贷市场和银行间债券市场信用评级规范信用评级主体规范》明确了在信贷市场和银行间债券市场从事信用评级的机构进入和退出该市场的程序、从事信用评级业务的基本原则及要求；《信贷市场和银行间债券市场信用评级规范信用评级业务规范》规定了信用评级业务中信用评级程序、信用等级符号及含义、信用评级报告内容等；《信贷市场和银行间债券市场信用评级规范信用评级业务管理规范》规定了开展信用评级业务准则、信用评级的跟踪与检验、信用评级业务的质量检查和信用评级业务数据的管理与统计等内容；《征信数据交换格式信用评级违约率数据采集格式》规定了信用评级违约率数据采集业务中对数据的要求、数据采集对象和来源、数据采集指标体系、数据采集报文的结构以及数据采集流程和方式。

10.2.2.7　中国征信标准化的路径

（1）总体思路。中国征信标准化工作应以"全面深化征信标准化战略实施"

为目标，围绕"系统设计、重点突破、整体提升"的要求，坚持改革创新、夯实基础、重点跨越、整体发展的基本方略，推动征信机构标准化发展，积极参与制定征信国际标准，完善征信业标准体系，促进征信业持续健康发展。

（2）中国征信标准体系的主要内容。根据征信业务的运作模式，结合征信机构对标准的需求，中国征信标准体系可以分为总体和基础类标准、产品与服务类标准、运营管理类标准、信息技术类标准。每一类标准又包括内容不同、互为补充的若干子标准，共同构成了系统和完整的征信标准体系。

总体和基础类标准。总体和基础类标准是其他类别标准编制和引用的依据，具有普遍指导意义。总体和基础类标准可以进一步细分为总体标准、基础标准和相关标准等小类。其中，总体标准主要包括征信标准化工作标准、标准认证与注册维护、方法标准等；基础标准主要包括征信术语、数据元、信息分类编码、通用报文等基础性标准。

产品与服务类标准。产品与服务类标准主要是指征信机构对外提供服务、改善客户服务品质、提高客户满意度而制定的标准，标准内容主要包括专用术语、产品分类、管控流程、服务规范等，可分为征信服务合同格式规范、征信机构服务规范、征信产品标准、征信产品使用规范等几个小类。

运营管理类标准。运营管理类标准是征信机构对本机构内设部门进行的管理活动所需要的行业标准，内容涉及组织机构管理、人力资源管理、内控合规、财务会计管理、风险管理等，主要为保证机构组织运营、提高决策效率、降低运营成本而提供基础性管理支持。信息技术类标准。信息技术类标准是指征信业为实现产品服务、运营管理、行业管理等功能而进行的应用系统开发、测试、运行、维护、信息交换等过程中应该遵循的标准。

（3）推动征信标准化发展的措施。建立符合中国国情的征信标准宣传和实施机制。征信标准的宣传与实施是标准化工作的重要内容，是征信标准能否实现预期效果的关键，主要从以下三个方面来实现：一是宣传征信标准。通过在新闻媒体、网络等发布征信标准化动态信息，编写征信标准化专业书籍，举办征信标准化培训和专题研讨会议等方式，宣传征信标准的作用和意义、征信标准的主要内容、征信标准实施中应注意的问题等，以增进政府部门、企事业单位、社会和个人等相关主体对征信标准的认识。二是实施征信标准。根据征信标准的内容和特点引导征信机构积极参加征信标准的制定和实施，逐步实现标准化活动以征信机构为主体，构建征信机构自身的标准体系。三是评估征信标准。对征信标准在征信机构等标准应用主体中的应用情况、产生的社会经济效益等做出综合评估，提高征信标准的实用性和可操作性。

　　建立征信标准管理和维护的长效机制。征信标准的管理和维护是指根据征信市场、征信技术不断变化、发展的特点，不定期地对征信标准化体系进行维护和更新，主要从以下三个方面来实现：一是定期对征信标准复审，征信标准化管理部门要按照"市场驱动、不定期评审、常年维护、定期发布"的原则，对征信标准体系进行维护、更新和发布，把征信标准的管理和维护工作常态化、制度化；二是加强国内外征信业交流与合作，加强与国际标准化组织、征信发达国家标准化组织及国际性征信机构的交流与合作，跟踪和了解国际征信标准化工作的最新动态和相关成果，保持与国际和国外标准的一致性和衔接性，同时，加强国内征信行业协会、征信机构、金融机构之间的交流与合作，促进征信标准化成果在更大范围内的推广和应用；三是积极推动征信机构参与征信标准化工作，鼓励征信机构等标准应用主体不断制定标准、应用标准，提高其应用标准的积极性。同时，推动国内征信机构积极参与国际征信标准化活动，提高中国征信机构的竞争力。

10.3　互联网征信应用方法与技术运用

10.3.1　互联网征信登记技术

　　互联网征信数据库的构建是信用登记业务最关键、最重要的内容，信息提供机构从业务系统中提取数据，通过专用的计算机网络向征信机构的数据交换处理平台报送，最后将通过质量检查的数据加载到数据仓库中。在数据仓库的构建过程中，最核心的技术是从信息提供机构的业务数据库向数据仓库抽取、转换、加载数据的处理技术。

10.3.1.1　数据抽取、转换和加载技术（Extract-Transform-Load，ETL）

　　（1）ETL 技术简介。ETI 技术，负责将不同来源、不同结构的数据如关系数据、平面数据文件等抽取到数据中转区进行转换、清洗，最后加载到数据仓库中，作为后续的联机处理、数据挖掘的基础。ETL 技术过程相当于连通数据源与数据仓库之间的一座桥梁，同时还在桥梁上设立"检查站"对经过的数据进行检查，去除不合格的问题数据，将通过质量检查的数据装载到数据仓库中。

　　（2）ETI 技术的实现过程。ETI 技术的过程就是数据流动的过程，数据从异构数据源流向统一的目标数据库。数据抽取。即从源数据库中抽取数据的过程。首先，技术人员需要开发通用的数据库访问接口，实现跨平台访问各种数据源，支持在不同类型的数据源之间建立连接。在设计数据抽取方案时，通常需要考虑源数据库和数据仓库的数据库格式是否一致、从源数据库中可以抽取哪些字段及实现数据抽取的技术手段、目标数据从源数据库的哪些文件中抽取等问题。数据抽取包括模式抽取和实例抽取，即先从数据源中抽取模式信息，然后进行人工分析或智能分析，形成实例数据的抽取策略，并将其存储在知识库中作为加载数据的依据。

数据转换。不同数据源的数据之间往往存在不一致的问题，如字段长度、赋值、数据类型等，数据转换即处理这些不一致问题的过程。数据转换包括两方面内容：一是数据名称和格式的统一；二是数据仓库中存在源数据库可能不存在的数据，通过对数据进行拆分、合并等操作创建新的数据。数据转换的规则包括以下几种基本类型：第一，直接映射，如果数据源字段和目标字段的属性个数相同，数据类型一致，则将源数据不改变地复制到数据仓库；第二，字段运算，对数据源的一个或多个字段进行数学运算得到目标字段，该规则一般适用于数值型字段；第三，字符串处理，从数据源某个字符串字段中获取特定信息，如身份证号，通常这些信息为数值型数据，以字符串形式体现，可对字符串进行字符串截取、类型转换等操作；第四，空值判断，对于空值的处理是数据仓库中一个常见问题，是将它作为"脏数据"还是有效数据，要视具体情况而定。但是无论采取哪种处理方式，对于出现空值的字段，不能进行"直接映射"，必须对空值进行判断，常用的处理方法是将空值转换成特定的值；第五，日期转换，在数据仓库中，日期值一般都会有特定的、不同于日期类型值的表示方法，如使用 8 位整数 20040801 来表示。而在数据源中，这种字段基本都是日期类型的，需要采用一定的函数进行转换；第六，聚集运算，数据仓库中的度量字段通常是运用聚集函数对数据源中的一个或多个字段进行聚集运算得来的，这些聚集函数包括 sum、count、min 和 max 等。第七，取特定值，取特定值与前述各类规则的区别在于它不依赖于数据源字段，而是对目标字段取一个固定的或是系统自动生成的值。

数据清洗。信息质量是决定信息价值的关键因素，因此有必要对加载到数据仓库的数据进行全面检查，删除其中的"脏数据"，即错误的和不一致的数据，这一过程就是数据清洗。与数据转换不同，数据清洗的目的是尽可能地去除"脏数据"，以保证数据仓库中数据的准确性、可靠性和一致性。

"脏数据"产生的原因很多，可以概括为两个方面：一是数据源的数据质量难以保证，可能存在数据格式错误、数据不一致或者数据不符合逻辑等问题；二是数据转换规则的描述或者 ETL 技术开发过程中发生错误。"脏数据"的大量存在使得数据清洗工作显得尤为重要。数据清洗的处理对象都是大型的数据源，计算量非常大，手工完成数据清洗基本不可能，必须通过特定技术进行自动清洗。自动清洗处理一般包括三个步骤，即确定和定义错误的类型、搜索和识别问题数据以及纠正发现的错误。

数据加载，即将经过转换、清洗的数据装载到数据仓库的过程。在这个环节中，需要对新记录的主键与现存记录的主键进行匹配，如果现存记录的主键与其相匹配，则用新记录数据来更新目标记录数据。如果没有任何与之匹配的现存记录，则将这条新记录添加到目标表中。

10.3.1.2　数据匹配技术

数据匹配技术是 ETL 技术过程中数据加载环节所运用的关键技术。

（1）数据匹配技术简介。数据匹配技术是征信机构的核心竞争力之一。征信机构将信息提供者报送的数据中与身份识别相关的信息抽取出来，在多个数据源之间执行数据匹配操作，以判断从不同数据源获取的信用记录是否属于同一主体的信用行为，然后将同一主体的信用信息整合起来，形成全面反映信息主体信用状况的信用报告。

（2）数据匹配技术的原理。数据匹配技术主要解决两方面问题。

第一，同一标识项存在差别。标识项不一致的原因主要有：拼写错误，如在记录信用数据时，业务人员输入了错误的标识项；输入不完整，如业务人员少输入了几位数字；格式不统一，名称中使用了不同的符号字符编码；数据噪音，如在名称中使用的多余的注释字符。在这些情况下，如果没有数据匹配技术，计算机进行精确匹配会使同一信息主体的数据整合失败。

第二，使用了不同的标识项。在识别个人身份时，通常使用姓名、证件类型、证件号码。在信用交易中，同一主体可能会使用身份证、护照、军官证等多个身份证件，容易产生不同标识项的问题。对于企业而言，标识项可能更多，如企业名称、机构信用代码、工商注册号、组织机构代码和税务号码等。征信机构从不同的渠道采集信息，不同领域使用标识项可能不同。在这种情况下，通常要先寻找能够识别信息主体身份的字段组合来作为"替代"标识字段，然后再开展实体匹配操作。如"企业名称+企业地址""姓名+出生日期"等都可以起到识别信息主体身份的作用。

（3）数据匹配的处理流程。征信机构执行的数据匹配操作可以分为四个阶段，分别是数据标准化阶段、索引与分组阶段、字段值相似度计算阶段和实体匹配阶段。

数据标准化。由于不同数据源对同样的标识项或"替代"标识字段，可能使用不同的编码方式和数据类型，有时还会出现格式错误、逻辑冲突等问题，影响到后续属性字段相似度计算和实体匹配运算。因此，为了提高实体匹配的质量，保证不同数据源共享属性的可比较性，需要在进行属性字段相似度计算操作前进行数据标准化。数据标准化常用的技术有快速字符串匹配、缩略语发现、歧义切分等技术，它是数据匹配的必经阶段。其实，ETL 技术过程的数据抽取、转换环节已对不同数据源的信息之间的不一致性进行过处理，这里再列举几种标准化处理操作。第一，格式校验：使字段的数据格式符合该字段属性的类别要求。以个人的出生年月为例，若该属性为连续数字，则应该把诸如"一九八三年九月"的字符串转化为"198309"。第二，内容校验：使数据从内容上满足客观规律的要求。例如，个人的出生年月不能在当前时间之后，如果在 2009 年 2 月发现某条记录的出生年月内容为"200905"，则将该属性字段值置空。第三，结构校验：使描述结构化的字段数据的排列顺序符合预定的规则。例如，设定个人出生年月的存储方式为六位数字，前四位为公元纪年，后两位为月份数，不足以零补齐，那么应该将"198390""8309""091983"等字段值修订为"198309"。第四，逻辑校验：使同一条记录之间不存在逻辑冲突或者不一致的现象。比如说个人的出生年月在其身份证的第七位到第十二位上也有体现，如果两者发生不一致则说明存在逻辑错误，可以设定相应的规则来进行处理。

索引与分组。当数据源存储的实体记录数量较大时，使用两两比较的实体匹配策略，将会使比较次数大幅度增加，造成实体匹配运算在有限时间窗口内上无法实现。例如数据源 1 实体记录数为 100 万条，数据源 2 的实体记录数为也为 100 万条，则相应的实体匹配所需要的比较次数将高达 1 万亿次，在有限的时间期限内（如 T+1）是不可能实现的，而这样级别的数据源是非常普遍的。为了在面对海量数据时降低实体记录比较的次数，需要对实体记录进行索引或分组，限制执行实体匹配运算时记录比较的范围，其中索引操作是将潜在存在匹配关系的实体记录排序在相邻的位置，然后通过设计匹配窗口，只对窗口范围内的实体记录进行匹配运算。分组操作是将潜在存在匹配关系的实体记录通过抽取关键字或执行聚类算法等方法分在一个实体组内，并将实体匹配运算限定在实体组内进行。通过以上方法将减少实体匹配运算时比较的次数，只对潜在存在匹配关系的实体记录进行比较运算，从而可以大幅度提高实体匹配运算的效率。

字段值相似度计算。字段值相似度计算就是使用规范的数值表示两个实体记录共享属性字段的相似程度，通常采用百分比表示。例如，对于数字"400676"与"400675"，它们几乎没有差别，但是它们的相似度是多少，需要通过形式化的数字来描述。可以通过相似度计算公式对字段值的相似程度进行统一描述和规范。字段取值类型不同，如数字型、布尔型和字符串等数据类型，相应的相似度计算公式也不相同。

实体匹配。在计算出实体对共享属性字段相似度之后，需要根据属性字段的相似程度及其识别实体身份的能力，进行实体匹配计算，以判断两条不完全一致的信用记录是否是现实中同一实体的行为，从而将信用信息按实体进行归集、存储和展示。常见的实体匹配方法有以下两种。一是人工加权匹配：根据不同属性字段具备的识别实体身份的能力以及在匹配运算中的重要程度，人工给定属性字段的权值与匹配阈值，再采用线性加权的方式计算实体记录对的整体相似度。如果大于匹配阈值，则说明它们是匹配实体，否则就不是匹配实体。二是机器学习匹配：从参加匹配运算的目标数据源随机抽取实体记录对，并使用人工标注记录对的匹配结果，作为训练样本。对学习机进行训练，构建学习模型，学习训练样本中所蕴含的匹配函数。然后在进行目标数据源的实体匹配运算时，使用匹配函数进行实体记录对匹配关系的判定。

10.3.2　互联网征信评分技术

在进行信用评分过程中，最主要的工作内容就是数据挖掘。数据挖掘是指从大量的、不完全的、有噪声的、模糊的、随机的数据中，提取"挖掘"隐含在其中的、人们事先不知道的，但又是潜在有用的信息的过程。通过数据挖掘，可以对数据进行关联分析、聚类、分类、估计、预测、异常检测等。数据挖掘主要涉及数据处理、模型开发以及模型检验三个技术，其中模型开发是最主要也是最关键的环节。

10.3.2.1　数据处理技术

数据处理技术是指在建立模型之前，对采集的基础数据做一些预处理，以符合模型开发的要求。主要包括数据表述和总结技术、变量处理技术、数据分组技术等。

（1）数据表述和总结技术。数据表述和总结技术是指对数据的集中度和离散度等分布特征进行描述，对数据的质量进行稽核，对数据间的关系进行初步的探索等。常用的统计指标或方法有频率、均值、中位数、方差、极值、多维交叉表、相关系数等。

（2）变量处理技术。首先，在变量初选阶段，对数据进行一些处理，如相关矩阵等，分析因变量和自变量之间的关系，即哪些因素会对信息主体的信用表现产生显著影响。其次，经过初步筛选后，将数量众多的候选自变量进行压缩。从征信的角度看，能够反映信息主体信用状况的信息越全面、越丰富越好，但从统计的角度看，这些自变量之间可能存在多重共线性，往往需要通过主成分分析、因子分析、聚类分析等方法压缩自变量的数目。最后，出于统计需要，某些变量数据要先进行转换，实现变量值的标准化后才能使用，从而提高模型的抗震性和可解释性，一般采取对数变换、平方根变换等。

（3）数据分组技术。为了使模型更具针对性，通常要对所有数据进行分组，使同一数据组内个体的距离较小（相似度较大），不同数据组之间个体的距离较大（相似度较小）。通过对不同的组分别设计模型，最大限度地区别不同的行为模式和数理关系，提高模型的预测能力。

10.3.2.2 模型开发技术

信用评分业务的核心是评分模型的开发。主要的模型开发技术包括判别分析、回归分析等统计学方法，以及神经网络、遗传算法等非统计学方法。

（1）统计学方法。统计分析的本质就是以数据为对象，从中寻找规律，为人们认识了解客观事物，并对其未来发展进行预测，从而进行决策或采取控制等提供参考依据。统计学方法是数据挖掘研究中应用最多，理论方法最为成熟的技术。常见的统计学方法有判别分析法、回归分析法、分类树法、最近邻法、存活分析法等。

判别分析法。最早将判别分析用于信用评分的是美国人大卫·杜兰德。自此以后，这一方法在学术界及金融界都得到了广泛的讨论与应用，FICH信用评分就是基于判别分析法建立的。判别分析实质上是一种用来区分、判断个体所属类别的统计技术，它的目标是把一个群体分成两个或多个预先确定的小组，然后判断和预测新的个体应该属于哪个小组。判别分析的主要步骤：一是将样本按目标变量分成预先设定的若干个小组；二是按照数学最优算法对每一小组样本计算出一个判别函数，该判别函数是自变量的线性组合；三是对新个体计算其每一组判别函数的值（评分），从而判断新个体属于哪个小组。

回归分析法。回归分析法是确定两种或两种以上变量间相互依赖的定量关系的一种统计分析方法，运用十分广泛。回归分析按照涉及自变量的多少，可分为一元回归分析和多元回归分析；按照自变量和因变量之间的关系类型，可分为线性回归分析和非线性回归分析。在实际应用中，最为普遍的是非线性回归分析法。回归分析的主要步骤：一是从一组数据出发，确定因变量和自变量之间的定量关系式，建立回归方程，估计各自变量的参数；二是对这些关系式的可信程度进行检验；三是在许多自变量共同影响着一个因变量的关系中，判断哪些自变量的影响是显著的，哪些自变量的影响是不显著的，将影响显著的自变量选入模型中，剔除影响不显著的变量，通常用逐步回归、向前回归和向后回归等方法；四是利用所得到的关系式对某一新的个体进行预测。

分类树法。分类树法是根据一个目标变量，从大批候选变量中筛选出某个变量，并确定它的某个值，据此将样本划分成两部分或者更多部分，使不同节点或不同小样本之间目标变量的分布差异最大化，同时，在每个节点内部或每个样本的内部，变量分布的差异最小化。举例来讲，客户向银行申请信用产品时，会填写相关信息。选择一定量的已有客户作为样本。首先将申请人数据集合（全部样本）按照某一特征（居住状况）划分成两个子集（自有/非自有住房），使得当考察申请人样本时，这两个新的子集内申请人的违约风险的同质性要高于原来的数据集。然后这两个子集又各自划分为两个子子集。不断重复这一过程，直至所划分的子集成为满足要求的末端节点为止，每个末端节点被划分成好客户组或坏客户组的一部分。在形成分类树的过程中需要考虑三个问题：一是分叉规则，即用什么规则将集合划分成两个子集；二是停止规则，即如何决定一个集合是末端节点；三是按什么规则确定末端节点属于好客户类还是坏客户类。分类树法的过程清晰明确，便于操作，特别适合用来研究变量与变量之间的交互关系，或者是需要对一个复杂的问题作简单化处理的情况。但分类树的缺点在于不够精细，模型构造和方法不够统一，人工干预的成分比较多。

最近邻法。最近邻法是一个标准的非参数统计方法，也称为共性过滤分析法，是一种用来预测个体偏好的技术。其理论基础是具备类似偏好的人倾向于喜欢或购买类似的产品和服务。它通过对一个个体的偏好或交易历史的分析，找到一组具备类似偏好或交易历史的个体群，或叫作"相邻群体"，然后根据相邻群体的集体偏好或集体交易历史来预测该个体会偏好或购买什么，进一步地向该个体介绍或推荐产品及服务。最近邻法的主要步骤：一是通过问卷调查或交易历史来获得并建立反映个体偏好的样本数据库；二是用一定的相似性标准把具备类似偏好的个体分组，分成若干个"相邻群体"，并对样本进行动态更新；三是对"相邻群体"中的个体偏好进行加权平均，得到"偏好函数"；四是根据"偏好函数"来推荐产品和服务。虽然最近邻法在预测客户违约可能性方面应用针对性是很强，但是随着信用评分应用领域的拓宽，除了申请评分，行为评分等也越来越多地被应用于信贷机构的信贷决策中，尤其是在产品营销方面。因此，最近邻法的应用性也随之有所加强。

（2）非统计学方法。实践表明，非统计学的方法，例如，线性规划、整数规划等也能对信息主体的信用风险进行描述、解释或预测。尤其是数据挖掘技术的出现，大数据概念的提出，更是激发了人们思路的无限拓宽，人工智能、神经网络、遗传算法等技术纷纷被广泛研究和应用。

线性规划。线性规划是指线性目标函数在线性约束条件下的最大值或最小值的问题，统称为线性规划问题。满足线性约束条件的解叫作可行解，由所有可行解组成的集合叫作可行域。决策变量、约束条件、目标函数是线性规划的三要素。线性规划的主要步骤：一是列出约束条件及目标函数；二是画出约束条件所表示的可行域；三是在可行域内求目标函数的最优解及最优值。在实际应用中，线性规划的优势在于如果想在评分中加入某种偏好，则该方法可以将这种偏好体现在评分中。但是，缺点是评分人员认为该方法没有统计学基础，不能检验所估计出的参数是否在统计上是显著的。

整数规划。在使用线性规划方法时，会碰到一些变量需要取整数值，如0和1等，此时需要用整数规划法。总体上整数规划法进行分类时要优于线性规划法，但是，整数规划法在求解时需要比线性规划法花费更多的时间，因此，它往往只能处理样本容量为几百的小规模样本数据。

专家系统法。专家系统是一个智能计算机程序系统，其内部含有大量的某个领域专家水平的知识与经验，能够利用人类专家的知识和解决问题的方法来处理该领域问题。也就是说，专家系统是一个具有大量的专门知识与经验的程序系统，它应用人工智能技术和计算机技术，根据某领域一个或多个专家提供的知识和经验，进行推理和判断，模拟人类专家的决策过程，以便解决那些需要人类专家处理的复杂问题。专家系统通常由人机交互界面、知识库、推理机、解释器、综合数据库、知识获取六个部分构成。其中尤以知识库与推理机相互分离而别具特色。知识库用来存放专家提供的知识。专家系统的问题求解过程是通过知识库中的知识来模拟专家的思维方式的，因此知识库中知识的质量和数量决定着专家系统的质量水平。推理机针对当前问题的条件或已知信息，反复匹配知识库中的规则，获得新的结论，以得到问题求解结果。在这里，推理方式可以有正向推理和反向推理两种。专家系统的基本工作流程是，用户通过人机交互界面回答系统的提问，推理机将用户输入的信息与知识库中各个规则（例如，如果每年的支出超过收入的50%，那么这笔贷款不会被偿还）的条件进行匹配，并把被匹配的结论存放到综合数据库中。最后，专家系统将得出的最终结论呈现给用户。当决策者面临的问题是多重的、有顺序的或并行的，以及由于决策的多重性而使得问题不是很清晰时，专家系统法比较适用。

遗传算法。遗传算法也称基因算法，是模拟生物进化过程的一种计算方法，它由三个基本算子组成：繁殖（择）、交叉（重组）、变异（突变）。其基本观点是"适者生存"原理，用于数据挖掘中则常把任务表示为一种搜索问题，利用遗传算法强大的搜索能力找到最优解。实际上就是模仿生物进化的过程，反复进行选择、交叉和突变等遗传操作，直至满足最优解。

10.3.2.3　模型检验技术

信用评分模型的检验，包括对最终信用评分系统的检验和对评分流程各步骤的检验，从数据来源、处理到各因素的设计，再到最后参数的估计和评分结果，缺一不可。一个稳定的评分系统，关键是要真正抓住预测变量与信用状况之间的因果关系，而不是单纯地从数据得到统计结果。

主要的检验技术有返回检验和基准检验。返回检验的重点是针对模型的区分能力、准确性和稳健性进行检验。其中针对模型区分能力和准确性的检验方法有：交换曲线、K-S 指标、拟合度曲线、区分度、能力曲线和 AR 比率等；此外还有针对模型稳健性的检验方法如压力测试等。基准检验主要用于检验模型的可适用性和可推广性，它的主要做法是将信用评分结果或各参数与相应的可观测外部信息和数据进行比较，从而对模型进行检验。这里可观测的外部信息可以是公开的外部评级机构的评级结果，也可以是监管机构给出的非公开参考数据等。

10.3.3　互联网征信评级技术

互联网征信评级业务的开展，通常包括数据收集、现场调查、信用风险度量、信用等级确定等步骤，并且在进行信用风险度量时，不仅包含了对定量数据的计算，也包含了对定性因素的考量。信用评级技术是一项综合的技术，其中包含了调查技术、财务分析技术、建模技术、综合分析和评价等多种技术和方法。比较典型的评级技术有专家打分法、单变量研究法以及信用风险组合模型等。

需要说明的是，互联网征信评分和互联网征信评级中都有模型的应用，模型本质上是一种工具，许多模型既可用于评分，也可用于评级。但是相比较而言，信用评分的种类繁多，并且其业务本身就是基于模型的开发和利用而开展的，因此对模型的依赖性较大。信用评级则相对目标明确，使用的方法更为综合，模型的应用可能只是其中的一方面或者一个环节，因此对模型依赖性相对较小。

10.3.3.1　专家打分法

早期使用比较多的是以专家经验判断为基础的评价方法，即按照经验法则，由专家根据自身知识、经验和分析判断能力，在对评级对象进行深入调查了解的基础上，对照评价参考标准，对评级对象进行综合的分析和评价。比较有代表性的方法有"5C""5P""5W"、CAMPARI 要素分析法以及骆驼评级体系等。

"5C"是指品质（Character）、能力（Capability）、资本（Capital）、经营环境（Condition）及担保情况（Collateral）。通过对债务人的职业道德、业务能力、资本实力、抵押品质量以及整体经济运行情况的分析，揭示债务的总体信用风险。其余几种方法和"5C"方法相类似，但要素的分类和侧重点有所不同。例如，"5P"包括个人因素（Personal Factor）、目的因素（Purpose Factor）、还款因素（Payment Factor）、保障因素（Protection Factor）和前景因素（Perspective Factor）。"5W"是指借款者（Who）、借款用途（Why）、还款期限（When）、担保物（What）、如何还款（How）。CAMPARI 要素分析法主要从品德（Character）、偿债能力（Ability）、获利能力（Margin）、借款目的（Purpose）、借款金额（Amount）、偿还能力（Repayment）、安全性（Insurance）六个方面来考察企业的信用状况。骆驼评级体系则是美国金融监管局对商业银行及其他金融机构进行信用评价的一套规范化的综合评价制度。

在实际应用中，评级要素被不断地完善，不仅关注点更加全面，指标也更加细化。一般情况下评级机构会考察企业的外部经济运行、行业竞争环境、内部管理、股东及关联企业、财务情况、资金实力、经营能力等方面因素，并且在指标的选取上也会注重定性和定量的结合。虽然各评级机构的基本关注点是一致的，但是往往表现出其自己的独特性，既有共性，又有个性。多数评级机构都有自己的完整的独立的评级指标体系。通过专家判断或其他方法给指标体系中的每一指标设定一定的权重，由评级人员根据事先确定的打分表对每一指标进行打分，再根据总分确定其对应的信用级别。

专家打分法较多地依赖于评估人员的经验和能力，主观性较大，不同的专家可能对同一个评级对象得出不同的结论。另外，专家在进行评判时也容易形成思维定式，从而导致评判结果有失公允。因此现在的评级机构在开展评级业务时基本不会简单地依靠专家经验判断，而是采用更为科学、专业和全面的方法。但是，虽然随着数据的积累和技术的进步，评级机构可以选择的技术和方法越来越多，但是现实环境往往是复杂多变的，任何一个定量指标或一种模型都是运用简化的数学方法构建而成，或多或少会与现实存在差异。因此多数评级机构会采用定性和定量、动态和静态分析相结合的方法，并且专家或者评级人员的经验在其中也依然发挥着重要的作用。

10.3.3.2 单变量研究法

单变量研究方法试图通过较为单一的指标预测公司的财务危机，从而判定公司信用风险的大小。1932 年，菲茨帕特里克对 19 家破产公司和非破产公司的财务比率进行了比较，认为对信用风险判别能力较高的指标为净资产收益率（净利润/净资产）和净资产/负债这两个指标，在美国经济大萧条之前三年，这些比率有显著的差异。1968 年，比弗利用单一的财务指标预测公司的财务危机，他选取了 1954~1964 年 79 家失败公司和相对应的 79 家成功公司的 30 个财务比率进行分析，以二分类法从 30 个财务比率中找出最具有区分能力的财务比率及分界点，得出的结论认为预测公司财务危机的最好指标为现金流量/总资产。

单变量研究方法虽然克服了专家打分法的主观性，并且具有指标关系简单、逻辑清晰的优点，但是它的缺点也显而易见，主要体现为模型过于简单，考虑的因素过于单一。现实中信用风险的成因往往是复杂的，受多种因素影响，因此，单纯地运用单变量研究方法来对某一对象进行信用风险评估，显然是不全面的。

10.3.3.3　信用风险组合模型

信用风险组合模型主要用于测算资产组合的信用风险，主要有 Credit Metrics、Credit Portfolio View 和 Credit Risk + 三种模型，比较典型的是 Credit Metrics 系列模型。Credit Metrics 是一种衡量资产组合风险大小的方法，其核心思想是资产组合的价值不仅受到违约的影响，而且受到其信用等级变化的影响，违约仅是信用等级变迁的一个特例。它第一次将资产组合的信用等级迁移、违约概率、回收率等相关因素纳入了一个统一的框架中，并基于这些因素，根据市场信用风险价差计算资产组合在一定期限内（通常为一年）的市场价值及其波动性，进一步得出资产组合的信用在险价值 CVaR（Credit Value at Risk）。运用该模型主要分为四个步骤：第一，根据评级公司提供的评级结果作为输入变量；第二，估计资产之间的相关性；第三，根据历史数据计算出相关资产的联合违约率，并建立信用等级迁移矩阵以及信用等级违约率矩阵；第四，计算不同信用等级下的损失率，从而估算资产现值。

Credit Portfolio View 模型是 Credit Metrics 模型的扩展和补充，是将各种影响违约概率以及相关联的信用等级转移概率的宏观因素纳入自己的体系。但该模型存在一些缺陷，如实行这一模型需要可靠的数据，而每一个国家、行业的违约信息往往较难获得。此外，该模型中的宏观经济因素调整过程是基于银行信贷部门累积的经验和信贷周期的主观判断，这使得模型的结果具有主观性。Credit Risk + 将违约率处理为一个连续的随机变量，还考虑了违约率的波动性，目的是为了表现出违约率水平的不确定性特征。它最主要的前提是，通过单项资产的风险暴露、违约率均值、违约率的标准差和每个风险暴露分布的板块及相应的损失百分比的数据输入，可以得到一个组合的风险暴露。

10.3.3.4 评级技术在实际评级业务开展中的应用

在实际应用中，技术的种类远不止这些。并且，如前所述，信用评级技术是一项综合的技术，评级时需要考虑评级对象财务、经营、管理、宏观经济环境、行业和市场环境等多方面的因素，因此评级机构会综合使用多种技术来分析、评价评级对象的信用状况，以使评级结果尽量科学、客观和有效。同时，在选择技术时，还要考虑市场有效性、数据可获取性、模型成本和应用可行性等因素。

从国外的情况看，以穆迪为例，其评级方法是定量与定性相结合，强调定性分析，所以并没有一个严格意义上的评级模型在其评级工作中起决定性作用。为使发行人、投资人等市场参与人员理解其评级的理念，穆迪于 2007 年公布了其使用的一种评级方法，该评级方法可归类于混合模型，具体步骤如下：第一步，根据受评对象所属行业，确定核心定量指标和定性指标；第二步，对指标进行评分；第三步，将每个指标的得分映射到信用等级；第四步，对表现异常的指标进行讨论；第五步，确定公司最终的信用等级。除了本身的评级业务，穆迪还开发了一系列评级模型产品，提供给市场参与人员使用，对非上市公司的违约率进行预测，并根据上市公司的数据对其预测进行修正。

从国内的情况看，随着近几年评级业务的发展，中国的评级机构也开始逐步建立和使用定量评级模型，但是这些机构较少公开自己的评级模型技术。从公开资料来看，目前中国主要评级机构所采用的评级模型技术都是以混合模型为主，首先，根据受评对象的所属行业，确定各行业的核心定量指标和定性指标；然后，对于定量指标，按照相应行业的评分表进行打分，对于定性指标，由分析师根据行业特点进行主观评分；最后，对各指标分值进行加权平均，计算得出总分，并在此基础上进行综合考虑后，确定受评对象的信用等级。在具体的指标选择上，各家机构根据自己对行业的理解会有所差别；在权重设置方面，各家机构都采用了一定的定量分析方法，但也含有一定的分析师经验判断的成分；在各个指标的具体判断标准上，各家机构也是以自己分析师团队的经验为主。

10.4 互联网征信运行机制

如果以美国三大信用局益百利、艾克飞和环联为美国 3 亿人口提供的个人信用报告服务领域总收益估值 240 亿元人民币估算，中国 13.7 亿人口将存在高达一千亿元以上的个人信用报告市场空间。目前，国内征信市场规模 20 多亿元，主要来自于企业征信业务，个人征信业务开展较少，未来采用市场化的征信模式将在消费信贷、互联网金融以及征信业务领域拓展等多重助力下迎来大蓝海时代，市场前景无可限量。

由于央行规定征信机构必须满足"数据来源于第三方，适用于第三方"，因此，互联网征信模式将以互联网企业为核心，融合多种资源和数据展开征信业务。根据互联网企业的核心业务，可将互联网征信细分为电子商务平台征信、支付业务征信、网络信贷征信、社交平台征信等。在首批入围的八家个人征信机构中，就包含这几类征信机构。每家企业都具有各自的优势和劣势，针对的市场也不同。蚂蚁金服的芝麻信用是电子商务平台征信的代表，依托阿里集团具有包括用户网购、还款、转账和个人信息等方方面面的数据，在数据挖掘上可以依托任何旗下的多个领域和产品拓展；腾讯征信则是支付业务征信和社交平台征信的代表，拥有 8 亿 QQ 账户、超过 5 亿的微信账户和超过 3 亿的支付用户，庞大的用户和数据处理能力，也为其发展征信业务提供了无限可能；前海征信是全牌照金融企业平安集团下属子公司，平安集团旗下陆金所作为 P2P 网络信贷的领头羊，曾联合多家 P2P 企业实行黑名单共享机制，如果这些数据可以挖掘，对于个人贷款的征信意义显而易见。互联网企业通过自身独特优势，一方面提供各具特色的征信产品；另一方面通过信用评价体系，提供个性化的增值服务，与互联网平台其他产品进行捆绑营销，最终实现互联网产品与征信产品的叠加销售。

10.4.1　电子商务平台征信

以阿里集团为例。阿里集团的电子商务平台在构建信用体系方面处于行业领先地位，也为阿里集团开展互联网征信业务提供了基础。在企业征信方面，阿里巴巴从 2002 年就推行"诚信通"计划，通过身份认证、客户反馈等信用数据形成可视化的信用评分建立了企业会员信用体系；2004 年设立第三方支付平台——支付宝，对资金进行监控和管理，解决资金纠纷隐患。阿里巴巴旗下淘宝、天猫也同时获得了卖家的商品交易量、商铺活跃度、用户满意度等数据。2007 年阿里巴巴尝试与建设银行、工商银行合作，向会员企业提供网络联保贷款，由 3 家或 3 家以上企业联合起来，共同向银行申请贷款，由阿里巴巴向银行提交会员的信用记录，银行最终确定发放贷款的金额。2010 年阿里自建小额贷款公司，为商家提供循环贷等小额贷款业务，通过贷款客户自身长期的数据和同类型企业的数据对比，为企业和店铺在不同时段提供恰当的贷款。阿里小贷依托阿里巴巴集团的电商平台交易数据，积累了庞大的客户群体，也在原有电商数据基础上增加了信贷业务的数据。从金融信贷的角度看，这实现了银行对于企业授信的业务，而阿里的这种信贷授信的模型又比银行传统授信更灵活和有效。四年时间，阿里小贷累计投放贷款额超过 1700 亿元，服务小微企业超过 70 万家，不良贷款率小于 1%，低于银行等传统金融机构的不良贷款率。在个人征信方面，阿里巴巴旗下蚂蚁金服设立的芝麻信用，已经于 2015 年 1 月率先公测其信用产品"芝麻信用分"。公测版"芝麻信用分"界面显示，最低 350 分，最高 950 分，其中 350 ~ 550 为较差，551 ~ 600 是中等，601 ~ 650 良好，651 ~ 700 为优秀，701 ~ 950 是极好。

较高的芝麻分可以获得更好的淘宝生活服务和金融服务。"芝麻信用分"数据来源包含五个维度——信用历史、行为偏好、履约能力、身份特征、人脉关系信用历史，是指过往的信用账户还款记录和信用账户历史；行为偏好是指在购物、缴费、转账等活动中的偏好和稳定性；履约能力是指使用各类信用服务并确保及时履约；身份特质是指在使用相关服务中留下丰富和可靠的个人基本信息；人脉关系是指好友的身份特征以及与好友的互动程度。用户在这五大维度的成绩体现在图像上，具有一定警示作用，可根据自身情况调整相关行为，实现不断提升芝麻分的目的。目前，芝麻信用已开放五大模块功能，包括出行、住宿、金融、购物和社交，提供免押金租车、免押金入住、借款和分期等服务。

目前只有出行和住宿的部分功能可以使用，要求芝麻分在 600 分及以上可以享受。这些维度的数据积累，一方面，是阿里集团与公共政府机构合作，接入公安、学历学籍、工商、法院等政府部门的数据而实现的数据融合；更关键的是，来源于阿里集团旗下淘宝及天猫、支付宝、阿里小贷等多个主体的数据。作为电商行业率先推出征信产品的企业，阿里集团依托电子商务平台和小微金融服务，对海量的数据进行处理，依靠阿里云计算平台，将消费者包括支付在内的交易和信用数据加以融合和利用。在淘宝从 2012 年 1 月 5 日实行了 VIP 成长体系，包含 7 个会员等级，从 V0 - V6，会员等级由"成长值"决定，V1 对应 1000 点，V2 对应 5000 点，V3 对应 20000，V4 对应 50000，V5 对应 15000，V6 对应 800000。成长值是淘宝网会员通过购物所获得的经验值，由累计金额计算获得。对买家的会员等级评价，一方面是为高消费用户提供更好的服务，一方面也是评估用户的消费能力和偏好。

电子商务平台发展互联网征信业务，需要充分展现互联网"开放、平等、合作、共享"的精神，将自身业务的营销与互联网征信相结合，一方面开放免费的互联网征信产品，以实现电子商务平台业务的用户黏性和使用率；另一方面，提供定制化的征信产品和服务，包括偿债能力预测、收入预测等风险评估产品。同时，可将个人征信与企业征信结合，用于企业招聘或评价企业风险时，考量求职者或者高管的个人风险等。发展初期，电子商务平台上多范围的业务，与金融、征信相融合，形成独具特色的产品；之后，可将视角拓宽至整个社会的实体经济领域，与大型企业进行合作，将相关数据模型进行优化和改进，形成个性化的征信产品；最后，互联网征信模式及其构建的数据模型发展成熟之后，将有望纳入央行的征信系统中，真正成为传统征信体系的一个补充。

10.4.2　第三方支付平台征信

第三方支付是指，采用与国内外银行签约方式，借助银行卡等支付工具或虚拟账户、虚拟货币等网上支付工具，提供与银行支付结算系统衔接的独立的第三方交易平台。支付公司从 2000 年左右发展至今，同电子商务企业一起成长壮大，成为介于银行与电子商务企业、互联网企业的关键环节。第三方支付公司开展征信业务的优势是极为突出的。如果说单个银行可以监控企业和个人在该银行的所有交易，那么第三方支付公司就是可以监控个人或企业在每家银行的每笔业务，包括跨银行的交易，这对于传统的金融业来讲是没法全行业融合的，但却是支付公司的最大优势。第三方支付公司不同于电子商务企业，它的数据种类较为稳定和单一，主要包括两类：其一，是商户信息，包括订单信息、买方身份信息、送货信息等；其二，交易信息。其中，商户信息占据了支付公司 80% 的数据量。因此，支付公司具备了互联网征信的基础数据和资源，而且这些数据，与电子商务平台的大数据相比，更具逻辑性和结构化。根据艾瑞咨询发布的《第三方支付行业 2014 年度数据发布》，2014 年中国第三方互联网支付交易规模达到 80767 亿元，同步增长 50.3%。自 2010 年以来第三方支付行业发展迅猛，市场规模和交易量持续增加。由此可知，第三方支付平台，在市场规模和数据积累方面具有较强实力和优势。

基于 2014 年第四季度的支付交易规模结构分析，网络购物占比 31.5%，基金占比 14.7%，航空旅游占比 10.4%，电商 B2B 占比 7.4%，电信缴费占比 4.3%，网络游戏占比 2.4%。这意味着，第三方支付公司在广度和深度上均实现了大数据积累。

随着移动互联网技术和移动支付的广泛推广，第三方移动支付的规模也在逐年增长。2014 年，第三方移动支付市场交易规模达到 59924.7 亿元，较 2013 年翻了将近 4 倍。移动支付数据成为第三方支付公司重要的数据来源，而移动支付数据又可细分为移动金融、移动消费、个人应用及其他行为的数据。用户习惯和用户支付场景的相关关联，可作为切入支付平台征信的一个思路。

因此，第三方支付公司可以一方面通过用户在移动支付等方面的用户习惯和用户资金用途，运用大数据技术，形成用户的信用评估。通过征信产品，挂钩信贷业务产品，同时通过交易过程的资金监控，实现信用贷款的功能。这将会对传统的信贷业务产生较大影响。从某种程度上讲，支付公司提供的互联网征信业务，为金融服务的要求水平降低，也将为更多的中小微企业和个人提供了资金支持。另外一个发展方向，是将第三方支付平台征信应用到 P2P 网贷行业，实现保障平台和投资人的安全。通过这种方式，有效防范身份欺诈、恶意违约等问题，也通过征信产品优化了 P2P 平台的信贷审批流程和成本。在 2015 年年初公布的 8 家有望获得个人征信牌照企业中，拉卡拉信用就是由拉卡拉集团旗下公司出资设立的。尽管，拉卡拉信用尚未发布旗下产品，但相信第三方支付征信形式，将在未来绽放巨大的光芒。

10.4.3 网络信贷征信

在央行批准准备设立个人征信机构中，前海征信就是网络信贷平台征信的代表。据了解，前海征信目标客户主要是小额贷款公司、网贷平台等。2014 年，我国 P2P 网贷行业发展迅速，同时问题重重。据第三方机构网贷之家数据统计，2014 年行业成交额 2528 亿元，是 2013 年的 2.39 倍；贷款余额 1036 亿元，是 2013 年的 3.87 倍。

2014 年，全国网贷行业正常运营平台 1575 家，出现问题的平台高达 275 家，仅 2014 年 12 月就有 92 家 P2P 平台负责人跑路，超过 2013 年全年问题平台 76 家的数量，问题平台的主要问题出现为诈骗和提现困难。出现问题的平台由于风控措施不到位，造成了资金链断裂。因此，做好风险控制也就成为各个 P2P 平台在激烈竞争中寻求稳定发展的关键一环，发展网络信贷平台征信，将有效解决类似问题的出现。

由于 P2P 行业不能直接接入央行的征信系统，为防范信用风险和实现信贷信息共享，中国人民银行征信中心通过下属上海资信建立网络金融征信系统，目前一部分 P2P 网贷企业以间接形式接入央行征信系统。截至 2014 年 12 月末，共接入网贷机构 370 家，收录客户 52.4 万人。以目前 P2P 行业的现状，引入第三方征信机构，将能够提高平台的征信能力和违约情况。其实早在 2012 年左右网络借贷行业发展初期，就有关于引入第三方个人征信机构、完善借贷违约惩罚机制的文献和讨论。引入第三方个人征信有助于降低信用风险，促进网络借贷市场的健康发展，同时有利于征信机构丰富信息来源，完善征信体系建设。

网络信贷平台征信，重要的一点就是信贷数据的共享。在这一点，前海征

信背后的平安集团旗下陆金所就曾进行过尝试。2012 年年底，陆金所、拍拍贷
等多家 P2P 公司联合成立了"网络信贷服务业企业联盟"，实现了信贷数据的公
开共享，建立了黑名单共享机制，将与其借款者信息公开。因此，前海征信在
P2P 网络信贷行业征信方面，已经具有资源优势和经验。但网络信贷征信需要考
虑，以什么样的形式进入市场，从而与上海资信分一杯羹。这就需要网络信贷
征信，在征信产品的设计上更多元化和说服力。依靠平安集团，在传统金融业
和互联网金融行业具有独特优势的金融机构，结合在保险、金融产品等方面的
用户积累，前海征信在开展互联网征信行业具有扎实的基础和资源。网络信贷
行业的征信业务，对于 P2P 行业具有巨大影响，将会带来 P2P 行业向更正规更
完善的方向发展。

第 11 章　我国互联网征信发展模式

11.1　以中国人民银行为代表的政府派

2006 年 3 月，经中编办批准，中国人民银行设立中国人民银行征信中心，作为直属事业单位专门负责企业和个人征信系统（即金融信用信息基础数据库，又称企业和个人信用信息基础数据库）的建设、运行和维护。同时为落实《物权法》关于应收账款质押登记职责规定，征信中心于 2007 年 10 月 1 日建成应收账款质押登记系统并对外提供服务。2008 年 5 月，征信中心正式在上海举行了挂牌仪式，注册地为上海市浦东新区。2013 年 3 月 15 日施行的《征信业管理条例》（以下简称《条例》），明确了征信系统是由国家设立的金融信用信息基础数据库定位。目前，征信中心在全国 31 个省和 5 个计划单列市设有征信分中心。作为专业化征信机构，征信中心依法履职，积极推进征信系统建设，保障系统安全稳定运行，加快系统升级优化，深入推进服务转型，加强产品研发与应用，切实维护信息主体合法权益，充分发挥征信系统作为我国重要金融基础设施作用，为推动社会信用体系建设做出了积极的贡献。

建成全球规模最大的征信系统。1997 年，人民银行开始筹建银行信贷登记咨询系统（企业征信系统的前身）。2004～2006 年，人民银行组织金融机构建成全国集中统一的企业和个人征信系统。今天的征信系统，已经建设成为世界规模最大、收录人数最多、收集信息全面、覆盖范围和使用广泛的信用信息基础数据库，基本上为国内每一个有信用活动的企业和个人建立了信用档案。截至 2015 年 4 月底，征信系统收录自然人 8.6 亿多，收录企业及其他组织近 2068 万户。征信系统全面收集企业和个人的信息。其中，以银行信贷信息为核心，还包括社保、公积金、环保、欠税、民事裁决与执行等公共信息。接入了商业银行、农村信用社、信托公司、财务公司、汽车金融公司、小额贷款公司等各类放贷机构；征信系统的信息查询端口遍布全国各地的金融机构网点，信用信息服务网络覆盖全国。形成了以企业和个人信用报告为核心的征信产品体系，征信中心出具的信用报告已经成为国内企业和个人的"经济身份证"。

征信系统应用广泛、成效显著。征信系统已经在金融机构信用风险管理中广泛应用，有效解决了信息不对称问题，提高了社会公众融资的便利性，创造了更多的融资机会，促进了信贷市场发展。征信系统的广泛应用，显著提高了社会信用意识，在全社会形成"守信激励、失信惩戒"的激励约束机制。

11.1.1　小微金融机构接入征信系统服务

按照《中国人民银行办公厅关于小额贷款公司和融资性担保公司接入金融信用信息基础数据库有关事宜的通知》，具备接入条件的小额贷款公司、融资性担保公司、村镇银行等机构（以下简称小微金融机构）应当接入金融信用信息基础数据库。

11.1.1.1　征信系统支持的接入形式

在接入方式方面，小微金融机构可以根据自身的业务规模和信息化程度，自行选择开发接口程序方式或手工录入报送方式（非接口方式）。接口方式是指金融机构自行开发数据报送接口程序，从本行业务系统中抽取数据，生成符合征信系统要求格式的报文，该方式适用于信贷业务数据量较大的金融机构；非接口方式是指使用手工录入方式向固定录入软件中录入数据生成报文的方式，该方式适用于信贷业务数据量较小的金融机构。在网络选择方面，现在有三种方式可供选择，一是通过人民银行征信中心的互联网接入平台接入，二是单家机构自行通过当地的金融城域网接入，三是参加当地的小微型机构接入征信系统省级平台建设，通过平台专线接入。互联网接入平台接入是指通过互联网连接征信系统互联网接入平台方式接入征信系统。金融城域网直接接入是指单家小微金融机构通过数据专线或虚拟专用网络（VPN）连接人民银行金融城域网的方式直接接入征信系统。省级平台接入是指通过连接机构所在省（自治区、直辖市）征信分中心组织建立的省级征信平台方式接入征信系统。

11.1.1.2　接入流程

机构接入征信系统共分为五个步骤：申请、接入的前期准备、数据报送测试验收、开通报送用户、开通查询权限等，各个步骤主要工作如下。

（1）申请。金融机构要求接入征信系统，需向征信中心或所在地征信分中心提出申请，申请函应至少包括机构性质、业务种类、业务现状（未结清业务余额及笔数情况）、业务系统与网络条件、申请接入的征信系统名称及接入的理由、拟采取的接入方式、接入实施计划等。身份证明材料包括：金融许可证复印件、营业执照复印件、组织机构代码证复印件等。分中心进行审核后，对具备接入条件的机构提出初审意见，连同汇总后的接入材料一并报送征信中心。

征信中心根据分中心的初审意见，结合机构接入的总体安排，确定申请机构接入安排，并函告分中心，分中心将函复结果通知申请机构。

（2）接入的前期准备。分中心负责前期的组织、指导和培训等工作。一是培训相关法规、制度，接口规范，信用报告解读；二是指导接口程序的开发，培训 MBT 系统、互联网平台录入系统等的使用；三是督促金融机构建立相关内部管理制度（数据报送、信息查询、异议处理、安全管理等）；四是指导机构正确填写机构、用户、电子邮箱申请表等材料。

（3）数据报送测试验收。接口机构应按照《关于进一步规范金融机构数据报送接口程序测试和验收工作的通知》开展测试验收工作。非接口机构在验证数据录入软件能够按要求生成数据报送文件之后，还应对数据录入人员的录入能力进行验证。对数据录入人员的上岗测试，主要是按规定业务场景模拟录入征信数据，数据录入准确无误则表示具备录入能力，可以向征信系统报送数据。目前通过互联网接入平台接入的非接口机构在培训中安排了测试。

（4）开通数据报送用户。数据测试通过后，征信中心为金融机构开通生产环境的数据报送用户。征信分中心将机构接入后的各项制度和要求通知金融机构，包括数据质量管理要求、接口程序升级要求、数据删除管理要求等方面。

（5）开通查询权限。征信中心审核接入机构数据报送情况符合要求后，征信中心为接入机构开通查询权限。

11.1.2 完善动产融资基础设施建设，促进动产融资业务发展

11.1.2.1 关于动产融资登记服务发展现状

2007 年 10 月，根据《物权法》授权，人民银行征信中心开始向社会提供应收账款质押登记服务。截至 2015 年 11 月 15 日，登记系统已注册登记用户 1.1 万余家，接受各类登记 189 万笔，累计查询量超过 590 万笔。应收账款质押和转让登记中，超过 86% 涉及中小微企业，已有 23 万余家中小微企业通过应收账款质押和转让交易获得融资，登记记载的融资金额超过 32 万亿元。2015 年，征信中心启动了登记系统的全面升级建设，拟通过提升系统技术架构、梳理业务逻辑、改善用户体验，提升登记服务水平。

在动产融资实践中，就物权登记服务来说，存在登记部门分散以及新型动产融资登记空白并存的问题。动产融资市场的发展提出了动产物权登记便利、可行的需求。征信中心在提供应收账款登记的基础上，根据市场需求，于 2014 年建成涵盖多类动产物权登记的动产融资统一登记系统，包括提供应收账款质押和转让、融资租赁、保证金质押、存货和仓单质押、保留所有权登记等 10 多

项登记服务，并实现了上述登记信息的统一查询。2015 年，存货和仓单质押登记备受关注，征信中心拟与平安银行、感知科技集团合作，推动存货与仓单质押登记的应用，促进动产质押融资交易的开展。2015 年，人民银行征信中心对资产证券化当中基础资产转让登记问题进行了研究，建议将其纳入应收账款转让登记范畴，通过登记锁定债权转让，利用公示避免资产处置的权利冲突问题。

在不断提升登记系统服务能力的同时，征信中心也在探索推动登记制度的完善。为了满足应收账款融资发展中的新需求，引导登记活动的有序进行，人民银行征信中心启动了《应收账款质押登记办法》的修订工作，目前已完成公开征求意见。征信中心也在积极参与最高人民法院《物权法》司法解释研究工作，向最高人民法院反映明确融资租赁、应收账款转让、保证金质押等动产登记效力的诉求。其中，通过 2014 年最高人民法院的司法解释配套人民银行的规范性文件已经明确融资租赁登记的效力。在登记系统登记的融资租赁物权可以对抗金融机构的抵押权。

自 2011 年起，征信中心积极推进动产登记在天津市的先行先试。天津市政府先后就融资租赁登记、应收账款转让登记、动产统一登记和查询、涉农产权代理登记发布了规范性文件，确立了这些登记在天津辖区的司法效力。目前，天津市借鉴行政管理和司法实践配套的经验，正在推动辖区保证金质押、存货与仓单质押登记效力的确立。此外，上海市、广州市政府也陆续出台政策引导动产融资登记业务的开展。各地在动产融资登记制度方面的探索，使得金融机构动产融资创新的热情高涨，为以后在国家层面建立和完善动产登记制度积累了经验。

11.1.2.2　关于应收账款融资服务平台的建设和应用成效

（1）融资服务平台应用成效显著。自 2013 年年底上线以来，应收账款融资服务平台运行近两年，为中小微企业拓宽融资渠道、降低融资成本提供了便利的信息服务，同时丰富了金融机构的客户资源，得到了政府有关部门、金融机构和企业的关注和认可，在推动应收账款融资发展，服务中小微企业融资方面发挥了重要作用。

用户注册和融资交易活跃。截至 2015 年 11 月 15 日，融资服务平台累计注册用户 7.1 万家，其中，资金提供方用户 2.9 万家，企业用户 4.2 万家。用户通过平台累计上传账款 3.2 万笔，推送有效融资需求 2.6 万笔，累计促成应收账款融资交易 2.1 万笔，融资金额超过 10000 亿元。

六成融资注入中小微企业，服务中小微企业融资效果显现。依托融资服务平台，可以借助核心大企业的信用，通过核心大企业确认应付账款，提升中小微企业的融资能力。目前，平台已注册中小微企业用户近 3.5 万家，占企业注册总数的 83.3%。平台应收账款融资业务中近 80% 涉及中小微企业，融资金额 6024 亿元，占平台成交金额的 62.9%。

围绕核心企业的供应链融资业务逐渐增多。核心企业的配合和参与是应收账款融资业务开展的关键。越来越多的核心企业已经意识到，帮助供应商确认应付账款开展融资业务，对深化供应商合作关系、加强供应链管理、增强核心企业自身竞争力的重要意义。目前平台已经吸引规模及以上供应链核心企业 47 家，并带动 300 多家上下游中小微企业加入平台，促成融资交易 303 亿元。

（2）有效推进应用试点，针对性地服务地区企业。

为进一步提高中小企业的认知度和参与度，工信部中小企业局联合人民银行征信中心在绵阳等地合作开展了应收账款融资服务平台试点，目前已促成与长虹集团的合作。长虹集团将与融资服务平台实现技术对接，开展在线供应链融资业务，支持上游供应商融资。绵阳市政府出台了《绵阳市企业应收账款融资服务试点工作方案》，联合经信委、国资委等 8 个部门，发挥各自职能作用，鼓励企业和金融机构通过应收账款融资服务平台开展融资。

（3）强化平台功能，提高融资效率。征信中心通过建设运行企业和个人征信系统，积累了经验，目前拟通过融资服务平台广泛采集企业商业信用信息，对企业履约形成有效约束，并对现有企业征信体系形成有益补充，净化我国商业信用环境，探索解决企业间拖欠所形成的"三角债"问题。

11.1.2.3 关于推进动产融资服务工作的思路

在动产融资的登记制度推进方面，征信中心将继续加强与最高人民法院、立法部门和行业管理部门的工作沟通，积极推进制度建设。动产融资登记统一登记是立法问题，需要立法条件的成熟。从实践角度，建议我国的动产统一登记可以从统一查询起步，通过国务院协调有关部门授权将动产登记信息的查询予以统一；对于保理、存货登记等有着强烈市场需求的物权登记，可充分利用现有法律基础，研究通过司法解释明确登记效力的可行性；积极推广天津等地试点经验，深入推进统一登记试点工作的开展。征信中心也根据市场发展所需，扎实推进系统功能建设，完善登记服务，满足动产融资改革和创新发展的需要。

为了更好地发挥应收账款融资服务平台在服务中小企业融资当中的作用，征信中心将继续加强与工信部、国资委等国家有关部门的沟通，研究出台有关政策，引导国有企业和政府采购主体作为应收账款债务人，积极确认应付账款，帮助中小企业供应商融资；并以《中小企业促进法》的修订为契机，推动立法鼓励开展应收账款融资，引导供应链核心企业为中小企业的融资和发展提供有效支持。在系统功能方面，将进一步提升信息服务实用度，更好地促进应收账款融资业务快速高效达成，提高融资交易的效率。

11.1.3　融资租赁公司接入央行征信系统

11.1.3.1　融资租赁需要征信

据了解，目前全球有近 1/3 的投资是通过融资租赁的方式完成的，在欧盟，有超过 50% 的中小企业利用过融资租赁的融资方式，日本中小企业租赁融资占市场交易额的比重也达到 50%。我国融资租赁行业起步晚，融资租赁市场渗透率只有发达国家平均水平的 1/4，甚至不到美国的 1/7，融资租赁规模与现有的经济规模不够匹配，因此，未来融资租赁在我国发展潜力很大。

2009 年国务院发布《关于进一步促进中小企业发展的若干意见》指出，要进一步拓宽中小企业融资渠道，大力发展融资租赁企业，发挥融资租赁等融资方式在中小企业融资当中的作用。2015 年 8 月 31 日，国务院印发《关于加快融资租赁业发展的指导意见》，并于 9 月 1 日印发《促进金融租赁行业健康发展的指导意见》。这两份《指导意见》的出台也为我国融资租赁行业的发展指明了方向。在行业需求和政策利好的推动下，我国的融资租赁行业将高速发展。

中国已成为仅次于美国的全球第二大融资租赁市场。据有关统计数据，截至 2015 年年底，全国融资租赁企业总数约为 4508 家，比上年年底的 2202 家增加 2306 家，也就是说翻了一番还多；全国融资租赁合同余额约 44400 亿元人民币，同比增加约 12400 亿元，同比大涨 38.75%。业内普遍预计，未来，融资租赁行业仍有非常大的发展空间，2016～2020 年，我国融资租赁业仍有望保持 30%～40% 的增长速度。

征信系统已成为我国金融、经济领域重要基础设施。征信系统已经在各类金融机构的信用风险管理中得到广泛应用，它提高了金融机构信贷审批效率和融资便利性，降低了信贷市场的信息不对称和交易成本，防范了金融机构的信用风险，从而可以提高金融资产的质量和数量，扩大信用交易规模，促进消费和投资，促进宏观经济增长。风险控制能力是融资租赁公司最关键的核心竞争力之一，融资租赁公司的竞争优势最终都将通过风控能力予以确认，而风控关键在于交易背后的征信体系。可以说，融资租赁公司的可持续发展需要征信体系的支撑。

11.1.3.2　融资租赁公司接入央行征信系统方案

《征信业管理条例》第 29 条，明确规定"从事信贷业务的机构应当按照规定向金融信用信息基础数据库提供信贷信息。"根据条例精神，明确了可接入企业征信系统的机构类型包括：小贷公司、担保公司、保险公司、证券公司、融资租赁公司和商业保理公司。

融资租赁公司可采取的接入方式有两种，一是自行开发接口程序接入征信系统，即"接口接入"；二是通过上海资信的"LSP融资租赁综合服务平台"接入征信系统，即"平台接入"。对于具备技术和网络条件的融资租赁公司，在有融资租赁业务管理系统（即融资租赁公司有自己的生产系统）的前提下，融资租赁公司可与商业银行一样，自行开发数据报送接口程序接入征信系统。此接入模式要求接入机构通过开发与本机构业务系统对接的接口程序，实现数据的自动提取，并将本机构业务系统中相关数据转换生成征信系统规定格式的报文，直接向征信系统报数。接口程序依据中国征信中心制定的《企业征信系统数据采集接口规范》开发。网络连接方面，有条件接入金融城域网的机构可以直连，也可以通过互联网接入。而对于自身没有完善业务管理系统的融资租赁公司，可以选择使用上海资信的"LSP融资租赁综合服务平台"进行业务管理并实现征信系统接入（平台接入）。上海资信的"LSP融资租赁综合服务平台"是一个融资租赁业务信息管理系统，已于今年5月26日正式上线。目前已有近30家融资租赁公司与上海资信签约使用该平台。

按照征信中心关于征信系统机构接入的相关制度规定，融资租赁公司接入央行征信的流程包括从申请接入到开通查询权限，分为三个阶段：申请阶段、准备阶段、报数阶段。不管是接口接入还是平台接入，流程是大致一样的。

（1）申请阶段。机构提交申请：首先，申请接入机构需向工商注册所在地的人民银行征信分中心提交接入申请函、机构申请表及身份证明材料。分中心受理与初审：征信分中心受理后要对申请材料进行初审，对不具备接入资格的机构可直接回复，告之不能接入并说明理由。对具备接入资格的机构，分中心提出初审意见，上报总行征信中心。征信中心复审与函复：征信中心根据分中心初审意见，审核申请接入机构是否可以接入，并将结果函告分中心。征信分中心负责将函复结果通知申请接入机构。

（2）准备阶段。接入准备：各地的征信分中心和上海资信一起，指导申请接入的机构需开展制度、业务、网络等方面的准备，以及数据报送接口程序的开发、测试、验收等工作。测试验收：征信中心负责对申请接入机构的数据报送接口程序测试结果进行最终验收。

（3）报数阶段。报送数据：对验收通过的接入机构，征信中心给予开通报数权限。接入机构在获得报数权限后，即开始正式报送其全部存量数据，并按"T+1"的要求报送增量数据。开通查询权限：在经过数据报送的观察期后，征信中心将根据接入机构的数据报送情况进行报数验收，验收通过的，为接入机构开通信用报告查询权限。至此，接入机构即完成全部接入流程，可以查询央行征信系统的信用报告。

11.1.4　征信增值产品

11.1.4.1　关联企业查询产品

关联企业查询产品通过加工整理企业的身份信息、出资人、信贷业务等多种信息，对所查询借款者的概况信息、资本构成信息、高管人员信息、法人代表亲族信息等内容进行深度挖掘和信息匹配，形成企业的关联企业图谱以及关联企业的有关信贷业务信息汇总情况，以展现企业间存在的关联关系及其紧密程度，帮助商业银行管理、识别集团客户的风险。

11.1.4.2　信贷类汇总数据产品

信贷类汇总数据产品依据企业征信系统信息，按照国民经济核算原理，以金融统计核算原则为准则，进行加工、整理，形成银行业信贷业务报表体系和指标体系，以综合反映银行业信贷市场运行特征和状况，为货币政策、金融监管、商业银行经营管理提供信息支持。

11.1.4.3　重要信息提示产品

重要信息提示产品整合企业和个人征信系统信息，将本行客户在他行发生的异常行为（如信贷资产逾期、信贷资产质量迁徙等可能影响其整体偿债能力的行为），主动向与其发生信贷业务的商业银行分支机构给予提示，帮助商业银行及时掌握客户的信用风险信息，节约管理成本，提高信贷风险管理的效率。

11.1.4.4　商业银行信贷组合管理产品

商业银行信贷组合管理产品依据企业征信系统信息，以行业为主线，以图形的形式提供贷款、保理、票据贴现等 7 项信贷业务分地区、分行业的市场份额、增长速度、集中度、信贷质量 4 大类指标，在反映时点（或时段）值的同时反映时间序列变化值。该产品可以帮助商业银行更直观、更有效地了解我国信贷市场运行概况，以及各行在市场中所处的位置。

11.1.4.5　历史违约率产品

历史违约率产品是从定量角度对企业借款者在一定时期内（通常为 1 年）在整个银行业发生违约行为进行统计，以客观地反映本行客户在全金融机构业务的实际违约情况，包含本行客户在他行发生违约的比率。为商业银行在配置信贷资产组合和定价、制定信贷政策提供数据参考依据。

11.2　以电商平台为代表的私营派

11.2.1　我国电商发展及其对金融征信的需求现状

11.2.1.1　电子商务蓬勃发展

随着网络技术普及率的日益提高，通过网络进行购物、交易、支付等电子商务新模式快速发展。电子商务凭借其成本低、效率高的优势，不但受到普通消费者青睐，还有效促进中小微企业寻找商机、赢得市场，已成为我国转变发展方式、优化产业结构的重要动力。2014 年 5 月 29 日，商务部发布的《中国电子商务报告（2013）》显示，2013 年中国电子商务持续快速发展，交易额突破 10 万亿元，同比增长 26.8%；网络零售交易额超过 1.85 万亿元，同比增长 41.2%。

11.2.1.2　电商微企迅速增长

《2013 年度中国电子商务市场数据监测报告》显示，截至 2013 年年末，国内 B2C、C2C 及其他电商模式企业数达 2.93 万家，较 2012 年增长 17.8%，预计 2014 年将达到 3.43 万家；使用第三方电子商务平台的中小企业用户规模（包括同一企业在不同平台注册，但不包括在同一平台上重复注册）已突破 1900 万户；中国网络购物用户规模 3.12 亿人，同比增长 26.3%。在 2013 年我国电子商务 10.2 万亿元交易总额中，中小微企业电商交易额 4.3 万亿元，占比 42.2%。

11.2.1.3　网络金融顺势萌芽

2010～2011 年，阿里巴巴集团相继成立了浙江、重庆市小额贷款公司，尝试自营阿里小贷，发放以大数据为核心的网络微贷。阿里金融一度创造了日均完成贷款近 1 万笔的纪录，给商业银行传统信贷模式带来了巨大冲击。

11.2.1.4　电商征信已成短板

同大多数小微企业一样，众多从事电子商务的小微企业存在规模小、信息不透明、缺少有效的可抵押资产等问题，往往难以获得金融机构传统信贷模式的支持，各传统金融机构也鲜有适合电商小微企业需求的融资产品推出，其间电商微企经营财务、资信资产等相关信息的不透明是其重要的制约因素。这说明电商金融征信已成为电商网络金融发展的短板。在小微企业融资难的背景下，以大数据为核心的"阿里金融征信模式"成为阿里金融有别于传统信贷模式，高效便捷解决电商小微企业融资的亮点。

11.2.2　阿里征信模式

11.2.2.1　阿里征信模式的构建

阿里巴巴之所以能够收集海量信用数据并加以利用，最终建立阿里征信模式，主要依靠其早期在电商平台推出的两款安全保障产品：诚信通和支付宝，它们本是用于解决互联网交易信息不对称的问题，却因此"意外"获取了客户重要的信用信息，形成了特殊的商业征信模式。

诚信通是一款企业信用量化产品，它为会员建立一份诚信档案，包含企业身份认证、证书与荣誉、客户反馈、资信参考和在阿里巴巴的交易记录。利用独有的信用评分模式将这些档案量化为企业的信用评分，并最终制定成诚信通指数。阿里巴巴由此建立的会员信用体系使得企业开始重视诚信度的积累，主动规避交易信用违约。

支付宝是一款免费信用中介工具，旨在消除客户付款后发生资金纠纷的安全隐患。其运作实质是让支付宝公司作为交易资金保管的第三方中介，消费者选定商品后将应付款项划拨至支付宝账户，直至客户收到商品且满意后由此账户划款给卖方。支付宝作为第三方支付工具，解决了电子商务难以实现"一手交钱，一手交货"的缺陷，一定程度上缓解了交易风险给商家和消费者带来的顾虑。它的推出也标志着阿里巴巴开始涉足"准金融"领域。

信息是金融业最为核心的要素。金融机构需要获取客户的真实信息，判定客户身份，根据交易进行信用记录并开展相应的金融服务。对于金融信贷业务而言，风险防范的核心在于贷前的资信调查以及对贷后资金踪迹和交易行为的监控，而后者由于信息不对称使得传统金融企业难以精确掌握客户资金的去向，唯有借助抵押担保等手段加以控制，这也导致许多小企业考虑经营风险而放弃与银行合作。

阿里巴巴利用电子商务平台环境透明、信息共享的特点，将客户交易的每一笔信息和数据储备起来。这一切均通过电子商务数据库自动完成，实现了几乎零成本地获取客户各类信息，时刻掌握着企业和个人账户资金状况，解决了传统金融企业收集信息难的问题。数据平台多年的信息沉淀为阿里巴巴建立了可靠的信用数据库，从数据库挖掘的有效信息经过提炼可以与客户潜在的融资需求相结合，为其转型为"平台、数据、金融"服务中心打下坚实的基础。

11.2.2.2　阿里征信模式的应用

（1）与银行合作开展信贷业务。2007 年，阿里巴巴与中国建设银行和中国工商银行合作试水信贷业务，其中阿里巴巴只是作为一个信贷中间人的角色。

接受会员的贷款申请后，将申请与其信用信息一同交由银行审核，贷款与否由银行决定。截至 2008 年 5 月，阿里巴巴以与银行合作的放贷形式共向会员企业发放贷款 4.29 亿元，并计划将贷款范围由浙江省扩展至全国。

（2）与风投合作为会员企业融资。2008 年，阿里巴巴在信贷中介的基础上再进一步，与 VC（风险投资）联合推出了"网商融资平台"，为其广大的会员企业提供资金帮助，同时也借助风险投资来重新认识和整合自身的资源。与金融企业合作期间，阿里巴巴建立和完善了自己的信用数据库以及信用评分体系，并开始摸索应对贷款风险的控制机制。

（3）成立小贷公司，创建"阿里金融"。2010 年 6 月，阿里巴巴开始尝试自营金融业务，其联合复星集团、银泰集团和万向集团在杭州成立浙江阿里巴巴小额贷款公司，这也是国内首个面向网商放贷的小额贷款公司。2011 年，重庆市阿里巴巴小额贷款公司也宣告成立，自此阿里巴巴集团旗下金融业务板块"阿里金融"正式诞生。目前，阿里小额贷款公司主要面向 B2B 平台的会员商户群体和淘宝、天猫平台的小微企业及个体商户群体推出有针对性的信贷产品。截至 2012 年年底，其已累计向 20 万客户提供了超过 500 亿元贷款。

11.2.2.3 阿里征信模式的优势

阿里巴巴利用电子商务独有的优势，逐步摸索出一条属于自己的阿里征信模式，它将商业征信积累的客户数据挖掘提纯，并用于开展金融业务。阿里征信模式在金融领域的应用，体现出众多特有优势。

（1）海量信用信息来源。互联网时代，阿里巴巴凭借出色的品牌优势积累了庞大的客户群体。截至 2012 年年底，阿里巴巴中国站注册会员数量达到 5200 万，其中企业会员 800 万。淘宝网上职业商户也达到 700 万，这些会员商户借助网络平台完成采购和销售，无疑都成为阿里巴巴信用数据的信息来源。第三方支付工具的应用进一步加深了客户黏性。据中国电子商务研究中心监测数据显示，截至 2012 年 12 月，支付宝注册账户逾 8 亿元，日交易笔数峰值达到 1.05 亿元，十几年来积累的分类信息数据，成为支撑阿里征信模式诞生和壮大的基石。

（2）出色的信息数据。电商出身的阿里巴巴具有强大的数据收集平台，通过对会员商户每一笔交易的真实记录，阿里征信模式的信用数据甚至比人民银行征信中心的数据更加贴近实际。利用数据挖掘将客户信息分类管理，实时掌据企业资金账户状况，订单数量、存货情况、顾客投诉等经营数据，提供及时的预警信号，使得阿里巴巴能更加全面地了解小微企业。此外，支付宝及其各项应用所沉淀的数据，帮助阿里巴巴有效地分析顾客消费习惯、判断未来趋势。

（3）独有的风险控制能力。经过多年与银行等金融机构的合作，阿里巴巴结合自身的信用数据开创出独特的风险防范系统，管理覆盖贷前、贷中及贷后各个阶段。依据企业在阿里巴巴建立的第三方认证数据和信用数据，制定贷前的准入机制，设置合适的风险费率；通过考察企业最近经营情况，掌握客户资金和现金流状况，综合分析其偿债能力，于贷中阶段进行充分审核；贷后利用互联网平台和支付宝，对放贷对象的经营交易状况以及资金周转情况实时监控，针对可能造成的违约行为进行风险警示，严重时采取冻结其交易账户等措施，增加企业的违约成本，有效防范贷款风险。

（4）高效的信贷流水线。完善的信用数据、实时的经营信息、长期建立起来的评分体系，阿里征信模式利用自身优势，打造出自己的信贷流水线。信贷业务的各个流程——申请、审查、监控、交易等大多都直接在互联网上完成，可大大节约信贷成本，缩短业务流程时间。通常商业银行客户经理最多能管理100 家小微企业，阿里巴巴将这个数字扩展成1000 家以上。而银行单笔信贷成本在2000 元左右，阿里小贷只有 2.3 元。利用互联网技术，将信贷业务的操作转移至实验室的计算机屏幕上，实现贷款的批量"生产"，阿里征信模式的目标是打造成真正的信贷工厂。

11.2.2.4 阿里征信模式的局限性

阿里征信模式对我国互联网金融的探索和发展作出了卓越的贡献。早期的 B2B 电商平台拓宽了中小企业的营销渠道，增强了消费者网络购物的意识。阿里信贷业务更是令人看到了互联网金融的巨大潜力，其产生的"鲶鱼效应"迫使传统金融机构加速转型，有利于打破金融垄断，提升我国金融服务的质量和水平。然而，基于阿里"自给自足"的征信模式还存在众多缺陷。

（1）信用信息过于片面。由于阿里巴巴信用数据库只记录会员商户的信息，又缺乏线下网点进行信用调查和相关金融服务的受理，出于风险控制的角度，阿里小贷的业务仅限在实名注册的客户间开展。阿里征信模式主要依靠电商平台收集的数据建立信用评分体系，但仅根据历史交易信息的诚信度难以全面衡量企业的信贷风险。一方面，商家的交易数据存在造假的可能性；另一方面，借款方融入资金后往往做出更为激进的投资生产方案，即出现道德风险问题，使得阿里征信模式的信用信息失真。唯有引入更多的非交易数据交叉验证，才能反映借款者的本质特征，从而将违约概率降到一个合理的水平。

（2）贷款规模有限，金融业务经验欠缺。阿里征信模式在信贷业务上创造了不错的成绩，但小额贷款公司的本质束缚了其发展。由于小额贷款公司不能吸储，贷款资金仅限于16 亿元的注册资本金，相比国内小微企业庞大的资金需求，有限的资金来源将严重制约阿里征信模式进一步发展，其信息资源也难以发挥最大效用。刚刚涉足金融领域的阿里巴巴还缺乏专业金融人才，难以针对不同偏好的客户制定差异化的金融产品。另外，其在信贷风险的处理经验上没有传统金融企业丰富，系统风险的承受能力也远不及商业银行。规模的约束及经验的缺乏增加了阿里征信模式的不稳定性，一旦坏账率上升就会侵蚀其资本，导致阿里巴巴小额贷款公司的放贷能力进一步下降，阿里征信模式将直面生存危机。

（3）征信模式的不可复制性。阿里巴巴依仗其在电商行业的龙头地位，拥有稳定的征信客户群，庞大的资金规模允许其建立较为完善的商业征信体系。但国内大部分互联网金融企业并不具备自我开展征信业务的条件，而第三方商业征信机构规模较小且技术不成熟，信用共享机制还未形成，这使得商业征信应用于金融领域的模式无法在互联网金融领域得到广泛应用。另外，阿里巴巴与银行等金融机构合作放贷的终结，表明了两者关于信贷风险控制理念的不同，说明了商业征信并不能简单地、直接融入传统金融机构的信贷业务中。

11.2.3　阿里金融与征信模式助推电商小微企业发展分析

11.2.3.1　阿里征信模式服务电商小微企业发展的做法

阿里金融亦称阿里巴巴金融，为阿里巴巴旗下独立的事业群体，主要依托浙江、重庆的小贷公司，面向小微企业、个人创业者提供小额信贷等业务。目前阿里金融已经搭建了分别面向阿里巴巴 B2B 平台小微企业的阿里贷款业务群体，以及面向淘宝、天猫平台上小微企业、个人创业者的淘宝贷款业务群体，并已推出淘宝（天猫）信用贷款、淘宝（天猫）订单贷款、阿里信用贷款等微贷产品。

2002 年，阿里巴巴推出"诚信通"服务，之后又衍生出"诚信通指数"，利用其 B2B、淘宝、支付宝等电子商务平台上客户积累的信用数据及行为数据，引入网络数据模型和在线视频资信调查模式，通过交叉检验技术辅以第三方验证确认客户信息的真实性，将客户在电子商务网络平台上的行为数据映射量化为企业和个人的信用评价，发展成为独特的"阿里征信模式"。

阿里金融依托"阿里征信模式"，向这些通常无法在传统金融渠道便利获得贷款的电商小微企业，发放"金额小、期限短、随借随还"的小额贷款。数据显示，自 2010 年阿里巴巴尝试自营阿里小贷，发放以大数据为核心的网络微贷以来，截至 2014 年 6 月，阿里小贷服务逾 80 万家小微企业，累计投放信用贷款超过 2100 亿元，不良率低于 1%。

11.2.3.2　阿里征信模式服务电商小微企业特色

（1）海量的数据积累和模型分析。阿里巴巴凭借其品牌优势积累了庞大的客户群体。截至 2013 年 6 月末，阿里巴巴中国站注册会员数量已突破 1 亿；截至 2013 年 12 月末，支付宝实名认证用户超过 3 亿。这些会员借助网络平台完成采购和销售，成为阿里巴巴信用数据的信息来源。阿里巴巴通过其"诚信通"数据库，为会员建立一份诚信档案，包括企业身份认证、客户反馈、资信参考以及在阿里巴巴的交易记录，并利用其独特的信用评分模式将这些数据量化为企业的信用评分。阿里小贷每天处理 30PB 数据，包括店铺等级、收藏、评价等 800 亿个信息项，运算 100 多个数据模型。阿里金融利用数据采集和模型分析等手段，建立了多层次的微贷风险预警和管理体系，根据小微企业在阿里巴巴平台上积累的信用及行为数据，对企业的还款能力及还款意愿进行较为准确的评估。同时结合贷后监控和网络店铺/账号关停机制，提高了客户违约成本，有效地控制贷款风险。目前，阿里巴巴有 70 多人专职做模型，风控使用的模型多达几百种，包括防欺诈、市场分析、信用体系、创新研究等多种用途。

阿里金融提供的阿里信用贷款、淘宝（天猫）信用贷款、淘宝（天猫）订单贷款等微贷产品，均为纯信用贷款，不需小微企业提交任何担保或抵押。"阿里征信模式"下的阿里金融重视数据分析而不是依赖担保或者抵押，不仅降低了小微企业的融资门槛，同时也让小微企业在电商平台上所积累的信用价值得以转化和呈现。通过大数据模型的完善，阿里小贷发展迅速。2012 年年初，淘宝和天猫信用贷款的准入客户量控制在 30 万 ~ 40 万户，2013 年使用滴灌模型以后，准入客户开放到了 300 多万户。

（2）高效的网络技术与信息服务。"阿里征信模式"依赖互联网的云计算技术对小微企业大量数据进行运算，据此判断买家和卖家之间是否存在关联，是否炒作信用，预判风险概率的大小及交易集中度等，从而全面把控信贷资产的质量，保证其安全性、效率性，有效降低运营成本。目前阿里各种小微信贷产品的平均坏账率为 1.3%；阿里小贷每笔贷款成本 0.3 元，几乎是普通银行贷款成本的千分之一。同时对网络资源的充分利用和最大化挖掘，也进一步简化了小微企业融资环节，向小微企业提供的 365 × 24 的全天候金融服务模式，使得同时向大批量小微企业提供金融服务成为现实，更贴近国内小微企业数量庞大，且融资需求旺盛的特点。目前阿里贷款和淘宝贷款是纯信用贷款，不需要任何抵押或担保。在数据模型的基础上，授信完全靠大数据自动审批，贷款发放也全部由机器自动审批完成。客户从贷款申请到贷款审批、获贷、支用及还贷，整个环节完全在线上完成，零人工参与。

11.2.3.3 阿里征信模式服务电商小微企业的不足

（1）阿里征信数据采集与运用缺乏相应的安全保障。"阿里征信模式"利用其 B2B、淘宝、支付宝等电商平台上客户积累的信用数据和流水，将企业的基本情况、经营年限、交易状况、商业纠纷、投诉状况等信息，纳入"诚信通指数"系统。同时通过技术分析，对交易双方的信用状况进行量化评估，得出客户的信用评价，为第三方信贷机构（如银行或阿里小贷公司）提供客户还款能力及还款意愿的评估依据，以此决定贷款授信额度。如建行曾与阿里巴巴合作，针对阿里巴巴网站注册用户推出"e贷通"贷款，即由阿里提供商户信用数据，为建行发放贷款提供参考。2014 年 7 月 22 日，阿里巴巴与中行、招行、建行、平安、邮储、上海银行、兴业银行 7 家银行合作推出"网商贷高级版"，为中小微企业提供基于网商信用的无抵押贷款。

根据《征信业管理条例》（以下简称《条例》）第二条规定："征信业务，是指对企业、事业单位等组织（以下统称企业）的信用信息和个人的信用信息进行采集、整理、保存、加工，并向信息使用者提供的活动"；第二十二条规定："征信机构应当按照国务院征信业监督管理部门的规定，建立健全和严格执行保障信息安全的规章制度，并采取有效技术措施保障信息安全"。阿里征信这种采集运用企业交易数据和信用信息的行为，目前并未按《条例》规定要求，纳入征信业管理，受到相应监管，被采集企业的信用信息数据缺乏必要的安全保障和制度监管，存在一定的监管真空。

（2）阿里征信模式具有不可复制性。"阿里征信模式"建立在其拥有阿里系庞大电商生态系统的基础之上，相当于拥有了一个详尽的电商征信数据库，评估客户的还款能力和还款意愿，得出客户的信用评价，然后再决定贷款授信。按照小贷业务普遍使用的大数原则来看，风险是可控的。但其局限在于无法延伸至阿里生态之外，是其他信贷机构不可复制的，对改善整个小微企业信贷扶持的作用受到限制。

（3）阿里征信模式在服务地域、资金规模上存在政策法规的制约。首先，经营地域性限制，以阿里征信为核心的阿里金融自主信贷行为依托的是浙江阿里巴巴小额贷款公司和重庆市阿里巴巴小额贷款有限公司。目前小贷公司的审批和监督主体为当地的金融办（或经贸部门），小贷公司发展存在政策及监督层面的行政地域限制。阿里金融的互联网金融特性使得其业务及客户均带有互联网这一跨地域的特性，致使其发展最终必将逾越行政化、地域性的特色监管要求。长远来看，这一矛盾既不利于阿里金融模式的健康、有序发展，也不利于监管政策的有效实施。其次，经营资金规模限制，目前，阿里金融只能通过其辖下的重庆和浙江两家小贷公司发放贷款。按规定，小贷公司只能动用注册资本金及从金融机构获得的不超过注册资本金 50% 的资金进行贷款发放。阿里两家小贷注册资本共计 16 亿元，也就是说，阿里金融当前最高放贷额度仅为 24 亿元。对众多的小微电商企业而言，无疑是杯水车薪。

11.2.4　设立电商征信机构服务电商小微企业发展的政策建议

我国金融征信体系是以中国人民银行为主导，以金融机构为主要用户，对征信对象信用信息的把握在广度和深度两方面还存在较大的扩展空间，对信用信息在金融业内互通互联共同防范信用交易风险具有独到的优势，在贷款规模、业务经验方面，一般商业征信主体也无法超越。尽管具有这些得天独厚的优势，但我国金融征信体系建设仍然相对落后，应不断强化竞争意识，力求在金融信息化不断深入的时代背景下实现经济效益和社会效益的最大化。

11.2.4.1　设立电商征信机构的可行性

（1）《条例》为电商征信机构发展提供了政策空间。《条例》的颁布标志着国家大力培育征信市场，积极推动征信业健康发展，建设健全完善的社会信用体系的决心；明确了征信业务及其相关活动所应遵循的规则制度，在规范征信机构、信息提供者和信息使用者业务行为的同时，也为企业征信机构的发展提供了政策空间。特别是《条例》对于从事企业征信业务和个人征信业务的征信机构分别设立了宽严不同的准入门槛：对于个人征信机构设立较高的准入门槛，实行审批制；而对于企业征信机构的管理则相对宽松，仅实行备案制，以此为企业征信信息的充分流通、企业征信市场的发展培育营造相对较为宽松的制度环境和政策氛围。因此设立电商征信机构，符合当前大力培育企业征信机构、促进企业征信信息充分共享和流通的政策取向及初衷，具有适合其发展的政策空间。

（2）电商征信机构将成为电商征信市场建设的主导力量。2014 年 9 月 2 日，国家发改委和央行联合召开"全国社会信用体系建设"工作会议，明确中国征信体系建设将以市场化的征信机构为主导。相关负责人会上表示，大数据公司、大型电商平台的数据，未来有望纳入征信系统中。中国人民银行副行长潘功胜表示，作为征信业的管理部门，央行对大数据公司进入征信市场持开放态度，预计不久将有大数据公司进入征信市场。他特别提到了大数据的应用，尤其表达了对阿里、腾讯等互联网大企业的欢迎态度。

（3）不断发展的电商小微企业及其融资需求为电商征信机构发展提供广阔市场空间。截至 2013 年 12 月，国内 B2C、C2C 与其他电商模式企业数已达

2.93 万家，预计 2014 年将达到 3.43 万家。使用第三方电子商务平台的中小企业用户规模（包括同一企业在不同平台上注册但不包括在同一平台上重复注册）突破 1900 万。截至 2014 年 6 月，阿里小贷服务逾 80 万家小微企业，累计投放信用贷款超过 2100 亿元。其中，2013 年新增贷款近 1000 亿元。众多的电商小微企业及其融资需求为电商征信机构发展提供了广阔的市场空间。

（4）阿里征信模式为设立电商征信机构提供了现实基础。阿里金融这种采集、整理、保存、加工，并向信息使用者提供信用信息的活动，已符合《条例》界定的征信业务范畴。因此，可按《条例》第十条"设立经营企业征信业务的征信机构，应当符合《中华人民共和国公司法》规定的设立条件，并自公司登记机关准予登记之日起 30 日内向所在地的国务院征信业监督管理部门派出机构办理备案"的规定，引导其充分利用阿里系庞大详尽的电商数据库，设立电商征信机构，为金融机构发放电商小微企业贷款提供信用信息、信用评级等服务，实现征信信息的有偿共享与最大化利用。

11.2.4.2 克服征信模式的不足，推动电商小微企业融资发展

（1）实现阿里金融模式的复制推广。通过设立电商征信机构，实现电商征信信息的有偿共享与最大化使用，可以克服阿里金融无法延伸至阿里生态之外，具有不可复制性的不足，发挥改善整个电商小微企业融资需求的最大作用。随着未来市场的发展，将会有更多的商业化、专业性征信机构出现，征信机构从不同侧面或者渠道收集中小微企业的信用信息，将给金融机构发放贷款提供更为充分、全面的参考依据。

（2）突破阿里金融地域资金上的不足。通过设立电商征信机构，为金融机构发放贷款提供有效的征信服务，切实增加金融机构对小微电商企业的信贷投入，可以克服阿里金融支持电商小微企业在经营地域及资金规模上的政策限制和法规制约，发挥促进整个金融对电商小微企业的信贷扶持作用。

11.2.4.3 设立电商征信机构有利于培育专业化的企业征信市场发展

（1）依法推进大数据技术与征信行业的有机融合。人民银行副行长潘功胜在"财新金融圆桌大数据时代的征信业格局"的发言中提出：近年来，随着互联网技术的发展，大数据分析越来越受到关注，其应用逐步渗透至多个行业。与传统征信手段相比，基于大数据的征信业务具有数据来源广、信息维度多、成本低等突出特点，因而受到各类征信机构的重视，甚至已经出现了一些专门从互联网采集信用信息的大数据公司参与征信领域。对此，我们总体持开放态度，同时也特别关注数据的采集范围、使用原则和信息安全。这就要求，大数据的应用要严格遵守《征信业管理条例》等法规，只有这样，才能促进大数据

技术与征信行业的有机融合。

（2）发挥电商征信机构在社会信用体系建设中的作用。将"阿里征信模式"的企业信息征集行为按照《条例》规定要求纳入征信业管理范畴，督促其建立健全信息安全保障的规章制度，有利于规范信用信息采集、运用，切实保障信息安全和信息主体合法权益。通过设立电商征信机构，将有利于促进各类企业征信机构的规范设立和有序竞争，形成互为补充、依法经营、公平竞争的征信市场格局，推动企业征信市场的健康发展，从而满足社会多层次、全方位、专业化的征信服务需求，解决我国目前社会的信用市场欠发达，信用服务机构规模偏小，信用服务产品单一的问题。

11.2.5　建设电商互联网征信平台对我国征信体系建设的影响

11.2.5.1　切实认清我国金融征信体系建设相对落后的现状

中国人民银行于 1997 年开始筹建银行信贷登记咨询系统，2005 年建成地市、省市和总行三级数据库体系，实现了以地市级数据库为基础的省内数据共享，2007 年数据库升级为全国集中统一的企业信用信息基础数据库。该系统主要从商业银行等金融机构采集企业的基本信息、在金融机构的借款、担保等信贷信息以及企业主要的财务指标。随后，个人信用信息基础数据库也正式运营，初步形成了我国的金融征信体系。从征信产品普及度来看，我国金融征信体系数据的主要使用者只有商业银行等大型金融机构，信用产品过于简单且普及率低；美国征信业经过 100 多年的发展，有着完善的市场化征信模式，针对资本市场、企业、消费者均有专门的私人信用评估机构，其专业的信用信息可供企业开展多样化的金融业务。阿里征信模式正是根据客户需求与自身特点，设计多种专业信用产品应用于金融业务，做到数据收集与应用相结合，对我国金融征信体系的完善有借鉴意义。

11.2.5.2　应在广度和深度两方面对征信对象信用信息进行扩展

根据《全球商业环境报告》衡量信息共享程度的指标，我国征信系统发布的数据除来自金融机构外，还未涵盖零售商和商业授信方的信息。对中国人民银行征信中心来说，征信对象信用信息的范围与精细化程度都有待加强。阿里征信模式成功的原因之一在于其征信并不局限于传统的借贷、担保信息或日常的水电煤气缴款信息，而是扩充到征信主体的原材料采购、产品销售、订单数量、存货情况、顾客投诉等多方面信息，使征信数据更贴近现实。大数据背景下，信用信息的精细化程度随着对其获取成本的下降会不断提高，对征信对象行为特征、心理特征、决策偏好等更精细信息的获得将变得更加便利。当然，基于成本的考虑，需要动态地把握征信对象信用信息广度及深度的合理边界。

11.2.5.3 逐步改变国有控股商业银行在我国互联网金融竞争格局中的被动局面

电商平台和互联网金融出现以前，我国交易数据主要通过银行渠道进行，但传统商业银行内部的后台系统并未对这部分数据进行收集和挖掘，开展信贷业务采用审核借款者资产、债务、现金流的简单方式。电商数据平台崛起后，银行的资金和数据被分流，大部分商品交易信息转移至电商，银行逐渐成为简单的资金提供者和汇兑方，失去了数据掌握权，需要交易信息支撑的小微信贷和消费信贷对于传统商业银行来说难以开展。互联网企业介入金融领域，在支付中介和小额信贷等业务上发挥了支付渠道和海量数据的优势，给传统商业银行造成了直接冲击。为维持国有控股商业银行的竞争地位，发挥银行稳定金融环境的重要作用，人民银行需加快完善金融征信体系，促进信用信息跨行业共享，同时鼓励商业银行加强信息化建设，实现征信数据与银行系统的完美对接，保证其获取信息的多元化和低成本性。一旦商业银行等金融机构建立自己的互联网平台，将传统业务产业链拓展至线上，配合其丰富经验和雄厚的资金实力，在互联网金融领域将会重新占据主动。

11.2.5.4 基于金融征信体系的互联网金融模式，相比阿里征信模式拥有更为广阔的前景

（1）信息全面且更具权威性。人民银行主导的金融征信体系可促使政府信用、金融信用、商业信用、系统信用跨行业互联互通，供电商和金融企业全面评估客户的信用风险，针对不同业务可有选择性地提取和深度挖掘客户信息，提升信用评价的效率和准确性。此外，中国人民银行征信中心的信息具有更高的可信度和权威性。行业间将官方信息作为企业诚信度的标志，有助于进一步规范行业竞争，有利于开拓行业间的拆借市场业务。

（2）信息利用更加高效。阿里征信模式拥有海量的信用信息，但其自身贷款规模有限且金融业务经验不足，信息资源得不到充分利用。人民银行主导的金融征信体系将信息面向所有企业。金融机构获取征信数据能针对企业需求开展更为专业复杂的金融业务，并利用信用信息进行风险管理，使我国金融环境更为安全稳定。同时，刚起步的互联网金融企业也在信用体系中获益，克服了初期缺乏信息资源难以开展业务的缺陷。

（3）更加有利于打破垄断。无论电商还是金融业，信息封锁都是造成垄断的重要原因之一。政府建立金融征信体系，利用其强制力促使信息透明、数据共享，大大降低了行业的准入门槛，使市场竞争更加充分。企业利用官方信息

开发新客户，可大量节约信息收集成本。开放的信息还有利于促进服务质量的提高，令市场向着更为健康的方向发展。

（4）改善社会信用环境。随着金融征信体系的完善，相关信用产品将逐渐普及，失信成本也骤然提升，这有益于改善社会信用环境。多样化的信用产品将刺激我国的信贷消费，进一步提升互联网金融业务量，最终逐渐改善我国消费需求不足的状况。

11.2.5.5　对金融征信体系的进一步完善有重要的借鉴意义

人民银行主导的金融征信体系还需要在以下几个方面加强建设。

（1）增强征信信息覆盖面，完善企业和个人的信用评分体系。金融征信体系需要在金融机构信贷信息的基础上扩大征信范围，推动政府和商业信用信息共享，促使中小企业的信用数据纳入征信系统，增强数据库的广度和深度，针对我国经济环境特点建立专业的信用评分体系，增加金融征信的实际应用价值。

（2）加强征信系统宣传，提高征信系统对中小金融企业的适用性。人民银行征信系统的信用数据主要应用于银行等大型金融机构，大部分中小金融企业对其缺乏了解。小贷公司的中小企业信息量少，信息化程度低，因此央行必须提供适应中小企业特点的数据报送和查询渠道，以保证金融征信数据对于中小金融企业的便捷和低成本性。

（3）完善相关法律体系，塑造良好的信息共享环境。政府应加强征信相关法律建设，对公开信息和商业秘密、个人隐私从法律上进行明确界定，对征信数据的开放和使用进行规范，为征信业创造良好的法律环境。同时政府部门需从自我做起，积极推动各行业信用信息和数据共享，促进公开、透明的社会信用环境形成。

第四部分 互联网征信发展规划新方向

移动互联网正以惊人的速度推动了人类社会的巨大变革。互联网影响改变了无数人的生活与消费习惯，并在众多看似不相关的行业中生根发芽，涤荡着行业内在的基因和模式。在互联网金融异常火爆的 2013 年、2014 年，余额宝将传统金融机构无暇关注的民间资金汇聚在一起，让一只货币基金脱颖而出；随后腾讯、百度、新浪纷纷介入金融领域；P2P 和众筹网站同样如雨后春笋般野蛮生长。与此同时，相对于金融业态的改革和发展，我国征信体系改革发展明显滞后，由此带来的潜在风险和监管问题不容忽视。本部分内容根据美国、欧洲、日本征信行业发展启示，探寻中国互联网征信发展道路。

第12章 国外互联网征信市场发展模式

12.1 美国的市场主导型模式

19世纪中叶，由于美国国内公民的信用意识淡薄，导致信用违约事件频发，致使大量的银行信贷交易和其他市场交易难以继续或扩大。市场迫切需要征信机构来为企业和个人提供有效的信用评价。在这种背景下，纽约的纺织批发商刘易斯·塔潘创建了美国第一家征信所。该征信所后于1859年由邓恩接管，并与布雷兹特里特于1849年创办的信用评价机构合并，组建了世界著名的企业征信机构——邓自氏公司（D&B）。由于征信业务具有网络外部性与规模经济，从而使征信机构具有天然的垄断性。因此，历经170多年的优胜劣汰，如今的美国征信市场上最终出现了三家颇具影响的消费者征信机构，即艾克飞、环联和益百利。以上这些企业和个人征信机构专业从事企业和个人信用信息的采集、整理、加工、存贮和销售，并推动了征信机构真正成为金融机构、政府部门、企业和个人等在进行信用交易时的信息处理中心。尤其是金融机构在开展信贷业务时，均会充分利用征信机构提供的信用报告或信息查询服务，并结合内部的信用评价系统，有针对性地挖掘和选择自己的客户，而这些不断涌现的信用服务需求反过来又促进了美国征信产业的发展。

从世界范围来看，美国征信体系的发展最为完善。在美国，征信机构均独立于政府和中央银行之外，因而也称为民营征信机构。这些民营征信机构按照现代企业制度来建立，按照市场化的方式来加以运作，并以营利为目的向市场广泛地提供信息服务。因此，美国的征信体系运作模式属于典型的市场主导型模式，而市场主导型的征信体系发展模式也被称为"美国模式"。

12.1.1 美国互联网征信体系的总体运行情况

12.1.1.1 互联网征信活动的主体和客体

在互联网征信体系中，互联网征信活动的主体为参与征信的单位和个人，而互联网征信活动的客体即为交易的标的物——信息及信用产品。美国的征信体系是市场主导下的私营征信体系，其征信活动的主体是各类征信公司，以及授信方和受信方。以个人征信为例，美国最大的三家消费者信用评估机构建立了几乎涵盖所有美国成年人的信用信息数据库。授信主体在接受消费者的受信申请后，先从征信公司那里获取受信方（消费者）的信用报告，作为授信决策的依据。授信后，消费者以后的信用信息就会被及时地反馈到征信公司。通过信用报告这一征信客体，评信、授信与受信三者之间紧密联系，形成了良好的互动机制。

作为互联网征信活动中最为重要的主体之一，征信机构是征信服务的提供者。从征信机构的性质来看，美国的征信机构几乎全部为民营性质。从征信机构的结构来看，历史上的美国征信行业经历了一个明显的市场整合过程。根据美国消费者信用协会提供的最新资料显示，美国的征信机构已经由 20 世纪 80 年代前的 2000 家锐减至目前的 400 家左右，征信行业的集中度显著提高。在个人征信服务方面，美国的三大消费者征信机构所占市场份额最高，其他小型的消费者征信机构也仅在某一类业务上或仅在一个较小的区域内提供征信服务。在资信评级业务方面，穆迪（Moody）、标准普尔（S&P）和惠誉（Fitch）等几家大的评级公司也几乎垄断了这一细分市场。而在企业征信服务方面，无一家征信机构能与 D&B 公司相抗衡，其所拥有的市场份额最高。

12.1.1.2 征信活动的载体

美国的征信体系经过 170 多年的竞争与发展，目前形成了分工比较明确的三类征信系统：资本市场上的信用评估系统、商业市场上的信用评估系统和消费者信用评估系统。资本市场上的信用评估系统主要对国家、银行、证券公司、基金、债券及上市大企业的信用进行评级；商业市场上的信用评估系统主要对各类大中小企业进行信用调查评级；而消费者信用评估系统则利用从合法途径采集到的有关个人的信用信息数据，经过合法、科学、标准的处理和加工程序，最后向法律规定的合格使用主体有偿提供信用报告及其他征信服务。

12.1.1.3 征信立法

只有完善的征信立法才能够有效保障与征信活动有关的多方主体的利益，进而才能有效推动征信工作的正常开展。在美国，伴随其国内征信体系发展过程中所暴露出的一系列问题，有关信用信息采集以及征信产品从生产、加工、销售到使用全过程的规范性法律规章也陆续出台。到目前为止，美国已经构建起了相对完善的征信法制框架。这些征信法律规章多达数十项，但主要涵盖以下几个立法范畴：一是为了保证征信机构能够合法大量地采集信用信息，并且将这些信用信息进一步加工成征信产品，美国专门通过立法来促进信用信息的公开，如《信息自由法》；二是为了确保消费者个人对其信用报告的合法权益，以及保障征信机构在传播信用报告等征信产品时的安全性和规范性，美国专门出台了《公平信用报告法》和《诚实租借法》等法律法规；三是为了规范商业银行等金融机构的授信行为，美国通过专门立法规定金融机构对消费者的授信决定应该一视同仁，不得带有歧视，且消费者对一切信用条款都必须享有知情权，如《平等信用机会法》等；四是为了对当事人失信及违反信用管理法规进行有效惩戒，美国也专门出台了相关法律，如《公平债务催收作业法》等。

12.1.1.4　信息来源

美国的征信机构主要收集来自银行和相关金融机构的信用信息。除此之外，信贷协会及其他各类协会、财务公司、租赁公司、信用卡公司和商业零售机构等也可以按照协议约定的方式向征信机构提供其他有关信用信息。协议由信息提供方和征信机构在公平、自愿的前提下签订。在协议范围内，前者向后者定期提供约定的信息内容，后者也向前者支付约定的费用或其他约定的对价义务。企业征信机构与消费者征信机构所服务的对象不同决定了两者的信息来源也有所差异。在美国，企业征信机构主要采集一些政府部门提供的公共信息以及各企业定期提供的内部信用信息。而且，出于竞争和保护商业秘密的目的，多数银行不向征信机构报告它们的企业信贷数据。

12.1.1.5　信息内容

美国的私营征信机构同时采集并提供企业与个人的负面信息和正面信息。这些正、负面信息能够更加全面地反映纳税人的税收状况，以及企业的损益情况、企业所有者和经营者的犯罪记录和被追讨记录等，有助于信息使用主体更加综合地评判某企业或个人的信用状况。

12.1.1.6　市场监管

美国的征信机构是以盈利最大化为目标且独立于政府之外的私人经济组织，其经营活动具有一定的自发性和盲目性。因此，在美国征信体系发展的过程中，政府必须通过征信立法以及监督征信法律规章的执行来充当征信市场秩序的监管者。

12.1.1.7　市场服务

在美国，商业征信已经普遍成为企业和个人进行信用风险管理的工具和手段。这些商品征信机构已经基本覆盖美国的全部市场。他们以盈利最大化为目标，向企业和个人及其他组织有偿地提供信用调查、信用报告、信用评分、信用评级以及债务追收等服务，完全实行市场化运作。

12.1.2　美国企业征信体系的运行情况

美国企业征信机构所服务的对象主要是商业银行、私人信用机构及其他各类企业。在所提供的企业征信产品中，主要涵盖有企业的概况、所有者、经营者、关联交易情况、无形资产状况、财务状况和资信等级等能够反映企业偿债和盈利能力的信息内容。由于美国法律对不同类型企业的信息披露有不同的要求，因此，美国企业征信公司所服务的企业要具体区分两种类型：一类是上市公司；另一类是中小企业。一般来说，基础的信用报告产品是无法满足上市公司信息披露要求的。因此，上市公司的资信评级需要由 Moody、S&P 公司等世界著名的征信机构来完成；而中小企业的信息披露由专业的企业征信公司提供信用报告即可。

此外，为向市场提供更为多样化和全面的征信服务，美国企业征信公司需要广泛搜集来自政府部门、公众媒体、商业银行等金融机构、信贷等各类协会、租赁公司、财务公司、信用卡公司以及商业零售机构等能够反映企业信用状况的信息内容。信息来源比较广泛。而为约束这些商业化征信机构的信息采集和使用，从而保障信息主体的商业秘密，美国出台了《公平信用报告法》及其他相关法律。这些法律严格规定，所有企业征信机构都必须在法律规定的原则和范围内采集和使用相关企业的信用信息，否则将受到法律严惩。

12.1.3　美国个人征信体系的运行情况

在很长一段时期内，美国的个人征信机构都带有很强的地域性特征。这主要是因为，早些时期的经济发展状况和交通条件限制了人口和资源的流动，也限制了金融服务所能覆盖的区域范围，因而人们更愿意寻找本地的金融机构获取贷款，而金融机构也愿意寻找本地的征信机构获取信息服务，由此使得征信活动的各方主体都被局限在同一个区域内。然而，从 20 世纪中期开始，"信息高速公路"的建设使得美国公民拥有汽车的数量呈现爆炸式增长，人口和资源流动的区域也大幅扩大。在这种情况下，金融机构开始为更广大区域内的人们提供服务，由此金融机构也开始在更广大范围内寻求征信机构的信息服务。特别是伴随 20 世纪 70 年代后信用卡发行公司的兴起，美国征信市场的社会需求量大幅增加，征信行业也纷纷在更大区域范围内谋求发展。由此，在这些因素的交互作用下，美国的个人征信业开始了全国范围内的兼并与重组浪潮。到 80 年代中后期时，美国个人征信机构的数量已经锐减，行业集中度已显著提高。当然，这也在很大程度上推动了美国核心征信业务的发展和数据处理的集中化，从而使得信息服务更加全面和准确。

美国的个人征信产品通常包含有来自金融机构的个人还款记录、来自司法机关及其他政府部门的公共记录、来自征信机构的个性化较强的消费者信用评分等各类信息。这些个人征信产品通常由非营利性机构来完成。此外，美国个人征信管理模式还具有以下特征。

（1）在征信立法方面，美国有一系列法律法规可以用来约束征信机构的行为和保护消费者的权益。这些法律主要有《公平信用报告法》《公平信用记账法》《平等信用机会法》《诚实借贷法》以及《信用卡发行法》等。根据这些法律规定，任何个人征信机构均不得因为消费者的性别、年龄、籍贯、种族和信仰而采取任何带有歧视性的征信行为。

（2）在信用信息内容方面，标准的消费者信用报告同时包含个人的正面和负面信息，信息内容涉及三方面：一是消费者的姓名、住址、籍贯、出生日期以及社会保险号等基本信息；二是消费者的账号、账户类型、开户日期、账户的当前和历史余额以及完整的支付历史等账户信息；三是其他附加信息。在消费者征信机构的数据库中，联合借贷人的一些信息（如配偶的信用档案等）也可以提供。通过涵盖这些信用信息，消费者信用报告可以有助于全面地了解个人工作和收入的工作稳定性及可能出现的变化等。

（3）在个人信用信息来源方面，美国个人征信机构的信用信息数据主要有四个来源：一是来源于为个人提供信用工具和服务的商业银行及其他授信机构的还款记录与信用评分或评级；二是来源于收集和加工关于个人社会经济行为（如估算消费者的收入水平及其消费形态）的第三方数据处理公司；三是来源于个人借贷时所提供的相关数据；四是来源于司法部门及其他政府部门所提供的公共信息。根据美国相关法律规定，个人征信机构保留消费者正面信用记录的时间应不超过 10 年，而保留负面信用记录的时间应不超过 7 年，但保留公用记录信息的年限则不确定。

（4）在行业协会方面，美国于 1912 年专门成立了联合信用局。该信用局负责从商业银行等金融机构那里采集个人信用信息数据后，再输送至三大消费者征信机构的数据库中。而且，该信用局的数据传送基于无偿和自愿的原则，其主要目的在于扩大内部信息共享。

12.1.4　美国互联网征信体系的总体特点

基于前面对美国征信体系基本运行情况的介绍，我们可将美国互联网征信体系发展的特点总结为以下四个方面。

（1）征信机构为独立于政府之外、由民营资本投资和经营的私人商业组织。这些民营征信机构完全按照现代企业制度建立，完全依照市场化的方式，应用互联网来提供信息服务。因此，美国的互联网征信体系发展遵循的是典型的市场主导模式。

（2）征信机构以营利性为目的。美国的商业征信机构完全按照市场经济的法则和运作机制，以盈利最大化为目标，并在此基础上向社会提供有偿的信息采集和征信服务。

（3）收集信用信息的方式多样化。美国征信机构的信息来源主要有银行和相关金融机构。除此之外，信贷及其他各类协会、财务公司、租赁公司、信用卡公司和商业零售机构等也可以按照协议约定的方式向征信机构提供有关信用信息。美国征信机构信息来源渠道的多样化决定了征信产品涵盖的信息也较为全面。而且在美国，征信机构不仅征集企业和个人的负面信用信息，也征集正面信息。

（4）政府主要负责征信立法和征信监管。在美国的征信体系建设过程中，政府主要负责立法、司法和执法，并不直接参与征信活动。而是致力于提供统一、开放、公平、有序的市场环境和市场秩序。现阶段，美国政府已经为征信市场的发展与深化构建起了相对完备的法制框架。而且在美国，政府还是征信机构的信用评级对象。这种机制有利于保证征信机构不受政府行为的干预，从而具备较强的独立性和公正性。

12.2　欧洲的政府主导型模式

从世界各国的征信机构性质来看，有不少国家都存在依靠国家和政府力量组建起来的公共征信机构。根据世界银行对 56 个国家征信发展状况的调查数据显示，其中有 30 个国家均设置有公共征信机构。而论及公共征信机构的起源，最早可以追溯至 20 世纪 30 年代的欧洲大陆。1934 年，欧洲大陆第一个公共征信机构在德国成立，而法国的同类机构则产生于 1946 年，意大利的公共征信机构产生于 1964 年。因此，欧洲大陆的征信体系发展实际上遵循的是政府主导型模式，由此政府主导模式也被称为"欧洲模式"。与"美国模式"相比，"欧洲模式"的特色之处在于：第一，主要的征信机构并非由私人部门投资和经营，而是由政府部门组织成立和运行；第二，商业银行等金融机构被强制性地要求定期向公共征信机构提供企业和个人的信用信息；第三，中央银行既是公共征信机构的发起者，也是征信市场的监管者。

12.2.1　欧洲互联网征信体系的总体运行情况

12.2.1.1　互联网征信活动的主体和客体

在欧洲各国的征信体系中，中央银行通常是征信活动（尤其是公共征信活动）的重要主体之一。此外，商业银行、财务公司以及保险公司等金融机构也往往作为信息提供方和信息使用方面参与征信活动当中。而至于征信活动的客体，则是那些经过归集和处理后的各类信用信息，以及经过分析后形成的各类征信产品，如信用报告和信用评分等。

12.2.1.2　征信制度的载体与征信业务规制

在欧洲一些国家所采取的公共征信制度下，中央银行是公共信用信息登记系统（即公共征信系统）的建设者。所谓公共信用信息登记系统，根据1992年10月欧共体中央银行行长会议所提出的定义，是指向中央银行、商业银行以及其他金融部门提供企业、个人乃至整个金融系统的负债情况的一套信息系统。也就是说，中央银行所建立的公共征信系统不仅能够为金融机构进行信用风险管理提供指导，还能为中央银行进行金融监管提供参考。

与完全市场化的私营征信制度相比，公共征信制度的主要特征在于强制性和广泛参与性。具体来说，在实施公共征信的欧洲国家，所有银行类金融机构都被强制性地接入公共征信系统当中，甚至一些国家（如德国、法国、葡萄牙和西班牙等国）的非银行金融机构（如财务公司、保险公司、信用卡公司和租赁公司等）也被要求加入该系统中。而所有这些被接入公共征信系统的金融机构，均被强制要求采用固定频率并可随时提交信息的方式，向中央银行传送企业和个人的有关信用信息数据。不仅如此，所有参与机构之间的信息共享也带有强制性。

12.2.1.3　征信立法

在欧洲国家，征信的一般法律法规必须由议会或经议会授权的专门机构来加以制定，而至于具体的征信制度，则交由中央银行来制定和执行。由于各国在经济、政治、文化和历史背景上的不同，对个人隐私及商业秘密的价值评价也有所不同，因而也就在个人隐私及商业秘密保护方面有不同的要求。而从欧洲国家的具体实践来看，欧洲的征信立法最早即从数据和个人隐私保护方面出发；且与同样注重数据及隐私保护的美国相比，欧洲在个人数据保护的法律规定更加严格。

12.2.1.4　征信机构的组成和主要职能

如前所述，欧洲部分国家的公共征信机构由中央银行来加以开设。中央银行组建公共征信机构的主要动机在于，为其提供最新的借贷大户和银行风险方面的基本情况，从而为其进行金融监管提供重要参考。具体来说，中央银行可以从公共征信机构那里了解到金融机构对个人或企业客户所发放的各种贷款信息，如贷款金额、贷款评级以及贷款附属担保品的价值信息等内容，从而为其提高监管效能和进行风险分析提供基础数据的支撑。这种公共征信机构设置的主要目的并不在于为社会提供个人或企业的信用报告，因此，其采取市场化方式运作的必要性大大降低。

12.2.1.5 信息数据的获取

与私营征信系统不同，在欧洲国家的公共信用登记系统中，商业银行、财务公司以及保险公司等在内的所有金融机构均被强制要求加入，并被强制要求向该系统定期提供所拥有的信用信息数据，而不是像市场化运作方式那样以合同约定的形式有偿提供信息数据。如此强制性的征信方式使得欧洲国家的公共信贷登记系统几乎覆盖了所有的金融机构。然而，该公共信贷登记系统并非收集所有的贷款资料，而只是收集那些超过最低金额限制的贷款的相关信息。

12.2.1.6 信息数据的范围

与美国私营征信机构存在明显的业务边界不同，欧洲公共信用登记系统既提供企业征信服务，也提供个人征信服务。而与美国私营征信机构提供信息的性质一样，欧洲公共信用登记系统也具有同时征集正面信息和负面信息的功能。但总的来说，欧洲公共信用登记系统的信息采集范围相对较窄。一些来源于司法部世界主要国家和地区征信体系发展模式与实践门、税务部门、公共租赁公司和资产登记系统等非金融机构的信息，以及商业零售机构的信贷信息并没有汇集到该系统中。因此，有将近2/3的公共征信系统未涵盖信用卡债务的信息，而几乎所有的公共征信系统不搜集企业的住址、所有者和经营者的名称及犯罪历史、业务种类、财务状况及被迫讨记录等信用信息。许多欧洲国家的公共征信机构仅仅发布当前的信用信息数据，而不提供借款者借贷信息。

12.2.1.7 市场监管

在采用政府主导模式的欧洲国家，各国中央银行不仅负责建设公共信用信息登记系统，而且还负责监管全国征信市场的运行。因此，中央银行既是征信市场的监督者，又是运营者。

12.2.1.8 市场服务

在欧洲国家，公共征信系统主要为各国中央银行进行金融监管和执行货币政策，以及商业银行管理信贷风险提供信息服务。而且为最大限度地保障个人及企业的信息不发生泄露或被非法利用，只有那些被授权的中央银行职员以及商业银行等金融机构的职员才可以通过公共征信系统查询相关信息，其他任何人均不能在未得到授权的情况下通过该系统直接查询企业和个人的信用状况。

12.2.2　德国互联网征信体系的运行情况

20 世纪 80 年代以前的欧洲银行业资金实力雄厚，企业和个人客户获取银行贷款的概率较高，这使得金融机构对征信服务的需求量增长缓慢。因此，在较长一段时期内，一些国家主要是通过公共征信系统来征集企业以及贷款金额较大的个人客户的信用信息，并主要为中央银行提高监督效能、防范金融风险提供信息服务。而在 20 世纪 80 年代以后，金融市场和实体经济均发生了重大变化。以银行为中介的间接融资地位下降，新兴产业也快速崛起。市场对以评估企业申请贷款和信用额度资质为诉求的征信需求量大幅增长，由此激发了私人投资征信机构的热情。尤其在德国，私营征信机构开始逐渐占据国内市场主导地位。且由于私营征信机构所采集的信息具有覆盖广、总量大、信息来源渠道多和信用记录更全面等特点，因而广泛服务于商业银行、保险公司、贸易和邮购公司等机构。欧洲最为著名的私营征信机构是格雷顿·克瑞德公司。该公司是一家成立于 1888 年、总部设在荷兰的大型企业征信服务公司，其主要分公司设在美国、英国和比利时。它为世界上 130 多个国家和地区提供企业信用报告。

12.2.2.1　德国的企业征信体系

德国的公共信用信息系统主要由德意志联邦银行（即中央银行）负责建设及运行管理，其中就包括企业征信系统（提供正面和负面信息）。具体来说，该系统涵盖中央银行信贷登记中心系统以及地方法院的工商登记簿、债务人名单和企业破产记录等几大分支系统。这些系统的信息使用主体除中央银行、商业银行及非银行金融机构外，还包括其他企业和个人，因为地方法院的工商登记簿、企业破产记录和债务人名单是可对外提供查询服务的。

在德国，不论是上市公司还是非上市公司，法律均规定其相关信息必须公开。这意味着，获得德国的企业信用信息并不困难。德国《商法典》规定，成立公司必须在地方法院以公开、可信的形式，即通过公证的形式进行商业登记注册，并载入商业登记簿。另外，德国《特定企业与企业集团账目公布法》对超过一定规模的企业如何公布账目作了明确的规定，即超过一定规模的企业账目也必须对社会公开。除此以外，对于申请破产的企业规定其必须到地方法院申请破产。该申请经过法院批准后，该企业就进入破产程序。届时，法院要将破产企业名录公开。

作为欧盟的成员国之一，德国的企业征信系统除公共征信系统以外，还有私营征信系统。其中，私营征信系统也是以政府的信用机构为依托建立起来的。而且，由于德国的公共信用信息系统将个人信用记录和企业信用记录结合起来，因此其私营征信系统也有类似的特征。

由于德国的公共信用机构一般不提供信用评分服务，因此，资信调查与评估服务主要由一些独立的第三方私营征信机构来完成。德国最大的三家资信调查机构分别是德国企业资信评估机构信贷改革联合会、德国数据信息公司和夏华控股公司。这些公司在汇集企业和个人信用信息数据并建立庞大的信用信息数据库的基础上，采用科学的方法对企业和个人的资信状况加以分析与评估，并最终形成信用报告、信用评分以及信用风险指数等基础性和增值性的征信产品。其中，夏华控股公司是德国最大的信用局。从股份结构上看，夏华控股公司属于私营公司。它的调查对象主要是德国的广大民众。在德国，不论租房，还是申请信用卡等，消费者都会被要求出具夏华控股公司的信用报告；而德国企业资信评估机构信贷改革联合会则主要针对企业的应收账款服务，致力于提高交易双方的透明度，保证贷款人的安全，业务对象是企业资信调查。

12.2.2.2　德国的个人征信体系

在德国，个人征信体系对公民行为的"监督"几乎无处不在。德国接近50%的公民使用信用卡买房、买车或进行其他信用消费。这些都离不开个人征信体系所所提供的征信服务。除这种借贷行为之外，公民的日常行为也有可能记入信用报告中。乘车买票就是个很好的例子。在德国，所有城市公共交通车均不安排固定的售票员，只是不定期地安排公勤人员抽查。但即便如此，德国也很少发生公民"逃票"的现象。这是因为，根据相关法律规定，一旦公民的逃票行为被查实，则该负面信息将被记入其名下的信用报告中，并成为伴随其终生的污点。因此，德国公民十分注重培养个人信用。而且，由于具有较为完善的个人征信体系及较高的公民信用意识，德国的个人消费信贷占银行贷款总额的比重相对较高，达到30%。下面将从四个主要方面来介绍德国在个人征信方面的制度性安排。

（1）社会安全号码。德国的每个公民均拥有一个社会安全号码（Social Security Number，SSN）。通过该安全号码，每个公民的信用信息与公共信息都会汇集在其名下，形成一份反映其信用状况的报告。公民在向金融机构申请信用贷款，或者在保险公司购买保险，甚至在劳动力市场求职时，受理其申请的另一方均能以付费的方式查询到该公民的信用报告。而一旦该公民发生了不良的民事记录、犯罪记录或借贷记录的话，则其在申请贷款、购买保险和寻求工作机会时，均会要付出比那些信用状况良好的人高得多的成本，如支付更多的利息或者更多的保险费等。

（2）个人征信机构与信息提供者的关系。对于征信机构来说，信用信息往往是其掌握的最有价值的资源。这些信用信息所覆盖的人群越多，信息面越广，所能创造的信用价值也就越高。正因如此，征信机构通常要与信息提供方之间保持非常密切的联系。以德意志联邦银行为例，它组建了德国最大的公共信用信息系统（包括个人征信系统在内），且负责该系统的运行。从这个角度来说，德意志联邦银行就是德国最大的公共征信机构，而其信息提供者就是其监管的对象。再以德国的"信贷信用保护协会"为例。该协会几乎吸纳了德国所有的金融机构。作为协会会员，同时也是信息提供方，金融机构将记录有消费者不良信用记录的全部信息数据传送至协会的信用信息数据库。与企业征信系统同时提供正负面信息不同的是，德国的公共个人征信系统仅记录个人的负面信息。一旦个人发生了信用问题，如拖欠贷款或恶意透支信用卡等，这些负面信息均会被反映至协会数据库中，并通过信息使用方的查询对今后的信用行为造成一定的影响。

德国的征信机构与其信息提供者之间的关系可以概括为两种：一种是信息提供者投资组建征信机构，并成为这类征信机构的主要客户。夏华控股公司即其主要的信息提供者和使用者，如商业银行等金融机构，以及贸易、邮购类公司等投资和组建的。其中，金融机构占夏华控股公司的股份达到 85.3%，而贸易、邮购类公司则占有余下 14.7% 的股份。通常按照上述这种方式组建的征信机构具有一定的互助性，而且这类征信机构获得信息提供者和使用者的支持较为容易，因而创设初期面临的发展困难较少。但正因为如此，信息提供者和使用者也能轻而易举地控制这类征信机构，且这类征信机构的信息采集范围难以扩展其他非股东银行，信息采集受到一定的限制。另一种则是由信息提供者与征信机构共建一个组织。该组织与协会或俱乐部的性质较为相似。信息提供者与征信机构同时作为该组织的成员，并共同决定信用信息如何采集与共享。此时，两者之间的关系不再受到股权的限制，相对较为独立。但在这种关系下，征信机构如要获取信息提供者的信息，就必须先成为该组织的成员。

（3）个人信用信息采集的范围与方式。德国个人征信机构主要采集消费者的两类信息：一类基本信息，即那些可以确认消费者身份的信息内容。通常这类信息从公共部门或是通过每个公民的社会安全号码就可以获得。另一类是包含个人借贷记录等在内的信用信息。一般银行等金融机构、私人部门或是征信机构的合作伙伴等可以帮助提供这类信息。还是以夏华控股公司为例。在夏华控股公司所获取的信息数据中，就有 95% 的数据来自其合作伙伴，而剩余 5% 的数据才是法院和邮局等公共部门提供的。

而至于信息采集的方式，则要视具体情况而定。在德国，个人征信机构获取邮局的信息是有偿的，而获取私人部门的信息是否支付费用，则需要看征信机构与私人部门的具体协商情况。一般来说，如果信息的使用者同时也是提供者，则此时信息提供可以采取无偿的方式，但使用信息时仍然需要支付费用。夏华控股公司与信息使用者之间即采取这种方式。

（4）个人信用信息共享的实现方式。信息共享的基本原则是互惠互利。反映到信息的提供与共享方面，即意味着信息的使用者也应同时履行一定的信息提供义务。只有积极地开展这种互利合作，才能使得征信机构和信息提供者从征信中获得更多的信用价值。而且，也正是因为征信机构与信息提供者之间的广泛合作才使得信息共享的方式有了更多制度和技术层面的突破。目前，征信机构与信息提供者（或使用者）之间已基本上是采取在线输送的方式来实现信息的共享。同样以夏华控股公司为例。该公司已经有大约95%的信息传送是通过在线方式进行的，而剩余5%左右的部分才采取传统的电话、传真或信件等手工方式进行传送。在线方式的广泛应用不仅大幅节约了信息传送的成本，还极大地提高了信息传送的效率。

12.2.3 法国互联网征信体系的运行情况

1929年年底，起源于美国的大危机开始蔓延至欧洲，包括法国在内的欧洲国家的银行业普遍面临信贷违约、坏账频发的困境，社会信用环境急剧恶化。这使得欧洲银行业开始意识到征信对于甄别信用风险和降低信贷违约及提高资产质量的重要性，而法国的征信体系建设即从这一时期开始的。

与德国、意大利等西欧国家相似的是，法国的征信体系建设也遵循典型的政府主导型模式。法国的中央银行，也就是法兰西银行在该国征信体系建设中发挥了举足轻重的作用。1946年，正是在法兰西银行的组织下，法国唯一的一家征信机构——信用服务调查中心正式成立。该中心建立了中央信贷登记系统，其中包括企业信贷登记系统和消费者信贷登记系统两个子系统。该系统既可以为商业银行等金融机构提供征信服务，以帮助他们评估客户的信用状况及进行相应的信用风险管理，也可以为法兰西银行或者其他金融监管机构提供所有企业和个人的信用记录，以便根据这些信息数据来检验其货币政策的实施效果，并对各被监管单位的信贷资产质量及信用风险进行监控。因此，从这个角度来说，法国公共征信体系的建设主要是为了防范金融信贷领域的违约风险。

而与其他同样采用政府主导模式的西欧国家不同的是，法国只有公共征信机构，没有私营征信机构。除此之外，法国的征信体系还有以下三个特点：一是法国的征信服务机构——信用服务调查中心由法兰西银行来建立，而非由私人部门设立；二是法国的企业和个人征信系统的建设及运行监管也主要由法兰西银行来承担；三是法国所有的金融机构（包括在法国的外国银行分行）被强制要求定期（每月）向法兰西银行提交有关企业和消费者在贷款和租赁等信用行为上的不良记录。

12.2.3.1　法国的企业征信体系

法国的企业信贷登记系统（即企业征信系统）于 1984 年开始运行，到 1990年，该系统记录在案的企业就增长至 1300 万家，管理人员共计 70 万人。该系统的征信对象包括商业银行、租赁公司和融资代理公司在内的金融机构，但公司集团不在其列。而对于企业信用信息的采集，法国则有相关征信法律规定，所有法兰西银行的被监管单位，即商业银行、财务公司、保险机构等在内的所有金融机构都必须参加中央信贷登记系统，并由法兰西银行通过分布在全国各地的分行采集这些金融机构上报的关于企业客户的信用信息（包括正面信息和负面信息），经分析和整理后，再反馈给各金融机构。特别地，法兰西银行还会汇集合法的布告栏、地方法院及新闻媒体的有关企业及其管理者的信用信息，以得到更加能够全面反映企业信用状况的信用信息数据。在法国的征信体制安排下，只有被授权的中央银行职员出于监管原因且在严格遵守保密规则的情况下，以及提交申请报告的商业银行等金融机构的职员才可以使用中央信贷登记系统，其他机构与个人均不能通过该系统直接查询企业的信用状况。

12.2.3.2　法国的个人征信体系

（1）个人征信系统。在 1989 年 12 月颁布的《防止以及解决个人贷款问题的法案》（又名《雷尔茨法》）的基础上，法国设立了个人信贷登记系统（即个人征信系统）。该系统所收集的数据主要为个人的信贷信息，当然也包括基于法院清算命令而偿还贷款的情况等基础信用信息。而且，该系统只提供个人的负面信息。

根据法国相关法律规定，银行、融资代理公司、租赁公司等金融机构都必须向法国信用服务调查中心报告消费者在信贷、租赁、分期付款及信用卡等方面的逾期、拖欠或透支等情况。此外，该系统也采集那些从合法途径获取的公布栏、法院及新闻媒体等个人负面信息，以更加全面地反映个人的历史信用状况。因此，法国的个人征信系统实际上是一个全国性的个人贷款不良行为档案库。

具体来说，法国的个人征信系统又可以分为三大子系统：全国家庭信贷偿付事故登记系统、全国问题支票登记系统和中央支票登记系统。其中，全国家庭信贷偿付事故登记系统是法国个人征信系统中最常用，也是最为庞大的征信系统。该系统由银行和金融监管委员会建立和管理，并主要提供与共享两类信用报告：一类是报告与个人信贷审批相关的事故情况；另一类则是报告经司法审查后的推荐方案或者在司法审查程序外由法国过度负债委员会制订的偿债计划。目前，信贷机构、邮政机构的金融业务部门、法院以及过度负债委员会可以免费查询全国家庭信贷偿付事故登记系统的个人信用信息；但相对应地，这些机构也同时被要求，不论出于何种目的，均不得将所获取到的个人信用报告提供给他人使用。同时，以免费使用该系统为条件，所有这些被接入系统的机构均必须承担报送数据的强制性义务。

（2）个人征信立法。在法国，个人数据历来就受到严格的保护。特别是1978年以来，为最大限度地避免信息化对个人隐私造成损害，法国政府先后颁布了各种相关法案，比较有代表性的是1978年出台的《数据处理、档案与自由法》。该法案规定，征信机构在收集、处理和使用个人信用信息时，必须公布其搜集资料的授权、目的及种类等，并且不得侵害到信息主体的人格及隐私；信息主体有权向保留其书面或电子信息档案的征信机构质询，并有权要求征信机构在查询其信息时告知其本人，在发布其信用报告时征得其本人同意。该法案还特别规定，如果征信机构受信息使用者委托执行对某信息主体的信用调查，除向信息使用方提供信用报告外，征信机构还须同时向信息主体本人提供一份信用报告。由此，信息主体本人可提出异议，甚至在信用报告不属实时可举证反驳信用征信机构。此外，《隐私保护法》也是法国保护个人隐私最具有代表性的法案之一，且其对个人隐私的保护程度要远远高于欧洲其他国家，甚至在很大程度上使得私人征信机构无法找到生存空间。

（3）个人征信监管。法国个人征信的组织者和监管者都集中在法兰西银行，且法兰西银行所采取的行政监管的内容相对较少。因此，总的来说，法国的个人征信监管体系相对简单，征信监管的作用还有待发挥。但是，为切实保护个人信用信息数据的安全，法国在此方面的立法及监管较为完善。法国于2004年颁布《信息、档案和个人权利法》。根据该法案，法国专门成立了国家信息自由委员会（CNIL）。CNIL具体负责对各类敏感数据，以及涉及国家安全或刑事犯罪信息的处理。在安全系统标准规定的基础上，CNIL还可受理与个人征信相关的各类权利主张，包括请求、申诉与控告等，并可实施必要的现场检查及行政处罚等。此外，根据CNIL的规定，CNIL所有委员均不得在政府部门兼职，不得参与自己所有的单位，或参与过去三年内与自己有直接利害关系或曾任职的单位的征信事务审核。

12.2.4　欧洲互联网征信业的特点及发展趋势

12.2.4.1　欧洲互联网征信业的总体特点

综上所述，欧洲互联网征信体系的发展主要呈现出以下四个方面的特点。

（1）欧洲大多数国家的征信机构以政府主导的公共征信机构为主。其中，公共征信机构多由中央银行来加以组建，但同时还有私营的征信机构。据世界银行统计，法国、德国、比利时、意大利、奥地利、葡萄牙和西班牙七个国家均设有公共征信平台（即中央信贷登记系统）。在这七个欧洲国家中，六个国家有按照市场机制运营的私人征信机构，唯独法国目前还没有完全市场化的征信机构。

（2）中央银行承担主要的互联网征信业监管职能。中央银行既推动建设公共征信系统，同时也负责管理全国范围内的征信体系发展，包括公共征信系统的运行与升级。

（3）金融机构被强制参加公共征信系统，并依法提供信用信息。在搜集信息的类型上，欧洲大多数国家的企业征信系统都包括正、负两方面的信息，但德国、奥地利和葡萄牙除外。德国与奥地利的公共征信系统仅提供企业的正面信息，而葡萄牙的公共征信系统仅提供企业的负面信息。而在个人征信系统方面，仅有法国和比利时收集负面信息。

（4）互联网征信服务具有非营利性。由政府主导建立的公共征信系统主要服务于商业银行及中央银行，具体用途包括商业银行的信贷风险防范及中央银行的金融监管和货币政策制定与执行，因而所提供的信用信息具有非营利性。

12.2.4.2　欧洲互联网征信业的发展趋势

从欧洲征信体系发展的基本情况来看，欧洲征信业之所以能够保持持续、稳定和快速的增长，主要得益于两个方面：一方面，为信息使用者提供更多样化的信息服务。以德国的夏华公司为例。夏华公司于 1997 年开始导入定制化的信用评分服务。这项服务的目的在于，根据客户的不同要求来开发相对应的信用评分系统，且当客户调取某消费者的信用报告时，评分系统会为该消费者自动生成一个信用评分。夏华公司提供的这种定制化信用评分服务极大地提高了信息使用主体获取信息的效率，也帮助信息使用者大大降低了决策的成本和时间。另一方面，为信息使用者提供更多的信息增值服务。当然，这是需要建立在征信机构对信息使用者的信息服务需求有较为深入的了解，以及建立在较为先进的信用信息数据库建设及管理水平的基础之上。

反观一些新兴市场国家，以及其他一些国家新成立的征信机构，它们在信用信息数据库的建设及管理方面，以及在如何设计增值征信产品方面还缺乏必要的经验，因而不能为金融机构、政府部门、企业及消费者提供更好的服务。因此，包括英国、德国在内的一些欧洲发达国家的征信机构开始向其他国家的征信机构提供技术解决方案。一般来讲，这些发达国家主要通过以下几种形式开展跨国征信业务合作与交流：一是为新兴市场国家的征信机构提供某方面的或者系统性的技术解决方案；二是深入业务层面的合作，致力于推动与新兴市场国家征信机构之间的跨境信息交换；三是深入经营层面，通过在一些新兴市场国家分设办事处、子公司或者与当地征信企业之间合资经营等多种方式进入新兴市场。

12.3　日本的会员制征信模式

12.3.1　日本会员互联网征信模式的形成

日本的征信体系建设早于亚洲其他很多国家。早在 19 世纪末期，日本就相继诞生了三家征信企业——商业兴信所、东京商工所（TSR）和帝国数据银行（TDB）。然而，此后由于过多的企业和个人进入征信行业，致使行业内部一度呈现出过度竞争和分散经营的态势。于是，日本的征信行业又经历了一轮整合时期。到 20 世纪 60 年代，日本的征信行业已经出现了明显的寡头垄断市场结构。其中，TSR 和 TDB 两家征信企业一直将优势保持至今，仍占据了 60% ~ 70% 的市场份额。日本征信行业的这一垄断现象与其他发达国家征信市场的基本情况较为相似。这主要是因为，征信产品属于知识密集型、资料经验积累型产品，因而征信机构往往需要大量的调查分析人员以获取大量信用信息资料并加工成有价值的征信产品，以及能够覆盖较大区域范围的网络基础设施以获得规模经济，才能在行业中具有竞争优势，而一般的征信企业由于无法获得规模经济效应，因而无法获得有利的市场地位。

经过一百多年的发展，日本征信业目前已经进入成熟发展的轨道，与经济金融的融合度已经非常紧密，在市场经济中发挥着不可或缺的作用。但在这一发展过程中，市场、政府以及征信企业自身的努力均发挥了重要的推动作用。可以说，日本的互联网征信业也有其独特的发展轨迹，这主要体现在以下五个方面。

12.3.1.1　市场逐渐意识到征信的重要性

在 20 世纪 70 年代前，市场对征信的重要性认识不足，对征信企业提供的信用报告普遍持有排斥或警惕的不信任感。而在 70 年代之后，市场开始意识到征信在经济生活中的作用越来越重要，因而对征信服务的需求量空前增加。商业银行等金融机构开始频繁地采用征信机构的信用报告，并以此作为评估新客户信用状况，以及为客户发放信用额度的重要参考。政府也开始利用征信机构提供的企业信用报告作为采购时审查企业资质的重要指标。

12.3.1.2　政府由资助到放开经营

早期日本政府为了推动征信行业的发展，在资金、税收及引导金融机构将信用报告作为信用风险管理工具方面给予了国内征信企业诸多的政策扶持。这种做法对早期日本征信业发展起了重要的推动作用。但随着日本征信市场的日渐成熟，日本意识到有必要对政府与征信业之间的关系加以重新定位。因此，政府开始免费地向征信企业提供公共信息，同时也与其他信息使用者一样付费使用征信企业的信息服务。如此，政府与征信企业之间的关系被重新定位为一种"主顾关系"。政府对征信企业的经营不加干预，征信企业可以放手进行自主经营。作为监管单位，政府的职能更多地转向为征信企业的发展提供一种客观、公正、有序的市场环境。

12.3.1.3　政府的信息披露逐渐走向开放

为扩大社会知情权，日本政府意识到有必要逐渐公开其掌握的公共信息。尤其是在 2001 年《政府信息公开法》的推动下，日本政府的信息公开完全免费。到目前为止，日本政府对外披露的原始信息包括企业的登记信息、破产申请报告、企业及个人的纳税信息及其不动产信息等。这些公共信息的免费披露大大降低了征信企业搜集信息的成本。

12.3.1.4　征信企业的数据分析由手工操作到数据集成

随着计算机技术的不断进步，20 世纪 60 年代末借助计算机来构建数据库，日本征信企业开始于 20 世纪 60 年代，并结合先进的数理模型，对企业和消费者的信用信息数据进行集成分析，从而实现了对信用数据由手工操作到集成分析的转变，提高了数据分析的准确度和精度，更提高了信用报告及其他征信产品的可信度。

12.3.1.5　征信服务由单一化到多样化

随着日本征信行业的快速发展，征信企业所提供的信息服务也逐渐多样化。早期，日本征信企业的产品主要是企业的简单资信调查。发展到现在，一些更加深入化、系列化、定期化和高附加值化的征信产品也可以广泛提供。以 TDB 公司为例。该公司不仅能够为企业和个人提供一次性或者持续性的征信调查服务，还能够提供定制化的市场营销咨询以及网上认证服务等。

12.3.2 日本征信机构的组成

当前，日本与征信体系相关的行业协会不少，如银行业协会、信贷业协会和信用产业协会。根据以上协会可将日本的征信体系划分为三个类别：银行体系、消费信贷体系和销售信用体系。这三大协会的会员也是来自这些领域，包括商业银行、信用卡公司、担保机构、其他非银行金融机构、商业公司以及零售店等。目前，几大行业协会的信用信息服务基本上满足了会员单位对个人信用信息征集和查询的需求。其中，银行业协会组建了非营利性的会员制征信机构，也就是日本的个人信用信息中心，而地方性的银行即该"信息中心"的会员。

20 世纪 80 年代末期，日本银行业协会将全国范围内的信息中心统一整合成全国银行信息中心。该信息中心从会员银行那里获取企业或个人的信用信息数据，并最终对这些会员银行提供有关企业或消费者个人的信用报告及其他信息服务。而对于会员银行的信用信息来源，则是其要求个人客户必须提供真实的信用信息，才能签订有效的消费贷款合同。虽然该信息中心不以营利为目的，但为了维持正常的运营，在提供信息服务时要收成本费用。除此之外，拥有全亚洲最大企业资信数据库（其中包含 4000 家上市公司以及 230 万家非上市企业的信用信息数据）的日本 TDB 公司，成为日本商业征信公司的代表。

12.3.3 日本企业征信体系的运行

成立于 1892 年的商业兴信所是日本第一家企业征信公司。该公司经过 5 年的筹备后才正式营业。公司成立初期，只开展面向银行资信调查方面的业务，且仅保有 31 家会员，年调查案件 1200 件，业务开拓远远不及预期。这主要是由于当时市场对征信的重要性认识不够。然而，历经一百多年后，征信在日本已经成为企业（尤其是银行等金融机构）评估新客户与发放信用额度，以及政府部门审查投标企业资质的重要衡量指标。TSR 公司就是很好的实例。2002 年，该公司提供了 400 多万件资信调查报告。这也就是说，如果按照共计 286 万家法人来平摊的话，则日本每家法人每年要查询报告 1.4 次。

12.3.3.1 银行会员制征信机构的运作

日本银行协会所建立的会员制征信机构是按照如下方式来运作的。一方面，会员银行必须如实向征信机构提供客户的信用信息，而征信机构也会为此支付一定的信息采集费用；另一方面，征信机构负责为会员银行提供各类企业征信服务，而为了维持机构运营，征信机构也会收取会员银行一定的费用作为保本。在这个过程中，征信机构并不以营利为目的，会员银行实际上是通过信息互换来获取征信服务的。

12.3.3.2　商业征信机构的运作

除银行会员制征信机构之外，一些商业性的企业征信公司在社会上也广泛存在。其中，创立于 1899 年的 TDB 公司是日本最大的征信企业。早在 1999 年，该公司产值就已经达 477 亿日元。如今，该公司已经在日本拥有 83 处营业所，而且雇员已愈 4000 人。此外，该公司还拥有全亚洲最大的企业资信数据库，不仅对外提供催收账款、市场调查以及行业分析报告等服务，还采用"现地现识"的调查方式以为委托人提供更为可靠的企业背景资料和信用调查服务。该公司一直将 50% 的市场占有率保持至今。

经过一百多年风风雨雨的洗刷后，征信业已经成为日本市场经济的重要组成部分；而且相对其他行业，征信业的发展更加成熟。然而，万事不可能完美，日本征信业还有很大的进步空间。这主要体现在以下三方面：一是日本征信企业的跨国经营应该跟进。这里以美国和日本对比来说明。为了建设成为全球性的信用调查机构，美国 D&B 公司的分支机构已经遍布全球各个地区；而相比之下，日本的 TDB 公司则明显处于下风。作为日本征信行业的巨头，TDB 公司只在美、韩两国开设了两家分公司。二是政府的公共信息，如企业和个人的纳税情况等，不能有效地加以披露与传播，与这个信息高速运转的时代明显不符。这使得征信机构或其他组织申请查询公共信息的成本高、效率低，造成了人力和物力的浪费。三是与两方金融机构不同，日本银行的企业信用报告不提供给商业征信机构，这使得日本银行在商业征信调查中的作用大大削弱。

12.3.4　日本个人征信体系的运行

在日本，各行业协会共同出资组建个人信用信息中心，个人信用信息中心为各会员单位提供各类信息查询服务，且不以营利为目的。与之对应的是，各会员单位也必须将其所掌握的个人信用信息上报至信息中心。此外，各协会会员单位之间的个人信用信息即可通过个人信息信用中心的内部信息共享机制进行交换和共享。目前，按照这种组建及运行模式，日本已经成立了三家个人信息信用中心，它们分别是：全国银行个人信用信息中心（KSC），由全国银行协会组建；株式会社日本信息中心（JIC），由日本信贷业联合会组建；株式会社信用信息中心（CIC），由日本信用卡行业协会组建。这家个人征信机构分别为不同行业协会的会员提供较为独立的信息查询服务。

12.3.4.1 主要的个人征信机构

（1）全国银行个人信用信息中心。1973 年，日本第一家个人信用信息中心由日本东京银行协会创立。15 年后，日本东京银行协会又联合另外 24 家银行协会共同组建了全国银行个人信用信息中心（KSC）。目前，KSC 已成为日本国内个人征信体系中规模最大的征信机构，拥有全国范围内统一运作和管理的个人信用信息基础数据库。KSC 的主要服务对象是各银行协会会员（如商业银行、信用卡公司、信用合作社、信用金库、劳动金库以及农业协同组织等金融机构），且主要从这些会员单位获取个人的信用信息数据。KSC 提供给协会会员的信息服务以保本收费为原则，具有非常明显的非营利性质。

（2）株式会社日本信息中心。株式会社日本信息中心（JIC）由日本信贷业协会组建，由全国信用信息中心联合会进行管理。其中，全国信用信息中心联合会的股东会员是相互独立的 33 家信息中心。这 33 家信息中心本身也是独立的公司，其会员单位分别是来自各地区的消费金融公司。例如，成立于 1972 年的 Lenders Exchange 株式会社就是日本历史最悠久的地方性信息中心；在此之后，日本的地方性信息中心如雨后春笋，蓬勃发展。到 1976 年，日本已经有了 10 家这样的信息中心；同年 10 月，由这 10 家信息中心组织，全国信用信息中心联合会得以组建；8 年后，该联合会开发形成了覆盖全国的信息网络。2009 年，该中心在日本 CCB 公司并入后开始更名为 JIC。

（3）株式会社信用信息中心。株式会社信用信息中心的前身是"信用信息交换所"和"日本信用信息中心"。其中，信用信息交换所的会员单位是活跃于汽车系统和流通系统的信用卡公司；而日本信用信息中心的会员单位则是家电系统的信用卡公司。因此，从目前来看，各信用销售公司和信用卡公司就构成了 CIC 会员的阵容，且 CIC 的业务量在日本个人征信业中排名首位。

（4）株式会社。1999 年 10 月，株式会社正式宣告成立。株式会社的股东也是全国信用信息中心联合会的股东，即上述 33 家地方性信息中心，因此，株式会社与 JIC 在业务上联系较为紧密。例如，株式会社与 JIC 共同参与处理多重债务问题，以及会员单位的双向信用卡业务；而在这些业务的具体信息，如合同内容、合同日期以及合同件数等各种信息，均可由株式会社具体提供给 JIC 进行信息共享。

这里特别指出的是，KSC、JIC 和 CIC 这三大个人征信机构又于 1987 年 3 月合资建立了信用信息网络系统。新组建的信用信息网络系统致力于推动这三大征信机构之间在信息变动、公共信息以及个人申告信息等负面信息方面的共享，以避免多重借债等恶性个人信用缺失问题的发生。

12.3.4.2　个人征信立法的建设

就征信法制建设而言，日本与美国以及欧盟国家之间既存在共同点，也存有一定差异。一方面，日本也制定了总揽性的个人信息保护法，这一点与欧盟和欧洲国家比较相似；另一方面，日本还专门制定了规范政府公共部门征集与使用个人信息的法规，而这种做法来源于美国和欧盟等国家的经验。总的来说，日本的征信立法实际上包含了美国和欧盟两种不同立法机制的长处。

日本直到 20 世纪 80 年代末才有了全国性的个人征信法律法规，而在此之前，除了行业自律外，日本没有一部真正意义上的、全国性的征信法规。当时，用于保护个人隐私行为的法规主要来自于大藏省制定的通达令，而用于规范个人征信活动的少数几个法律条款则散落于《消费者保护法》《邮政法》《户籍法》《电子商务法》和《残疾人福利法》等若干相关法规中。日本的第一部全国性个人征信法律《行政机关保有的电子计算机处理的个人信息的保护法》直到 1988 年才迟迟由政府予以颁布。但遗憾的是，该法律仍存在很大局限性。这主要是因为，该法律所涉及的个人信用信息采集范围仅限于由政府部门利用电子计算机存储和处理的数据，极大地限制了信息的来源。除此之外，用于规范个人信用信息公开的全国性征信法规也是直到 20 世纪 90 年代末才开始相继颁布。1999 年，《关于行政机关信息公开的法律》（以下简称《信息公开法》）正式颁布实施；2001 年，《关于公开独立行政法人等所保有之信息的法律》正式被国会通过实施；紧接着，在 2003 年这一年里，《个人信息保护法》《信息公开与个人信息保护审查会设置法》等 5 项涉及非公共部门的个人征信法律（统称"个人信息保护关联五法"）也在匆忙之间通过并实施。由此，日本才最终结束了此前数十年仅有行业规章和政府部门的行政规章予以规范的态势。与日本的全国性征信法制建设较为滞后所不同的是，日本的地方征信法规却得到了较早的发展。日本的首部地方性个人征信法律——《关于保护电子计算机处理的个人信息的条例》早在 1973 年就已经在德岛市诞生。截至 20 世纪末，出台个人信息保护制度的地方自治团体已经就占到团体总量的 72.3%。而至于信息公开方面的规范性法规，截至 1996 年，日本所有 47 个都道府都已经完成了信息公开法律的制定。总的来说，日本的个人征信基本立法体系即由上述法律构成。

从日本的个人征信立法进程来看，会员制模式下的日本个人征信立法建设有两个主要特征。

（1）兼具欧洲和美国两种模式的优点。首先，日本主要采用了欧洲的立法形式，法律体系中以总括性的、原则性的法律占主导；其次，日本借鉴了与美国较为相似的立法理念，兼顾了行业自律的有限性、法律规制的必要性问题与保障个人信用信息自由流通、个人信息保护之间的平衡问题，这又与欧盟过于严格的个人信息保护方式是有所区别的。

（2）行业自律规则作用发挥明显。受日本各行业协会在行业管理上的传统影响，行业规则即使不是正规的法律，却仍对行业内的机构起到了较强的约束作用，这种作用在日本总括性法律所不能及的更深层面上，特别是在个人信用信息主体（被征信人）权益保护方面尤为凸显。

12.3.4.3 个人征信监管体系

日本的《个人信息保护法》认为，欧洲的征信监管方式，即设立一个对个人征信所有领域和层面都具有监管权限的征信监管机关的方式，可能会存在极大限制个人征信机构的活力、影响个人信用信息正常流通的弊端。因此，在综合考虑本国国情的基础上，日本选择以放松管制的原则处理个人征信监管，并采取类似于美国的政府监管机制，即政府相关部门在各自的职能范围内对个人征信机构进行分类管理和指导，而对个人征信机构的具体经营行为则交由相关的行业协会管理，强调行业自律，以此来代替专门的政府个人征信监管机构。除此之外，构建个人征信问题救济体系成为日本政府监管的"重头戏"，这也是日本政府希望能够通过运用行政手段来弥补市场失灵的表现。2003 年，日本内阁府专门设立信息公开与个人信息保护审查会。该机构的职能在于，组织内阁总理大臣和参众两院认可的 15 名兼职委员依据相关法律法规对个人征信案件进行调查和审议。因此，该机构实际上相当于一个几乎没有监管功能的咨询和仲裁机构。

根据以上对日本个人征信监管体系的介绍，我们可将其主要特征总结为以下三点：第一，日本的个人征信监管相对分散。具体来说，日本中央政府将个人征信监管的权限授权给不同的部门，并且依据各部门的职责范围，来具体要求其监管某一类个人征信活动，即审查个人征信机构行为的合法性，并接受和处置相关投诉。第二，地方公共部门在日本个人征信监管体系中占据重要位置。根据日本 2003 年出台的《个人信息保护法》，地方公共团体在本地区个人信息处理中承担监督责任。具体来说，地方公共团体一方面必须采取必要措施确保正当处理其持有的个人信息，以及对其制定的个人征信管理条例执行情况进行监督；另一方面还必须协助本地区个人征信事务的投诉与处置。第三，注重发挥行业自律作用。在日本，各行业协会通过一系列机制来实现自律，这主要表现在三方面：一是严格制定协会内部的个人征信业务活动规则；二是在协会内部设置专门的监察部门，根据相关规则对违规操作予以制止和惩处；三是严格把关会员入会以及进行严格的会员管理。通过这些具体举措，日本的各行业协会将其自身视为个人信用信息的保护者。

12.3.4.4　个人隐私保护

1964 年的"盛宴之后案件"是日本的个人隐私权正式得到司法权力确认的重要标志。自此，日本对个人隐私权保护的立法及执法逐步由被动变为主动。尤其是在 20 世纪 60 年代，日本政府明显加快了个人隐私保护的立法进度。这主要是因为这一时期计算机技术的快速发展，使得个人信息安全受到很大威胁。

到目前为止，日本个人隐私保护机制的建设已经相对完善。例如，1996 年前后由各地方自治团体制定的政府信息公开条例，以及 1999 年由国家颁布实施的《信息公开法》均对侵犯个人隐私权的行为及其相应的刑事责任作了严格规定；2003 年实施的《个人信息保护法》更是对个人信息处理者违法获取、使用及处理个人信用信息的行为及处罚作了具体而明确的规定：对法人、非法人团体及自然人等盗用个人信息保护团体名称等违法行为，处以 10 万日元以下罚款；对未按要求提供个人信用报告或提供虚假报告等违法行为，处以 30 万日元以下罚款；对经主管大臣命令终止实施或纠正的违法行为，处以 6 个月以上有期徒刑或 30 万日元以下罚款。此外，该类法律还视所有可识别个人信息为不可公开信息；而至于可公开的信息，又另作如下严格规定：一旦请求公开的个人信息涉及第三人的，则第三人享有知情权、拥有决定政府机关公开与否的权利，以及提起行政复议或行政诉讼的权利。如此，这些法律规范的实施实际上在很大程度上扩大了不可公开信息的范围，使得政府机关不得不刻意回避或隐藏那些原本不属于个人隐私或有必要公开的信用信息。为此，《信息公开法》又再次将部分依法或依习惯应该公开的个人信息列为公开信息，兼顾个人隐私和信息公开两方面的需求。

12.3.5　日本互联网征信体系的总体特点

总的来看，日本的互联网征信体系发展模式明显区别于美国和西欧国家。日本互联网征信体系最大的特点在于其"会员制"，即互联网征信系统主要由行业协会负责，运作人是行业协会的所有征信机构，对其会员提供服务，实现会员间的信息共享。日本之所以形成这种特有的会员制征信发展模式，主要是因为行业协会对日本经济具有深远而重大的影响。日本行业协会的发展历史悠久，管理规范严格，会员单位众多，因此，依靠行业协会归集会员单位有关个人及企业的信用信息数据，并据此组建个人及企业的信用信息数据库以及搭建各会员单位间的信用信息互换平台，从而为各会员单位提供各类征信服务的做法是最为节省资源、最为经济便利的一种征信发展模式。尤其是对于个人征信而言，日本几乎没有一家商业化运作的个人征信机构。此时，依靠行业协会原有的（企业）征信系统去同时构筑个人征信平台也是十分可行且高效的。而且，行业协会所组建的征信机构不以营利为目的，只收取保本费用，这也极大地降低了政府部门及会员单位获取信息服务的成本。但是，日本的个人信用信息只在协会会员单位之间交换使用。对此，日本的相关法律有规定，借款者在银行授信前必须要签订一份关于信息披露的合约，即关于允许将其个人信息披露给其他银行的合约；而且，日本各行业协会的内部规定在征信管理活动中也发挥着非常重要的作用。这些做法共同导致了日本信用信息的公开程度不高。

第13章 我国互联网征信发展路径探索

13.1 国外征信模式对我国的借鉴与启示

13.1.1 美国、欧洲、日本的三种征信模式的比较

前文论述了国外三种主要的征信模式——市场主导型、政府主导型和会员制征信模式，经过上百年的市场经济的展，发达国家形成了相对比较完善的征信体系。但是，由于各国经济、文化、历史不同，这些各具特色的模式有着各自的优点与不足，通过对他们的分析与比较，可以对我国的征信体系建设产生一定的借鉴与启示。

13.1.1.1 三种征信体系产生背景比较

（1）欧洲公共征信体系产生背景。老牌的欧盟成员国多为欧洲大陆传统国家，国内的银行间在长期激烈竞争环境下，出于对客户流失的担忧，纷纷在发展阶段严密保护各自的客户信息，形成欧洲国家信用信息的长期分割保存局面，私营的征信机构没有产生和生存的土壤。进入 20 世纪后，欧洲各国的大型银行机构已然形成垄断优势，已经拥有较为稳定的市场额和客户群体，也掌握了大量信用信息，但此时大银行对其他同业掌握的信用信息需求已不大，造成欧洲大陆国家征信体系建设的滞后。但从金融监管当局的角度，征信体系的缺失不利于金融风险控制，也不利于打破大银行的全面垄断，促进金融市场的竞争。同时，金融机构在信息不透明情况下的激烈竞争中，极易发生银行信用规模过度膨胀的危险情况，而这种金融市场风险随着信贷市场的快速膨胀和基于现代化信息技术的资金流转加快，风险性越来越强，增加了金融监管的难度。若能建立一个为监管当局掌控的公共客户征信体系，金融监管当局能够充分分析判断国内信贷风险状况，对被监管对象进行分类指导，促进银行稳健经营，维护金融稳定。为此，各国政府金融监管当局强力加以政府行政干预，建立公共征信机构。

（2）美国市场化征信体系产生背景。美国市场化征信体系的产生与该国的

经济发展历史，以及强调自由经济的"美国精神"直接相关，这是美国征信体系的人文背景。在经济金融层面，由于美国作为联邦制国家，地方利益集团强大，利益集团众多，多种规模、多种形式的金融机构长期共存，充分竞争，在活跃自由市场经济的同时，金融市场出现混乱，需要通过征信的加入来削减金融市场中的信息不对称劣势。同时，美国联邦银行和州银行并存的局面，也在机构设置时形成了美国银行业在各自地域上经营业务，相互之间竞争不多的特殊情况，在美国人口流动加剧的今天，各银行之间有着强烈的共享客户信息资源的意愿。各银行机构都自愿把各自掌握的客户信用信息提供给客户征信机构，私营的客户征信机构有扎实的生存基础，形成了如今美国市场化客户征信机构林立的现象。

（3）日本行业协会征信体系产生背景。日本是保留着亚洲文化传统，而又建设了较为完全的市场经济的国家。日本实行行业协会式的征信体系，与其历史文化传统和经济金融环境有着较强的联系。在亚洲文化传统中，有着千年发展史的行会，其影响力已根深蒂固，各种行业协会在经济体系中具有较强的影响力，使行会成为业内信服的组织者，公认的公平协调者。行业协会出面组建客户征信系统有其先天的优势。在经济层面，日本经济经历了第二次世界大战后的黄金飞跃，信用扩张迅速。在飞速的信用扩张中，一个消费者会同时向多个授信机构申请分期付款的信用，经常出现对单一客户授信过度、客户多重负债的情况，日本许多授信机构对于仅仅掌握本机构的客户信息、授信判断不充分、经营风险加剧而感到不安，转而求助于行业协会。行业协会对自己的监管和协调角色有着充分的认同，相继出面设立客户信用情报中心。由于行业协会的强大，日本政府认可了行业协会对客户征信业的组织、管理和规范。随着业务的发展，各地分散的行业协会情报中心逐步走向联合，形成全国性的客户征信机构。

13.1.1.2　三种体系优缺点比较

（1）公共征信体系的优劣。优势：政府组织下的公共征信体系，可充分发挥国家各有关部门的合力，筹建庞大的征信体系较为方便。由中央银行或金融监管当局设立公共征信机构，能够使政府充分掌握客户金融市场的运行信息，进而及时采取针对性的监管措施。利用监管者的行政手段和法律手段强制采集分散在各处的客户信用信息，保障了客户信息的完整性和及时性。政府既是征信系统的组建者，又是使用者和监管者，运作成本较低。政府主导的征信产品属于公共产品，收费低廉，降低使用者获取客户信息的成本。劣势：公共征信体系在客户信息征集上不够灵活，且以客户信贷数据为主体的数据结构也不够全面，难以在复杂的经济环境中真实反映客户的信用状况。同时，公共征信机构只对银行业金融机构等特定的对象提供信用报告服务，商贸领域和服务领域虽对客户信用报告有需求，却无从取得，出现了银行消费信用快速增长而社会消费信用发展缓慢的情况。此外，公共征信机构与其他政府部门一样，在缺乏利益刺激的情况下，工作积极性不高，服务质量相对较差。

（2）市场化征信体系的优劣。优势：市场化征信体系下，征信机构在利润目标刺激下，能够积极主动、广泛深入地采集客户信用信息，并能根据市场需求提供多样化的客户征信服务，使所有有需求的市场参与方都能在法律允许的范围内通过付费的方式获取需要的信息，有利于实现客户信用信息效用的最大化。劣势：市场化征信体系下对客户隐私的保护较为困难。一方面把握住信息自由流通和客户隐私保护之间的平衡点非常困难。另一方面以利润最大化为目标的私营化征信机构可能出于盈利目的违法操作，形成对客户信息权益的损害。大量同质的客户征信机构的存在和竞争，也在一定程度上造成了社会资源的浪费。此外，不同客户征信机构征集客户信用信息的渠道不同、标准不一、存在一定的时间差和空间差，可能出现对不同机构对同一客户信用评价的偏差，影响客户信用报告的参考价值。

（3）行业协会征信体系的优劣。优势：行业协会征信体系中，各行业协会充分发挥专业特长，收集客户信用信息及时、准确。会员按照协会规定定时提供标准的客户信用信息，增强了客户信用信息征集的稳定性，降低了征信成本。劣势：行业协会本身首先代表着该协会会员的利益，其次才关注消费者的权益，在会员利益和消费者隐私保护的两难选择中，偏向于自己的会员，一旦政府监控不力，极易产生道德风险。同时，行业协会征信机构的服务对象仅为会员，而会员对客户信用报告要素的需求比较狭窄，客户信用报告的专业指向性较强。此外，仅向会员开放的服务模式，同样使商贸领域和服务领域对客户信用报告的需求得不到满足，一定程度上形成资源的闲置浪费。

13.1.1.3　国外征信模式的简要评价

通过如上介绍，我们可以看到，以欧洲为代表的公共征信机构主要是由政府出资设立、以金融监管为主要目的的征信机构。大多数国家的公共征信机构都是由中央银行或金融监管部门设立的。欧洲中央银行（European Central Bank，ECB）将欧洲的公共信用调查机构定位于旨在为商业银行、中央银行和其他银行监督机构提供有关相对于整个银行系统的公司和客户债务状况的信息系统。公共征信系统的建立基本源于两点原因：一是公共征信系统常常是为弥补私营征信局的缺乏而建立，在市场自身未产生信息分享时，政府采取了主动，当然，此也根源于社会经济发展的需求，国家不再只作"守夜人"，而是主动承担起维护金融安全的责任。二是公共征信系统在一定程度上更能充分地保护受信主体或信用交易主体的利益，在一定范围抑制了潜在的道德风险。与具体社会实践相对应的，实行公共征信系统的国家，其信用管理、征信法律体系比较注重对征信业的监管以及对商业化信用征信机构、信贷机构行为的规制，以实现维护金融系统安全、保护消费者数据安全权等价值目标，在某种意义上，公共征信系统无论是在发达国家还是在发展中国家，其对防范金融危机均可起到一定的作用。可以说，公共征信系统是很多国家客户信用征信体系建立的必然路径，并与其长期形成的社会背景、法治环境、民族文化与交易习惯相统一。公共征信系统的不足主要体现在国家财政对数据库建设的投资较大，维护系统运转的成本相对较高，这对一国自身实力要求较高，同时，维护公共征信系统是一个长期的过程，要求国家必须长期、持续地投入一定资金、精力等，同时，其也同一国的民族文化、商业文化息息相关实施公共征信系统的国家过多地注重国家金融安全，监管较严格，使得商业化信用征信机构、信贷机构裹足不前，因此很难全面、大规模地推动征信市场的发展。而征信市场的发达程度，直接关系着信用经济的发展水平，关系着整个国家的经济发展水平，因此，公共征信系统的选择与实施更要与一国的经济发展实际情况、阶段性或长期的经济发展任务相吻合。

从历史上考察，以美国为代表的私营信用征信机构早于公共征信机构出现，私营信用征信机构在设立与发展之初主要是区域性行业性的，或是作为生产或商业企业的附属机构而存在。随着信用经济的扩展和科学技术的进步，私营征信机构在兼并整合的过程中，逐步产生了一批跨行业、跨地区、跨国境的专业信用调查机构。历史背景、社会环境、良好的信用经济发展基础与相对完善的法律体系使得私营信用征信机构发展呈现出相当的活力。然而，事物的产生与发展总是辩证统一的。私营征信机构为主的征信业运作模式虽有其发展的优势，但其也存在一定的不足，主要体现于：在收集信息以及提供服务时，其更追求效率，并呈现出广泛性等特点，这使得其对法律环境和执法水平的要求较高，否则将有可能大规模地产生滥用信用信息资源和侵害消费者隐私权等问题与矛盾；同时，国家更多地是以法制手段约束私营征信机构的行为，而并非运用实时、全面以及严格的监管手段与措施调控征信市场，因此对私营征信机构自律性、自觉性的要求更高。毋庸置疑，征信活动旨在解决交易过程中的信息不对称问题，而独自作战的各个私营征信机构之间，虽存在一定程度的信息共享，但其相互之间也存在着一定的信息不对称。此种"背靠背"的市场运作模式，使得私营征信机构的个体运作行为久而久之可能会形成小漏洞，随着全行业普遍性行为的扩大，有可能在大范围产生危机，2007年始爆发于美国的次贷危机即一例。

13.1.2　国外征信模式对我国的借鉴与启示

通过如上的比较之后，我们总是试图寻求一个答案，希望能够找到一个分清孰优孰劣的标准，但同时我们更应以客观、严谨眼光视之，以期得出更精准的评价。由于一项经济或法律制度，其深深植根于一国的社会经济基础、民族传统文化以及商业交易习惯等方方面面，并从更深层次上反映一国生产关系与生产力之间的矛盾统一。因此，我们必须本着谨慎的态度，在充分了解分析了国外征信机构运作模式之后，深入探讨我国在现阶段及更长远的时期内，如何更好地构建征信机构运作模式与发展征信市场，以期更好地推动我国经济的发展。

13.1.2.1　我国征信业务发展中存在的主要问题

首先，我国的信用信息分散，且缺乏统一的技术标准。我国的信用信息一部分按照行业属性散布在金融、通信和水电等公共事业单位，还有一部分按照行政关系分布在公安、税务、法院等政府部门，近年来政府在推动客户信用信息共享方面建立了一系列的机制和制度，但各单位、各部门间客户信用信息分散的局面依然存在；同时我国信用行业缺乏统一的行业技术标准，各征信机构的信息征集和录入的方式和存储的技术标准不一。其次，征信机构的市场化程度不高。目前，我国除人民银行征信中心外，从事客户征信业务的还有上海资信有限公司、深圳鹏元征信有限公司，其他征信机构主要以企业征信业务为主，客户征信机构很少。而以企业模式建立、依照市场原则运作的上海资信有限公司和鹏元征信有限公司，虽然向市场开放服务，但其市场定位比较狭窄，远未形成对公共征信的补充。再次，信用体系立法有待完善。我国于2013年3月15日开始正式实施《征信业管理条例》（以下简称《条例》），标志着我国征信业管理正式步入有法可依的轨道。但是，在实践中发现，《条例》仍然存在着部分操作流程不明确、操作要求难落实、体系协调性不够等问题，有待于通过实施细则来进一步明确和规范。

13.1.2.2　我国征信模式构建应做好的准备工作

（1）坚持公共征信模式，建立政府部门的信息共享机制。从国际经验来看，一国征信机构体系应与本国征信业的发展特点相适应。相较于美国的市场化模式与日本的协会管理模式，我国的征信模式更接近欧洲的公共征信的模式。我国应坚持政府主导型的客户征信机构运作模式，一方面，进一步完善人民银行建立的客户征信系统，提高数据的及时性、准确性和全面性；另一方面，鉴于公安、税务、财政等部门也掌握着大量的客户信息，政府部门之间应充分利用所掌握的大量信用信息，成立政府部门间的协调机制，实现政府各部门之间的信息互通与共享。

（2）构建多层次的客户征信机构体系。美国、欧洲及日本等国家和地区都形成了公私结合、大小结合的多类型、多层次的客户征信机构体系，客户征信机构数量较多、市场化程度较高，这样一方面有利于调配社会上的资金、人才等资源投入征信业中，另一方面又能够促使社会信用数据向征信机构汇集。因此，结合我国国情，公共征信与市场化征信互补模式是我国客户征信机构组织模式的最优选择。除中国人民银行征信中心之外，我国目前从事客户征信业务的机构很少，且市场化程度不高。根据《征信机构管理办法》，客户征信机构设立需由人民银行颁发经营许可证，因此建议加快发放客户征信业务经营许可证的进度，稳步提升征信机构的市场化程度。

（3）完善信用法律法规体系，保护信息主体合法权益。根据国际经验，从法律上对信息采集和使用等做出明确规定，是保护消费者利益和规范征信机构运营的基础。建议尽快制定《征信业管理条例》的实施细则和部门规章，来指导《条例》的执行。另一方面，建议适时出台《客户征信信息保护暂行规定》，以确保信用信息安全和主体权益保护等有法可依。

（4）推进客户信用信息联网。建议在推进政府部门间客户信用信息共享机制的基础上，通过实施信用信息系统联网，大力推进各部门信用信息共享。建议尽快出台统一的征信行业信息技术标准，开发成熟化、标准化，具备开放性、可维护性、安全性、实用性的信息数据管理系统，将分散在金融机构、政府部门和公共事业单位的客户信用信息整合到一起，建立起真实、完整的客户信用档案。

（5）加强社会信用文化的建设与推广。建立诚信社会，不仅需要加强立法与管理，更应该注重社会信用文化的建设与推广，积极培养企业和客户强化信用意识，注重信用保护，使企业和客户都树立起"诚信光荣、失信可耻"的道德观。让讲信用自觉体现在每个经济主体活动中，为整个征信体系建设奠定良好的社会信用环境基础。

13.2 我国互联网征信体系发展现状

在互联网征信领域，我国的互联网企业已进行了积极的探索并取得了卓有成效，但是征信作为一个关乎社会信用的系统化工程，这些成果是远远不够的，因此，需要我们在法律、规则、持续性等方方面面做好设计，才能构建我国完整的互联网征信体系。

13.2.1　互联网征信的模式分类

根据不同的基准，可将征信体系划分为不同模式。

13.2.1.1　按照征信主体划分

根据征信主体的不同，可将征信活动划分为个人征信和企业征信。个人征信下，数据生产者是个人，由依法设立的个人信用征信机构对采集的个人信用信息进行采集和加工，并根据用户要求提供个人信用信息查询和评估服务的活动，目前主要用于银行的各项消费信贷业务。2015 年 1 月 5 日央行要求芝麻信用、腾讯征信、拉卡拉信用、深圳前海征信中心、鹏元征信、中诚信、中智诚征信及北京华道征信 8 家机构做好开展个人征信业务的准备工作。对于获得牌照的征信机构，虽然短期内很难获得央行征信中心开发和对接的机会，但在数据库建设上先行一步，具有很强的先发优势，在未来能够提供更加个性化及多样性的信用服务，还可以基于数据开展商业决策和市场营销等增值服务。随着社会信用体系的不断完善，个人信用报告等个人征信产品将被更广泛地用于各种商业赊销、信用交易和招聘求职等领域，为查询者本人提供审视和规范自己信用历史行为的途径，并形成企业、个人信用信息的校验机制。

企业征信下，数据生产者是企业（工商企业、政府、金融机构或小微企业等），由以各大商业银行为主体构成的征信机构按一定规则联合收集、整理、归纳和分析企业信用信息，加工整理形成企业信用报告等征信产品，有偿提供给经济活动中的贷款方、赊销方、招标方、出租方、保险方等有合法需求的信息使用者，为其了解交易对方的信用状况提供便利。企业征信的目的主要在于调查借款企业、被赊销企业或商务合作方的信用状况，了解其偿债能力与意愿，协助授信银行、赊销企业等主体规避信用风险。这使其由专业化的联合征信取代个人征信，使社会经济活动中买卖双方的博弈由一次性博弈转变为无限期重复博弈，具有高效、便捷、全面的特点，为金融机构等主体与企业间的合作提供资信信息支持，降低商务和信贷交易成本，越来越多地应用于社会生活的各方面。

13.2.1.2　按照征信特点划分

根据征信特点的不同，征信体系可分为市场主导型、政府主导型和会员制型三种模式。

市场主导型（私人征信）模式最大的特点是市场化，美国、加拿大、英国和北欧国家采用该模式。在美国，艾克菲公司、益佰利公司和环联公司三家征信公司"三足鼎立"，分别拥有覆盖全美的数据库，其中包含超过1.7亿消费者的信用记录，这些海量的个人征信数据经过FICO的计算方法模型形成征信产品——信用分析报告和325~900分值区间的评分。

政府主导型（公共征信）模式最大的特点是由政府主导，大多数的欧盟成员国，如法国、德国、意大利、西班牙等，都采用以央行建立的中央信贷登记系统为主体的社会信用管理模式。所有银行统一接口，依法强制向央行信用信息局提供其所有的征信数据，由央行搭建全国性的数据库。

会员制（介于私人与公共征信之间）模式最大的特点是会员制。包括银行、信用卡公司、金融机构、企业、商店等机构都是信用信息中心的会员，通过内部共享机制实现中心和会员之间的征信信息互换。会员有义务向中心提供客户个人征信数据，中心也仅限于向会员提供征信查询服务。实行行业协会征信模式典型的国家是日本。

13.2.1.3 技照征信内容划分

根据征信内容的不同，征信体系可分为信用调查体系、信用报告体系、信用评级体系和信用咨询与管理体系等。

信用调查体系：指征信机构接受客户委托，依法通过信息查询、访谈和实地考察等方式，了解和评价被调查对象信用状况，并提供调查报告，为决策人授信或者处理逾期账款和经济纠纷、选择贸易伙伴、签约等决策提供参考的活动。信用调查报告不向社会公众公开，仅提供给委托人，供委托人决策参考包括企业信用调查、消费者信用调查及财产调查。

信用报告体系：指征信机构采用特定标准与方法采集、整理及加工企业和个人信用信息并形成数据库，根据查询申请提供信用报告查询服务的活动。

信用评级体系：包括信用评级与信用评分。信用评级业务是指运用科学的指标体系，采用定量和定性分析相结合的方法，对被评对象未来一段时间如约偿还债务的能力和意愿进行分析预测和综合评价，并以特定直观的等级符号表示其信用等级的活动，包括主体信用评级和债券信用评级。

信用管理咨询服务及其他类征信体系：这类服务是指征信机构为促进信用交易顺利开展而受托对特定信用信息所开展的分析及使用等活动：20世纪90年代以后，征信服务从主要提供信用报告、信用评级等上游产品为主转变为全方位地向客户提供信用管理顾问和策划服务，特别是征信比较发达的美国和英国，除提供传统的信用报告、信用评级类产品外，还根据征信市场发展的需求和客户的实际需要，提供包括评分模型开发、防欺诈解决方案的提供、策略决策引擎服务、信息技术解决方案、市场营销服务等其他新兴信息服务。因此，将新出现的这一类服务都归为信用管理咨询服务/其他类征信服务类。

13.2.2　我国互联网征信体系发展现状

我国征信业从 20 世纪 80 年代起步以来，到目前征信市场已初具规模，征信业在经济发展中的作用日益显现。

13.2.2.1　整体情况

目前，在我国的征信体系建设过程中，还是以中国人民银行的企业和个人信用信息基础数据库为核心，商业征信体系为辅助，初步搭建起我国的征信体系框架。中国人民银行企业信用信息基础数据库和个人征信系统在金融系统也已得到广泛应用。由于发展时间较短，我国的征信业还有诸多不足，存在着充足的发展空间。我国征信事业近年来发展迅速，从 2002 年 10 月中国人民银行开始召集商业银行协助进行个人征信业务的调研和个人征信系统的开发，到 2004 年 12 月个人信用信息基础数据库（简称个人征信系统）实现试点运行，仅两年多的时间里中国的征信事业走过了西方发达国家需要走几十年甚至上百年的路。今天中国人民银行的征信系统，已经建设成为世界规模最大、收录人数最多、收集信息全面、覆盖范围和使用广泛的信用信息基础数据库，基本上为国内每一个有信用活动的企业和个人建立了信用档案。征信系统全面收集企业和个人的信息，目前主要分为身份信息采集、信贷信息采集、非金融负债信息采集三大块，涵盖了贷款、贸易融资、保理、票据贴现等各类企业授信产品，以及个人消费贷款、住房抵押贷款、信用卡、个人经营性贷款等个人信贷产品。

我国征信业发展尚处于市场培育阶段，无法与国外成熟的征信市场相比较，围绕征信体系建设的法律法规、业务规则以及数据处理模式及方法都需要完善和加强。截至目前，在征信领域中国和欧洲类似，央行征信系统一家独大。

近年来，征信工作取得了可喜成绩。2013 年 5 月，《征信业管理条例》正式实施并得到贯彻落实，在全国范围内统一开展对商业银行征信业务的现场检查。当年 12 月紧接着出台了《征信机构管理办法》，推进社会征信机构管理工作。实施信贷市场评级管理方式改革。金融信用信息基础数据库不断完善，服务渠道和产品日益丰富。社会信用体系建设稳步推进，2014 年 6 月《社会信用体系建设规划纲要（2014～2020）》获国务院审议通过，小微企业和农村信用体系建设也取得了积极进展。截至 2014 年年底，我国有各类征信机构 200 多家，征信行业收入约 20 亿元，征信系统收录自然人 8.57 亿人和企业及其他组织 1969 万户，其中有个人信贷记录约1.9亿条，收录企业及其他组织近10亿条公共信息。接入了商业银行、农村信用社、信托公司、财务公司、汽车金融公司、小额贷款公司等各类放贷机构；征信系统的信息查询端口遍布全国各地的金融机构网点，信用信息服务网络覆盖全国，形成了以企业和个人信用报告为核心的征信产品体系。

我国征信业经过多年发展，取得了三大成就，这也是未来国内征信业发展的三大支柱：征信法规制度建设、金融信用信息基础数据库建设及征信机构的发展。

在征信法规制度建设方面：为了保护信息主体权益，促进征信业发展，央行自2005年起先后颁布了《征信数据元设计与管理》《中国人民银行信用评级管理指导意见》及《征信业管理条例》《征信机构管理办法》，其中《征信业管理条例》规定了征信机构的设立条件和程序、征信业务的基本规则、金融信用信息基础数据库的法律地位及运营规则等，解决了征信发展中无法可依的难题。

在金融信用信息基础数据库建设方面：截至2012年年底金融信用信息基础数据库已基本涵盖金融市场所有授信机构类型，企业信息基础数据库累计接入机构622家，个人信用信息基础数据库累计接入机构629家。2014年12月，中国人民银行征信中心国家外汇管理局管理检查司签署《关于金融信用信息基础数据库采集外汇违规信息的合作备忘录》，进一步规范数据库建设。

在征信机构方面：征信机构不断壮大，2012年国内征信行业创收便已达到20多亿元，根据《中国征信业发展报告》，我国征信机构主要分为以下三大类。第一类是具有政府背景的信用信息服务机构，共20家左右。近年来，各级政府推动社会信用体系建设，政府或其所属部门设立征信机构，接收各类政务信息或采集其他信用信息，并向政府部门、企业和社会公众提供信用信息服务。第二类是社会征信机构，共50家左右。其业务范围扩展到信用登记、信用调查等。社会征信机构规模相对较小。机构分布与区域经济发展程度相关，机构之间发展不平衡。征信机构主要以从事企业征信业务为主，从事个人征信业务的征信机构较少。征信业务收入和人员主要集中在几家大的征信机构上。第三类是信用评级机构。目前，纳入中国人民银行统计范围的信用评级机构共70多家，其中8家从事债券市场评级业务，收入、人员、业务规模相对较大；其余从事信贷市场评级业务，主要包括借款企业评级、担保公司评级等。

由于我国征信实际中主要依据征信主体的不同划分为个人征信和企业征信，因此下面分别详细阐述常见的这两类征信类别。

13.2.2.2 个人征信体系现状

个人征信系统又称"个人信用信息基础数据库"，是一种个人信用信息的共享平台。它经过采集、加工、整理、保存个人的信用信息，供个人、金融机构及政府部门法定用途查询信用信息。我国个人征信体系以个人征信系统为平台建立，中国人民银行自 2004 年开始了个人征信系统的建设，2005 年 8 月底完成与全国所有商业银行和部分有条件的农村信用社的联网运行，经过一年的试运行，2006 年 1 月正式运行。

（1）个人征信体系的特点。

我国的个人系统主要体现出以下 4 个方面特点。

第一，信用信息进出严格管控。我国采取征求当事人同意，双向把关管控信用信息：金融机构在采集个人信用信息时必须"严进"，征求同意。征信机构在对外提供个人信用报告时必须"严出"，征求同意。自 2012 年年底，个人征信系统融资担保和资产处置信息采集功能进一步上线，扩充了信息采集功能。

第二，个人信用查询便捷易行。个人征信系统是一个开放式的查询端口，大众和商业银行都可以通过分布在各地的中国人民银行征信管理处查询网点及时了解所需要的信用信息。中国人民银行查询网点包括上海总部、北京管理总部、各分支行营业网点共 388 家，需求者可就近选择查询。

第三，报告异议高效处理。征信服务中心在接到异议申请后 2 个工作日内就会通过查验个人信用信息基础数据库与银行交易记录等方式，进行内部核查。若确实有误，15 个工作日内申请人就可收到其反馈信息与更正后的信用报告，整个异议流程不超过 17 天。

第四，信贷高度依赖。系统运行多年来，个人信用信息数据库对商业银行与个人的信贷活动的促进作用效果明显。查询征信信息已是银行贷前的必要环节，有些甚至将贷款前查询征信信息纳入业务管理条例，授信企业信用报告也是贷款提交的必备材料之一。商业银行与个人现已对信用信息数据库形成高度依赖。

截至 2014 年年底，我国个人征信系统收录自然人数达 8.57 亿人，但其中仅 3.5 亿人有信贷记录，相比同期全国 13.68 亿的总人口数，覆盖率仅为 25.6%。考虑到有贷款记录的个人占收录数量的比重不到一半，且无贷款记录的主体仅有基本信息，因此当前的有效覆盖率更低。从采集的 12.52 亿条信贷信息中也可看出，非信贷信息占比约 17.1%，仅有 2.59 亿条。在输出产品上也较为单一，当前最广泛的是由央行征信中心出具的个人征信报告，该报告可输出信贷记录、公共记录和查询记录等内容，从前文也可看出尚无个人信用评分。

2015 年年初，央行批准 8 家民间机构展开个人征信准备工作，这些机构包括新近成立的芝麻信用、腾讯征信，以及早已成立并涉足企业征信业务的深圳前海征信、鹏元征信、中诚信征信、中智诚征信、拉卡拉征信、北京华道征信。此举被视为我国个人征信业务向民营企业开放的信号，民营征信机构介入个人征信将对现有的央行征信形成有力补充，为征信结果和报告出具提供更多数据，有效扩充个人征信系统覆盖范围，在互联网大数据下培养良好的个人信用意识。但与企业征信状况与国外成熟个人征信市场相比，我国个人征信25.6%的覆盖率仍较低，在当前移动互联趋势下还有待进一步发展。

（2）个人征信体系运作流程。个人征信系统依托个人信用信息基础数据库，其主要使用者是金融机构。商业银行等金融机构总部通过专用线路与其相连，并经由银行的内部网络系统将终端延伸到商业银行分支机构，显示于信贷业务人员的柜台，达到了个人信用信息由各金融机构定期传输给个人征信系统，汇总后各家金融机构实时共享的要求。这是双向的过程，既表现为金融机构向个人征信系统报送数据，又体现出个人征信系统为金融机构提供个人信用报告的实时查询。从接入和服务的机构来看，截至2014年年底，个人征信系统接入机构达1811家，基本覆盖各类放贷机构。

个人征信系统实现全国联网，个人可以凭自身的有效身份证明向当地的中国人民银行分支行征信管理部门，或直接向征信服务中心提出查询本人信用报告的书面申请。

到目前为止，该项查询服务免收服务费，其流程如下：第一步先按照个人信用信息基础数据库信用报告本人查询规程的规定要求，个人在提出查询本人信用报告的申请时，要填写个人信用报告本人查询申请表，同时提供有效身份证件供查验，并留身份证件复印件备查；第二步当征信管理部门受理后，要在接到申请表的15个工作日内把征信服务中心的查询结果反馈给申请人。申请人如果认为本人信用报告中的信用信息存在错误时，可以通过所在地中国人民银行征信管理部门或直接向征信服务中心提出书面异议申请。

异议信息确实有误的，商业银行应当采取以下措施：首先向征信服务中心报送更正信息；其次检查个人信用信息报送的程序；再对后续报送的其他个人信用信息进行检查，发现错误的应当重新报送。一旦征信服务中心收到重新报送的更正信息后，应当在2个工作日内对异议信息进行更正。

（3）个人征信体系制度建设。开放征信数据，且允许以市场方式经营征信数据是建立个人征信体系的基础，但由于我国现行数据共享体制的不完善，大约50%~60%的个人征信数据集中掌握在公安、法院、工商、国税、劳动保障、人事等多个政府部门以及商业银行、公用事业、邮政、电信、移动通信、保险等非政府机构，没有像发达国家那样开放个人征信数据，使个人信用评估公司难以获得征信数据或只能获得片面或虚假的信息，无法对个人的信用作出客观、真实、公正的评估，缺乏公开透明的征信保障制度。

目前，我国个人破产制度、社会保障制度、个人财产申报制度及个人账户制度等尚未出台，这导致个人及其家庭收入状况不透明，对于个人征信的配套政策滞后于经济的发展与信贷等实际业务的开展。此外，银行很难完全获取有关个人信贷业务需要客户的全部准确资料，个人基本账户及科学的信用评估机制还未建立，这种前期审查制度的不规范容易造成控制的不严格，导致征信受阻引发信贷风险。

个人征信行业尚没有建立起一套完整而科学的征信指标评价体系，导致个人信用状况得不到科学、合理的评分，有些征信公司甚至为了短期利益，依据不规范的信息、标准和指标乱评估，严重扰乱了个人征信市场。

（4）个人征信体系的法律规程与监管。当前有关个人征信体系方面的法律规程情况具体表现为以下三个方面：一是征信业法律依据不足，相关法律法规比较少，几乎没有可以用来规范个人信贷业务的准则，个人征信数据开放的范围、方式和保密程度没有法律依据，授信者和征信者都存在法律风险，限制了征信数据的开放和获得，这也使得商业银行无法对贷款申请人进行详尽的信用分析。二是征信信息涉及隐私保护的尚无明确法律界定。我国现行法律保护公民隐私权，如《民事诉讼法》第 120 条规定"人民法院审理民事案件，除涉及国家秘密、个人隐私或者另有规定的除外，应当公开进行"。而《个人征信管理条例》和《个人数据保护法》等法律对征信数据的收集、开放、使用和披露，特别是对消费者个人公开信息和个人隐私，缺乏明确的法律界定，相比欧美发达国家成熟征信，直接造成个人信用信息的低透明度，也使个人信用信息的合法采集存在深水区。三是现行法规层次较低。现有的个人征信法律规范主要以地方性规章和部门规章为主，法律层次较低。我国最完善的中国人民银行个人征信系统在实际操作中主要依据《个人信用信息基础数据库管理暂行办法》等部门规章或文件来运行，在银行体系内有一定的约束力，而对其他政府部门和社会单位没有效力，而且该办法的制定依据为《中国人民银行法》，而涵盖的范围却是超越了银行系统的所有社会个人信用信息，存在较大争议。此外，中国人民银行与其他部委签订的关于个人非银行信用信息方面的协议、意见、备忘录等严格意义上说不具有法律效力的，非议颇多。2007 年年初中国人民银行与信息产业部联合发布《关于商业银行与电信企业和个人信用信息有关问题的指导意见》，将手机欠费信息纳入个人信用信息数据库，就曾引起社会强烈反应。

由于 2003 年中国人民银行和银监局的分设，造成当前中国人民银行对金融体系以外的所有征信机构的监管缺失，实际上实行的是各试点部门、行业和地区自己来执行。比如上海市曾发文规定由上海市征信管理办公室负责对个人征信的监管，中国人民银行上海总部仅负责对银行业相关的个人征信业务的监管。目前，中国人民银行内部也没有制定任何个人征信监管的实施办法，个人征信管理还限于系统操作性、数据服务性内容，对中国人民银行个人征信系统外的监管不足。

此外，由于我国没有对民营和外资个人征信机构的准入机制，对民营个人征信机构市场监管实际上仍按照职责分工分散在为企业提供注册的工商部门，对此类机构的信息统计业务的监管则在统计部门等。除此之外，我国个人征信的行业自律也未有效建立约束机制。当前个人征信还没有行业协会，自律机制也仅在单一的个人征信机构内部发挥作用。行业协会自律带来的正向约束效应，诸如政府沟通搭桥、业内信息交流、技术标准制定、行规自律、从业人员定期培训等内容均未得到体现。

13.2.2.3 企业征信体系现状

（1）企业征信体系基本情况。我国的企业征信体系以企业征信系统为支持平台建立，于2006年6月开通。企业征信系统又称企业信用信息基础数据库，是采集了全部银行信贷信息、部分公共信息与企业信息，并加以储存、整理、加工，提供数据服务的全国集中式的数据库系统。主要体现出以下三个特点：一是服务范围广泛。企业征信系统的接入机构多，覆盖范围广。截至2014年年底，征信系统接入的金融机构达到1724家。新增接入企业和个人征信系统的小微机构分别为982家和1032家，通过新渠道互联网平台接入的分别有693家和642家。二是采集信息全面。企业征信系统数据库采集信息的主要渠道为各类商业银行，采集的内容主要有与银行业务关联的企业基本信息与信贷资料。截至2014年12月底，企业征信系统共收录企业及其他组织1724家，有贷款卡信息的企业1009家，信贷记录2.19亿条。三是数据准确及时。自2012年6月1日开始，机构信用代码应用服务系统已面向所有金融机构开放，统一代码后，数据库之间的企业信用信息数据将更加精准。

（2）企业征信体系运作流程。目前，金融机构等企业征信数据主要集中在央行，少部分集中于私营征信机构和政府背景的征信机构。其征信运作流程与企业相似。中国人民银行的企业征信接入了包括所有商业银行、信托公司、财务公司、租赁公司、地方性金融机构和部分小额贷款公司等各类金融机构。此外，采集信息的渠道还扩展到金融机构之外的公共部门，政府各职能部门共同建立了数据共享的信息平台，再由该平台与企业信用信息数据库建立联系。在输入信息的基础上采用了 T + 1 模式的企业数据库报送模式，即报送单位于企业信贷信息发生变动的第二天将变动信息传送到企业征信系统，第三天就能查询到更新后的即时数据，还有专门人员定期对企业信用信息数据库数据与银行内部数据库数据进行对比核查。通过数据库对输入信息的分析加工，最终输出四大类征信产品，包括信用信息查询、信用报告、关联企业查询、风险专题分析报告等不同类型，在研制征信产品的同时，也不断更新产品的提供方式。

（3）企业征信体系制度建设。虽然目前中国人民银行已初步建成全国统一的企业征信信息基础数据库，但处于发展中的该征信系统在许多制度建设上仍需不断完善。企业征信在信息共享机制上面临与个人征信同样的难题。一是各部门间信用数据档案系统条块分割，处于极端分散和相互屏蔽的状态，无法形成连通、共享信用资源；二是现阶段可供企业查询到的信息极不充分，中国人民银行的企业信用信息基础数据库只对商业银行开放，还未做到对社会企业和个人完全公开，社会企业若要查询自己的信用记录和评级记录，只能通过银行信贷部门得到简单的信用信息。此外，现有的中小企业融资难也是企业征信制度建设乏力的具体表现。由于银行很难完全获取有关企业信贷业务所需的确切资料，常常导致信贷遇阻，并伴随着信用风险的频发。

（4）企业征信体系的法律规程与监管。市场经济是法制经济，企业征信制度的有效运作离不开相关法律的支撑。欧美两种征信制度都是建立在比较完善的法律基础之上的，事实上，美国征信体系最突出的特征就是法律制度健全。虽然我国《征信业管理条例》等法律法规的实施为企业征信提供了一定的法律依据，但国内法规单程的完善程度远远低于欧美成熟的征信立法，仍需要加强立法保障。

我国企业征信体系的发展过程中，存在着当前征信业一个共性的问题——监管混乱、惩戒乏力。多头监管与监管缺位同时共存，监管客体的界定模糊不清，由于政出多门，在一定程度上扰乱了征信市场的总体发展思路，因此需要将征信市场监管部门做系统梳理，分析其监管职能，统筹合并或删减。同时由于国内长期没有相关法律规范的制约，使企业征信存在惩戒不足的现象，开展企业征信业务的除信用评估公司外，还有一些企业评级机构和信用风险管理公司等，有的征信机构利用与相关部门的特殊关系便利地获取相关信息，产生不公平竞争，破坏了企业征信市场的秩序。

13.2.3　我国征信体系建设的机遇与制约

由央行主导的征信系统自 2006 年左右基本成型，现已将近 10 年，10 年来我国征信体系积累了丰富经验，取得了长足进步，随着我国经济社会不断发展，中国征信业将迎来前所未有的发展空间和机遇。但因我国征信业起步较晚，发展现状与信用经济和社会信用体系建设的要求还存在一定差距，存在一些制约因素，如信用信息的行政性分割与垄断造成大量的信息被闲置或重复统计，信用制度相关的立法滞后造成的信息保护难题，以及专业的私营征信公司发展迟缓等。

13.2.3.1 我国征信体系建设的机遇

近年来，我国政府开始重视信用建设和征信体系的发展，切实发挥征信服务群众、服务民生、服务实体经济的作用。党的十七届六中全会明确指出要"把诚信建设摆在突出位置，大力推进政务诚信、商务诚信、社会诚信和司法公信建设，抓紧建立健全覆盖全社会的征信系统，加大对失信行为惩戒力度，在全社会广泛形成守信光荣、失信可耻的氛围"。党的十八届三中全会再次提出"建立健全社会征信体系，褒扬诚信，惩戒失信"，进一步明确了政府应该加快征信立法和制度建设、完善信用服务市场体系、加强政务诚信建设、培养社会诚信意识，在社会征信体系建设中发挥重要作用。

自《征信业管理条例》出台后，近年来我国又陆续出台了《征信机构管理办法》《金融信用信息基础数据库用户管理规范》和《征信机构信息安全规范》等法规，进一步健全了征信业发展的法律法规体系。集中在规范征信机构运行、个人征信业务、企业征信业务等方面的各项配套制度也在不断完善。对于规范征信活动，保护信用信息主体合法权益、人民银行依法履行征信业监督管理职责等，都发挥了重要作用，推动我国征信业步入有法可依阶段。

改革开放以来，我国经济伴随着扩大内需、提升经济增长质量和效益一系列政策措施的稳步实施快速增长，迫切需要征信服务，消费领域、生产环节等对信用信息的需求也与日俱增。随着各地区、各部门推动社会信用体系建设的各项政策陆续出台，为征信业提供了有力的政策支持，特别是在信用信息采集、征信产品应用等方面，进一步夯实征信业发展的基础，推动了征信业市场需求的增加。自2008年全球金融危机后，各国普遍意识到信用信息服务在经济、金融运行内生稳定机制中发挥的重要作用，纷纷在信用信息服务的机制安排、技术改进、监督管理等方面出台相关政策，以推动征信发展，这对于正处经济下行压力下的我国也是学习借鉴优秀征信管理体制的良机。

以上种种现象显示出我国正处于征信发展历史机遇期，我国应发挥后发优势，学习优秀征信业发展经验，抓住难得的发展机遇，进一步加快我国征信体系建设。

13.2.3.2　我国征信体系建设的制约因素

我国征信体系建设的制约因素在技术、制度和市场三个层面表现出来。

从技术性层面来看，存在着以下制约因素：一是个人与企业两大征信系统联合度不高。个人信用信息数据库与企业信用信息数据库从目前来看还分属两个相对独立的系统。在查询公司的信用信息时，若想查询相关董事、高管人员信息必须另外登录个人征信系统进行查询。在查询个人信用信息时，若想了解其是否担任过企业法人，也必须另外登录企业征信系统进行查询。两个征信系统的联合度不高，导致了查询效率的下降，有时还容易在切换中造成差错。二是存在信息壁垒。信息壁垒阻碍了国内征信业的发展。现在央行征信中心和私营征信机构输出的均为描述性信息，并未涉及国外常见的评分、违约概率预测等内容。政府各部门所持有的信用信息基本上处于封闭状态，大量的信息资源不能得到及时有效的共享，前文提到的来自于工商、税务、海关、法院、环保等政府部门的信息也缺乏制度性的信用信息公开机制，这也使私营征信公司从公共征信系统或政府部门获得信用信息将付出更大成本，导致了低效的信息使用率。目前，我国信用信息数据库对企业与金融机构及公共部门间的信用信息采集较为完整，但对企业彼此间的采集工作力度尚不透彻。而企业市场交易的发展依靠的便是商品交易，诚信是在该交易中供对手企业选择投资、销售的重要标准。虽然央行征信中心实行了企业应收账款质押登记和融资担保等事项的登记，但相比于庞杂繁细的企业交易行为而言尚不全面，仍需进一步的信息采集。三是授权查询不规范。《征信管理条例》明确指出"向征信机构查询个人信息的，应当取得信息主体本人的书面同意并约定用途"，但部分商业银行在办理信贷时，授权查询操作十分不规范，表现在未经客户亲自签署授权书便自行查询客户信用信息、先查询后签文，查询客户信用信息后才与其签署授权书、贷后管理中未经内部授权便自行查询、查询授权范围超出《个人信用信息基础数据库管理暂行办法》指定的业务范围、关键事项填写缺失，如授权查询的日期未填等情况。

从制度性层面看，制约表现在以下几个方面：一是征信立法不健全。虽然我国已初步进入征信立法有法可依的阶段，但相比欧美成熟的征信法律体系仍有很大差距，在立法的量、质、面上均有不足。一方面我国法律建设缺乏恰当的隐私保护与数据共享机制，由于征信直接涉及商业秘密和个人隐私问题，因此需要十分细致明确的法律进行规范，而我国尚未制定出与个人信息的采集范围、采集方式和披露制度有关的隐私保护法规，漠视信息主体的利益补偿问题；另一方面，各地出台的一些行业和地方性征信法规适用面和规范性存在偏失，如《深圳市企业信用征信和评估管理办法（2002 年）》，其内容对个体和民办非企业单位就缺乏适用性。这些法规虽对征信立法做了有益尝试，但与征信行业发展的整体需求相差甚远。此外，在征信服务行业的准入管理、从业人员的职业资格管理、执业技术准则、行业标准等方面迄今为止还没有出台较全面的管理规范，当前立法对信用信息的采集、加工、保存、查询和使用支撑力度不足。二是失信惩戒机制不完善。失信惩戒机制作为一种制度安排，当信息不对称、不完全，市场不确定，而制度存在缺陷时，经济人就有了"逆向选择"或"道德风险"的行为倾向。因此，从根本上来说，制度的缺陷是导致经济人失信的主要原因。我国的失信惩戒机制虽然也存在，但尚不完善，对于一些失信行为虽然有惩罚，却不足引以为戒，从政府层面看，在行政过程中尚未全面建立起"守信激励、失信惩戒"的机制。另外，失信惩戒的主体、客体、惩戒手段等很多因素都还没有明确的法律规定，以及部门职能不清等很多问题依然存在，因此，我国失信惩戒机制的完善还有很多工作要做。三是社会信用意识培育不足。我国市场经济体制建立的时间较短，全社会信用意识和社会信用环境还比较薄弱，从经济主体看，为争取经济利益而失信的行为时有发生。这既有信用意识淡薄的原因，也有因征信法律和失信惩戒机制不健全导致的失信成本过低的原因。信用是市场经济的运行基础，淡薄的信用意识不利于我国经济社会各方面的发展，这已成为我国征信体系建设过程中亟须解决的现实问题。

从市场层面看，我国的征信体系建设的制约因素表现在以下几个方面：一是征信市场基础薄弱。我国征信市场的发展历史不长，与发达国家成熟的征信市场相比，市场基础较为薄弱。从征信机构看，我国征信机构总体实力较弱，在产品研发、征信技术、内控机制等方面存在较大差距，影响了行业活力；从征信产品看，现有的征信产品较为单一，产品创新较少，不能完全满足多层次的市场需求；从征信需求看，企业、个人对征信产品的需求还局限于较小的范围，距离全社会的广泛应用还有很大的差距。总体来看，征信市场的供、需两方面都存在不足的情况，对我国征信业的持续发展产生了一定的阻力。二是征信市场开发不足。央行的《中国征信业发展报告》显示，截至 2014 年年底，我国个人与企业征信的总规模仅为 20 多亿元。而据多家券商测算，在发展成熟后中国征信行业仅个人征信市场总空间将在 1000 亿元左右，可见征信市场仍有很大的发展空间。当前金融信用信息基础数据库仅为 8.57 亿自然人和 1969 万户企业建立了信用档案，然而其中只有 3.5 亿人和银行或其他金融机构发生过信贷关系，征信数据仅覆盖人口约 6%，而美国这一比例高达 60%，大部分具备经济行为能力的人都具备有效的信用数据。这显示出我国征信市场的潜力尚未得到

全面开发，征信市场发育不足。三是民间征信不充分。虽然国内市场上也出现
了一批私营征信公司和信用评级机构，但是，规模普遍较小，缺乏大规模、专
业化的征信机构，有些私营征信机构存在采集数据困难、专业化水平低、信用
产品质量差的问题。据小贷、P2P、征信公司走访得知，目前除了央行征信系统
和国内几家屈指可数的"有政府背景"的征信机构外，民间征信机构少之又少，
除去政府背景机构和信用评级机构，社会征信规模仅有 50 家。民间征信机构紧
缺，市场需求得不到有效满足，而且民间企业还存在不愿"被征信"的纠结心
态，一方面希望获得合作方或交易方的信用信息，另一方面又不希望他人获取
自己的信用（如民间贷款）信息，这也在一定程度上限制了民间征信的发展
程度。

13.3　我国互联网征信体系构建的路径选择

13.3.1　互联网征信体系建设的原则

13.3.1.1　共享性原则

多个互联网金融平台依靠自身的能力，分别构建各自的征信系统，或者以
行业协会、同盟性质的团体组建平台，容易造成信息割裂，互联网金融平台由
于无法掌握客户的全面信息，各个平台因数据独立，无法进行有机合成。也就
是说，对个例来说，每笔贷款的完成，理性的融资平台虽能保证单笔交易的安
全，但将多笔交易合成在一起可能造成合成谬误。现阶段互联网融资平台间的
竞争越发激烈，相互的合作条件和基础不成熟，因此信息相对局限，各平台获
取信息的渠道有限，仅限于自身平台，无法整体地了解对方的综合信用信息，
使重复借贷有可乘之机。但是，在这种情况下，当某一家企业经营出现状况后，
如果一家平台发现风险点或出于其他目的考虑，要求企业采取还款，在存在重
复融资的情况下，其他平台为了最大限度降低自身风险，必然造成连锁效应，
最终的结果可能是使企业遭到挤兑，引发实质的资金困难，在这种情况下，所
有平台均是受害者。为降低此类由信息不对称带来的风险，实现行信息共享，
许多网贷行业的早期发起者或发展较快的网贷平台，组织建立网贷行业协会，
以通过共享失信行为的方式帮助会员企业间规避风险，有效防范虚假信息和重
复融资等；除此之外，还有一些征信机构，以付费的方式采集数据，建立信用
信息共享数据库，并以收费的方式运营，为会员提供征信查询。例如上海资信
等。以上这些市场化的互联网征信机构，通过自身的创新，进行了征信行业的

实践，但这些实践经过论证，区域性仍比较强，行业限制尚多，对于我国建立全息化的征信体系作用有限，不具备更大范围的推广意义，因此在系统建设前，首先需要设立一个目标，那就是就应该将建立全息化和立体式作为主要目标，实现互联网金融全行业信用信息可共享。

13.3.1.2 广泛性原则

互联网是一个广大网络，网络上的行为不仅包括社交、娱乐，随着电子商务兴起，还涉及网络支付、借贷等。由于我国人口基数大，网络发展迅速，网民的数量众多，关乎于各网民的信息源也数不胜数，我国互联网征信能否准确、成功地采集到被征信群体的真实数据，是我国建立互联网征信的基础和关键。调查显示，中国中小企业 B2B 电子商务运营商平台营收市场份额中 8 家核心企业占比 64.5%，其中阿里巴巴份额 43.1%；中国 B2C 购物网站交易规模前 10家企业交易额占市场整体的 89.7%，其中天猫占比 51.1%。而我国的网络借贷，虽然经历了快速发展，但总体还处于初级阶段，形成了以人人贷、拍拍贷、陆金所等为首的 P2P 主流阵营和众多新兴模式下的众筹主流阵营。因此，只要人民银行征信中心对现有的模式进行扩展和延伸，引入京东、淘宝等电商平台以及网贷平台等新兴投融资机构，开放数据库，对于符合条件的机构或平台进行接入，可以从电子商务平台、社交网络、网贷平台等多个维度获取信息，一方面，信息量变得更大，另一方面，数据库所能服务的人群也变得更多。

13.3.1.3 及时性原则

互联网金融业务已经深刻影响了人们的行为习惯，可以说是时时发生在每个客户身边，同时，其积累的数据也在不断扩张，业务双方信用信息随时变化，每一秒钟的信息相对于之前的信息的变化都有可能是彻底的，如何保证征信采集数据的实时更新，并能及时反馈至征信系统，并由征信系统以最快的方式将最准确信息提供给需求者是系统建设有效性的关键所在。一方面，从技术上看，以计算机为代表的信息技术的快速发展，对互联网数据进行实时的采集、加工和报告，在技术上是可行的，并且，已经在淘宝的"芝麻信用"产品中得到验证。另一方面，互联网是一个开放的空间，且安全性不高，通过会员实名制注册，对安全性进行管理，基于前期银行开展网上银行业务实践，在技术上也是行之有效的。

13.3.1.4 保密性原则

未来互联网金融征信系统征集的主要是关于客户信用的数据，这些信用数据，可以是姓名、身份证等基本信息，也可以是从银行渠道获得的借贷信息，或者从网贷平台采集的信息，这些信息的共同特点是可以反映客户信用状况，可以为客户信用评定提供参考。但是，这就涉及隐私问题，从全球范围内，与金融或信用相关的信息，不管是政府机关的行政处罚记录，还是法院系统记录，均属于客户隐私范畴。从客户和法律两方面讲，一方面，法律保护隐私，信息的透明必然涉及隐私保护，而一旦做不好则涉及对法律的触犯；另一方面，客户也不愿隐私泄露，当前，面对包括电话号码在内的信息泄露都使人可能陷于骗局之中。而征信机构作为信息采集机构，处理的均是隐私信息，不可避免地面临隐私保护的课题，这也是我国征信系统未全面放开的法律原因之一，因此互联网金融征信的系统设计，在顶层设地层观需要先期对隐私的保护加以规范和约定，以是否具备数据安全防护作为重要的征信机构考量指标，对客户隐私进行保护。

13.3.1.5　准确性原则

从某种意义上看，互联网也是一种信息传播的方式。信息的传播从宏观上来讲应该是一张网，网上的节点即信息源。当然，这个信息源之外，我们理所当然地认为应是信息接收点。在特殊的情况下，有些信息接收点会成为下一级信息点的信息源。所以，每个信息源可分为两个方面，一方面为主动的，是信息的源头，另一方面为被动的，是信息的接收点。信息的传播，从网状的传播方式中，可以一次，也可以多次到达终端用户。而对于信息来讲，传播次数越多，失真率越高，这其中，有可能是某一个节点对数据进行了加工，也可能是系统性错误，而这，对于征信的客观、真实性影响是极大的。具体到互联网金融征信领域，征信机构依靠各个节点获取的数据千差万别，在对数据整理能力方面良莠不齐，甚至可能在源头上就存在虚假信息，以至于对最后的征信结果产生本质的影响。因此，在构建征信体系的过程中，应坚持数据的准确性毫不动摇。

13.3.2　征信模式的选择

从目前情况看，我国的传统征信走的是一条公共征信与市场征信协同发展的混合发展模式。公共征信主要以人民银行征信为代表，市场征信主要以上海资信等市场化征信机构为代表。对于互联网金融的征信模式，我们认为不能单纯以公共征信替代市场化征信，从国外的发展规律来看，这将对经济的运行产生负面影响，不利于良好信用环境的形成；也不能完全采取市场征信模式，在我国目前的市场环境下，各项措施尚不完备，完全的市场化将导致征信市场混乱，无法管理。结合我国的发展现状，通过对建设原则的考量，我们认为互联网金融征信体系应该采取混合发展模式，坚持人民银行征信为主，以市场化征信机构作为有益补充，在具体实现方式上表现为人民银行征信管理局运作、市场化征信机构辅助，尝试将人民银行征信系统放开，以开放的态度全面纳入符合条件的互联网金融企业。

13.3.2.1 可行性分析

（1）法律层面。我国征信制度建立以来，便以央行为基础，通过金融不断扩大，来丰富信息渠道，拓宽信息采集范围，将单纯采集信贷信息扩大到采集金融机构、政府部门、协会、互联网公司的方方面面信用信息，分别建立两个数据库，一个为客户征信数据库，主要采集客户信息，一个为企业征信数据库，主要采集企业信息。2003 年，人民银行成立征信管理局，主要承担征信业管理的职能，2008 年，进一步扩大职能范围，从原来的"管理信贷征信业"扩大为"管理征信业"。互联网金融是近年来的大事件，其征信体系是未来大数据环境下信用体系的重要组成部分，积极参与并发挥主导，推动我国互联网金融征信体系建设努力培植健康、诚信的互联网金融市场环境，是人民银行的职责，这就在法律层面为体系的建设铺平了道路。

（2）技术层面。信用信息具备完整性、真实性和及时性三大特征，因此对技术在采集速度、精确度等方面提出了较高的要求，采集信息时要能够准确、全面、及时反映其当前的信用状况。现有人民银行征信系统经过多年的系统建设，建立了稳定的信息采集系统，积累了大量的数据信息，可以非常便捷地采集分散在社会各方面的信用信息，向社会提供信用信息服务。在网络交易环境中，互联网金融信用信息的实时性要求更高，利用人民银行的系统，可以采集在银行等金融部门以及互联网部门的全部资金信息，迅速汇集、加工、储存产生相应的数据产品，充实到征信系统信息库，这在技术上是可行的。此外，人民银行的数据库经过多年的运营，证明了系统的安全性，对信息的保护也极为到位。综上所述，人行征信系统在信息处理、安全防范等关键技术上具备构建互联网金融模式下征信系统的技术条件。

（3）经验层面。我国现在互联网金融征信的建设主要是由一些互联网金融平台或第三方机构充当，这些平台或机构规模小、经营分散、覆盖面窄、成长缓慢、相互隔绝，也不权威，随着竞争的激烈可能会出现不正规的竞争行为。互联网金融征信业的重复、分散化、碎片式的建设会造成大量的资源的浪费，并且征信业有个显著特点，即规模越大的征信机构，其采集方式更多样化，采集范围更广，维度更丰富，其信息的准确性越高，所以，人民银行承担征信建设的主要任务，进行多样化的资源配置，统一对数据进行采集，对信息的提供使用进行管理，能够在最大程度上形成规模效应，降低运营成本，避免资源浪费。由于信息采集和使用涉及客户的隐私问题，信用共享在执行层面阻力很大，在我国的现有形势下，只有借鉴欧洲公共征信模式通过强制性才能够实现信用信息共享，而这种模式，在我国传统的银行业征信实践中已得到良好的验证。中国人民银行拥有无可替代的地位，自人民银行征信中心成立以来，已经有了十多年的企业和客户征信的建设经验。因此，从经验的角度来看，由人民银行进行运营，对征信体系和数据库进行建设是一种必然的选择。

13.3.2.2　面临的困难分析

（1）征信信息难收集。大数征信环境下，信用信息不仅包括客户的基础信息、金融资产信息，而且还包括与其相关的其他诸如社交信息、消费信息、交通违章信息等多种非量性化数据；在企业信用方面，涵盖了企业运行、政府监管、银行信贷等多方面的信用信息。信息收集从参与方来看，主要分为政府机关与社会力量两个方面，在政府机关方面，现有数据整合相对来说较容易，也收集得比较及时充分；而针对民营化的互联网企业而言，数据是各征信公司的核心价值，共享意愿与共享能力是影响信息收集的重要考虑指标。在征信意愿方面，民营化的征信公司由于发展不平均，发展较快的征信企业对于提供数据库在意愿上不强，在共享能力方面，征信机构的发展也呈现两极化发展，征信机构所能采集的信息在准确性、及时性、有效性方面存在相当大的制约。

（2）失信惩处难统一。失信惩罚制度是信用分类监管体系的重要组成部分，是建立信用体系、提升信用水平的重要制度保障。我国失信惩罚机制的不足，无法制约失信者的失信行为，导致企业的失信成本低，而客户在失信体制不健全的情况下，必然会出现"屡罚屡犯"的现象，虽然随着法治的不断健全，目前我国已经确立了《食品安全法》的十倍惩罚性赔偿制度，《公司法》《产品质量法》《广告法》《不正当竞争法》《商标法》等法律对企业不同的失信行为都有不同限度的罚则，但是在实践中，该种惩罚一方面力度不够，另一方面，法律本身在惩罚方面就不具有统一性。同时，由于互联网模式下的征信体系是基础大数据建立的"云数据库"模式，数据采集和应用涉及各行业各领域，各行业企业出于自身利益的需要，对于失信者可能会采取较大容忍措施，这种情况下，惩处力度如果不统一，就会对征信的严肃性产生影响。

13.3.3　立体化、全息化的互联网征信体系构建

13.3.3.1　建立统一的互联网征信平台

互联网等信息技术已在一定程度上引起了人们的广泛关注，由其带来的变化正在深层次影响着社会生活方式的变革。随着移动支付、云计算、大数据技

术的兴起，客户可以通过更加便捷的手段，更加经济的成本享受更加高质量的信息服务。大数据技术的应用改变了人们的思考和沟通方式，使个体与个体之间更加透明，有效减轻了信息不对称的状况。在信用分析方面，以淘宝、京东为代表的电商企业为人们提供了一种全新的思路和方法。人民银行征信中心，经历了20余年的高速发展，已经具备了强大的用户数据基础和成熟的信息收集网络，新时期的背景下，可考虑以人民银行征信中心为基础，搭建新的统一征信平台，将互联网数据纳入人行征信系统。

（1）平台的整体架构。互联网模式下的征信平台建设，在功能上划分，应立足于现有需求和基础，提供基础征信服务和增值服务两种服务，同时在系统的接入方式上也应将效率与成本综合考虑，采用内网专线与外网网络并行的机制。其中基础征信服务包括征信数据共享、报告查询等，主要包括数据采集、数据验证、数据整合、数据报告等功能，这部分功能在传统的银行业征信中已经实现，且已经过多年发展，目前来看由于央行掌握大量数据信息，主动权较高。增值服务包含客户关系管理、风险管理、信用评级管理等功能，主要包含数据存储、数据挖掘、特定模型的生成与计算等。整体系统应具备典型的云服务的特征：一是互联网企业可以按自身需求选择服务品种，在外网接入的条件下可以实时进行查询。二是平台按市场化的思路运营，提供的服务可被监控和测量，按一定的标准收取费用。三是平台内部采用分布式存储和并行处理技术以提高访问速度，并保证数据的安全。四是平台内部结构对相对简单。

（2）平台建设。我国人民银行拥有较为完善的征信系统，但当前情况下，互联网金融机构接入央行征信系统在操作上仍面临较大困难，因此需要对平台进行设计与创新，以为最终实现平台搭建做好准备。与此同时，随着目前P2P业务兴起，各家P2P公司越来越重视风险管理，对央行信用数据需求度越来越高，借此契机，央行可先行通过发放征信牌照对互联网征信网络进行布局。2014年年末，央行在官网发布通知，为腾讯等8家征信机构发放征信牌照，并要求做好客户征信业务的准备工作，该8家机构成立背景各不相同，提供征信报告或风格迥异，业务涵盖领域比较广，提升了我国征信系统的涵盖人群。

（3）数据来源对象。互联网与金融结合的模式主要分为四大类：一是金融互联网，顾名思义，即传统金融的互联网化，比如说电子银行以及股票、保险等金融产品的在线交易。二是电商大数据金融，主要是以淘宝、京东为代表的平台依托自有数据开展的新兴金融业务，主要表现是以阿里巴巴为代表的余额宝、阿里小贷等，这些电商平台依靠自身平台，积累了大量的客户数据，并据此开展金融业务，这也是目前我国发展最为迅速，也最具前景的互联网金融形式之一。三是网络融资，即小贷的互联网化，从目前来看，这种形式在发展速度上已超过了电子商务的发展，主要表现是网络信贷。四是互联网金融门户，这种模式与其他几种模式相比，占比小，基本为互联网金融的边缘形式，但这种模式为以上三种模式提供了效率，可以说是"平台的平台"，代表为网贷之家等。根据以上的分析，可以了解到，模式一的数据已在现有征信体系中，模式四不具备互联网征信所需的实质信息，因此，互联网金融征信的数据来源主要是电商大数据和网络融资，即模式二和模式三。

13.3.3.2　互联网金融模式下征信系统功能

（1）基础功能设计。从理论与实际两个角度出发考虑，征信平台的基础功能设计，应重点包含两层内容：一是互联网渠道下征信机构的信息上报，二是征信机构的信息下载与应用。在信息上报方面，目前互联网征信机构一般不具备自主开发报文的能力，可先行对技术能力较强的几家企业进行逐步试点，采取半自动化上报方式，上报信息设计包括：客户基础信息、财产信息、信贷业务明细、通信数据、消费数据、其他信用数据等。后期，对有能力的征信机构，支持报文自动生成和上传功能，报文生成后通过接口程序导入内联网系统实现数据上报。在信息下载与应用方面，主要提供信用报告查询和反馈功能，这点在现有的基础即可实现，只不过需要加入更多的信息源和变量。互联网征信机构进行征信查询时，通过查询标识即可，主要流程是在征信系统在接收到需求后，由后台系统自动生成信用报告。征信系统争取采集和报送的数据是未加工数据，这存在两方面原因，一是未加工、真实的数据可以更好地被利用，更加有利于增值产品的研发，降低失真率；二是可以降低报送成本。

（2）增值服务功能设计。目前国内主要的征信机构使用"云计算"等技术为用户提供丰富的增值服务产品。阿里巴巴依托于自有大数据系统推出的"芝麻信用分"可以在租车、住宿、购物、社交等多个方面为人们提供便捷服务，未来可能扩展到汽车金融、学生贷款等其他贷款领域；基于以上国内良好征信实践，立足于我国征信体系的发展现状，我认为，我国互联网征信系统的增值服务主要分为两个层面，一是在主系统层面，设计信用信息评价与评分系统，建立以客户为中心的数据管理体系，以关系型的数据仓库为核心，包含征信业务系统内的数据，这既包括传统的银行数据，也包括网贷数据；二是在各征信机构层面，鼓励信息的共享，由各征信机构在市场化的前提下对不同原始数据进行加工、整合，结合不同企业、不同群体的不同需求，支撑面向不同用户群体的业务模型，开发多样化的征信产品应用于信贷市场以外的其他领域。

13.3.3.3 信用产品的形成

参照现有央行征信系统的征信报告构成，结合互联网金融的特点，可勾勒出我国互联网金融模式下统一征信的信用信息构成。大数据环境下的征信基础产品构成主要包括三方面信息，一是金融信息整合和报告，包括融资信息、担保信息等，这些信息主要存在于传统的金融机构部门，新系统只需要把互联网信息、P2P 贷款信息纳入即可，可由人民银行征信管理局开展；二是行政管理信息，这部分信息主要存在于国家政府机关，且并非所有的信息均影响征信，因此，只需要包括工商、税务等与经济主体的信用相关的数据，这部分数据，由于主要涉及政府内部，可借助政府内部共享系统实现；三是市场化数据，这部分数据的维度比较广泛，它既可以涉及企业的物流体系，又可以涵盖主体之间的非金融机构借贷，或者应收账款等销售数据。其中，由于非传统征信的采集范围，因此没有积累基础，在数据采集方面较难，需要一大批创新的征信机构，从多角度进行。增值产品将主要由信用评价服务和客户管理服务构成，信用评价服务将主要包括面向客户的信用评分与行业评价，依托对大数据的挖掘，细化和完善信用评分的指标与精度，对未来的商业活动提供重要参考。客户管理服务基于对大数据开发，通过不同数据的组合设计面向客户、企业的开发客户关系管理、客户分类，以实现客户信用、财务行为体检，实现产品推荐功能。

13.3.4 不同平台征信数据的互联互通

13.3.4.1 互联互通的方式

我国人民银行征信系统上线以来，经过较大的发展，已经实现了银行、公安、法院等信息的互联互通，但是从更大更长远的程度来看，这些互联仅仅是大数据征信的冰山一角，全息化、立体式的征信构建，需要与人相关的各个金融、非金融信息的高度融合。从互联互通的方式上说，客户认为，建立分层的连接方式，由于行政机构、金融机构、互联网征信机构组一级网络，直接与人民银行征信系统完全对接，并不断鼓励其开发下游渠道；信息互联的实现方式上说，互联网金融模式下的征信应具备线上、线下两种方式，线上方式应提供内网专线与外网互联网两种路径。

13.3.4.2 互联互通的有效方法

（1）统一有效识别标识。网络环境下，虚拟化程度比较高，产生的一个结果就是在数据采集方面，可能会带来多头的情况，导致数据失真，因此，统一有效识别标识便是信息互联互通的一个大前提。第一，实名制。客户信用信息基础数据库，是以公民客户身份证号码为信息载体的，没有另外产生借款者区别码，该种操作方式最大的优点是个体与个体之间的标识唯一，且持续稳定，自出身起便不会出现变更。互联网征信环境下，需要将接入征信机构所立足的所有平台、机构进行实名化认证。如京东、淘宝、电话信息等。第二，取消企业贷款卡。从企业征信的角度看，企业征信系统建立之初，就赋予每个企业一个特定的标识，即贷款卡，但该标识由于是独立发放的，可以说企业征信依托于贷款卡，但贷款卡又会在一定程度上限制或影响企业征信的发展。随着征信系统的进一步发展，不可否认，贷款卡制度在一定时期为我国企业征信的发展奠定了良好的基础，但至今，由于其他非银行贷款机构的兴起，许多企业无法与银行产生信贷关系，因此，对于办理贷款的意愿并不高，贷款卡的功能在逐渐淡化。《全国组织机构编制规则》作为强制性国家标准于 1997 年再次公布已 17 年有余，组织机构代码成为金融机构为单位开立银行账户的必要条件。企业的统一编码问题也早已彻底解决。结合目前互联网的快速发展，从征信系统建设的实际需要来看，应抓住有利时机，将贷款卡适时取消。可喜的是，2014 年 11 月 24 日，央行明确发文规定正式取消贷款卡发放核准。

（2）统一数据标准及格式。以大数据技术为基础采集多源数据，既包含传统征信体系的决策变量，如银行贷款信息、信用卡信息等，又包含影响用户信贷水平的其他因素，如社交网络信息、电子商务信息等，依赖于结构化数据的同时也导入了大量的非结构化数据，数据来源十分丰富。这些原始数据，数量可能是成千上万的，但并非全部对客户的征信产生影响，因此，需将这些原始数据进行数据转换与合并，这就涉及了数据的标准及格式问题。

2006 年，我国人民银行就颁布了《征信数据元注册与管理办法》等一系列金融行业标准，但由于征信体系的限制，该标准仅局限在金融行业。互联网金融模式下的征信，面向的受众范围更广、涉及的数据更多、形式更加多样化，更加需要将收集的信息进行标准化、格式化的处理。因此，我国需尽快建立起征信行业数据元标准及报送格式。

（3）牌照制管理。目前，我国提供客户征信服务的主力机构只有央行征信中心。征信中心作为央行下属部门，已形成了较为完善的管理体系，在数据系统的建设、数据报送机构的管理以及信息的使用上均较为完备。而大数据环境下，互联网信息的数据如何征集，被征信主体的隐私如何保护，征信数据的使用如何规范是各征信机构面临的重要课题，互联网时代，数据即信用，信用即财富。凡事有利有弊，采集数据的广泛，带来了维度上的丰富，但同时，使得信息的辨别更加困难，失真情况更为严重。为达到数据真实有效与广泛性之间的平衡，央行一方面要放开征信行业的限制，鼓励民营征信机构加入人民银行征信中心，另一方面，还要做到牌照制或名单制管理，防止虚假数据进入数据库，同时避免客户隐私的泄露。

13.4 构建我国互联网征信体系的对策建议

征信的发展实际是与其相关的法律、法规、个体意识等多个环节的共同更新成长过程。而互联网征信体系建设，实际上也是经济发展过程中的必然，这其实已经超过了征信本身，是一项系统工程。虽然近些年来我国征信体系的建设取得了让人瞩目的成绩，一些快速发展的互联网企业也在该领域进行了卓有成效的实践，但通过分析我们也认识到了在建设发展过程中还存在一系列的问题，得出我国互联网发展的现状与未来的思路，并且，通过研究发现发展现状存在问题，对我国未来的互联网模式下的征信体系进行设想，以法律和市场等现实因素为支撑，改善我国征信的大环境，通过人民银行依据法律法规进行管理，通过行业协会进行市场化约束，通过其他监管部门协调，积极培育新兴征信机构，构建我国互联网征信体系。

13.4.1 征信体系建设的发展思路

13.4.1.1 指导思想

为全面推动我国社会信用体系建设，必须坚持以邓小平理论、"三个代表"重要思想、科学发展观为指导，按照党的十八大精神和国家《社会信用体系建设规划纲要（2013～2020年）》要求，以健全法律和标准体系、形成覆盖全社会的征信系统为基础，以推进政务诚信、商务诚信、社会诚信和司法公信建设为主要内容，以推进行业信用建设、地方信用建设和信用服务市场发展为重点，以建立守信激励与失信惩戒机制、推进诚信文化建设为手段，以提高全社会诚信意识和诚信水平、改善经济社会运行环境为目的，在全社会广泛形成守信光荣、失信可耻的浓厚氛围，使讲诚信成为全民的自觉规范。

依据"统筹规划、分类指导；政府推动、市场运作；完善法规、强化监管；整合资源、协同推进；重点突破、强化应用"五项原则促进征信体系建设，为当前经济改革与发展提供内生驱动力。

13.4.1.2 实施步骤

考虑到我国当前征信建设现状及实施难度与先后顺序，建议将我国未来市场化征信模式的发展过程划分为以下三个实施步骤。

第一步：完善立法和资源共享。相关部门应进一步完善有关征信数据收集、处理和使用的法律法规，规范信用信息采集行为，同时明确各部门数据开放的方式与责任范围，为信息安全与规范征信提供法律保障。在夯实立法的基础上，有序拓宽当前信用信息的使用范围，整合各征信主体采集的个人和企业信用信息基础数据，进一步量化分析定级，提高数据质量，汇总构建全国性的权威信用信息基础数据库，实现资源共享，为各用信对象提供精确的信用指标数据，努力构建一个立法健全、信息共享的优质信用环境。

第二步：加强监管和鼓励开发征信产品。社会化征信工作的开展需要建立在对公众隐私保护的合理基础上，正如欧洲征信实践中提炼的核心观点"技术可行并非道德的，大数据意味着更多的责任"一般，营造数据开发、信息公开的征信环境需要给予公众足够的权利尊重，在数据使用的过程中，加强信用报告使用的制度建设与用信监管，注重透明性原则与个人权利的保护，完善隐私及商秘保护等法律，规范信息采集、使用、披露的条件和程序，对已形成的负面信用信息，尽快考虑相应的信用救济制度。同时，改变当前单一的信用报告产品输出方式，创新应用大数据技术，鼓励第三方信用评级和征信机构提供更多样化、个性化的征信产品与增值服务，进一步建立整个征信行业统一的行业标准与科学评估方法，创新核心的评分模型，力争通过多样化征信产品蕴含的多维度数据绘制用信个体的全息画像。

第三步：交流合作并取长补短。在前两步基本解决信息共享、立法障碍、监管乏力、产品单一的问题后，应进一步完善和发展我国征信数据平台，扶植一批全国性的国有或民营综合型征信服务机构，走市场化征信之路。同时在各国都日益重视社会征信体系构建之际，积极"走出去"，加强交流合作，充分借鉴国外同业的先进管理经验，取长补短，增强我国征信机构在资源整合、信息共享、资信评级等方面的竞争力，满足新时期经济转型下社会不同层次的征信需求，构筑多层次、全方位的市场化征信服务体系。

13.4.1.3　对征信业未来发展的思考

（1）征信体系与互联网金融信用融合发展。互联网金融是现有金融体系的有益补充，而征信体系是现代金融的基石。P2P 网贷作为当前国内如火如荼发展的互联网金融的典例，是金融借贷服务不断创新的产物，迫切需要征信体系在互联网上进行信息共享，这也即对互联网金融信用产生了迫切的征信需求。国外 P2P 互联网金融机构因依靠完善的社会化征信服务体系等因素获得了飞速发展，现已渐成体系，与之相比，我国当前的 P2P 机构就类似一个个信息"孤岛"，社会其他机构无法查询到借款者在平台上的借贷信息，P2P 平台也无法直接从央行和政府查询到借款者的征信信息。征信体系不完善已经是制约互联网金融发展的软肋。同时，征信立法滞后、监管缺位也严重影响着个人征信体系的搭建，完善 P2P 行业的个人征信体系刻不容缓。

国内当前整个市场利率依然偏高，贷款平均市场利率为 6%～7%，而投资者通过直接融资，收益率往往在 10% 以上。这说明我们国家金融市场结构还是存在扭曲的现象，这与国内征信体系的成熟度密集相关。互联网金融能够帮助推动资金价格逐渐趋于一致，还内嵌普惠金融的信用本质，即可以为在银行体系很难获得融资的群体提供金融服务。当前银行的征信系统无法全面衡量个人信用，采用方式较为简单，无法了解每个个体的征信状况。互联网金融机构的服务则更加接近地气，风险管控也更为灵活。通过将二者融合，使征信数据库与互联网金融信用相冲撞，可使资金有效地流动起来，也会迫使国内市场利率按照市场风险来定价，必将对整个金融体系产生变革。

互联网金融本质是一种金融行为，其核心问题仍然是信用风险管理，这就离不开征信的支持。未来的发展方向必将是二者的有机统一，为实现征信与互联网金融的双赢，应尽快健全征信管理体系，开放信息共享平台，促进包括 P2P 在内的互联网金融业态有效接入现有征信体系，降低公众投融资成本，从而促进整体经济发展。

（2）征信体系与农村信用融合发展。我国拥有十分广阔的农村市场，但当前农村信用环境较差，导致社会经济活动中的各项交易活动发生困难，大大提高了社会运作成本，阻碍了农村经济的发展，因此促进农村经济建设发展，建立并完善农村征信体系，将现代征信业与农村信用经济相融合，有着现实迫切性，对于农村金融的可持续发展以及农村金融生态环境建设也具有深远意义。当前农村征信基础较差，主要表现在农民信用观念较差，主动归还贷款意识欠缺，大部分农户贷款到期都要信用社催收，由于很多农民缺乏诚信意识，提供虚假信息，造成农村信用社有相当数量的摸底数据失真。农村金融机构本身技术人才较少，且绝大多数的农户存在多种经营，半数的农户存在人口临时流动，因此导致收集、整理、核准评估、查询农村信用信息比较困难。目前，农村信用社是农村征信体系建设的主力军，虽然各地基本已实现联网，然而因信息不完整、信息采集范围相对狭窄、信息真实性得不到有效验证等原因使信息失真较为突出，征信系统的功能大打折扣，其征信能力尚且不足。

社会主义新农村建设离不开农村金融的支持。未来我国征信体系与农村金融必将互为补充，彼此支撑，共同发展。因此，为完善农村征信体系的发展，首先可通过建立农村公共信用信息数据平台，扩宽征信数据来源渠道，宣传守信激励失信惩戒制度，出台相关配套的法律等多元途径，使农村尽快建成完善的征信体系，为新农村建设提供信用保障。另外，也可通过高质量人才引进、加快系统研发等方式增强农村信用社的征信力量，加大村镇银行等其他金融机构的征信力度，丰富农村征信建设的机构，加快建立农户信用记录档案，增加入库信息。多方努力，实现以信用经济带动农村发展的战略。

13.4.2　促进我国征信体系建设的具体措施

征信体系的建设是一个系统工程，涉及社会经济发展过程中的方方面面。近些年来，我国征信体系的建设取得了瞩目的成绩，但依然存在一系列的问题亟须解决。针对当前我国征信体系发展现状以及存在的问题，我们提出以下对策和建议。

13.4.2.1　明晰征信体系模式

公共征信与市场化征信是相辅相成的两套运营体系，这两种模式并非相互替代的关系，而是互相补充的，这在世界各国的实践中均可以得到验证。这样相辅相成的体系至少有两个优点，一是满足了信息充分性的需要，二是两种体系避免一家独大，有效提升市场的资源配置水平，形成激励机制。以上两个优点，可以促使两种模式下的征信机构提高自身水平，更好地满足市场需求，而非高高在上，作为一个市场中的垄断者。同时，这样的安排可以通过竞争提高效率，并且通过效率的提高间接降低成本。我国建设互联网模式下的征信，从目前情况来看，需要一个明晰征信模式，但这不意味着仅仅参考国内外的一些案例就作出判断，将眼光仅仅局限于被世界泛应用的三种模式，而是，对我国的国情进行主观能动性分的认识，对世界的情况进行借鉴，同时，按照社会发展的需要，进行结合实际的创新。着眼于我国经济体制的现实，建立一个以政府为支柱，以市场为有益补充，以多维度、全息化为基础要求，以可扩展性为条件，综合客户与企业的征信体系。

（1）目前，我国现阶段经济发展迅速，但不可否认，我国经济仍处于转折的关键时期，市场的完善程度仍不高，个体和企业的失信情况仍较为严重，我国的信用建设仍非常落后，信用供给短缺，供求失衡，这种情况，使得我国政府在市场中的供给地位仍比较突出，因此，可以预见的是，在未来相当长的时期内，我国政府还将是征信体系的核心力量。而这，恰恰是建设我国互联网金融模式下征信体系的优势所在，这种优势表现在立法以及行业的监管方面。政府可以通过立法，对信用信息的共享加以约束，并且对体系的构建进行协调，同时，进行有效监管。当然，这在执行过程中涉及一个度的问题，政府一定要明确自身的职能，在职能范围内参与征信建设，而不能行政干预代替市场。

（2）在未来的征信体系中，市场化征信机构将是互联网征信发展的主力军。健全的市场化征信机构是组织保障。市场最大的功能即进行资源配置，作为征信体系的主体，征信机构对于征信内容必须坚持如下原则：一是公开性，征信的一大特点即为公开性，这种公开性不是全面的公开，而是在一定范围内对特定的客户公开；二是公平性，任何个体，只要是征信中的信息主体，主必须接受其中的规则；三是公正性，公正性或称客观性，需要征信机构对报告的事实不带任何主观色彩。坚持以上原则，以市场化方式运作，这样，通过市场化征信机构既可引入竞争机制，通过机构之间的竞争达到激励效果，提高效率，又能使整个征信体系具备上述特性。结合到我国，征信体系建设需要坚持市场化为辅，即不断完善市场化征信机构，牌照制是一个较好的选择，既可以扩大市场的范围，又设定了一定的要求，防止了市场混乱。

（3）显而易见，征信过程拥有三大主体，即政府作为管理主体或监管主体，企业既可作为被征信主体也可以是征信机构，而客户则是被征信主体。信息资源由于其天然属性，只能在以上三大主体中。通过仔细分析可以得知，以上三大主体自身可能均会存在信用的缺失情况，如何对这些主体的信用缺失情况进行管理，关系到征信体系的建设能否实现，因此，征信体系的建设的基本内容应也与其保持一致性。

（4）以法律建设、社会、市场的完善为前提。一方面，市场经济发展到现阶段，同信用密不可分，但同时也属法制的范畴。按西方学者的观点，法律法规是由两种类型构成的，即正式和非正式的。在正式的法律制度中，法律是约束人的底线，任何人均不能突破，否则将会受到处罚。在经济活动中，法律是一种通过社会强制实现的对经济活动的保障，通过法律来约束经济活动的信用行为，约束力更强，作用更明显，也更具说服力和公共性。另一方面，各国法律即使发展极为健全，也不会是百分之百完整的，也会存在一定的缺陷，因此也会存在一定的局限性，所以，通过法律手段并不能解决经济活动中的所有问题，特别是信用问题，一方面，责任的确定难以量化，另一方面，如果单纯以法律作为维护市场的手段，在处理流程上将过于烦琐，成本较高。因此，包括道德在内的社会因素对于征信体系的建设将具有很大影响。此外，市场对优化资源配置的促进是与经济发展水平密切相关的，不同的经济发展水平下，市场所能发挥的作用也不尽相同。因此，市场对征信体系构建的作用在不同的时期发挥的作用不同，但却不可替代。市场因素具体到现实中，包括我国经济发展水平、经济体制等多重指标，建立和完善我国征信体系，必须要有良好的市场与之配套。因此，以法律建设、社会、市场的完善为前提是我国征信体系建设的必要内容。

13.4.2.2　加强征信立法建设

无法不立，多个成熟的征信体系建设均为我国提供了这方面的可参考案例，在信用管理方面，美国作为发展的前沿，共16部相关的法律制度，与其他国家相比，美国的每部法律都具有非常详尽，对所有可能的情况进行规定，并且在执行层面，具备很高的现实操作性，另外，在隐私保护方面，具备成体系的法律法规，作为法律规定范围内的执行手册。随着经济的不断发展，欧洲及其他国家也在不断完善立法建设，部分已经可以接近美国的水平。具体到我国，经济起步较晚，信用发展相对落后，征信体系的建设就更加落后，如果想在信用及经济方面有所建树，就必须从源头抓起，加强征信立法建设，不是对我国现有的法律进行修修补补，而是前瞻性的构建征信立法体系。立法的建设，不仅表现在征信业的管理，还应细化到具体的操作层面，如人员管理、标准化管理等。具体到立法的建设层面，应结合我国法律法规的不同层级进行法律体系的构建：一是法律层级，作为法律体系的上层，法律应是征信体系法制建设的基础，需要在宏观战略层面对信息采集、报告以及征信行业管理提供依据，并为其他层级提供必要的空间；二是行政法规，在法律规定较为宏观，操作性不成熟的情况下，制定专门的行政法规，并根据我国征信市场发展进行调整，目前，我国已发布了《征信业管理条例》；三是部门规章，部门规章作为第三层级，可以由国务院授权的监管机构制定，该部门规章应更加细化，执行上更易操作，主要业务可以涵盖征信标准等所有内容，目前，我国的已发布如《客户信用管理办法》等一系列部门规章，增强可操作性；四是地方性法规，作为更低的层级，地方性法规由各省、市等机关根据具体情况制度，法律效力和管辖范围更小。在地方性法规方面，主要的管理对象应是市场化的征信机构，目前来看，较为健全的是信用发展较快的城市，如上海、北京等。但是，互联网金融模式下的征信体系，线上程度更高，区域性更加不明显，因此，该方面的法规主要规范方向应是人员管理、惩戒措施或其他方面，对征信业务的管理可能不太明显。

13.4.2.3　完善失信惩戒机制

失信惩戒机制是一种社会意识的引导，在经济学意义上通过增加失信行为的成本来引导市场的取向。要提高个人信用意识，通过建立有效的失信惩戒机制，把市场交易双方中的失信方或者经济生活中发生的各种失信行为，从市场个体之间、个体与政府之间的问题，扩大为是新方与全社会及其信用体制的矛盾，增加失信方的道德压力。加大对失信方的经济处罚和参与部分经济行为限制的力度，让失信方因其失信行为付出高昂的成本，从而对失信方产生强大的约束力和威慑力。与之相配套，要严格限制失信惩戒的时间、空间、领域的范围，按照不同的失信行为及其后果严重程度，在时间长短、记录等级以及对个人信用评定影响权重等方面加以区别，给被惩罚人以改过自新的机会。同时，要为被惩罚人提供申诉和控辩的机会，提供救济渠道，并对个人信用情况的各种诽谤行为进行法律惩处。

信用是征信的主要内容，失信惩戒机制是保障征信体系正常运行的一种机制，该制的主要参与者为各征信机构、征信主体以及其他与征信内容相关的参与者。失信惩戒的依据主要为征信系统数据库，从目前来看，惩戒的方式主要是信用信息的公开。通过信息公开，发布失信者的违约信息，降低信息不对称，使失信处于被动状态，约束社会各经济主体信用行为的社会机制，是信用管理体系中的重要组成部分。失信惩戒机制的最大作用在于它不仅从法律层面对失信行为进行约束，并且通过人文或社会方面对失信者进行谴责，使得经济活动的失信者在市场中无立足之地。完善的失信惩戒机制是征信体系发展的有力保障，如果没有健全的惩戒机制，一方面无法约束失信行为，另一方面也无法对守信形成激励，因此，惩戒机制的完善水平也是征信体系是否健全的重要标志。在我国的市场环境下，构建效率与公平共存的失信惩戒机制，对整个机制的原理、流程以及具体操作环节进行规范，以达到正负两个方向激励效果，即对守信者进行鼓励，对失信者进行惩戒。

13.4.2.4 发挥政府在征信体系发展中的积极作用

（1）要发挥政府自身行为对公众的示范作用。在政府信用、企业信用和个人信用中，政府信用处于最高级别一、发挥政府自身行为对公众的示范作用。可以说，政府信用体系是个人信用体系的标杆，政府首先自己讲诚信，才能带动社会公众的诚信意识。社会主义市场经济要求政府从过去的行政型管理向服务型管理转变，这就要求政府在意识上自觉从高高在上的管理者转变为社会中的平等角色，一切活动都要诚信为本，打造诚信政府，树立诚实守信、廉洁高效的政府形象，使自身成为对公众的直接示范，取得公众的信任和支持，进而带动全社会的诚信意识。在征信体系建设中，政府也要充分发挥自身的示范带头作用，在政策制定和各种政府行为中，不仅要分析政治因素、经济因素，还要充分考虑到这种政策和行为的正面社会导向作用。同时，在推动征信体系过程中，政府作为提倡者和推动者，在个人信用报告使用上要起到带动作用，各级国家机关要推广并带头使用征信产品，在司法审查、行政许可、政府采购、财政补贴、政策优惠、资质管理、融资授信、招标投标、人员招聘、信用交易、先进评比、社会救济等方面，应先查询当事人信用信息或要求提供信用报告，对信用良好的个人，可按规定给予优先支持，对有恶意违约和逃废债务、偷税漏税、制假售假、资信造假等严重失信行为的个人，通过限定政府审批内容等手段加以惩处，对构成犯罪的要依法追究法律责任。加强政府自身建设，严厉打击贪污腐败行为，遏制行政中的不正之风，提高公务员队伍素质，树立政府信用的良好形象。

（2）要统筹协调对征信业的监管。我国以公共征信为主的征信体系所提供的征信服务是一种准公共产品，它拥有非排他性和外溢性的特征。征信体系的建立和发展，对加快我国经济体制改革，降低银行不良贷款率，推动我国市场经济发展具有重要的意义，完善的征信体系将来会给我国的政府和社会带来巨大的经济和社会效益。根据成本分摊原则，政府作为最大的受益者，有义务加大管理投入成本，推动我国征信监管体系的建立和完善。当前，我国征信监管刚刚起步，还比较混乱。特别是中国人民银行作为社会征信体系的推动者和监管者，其监管功能还没有真正形成，新兴的征信业也没有形成统一的业务标准。目前，征信业的监管实际涉及政府的十余个部门，这些部门与各种组织模式、各领域的征信机构有着千丝万缕的联系，需要政府统一协调，打破条块分割的局面，理顺征信业监管的各种关系，扶持人民银行形成建立有权威的监管机制。此外，政府还应在监管中承担行业最初标准审定确立者的角色，协调各相关部门和征信机构制定出统一的行业标准、监督规范，以减少资源浪费，保障我国征信业运转的客观性、规范性，促进业务健康发展。

13.4.2.5　加强信用文化建设

一个国家市场中的信用状况如何，其根本还在于通过约束等规范行为或在自律的情况下建立的信用文化。信用文化作为市场环境的基础，对于提高参与者的自律性，优化资源配置，降低交易成本能起到良好的促进作用。良好的信用文化不仅容易形成普遍认可的价值观，随着扩展，更能营造一种良好的市场信用环境氛围。从我国来看，我国经过上下五千年的发展，具备悠久的历史，诚实守信的理念日早期中国商业立足的基础。当今，针对构建征信体系的新课题，针对我国现状下失信行为的广泛性以及对信用的不重视。从客户和企业两个主体层面，都需要重塑形象，以诚实守信作为市场经济活动中的行为准则，从自身做起，构建我国市场经济条件下的信用环境。

（1）加强信用文件建设的路径。推动市场经济发展是信用文化建设的基础。市场经济是经济基础，信用文化是上层建筑的一部分，市场经济的发展决定了我国信用文化建设的方向，而信用文化建设又会反过来对我国市场经济的发展产生重要影响。在市场经济条件下，生产力得到极大解放，生产越来越专业化，产品和服务越来越丰富，扩大再生产方式成为主要的生产方式，而信用交易是推动扩大再生产的最佳方式。可以讲，正是市场经济的蓬勃发展，才产生出经济领域对信用文化建设的强烈需求。因此，信用文化建设的一个重要实现途径是通过推动市场经济发展，为信用文化建设奠定经济基础。

信用文化建设需要建立完整的信用知识体系。现代金融是构建在信用之上的，现代商品交换也主要是构建在信用之上的，对公民的信用知识普及有助于推动经济健康发展，而知识的普及首先需要建立完整的信用知识体系。信用知识体系的建立包括针对专业人士的信用知识体系构建和针对社会大众的信用科普知识体系构建。从我国情况看，针对专业人士的信用知识体系构建完成得较好，有各种各样的关于信用知识的书籍，经济学、金融学、会计学、法学等众多学科均对信用知识进行专门介绍，相关大学也开设了此类课程。但是，针对社会大众的信用科普知识体系构建得并不好，社会公众很难系统地获得这类知识。

信用文化建设需要完善的日常教育来保障。信用文化建设需要一个比较长的过程，需要加强对社会公众的信用知识普及教育活动，尤其是要重视在学生素质教育中加上信用知识内容。另外，金融监管机构、金融机构和征信机构，也应经常利用一些传播渠道，面向全体社会公众或自己的客户，开设信用知识教育课程。在我国，这方面的教育活动也已经开始推进，例如，人民银行每年开展的"征信宣传月"活动，各金融机构面向客户或潜在客户开展的各种讲座等。

信用文化建设需要正确的舆论引导。当今社会，互联网技术高度发达，信息传播非常快捷，社会公众很容易接触到各种思想，如果在信用文化建设上没有正确的舆论引导，就会出现社会信用缺失，就会助长恶意拖欠和逃废银行债务、逃骗偷税、商业欺诈、制假售假等行为，使企业和个人的经营活动甚至生命财产面临极大的风险，不利于经济发展，也不利于社会和谐。

信用文化建设需要社会公众的自律。对于个人来说，信用文化不是凭空产生的，而是在接受社会价值观的过程中，通过自我的不断归纳与吸收形成的，源自社会信用文化。而单个的个人信用文化又组成了整个社会的信用文化。最终，人人讲诚信的风气就会形成良好的社会信用文化，而良好的社会信用文化又会不断培养出守信的个体。

信用文化建设需要拓展到非经济领域。在现代社会，信用文化建设不能仅仅局限于经济领域，而应适当扩大外延，将人们在非经济领域中是否信守承诺和践行约定纳入其中，例如，公民是否遵纪守法、公共部门是否诚信执法、社会公众在非经济领域是否诚实守信等。经济领域的文化意识与非经济领域的文化意识是可以相互影响、相互作用的，有些非经济领域行为还直接反映了经济主体在经济领域的信用状况。因此，随着时间推移，传统的信用文化内涵需要根据社会的需要而不断发展，不断被赋予新的含义，使之成为一个内涵更加丰富、外延更加宽广的多维概念，具有扩展性，从而适应新形势的需要。

（2）信用文化建设的制度保障。信用文化是在不断发展过程中逐步沉淀积累的，在长期的发展过程中，需要有适当的制度保障。

第一，要有完善的法律体系，确保信用文化建设顺利推进。信用文化建设涉及的范围很广，经济领域的立法、非经济领域的立法均涉及信用文化建设。当前情况下，我国急需加强信息主体的权益保护立法，尤其是金融消费者权益保护的立法工作，需要加紧制定和推出；关于征信业规范的法规也要抓紧出台，加强对征信机构的管理和信息主体权益保护。

第二，要充分发挥市场作用，通过建设全国统一的企业和个人征信系统，达到守信激励、失信惩戒作用。自 2006 年建成以来，征信系统作为全国范围内的信用信息共享平台，覆盖范围广泛，成为我国重要的金融基础设施，在推动我国社会信用体系建设、维护金融稳定方面发挥着基础性作用。目前，企业征信系统已经收录企业和其他组织 1800 多万户，个人征信系统已经收录自然人 8 亿多人，两大系统信息涵盖范围广泛，能够比较全面、准确、及时地反映企业和个人的信用状况。现在，企业和个人也越来越重视自己的信用记录，信用意识不断提高，珍爱信用记录、诚实守信的现代信用文化正在形成。

第三，要推动信用文化产业发展，培养一批专业的信用文化传播企业。目前从事信用文化传播的机构纷纷出现，有些文化传播机构也兼做这项工作。未来，我国可以鼓励专业化的信用文化企业发展，出台相关政策，支持这类机构履行信用文化建设职责，将原本由国家、金融监管机构、金融机构进行的信用文化宣传活动交给专业机构来做，必要时可以给予适当的财政支持。

第四，要进一步完善相关部门和行业的制度建设。各部门、各行业在推动业务发展中，需要有完善的信用制度安排，约束自身行为，推动形成良好的信用文化。例如，在政务诚信、司法公信中，可以推动信息公开制度进一步细化，将信息公开落到实处。目前，金融领域已经建立了比较完整的法律体系，出台了《中国人民银行法》《商业银行法》《证券公司法》《保险法》等一系列包含有金融信用内容的法规。未来进一步完善征信制度、推动普通商业信用信息共享将是商务信用制度建设的重要工作。

参考文献

［1］北京大学中国信用研究中心．中国信用发展报告［M］．北京：中国经济出版社，2005.

［2］卜旭辉．农村信用体系建设研究［D］．西北农林科技大学学位论文，2010.

［3］曹洪翠．地方信用体系建设中的问题研究［J］．改革与发展，2008（10）.

［4］查慧园，刘洋．征信体系下的企业信用政策选择［J］．价格月刊，2011（10）.

［5］陈莉．加快个人信用体系建设需要解决的几个问题［J］．华北金融，2006（1）.

［6］陈彦青．农户金融信用行为影响因素研究［D］．浙江财经学院学位论文，2011.

［7］丁菁．农村信用体系建设存在的问题及对策分析［J］．常州大学学报，2014（6）.

［8］杜晓峰．我国互联网金融征信体系建设研究［D］．厦门大学学位论文，2014.

［9］冯登国，张敏，李昊．大数据安全与隐私保护［J］．计算机学报，2014（1）.

［10］郝宏展．区域城市信用体系建设探索［J］．管理观察，2008（12）.

［11］胡峰松．我国征信体系建设研究［D］．安徽大学学位论文，2011.

［12］胡文莲．中小企业信用体系建设之思考［J］．西部金融，2008（12）.

［13］黄玺．互联网金融背景下我国征信业发展的思考［J］．征信，2014（5）.

［14］姬鹏程．我国行业信用体系建设的现状及对策［J］．宏观经济管理，2009（12）.

［15］季伟．国外个人征信机构体系运作模式比较及对我国的启示［J］．金

融纵横, 2014 (8).

[16] 姜文华. 探索新农村征信服务体系的构建 [J]. 征信, 2013 (8).

[17] 蒋晓燕. 浅析农村信用体系建设存在的问题及改进措施 [J]. 经营管理者, 2015 (1).

[18] 梁山. 中国农户征信体系构建研究 [D]. 华南理工大学学位论文, 2013.

[19] 刘肖原. 我国社会体系建设问题研究 [M]. 北京: 知识产权出版社, 2016.

[20] 刘新海. 阿里巴巴集团的大数据战略与征信实践 [J]. 征信, 2014 (10).

[21] 刘新海. 大数据挖掘助力中国未来金融服务业 [J]. 金融市场, 2014 (2).

[22] 刘洋. 征信制度史及启示研究 [D]. 江西师范大学学位论文, 2013.

[23] 罗明雄, 等. 互联网金融 [M]. 北京: 中国财政经济出版社, 2014.

[24] 马玉超, 黄明山. 我国企业信用体系建设的共性问题研究 [J]. 改革与战略, 2007 (5).

[25] 牛润盛. 互联网金融背景下的征信模式选择 [J]. 征信, 2014 (8).

[26] 任蕾. 我国农村信用体系建设模式优化研究 [J]. 征信, 2014 (9).

[27] 任郁芳. 金融发展与二元经济结构关系研究: 基于区域的视角 [D]. 暨南大学学位论文, 2010.

[28] 芮晓武, 刘列宏. 中国互联网金融发展报告 (2014) [M]. 北京: 社会科学文献出版社, 2014.

[29] 施佳慧, 刘漪. 完善我国农村征信体系的思考 [J]. 河北金融, 2010 (M).

[30] 石庆焱, 秦宛顺. 个人信用评分模型及其应用 [M]. 北京: 中国方正出版社, 2006.

[31] 寿睿. 对完善我国个人征信体系的研究 [D]. 首都经济贸易大学学位论文, 2010.

[32] 王超. 当前我国社会信用体系存在的问题和对策 [J]. 金融经济, 2009 (8).

[33] 王桂堂, 闫盼盼. 互联网金融、诚信与征信体系建设问题探讨 [J]. 征信, 2014 (4).

[34] 王惠凌. 农村征信体系的现状和发展建议 [J]. 全国商情 (经济理论

研究），2009（3）.

［35］王毅. 我国现阶段企业征信建设研究［D］. 复旦大学学位论文，2010.

［36］吴雨夏，刘婷婷. 浅析我国个人信用评估体系［J］. 现代经济信息，2009（20）.

［37］夏志琼. 互联网金融信用体系建设的难点与对策［J］. 国际金融，2014（10）.

［38］谢平. 互联网金融模式研究［J］. 金融研究，2012（12）.

［39］许为民. 农村信用体系建设的难点问题及解决路径［J］. 征信，2015（3）.

［40］严青. 当前中国农户小额信贷几个问题研究［D］. 西南财经大学学位论文，2014.

［41］姚文平. 互联网金融［M］. 北京：中信出版社，2014.

［42］虞群娥，周晓阳. 我国企业征信体系模式选择及建议［J］. 宏观经济研究，2008（1）.

［43］袁新峰. 关于当前互联网金融征信发展的思考［J］. 征信，2014（1）.

［44］张爱军. 对中小企业信用体系建设的思考［J］. 科技广场，2008（11）.

［45］张彬彬. 我国个人征信体系建设中的隐私权保护［J］. 太原师范学院学报（社会科学版），2015（1）.

［46］张天. 个人征信系统研究与设计［D］. 吉林大学学位论文，2008.

［47］张学源，徐静. 社会信用体系建设艰难前行［J］. 投资北京，2000（9）.

［48］中国人民银行. 中国农村金融服务报告（2014）［N］. 农民日报，2015－03－26.

［49］中国人民银行济南分行课题组. 二元结构下的农村信用体系建设模式研究［J］. 金融发展研究，2011（2）.

［50］中国人民银行宜春市中心支行课题组. 新形势下农村信用体系建设的路径选择——以江西省宜春市为例［J］. 征信，2014（10）.

［51］中国人民银行征信管理局. 现代征信学［M］. 北京：中国金融出版社，2015.

［52］《中国人民银行关于加快小微企业和农村信用体系建设的意见》.

［53］《中国人民银行关于推进农村信用体系建设工作的指导意见》.